정오표

위치	수정대상	수정사항
p. 144 위에서 13줄	상정하다	상정하자
p. 147 위에서 5줄	비질자료	비밀자료
p. 150 위에서 7줄	발이	말이
p. 154 각주 574	책임을 비지	책임을 지지
p. 155 위에서 8줄	지과 같은	이와 같은
p. 156 각주 583, 584, 585	제제34조	제34조
p. 246 위에서 8줄	때에다	때이다
p. 246 위에서 9줄	애기하는	야기하는
p. 248 아래에서 1줄	것을 포함	것을 포함)
p. 258 아래에서 8줄	19080년	1980년
p. 282 아래에서 9줄	인신한다	인식한다
p. 285 아래에서 6줄	(1) 다음과	(1) 이 조는 다음과
p. 285 아래에서 3줄	변경의 조건	조건의 변경
p. 287 아래에서 4줄	구령한	수령한
p. 288 위에서 13줄	보정과	보장과
p. 290 위에서 6줄	비소비자보험계약	소비자보험계약
p. 291 아래에서 9줄	개인을	개인인 경우를
p. 296 위에서 6줄	이 항은	이 항이

영국 보험법

한창희 저

국민대학교 출판부

머 리 말

세계 각국의 보험법에 커다란 영향을 미쳐온 영국 보험법이 근래 대폭 개혁되었다. 유일한 성문보험법이었던 1906년 해상보험법 중에서 전세계의 학자와 실무계가 지나치게 보험계약자에게 불리하다고 비판하여온 사항 중 고지의무에 대하여서는 2012년 소비자(고지의무)법이 제정되어 2013년 3월부터 시행되었다. 2016년 8월 12일부터 시행된 2015년 보험법은 고지의무에 관한 사항 중 비소비자보험에 관하여서는 공정한 제공의무라고 하여 규정하였고, 고지의무와 더불어 가장 비판받아온 법리인 워런티에 대하여서는 소비자보험과 비소비자보험에 관한 사항을 규정하였다. 동법은 또한 사기적 보험금청구에 관하여서는 소비자보험과 비소비자보험에 관하여 규정하였다. 2017년 5월 4일부터 시행되고 있는 2016년 기업법에서는 보험금지급 지체의 효과에 관하여 소비자보험과 비소비자보험에 관하여 규정하였다. 이와 같은 입법은 고지의무와 워런티에 대하여서는 보험계약자에게 불리하다고 일반적으로 인정되어 오던 사항을 시정하여 바로 잡는 것을 입법의도로 하였고, 보험금지급 지체에 대하여서는 보험계약자에게 손해배상청구권을 인정하지 않던 제도를 개혁하고, 사기적 보험금청구에 대하여서는 판례의 입장을 반영하여 이에 관한 법리를 명확히 하는 것을 의도하였다.

최근 제정된 2015년 보험법과 2016년 기업법이 주로 규율대상으로 하는 기업보험분야 중에서 해상보험의 영역에 관하여서는 우리 대법원이 영국을 오랜 기간에 걸쳐 세계 해상보험업계의 중심으로 인정하여 영국의 법과 관습이 우리의 법원(法源)인 점에서 정확한 이해가 필요하다.

저자는 2017년 해상보험법을 저술하여 2007년 양승규교수님과 함께 출간한 해상보험법의 저서 이래 변화된 내용을 소개한바 있고, 뜻밖에도 해상보험 실무계로부터 격려를 받았다. 이 책은 2015년 보험법과 2016년 기업법의 시행 후 영국에서 출간된 저술과 영국 로이즈 등 보험실무계의 표준약관 등을 참조하여 영국 보험법에 대한 주석서를 저술하고, 우리나라 해상보험실무를 비롯한 보험법에 대한 영향을 검토하는 것을 의도하였다. 이를 위하여 영국 법률개정위원회의 연구보고서와 영국의회의 입법보고서 등을 연구하여 최근 개정된 영국 보험법을 정확하고 입체적으로 소개하고자 노력하였다.

끝으로 보험법 연구의 길로 이끌어주신 은사 양승규 선생님의 강녕하심을 기원하고, 이 책에 대하여 깊은 관심을 가져주신 경성대학교의 박은경교수님께 감사드린다. 이 책이 영국 보험법을 연구하고 이해하는 데 조금이나마 도움이 되기를 소망한다.

2018년 7월 저자씀

목 차

제1장 2015년 보험법의 배경 ········· 1

Ⅰ. 개관 ········· 1

Ⅱ. 영국에서 보험법개정의 최근 연혁 ········· 2

1. 1980년 이전 ········· 2
2. 1980년 보고서 ········· 3
3. 1980년 이후 ········· 4

Ⅲ. 2000대의 개혁 ········· 5

Ⅳ. 구법의 문제점 ········· 6

Ⅴ. 신의성실의무와 취소 ········· 6

1. 고지의무의 성질 ········· 6
2. 고지의무위반의 효과 ········· 8

Ⅵ. 워런티와 기초조항 ········· 8

1. 워런티 위반 ········· 8
2. 기초조항 ········· 9

Ⅶ. 사기적 보험금청구 ········· 9

Ⅷ. 보험금 지급지체로 인한 손해배상 ········· 11

Ⅸ. 의회에서 보험법의 제정 ········· 12

Ⅹ. 해석보조자료: 입법이유서와 법률개정위원회의 문서 ········· 13

1. 개관 ········· 13
2. 법률개정위원회의 문서 ········· 14
3. 입법이유서 ········· 15

제2장 2015년 보험법의 적용범위 ········· 17

Ⅰ. 2015년 보험법의 적용범위에 관한 규정 ········· 17

Ⅱ. 시행시기 ········· 18

1. 시행일 ········· 18
2. 적용예 ········· 19
3. 보험계약의 변경 ········· 19
4. 보험과 재보험, 재재보험 ········· 20

5. 보험계약이 체결되는 시기 ······ 21
Ⅲ. 적용지역-영국 ······ 23
1. 적용지역 ······ 23
2. 적용지역의 범위 ······ 23
Ⅳ. 소비자보험과 비소비자보험에의 적용 ······ 24
1. 소비자보험, 비소비자보험에 적용 ······ 24
2. 소비자보험과 비소비자보험의 구별 ······ 24
3. 소비자보험과 비소비자보험의 특징 ······ 26
4. 보험계약자의 주관적 의사와 객관적 의사 ······ 26
5. 영업, 거래, 직업의 의미 ······ 27
6. 소비자계약과의 구별 ······ 27
제3장 공정한 제공의무 ······ 29
Ⅰ. 개관 ······ 29
1. 1906년 해상보험법 ······ 29
2. 2012년 소비자보험(고지의무)법 ······ 29
3. 2015년 보험법상 공정한 제공의무의 연혁 ······ 29
4. 2015년 보험법 제3조의 규정 ······ 30
Ⅱ. 의무자 ······ 31
1. 개관 ······ 31
2. 피보험자가 다수이거나 공동보험의 경우 ······ 32
3. 보험중개사의 고지의무의 폐지 ······ 33
4. 보험자의 신의성실의무 ······ 34
Ⅲ. 고지사항 ······ 34
1. 불고지 ······ 34
2. 부실고지 ······ 38
3. 불고지와 부실고지의 구별 ······ 41
Ⅳ. 제공시기와 제공내용 ······ 42
1. 제공시기 ······ 42
2. 제공내용 ······ 44
Ⅴ. 고지방법: 합리적으로 명백하고 접근가능한 고지 ······ 45
1. 입법의도 ······ 45
2. 보험중개사협회 등의 지침 ······ 47

3. 보험자의 고지면제의 문제 ······ 47
VI. 보험자에 대한 추가질문경고 ······ 48
1. 개관 ······ 48
2. 구법과의 차이 ······ 49
3. 보험자가 질문하지 않은 경우 ······ 50
VII. 고지대상 ······ 51
1. 개관 ······ 51
2. 사실, 의견, 신념 ······ 51
3. 명시적 또는 묵시적 워런티 ······ 52
VIII. 고지의무의 면제 ······ 53
1. 개관 ······ 53
2. 내용 ······ 53
제4장 보험계약자와 보험자의 인식 ······ 55
I. 총설 ······ 55
II. 보험계약자의 인식 ······ 56
1. 서언 ······ 56
2. 보험계약자가 개인인 경우 ······ 59
3. 보험계약자가 단체인 경우 ······ 60
4. 개인과 단체 공통 사항 ······ 64
III. 보험자의 인식 ······ 83
1. 개관 ······ 83
2. 보험자의 인식사항 ······ 85
3. 보험자의 인식간주사항 ······ 86
4. 보험자의 인식추정사항 ······ 91
5. 비밀정보 ······ 96
IV. 추가적 인식간주사항 ······ 97
1. 2015년 보험법 제6조의 규정 ······ 97
2. 내용 ······ 97
V. 대리인의 사기 ······ 98
제5장 공정한 제공의무 위반의 효과 ······ 101
I. 보험자의 구제수단의 다양화 ······ 101
1. 공정한 제공의무 위반의 효과에 관한 2015년 보험법의 규정 ······ 101

2. 구제수단의 다양화 ········ 104
Ⅱ. 유인 ········ 106
Ⅲ. 제한 있는 위반 ········ 108
Ⅳ. 고의 또는 중과실로 인한 위반 ········ 108
1. 의의 ········ 108
2. 보험계약자의 인식과의 구별 ········ 109
3. 위반의 효과 ········ 109
Ⅴ. 고의 또는 중과실로 인하지 아니한 위반 ········ 110
1. 개관 ········ 110
2. 취소 ········ 111
3. 계약조건의 변경 ········ 113
4. 보험금의 비율적 감액 ········ 115
5. 추가 구제수단 ········ 116
Ⅵ. 변경에의 적용 ········ 118
1. 개관 ········ 118
2. 고의 또는 중과실로 인하지 아니한 위반의 경우 변경과의 차이 ········ 118
3. 내용 ········ 119
Ⅶ. 구제수단의 행사시기 ········ 122
Ⅷ. 동법상의 구제수단의 적용예 ········ 122
Ⅸ. 공동인수와 초과전보에의 적용 ········ 123
1. 서언 ········ 123
2. 공동인수 ········ 123
3. 초과전보 ········ 126
제6장 워런티 ········ 129
Ⅰ. 워런티제도 개혁의 배경 ········ 129
1. 서언 ········ 129
2. 기초조항의 폐지 ········ 131
3. 워런티조항의 수정 ········ 133
Ⅱ. 2015년 보험법상의 워런티 ········ 134
1. 워런티의 정의 ········ 134
2. 워런티의 효과 ········ 135
Ⅲ. 보험자의 면책 ········ 136

1. 보험자의 책임정지기간 ······ 136
2. 워런티 위반 치유 전 손해의 면책(제10조 제2항) ······ 136
Ⅳ. 워런티 위반 이전 그리고 그 치유 이후 손해에 대한 보험자의 책임 ······ 140
1. 서언 ······ 140
2. 워런티 위반 이전의 손해 ······ 140
3. 워런티 위반의 치유 이후 손해 ······ 141
Ⅴ. 2가지 유형의 워런티 ······ 141
1. 서언 ······ 141
2. 시간관련 워런티 위반의 치유 ······ 142
3. 일반적 워런티 ······ 147
4. 과거 사실 또는 현재 사실의 워런티 ······ 150
Ⅵ. 책임에 대한 사전조건 ······ 153
1. 재검토필요성 ······ 153
2. 내용 ······ 153
3. 사례 ······ 154
4. 소결 ······ 155
Ⅶ. 워런티 위반의 면제 ······ 156
제7장 실제위험과 무관한 조건 ······ 157
Ⅰ. 서언 ······ 157
Ⅱ. 2015년 보험법 제11조의 규정내용과 개정연혁 ······ 159
1. 2015년 보험법 제11조의 규정내용 ······ 159
2. 개정연혁 ······ 160
Ⅲ. 전체로서 위험을 정의하는 조건(제11조 제2항) ······ 170
1. 개관 ······ 170
2. 제11조의 적용제외 이유 ······ 170
3. 내용 ······ 171
4. 평가 ······ 175
Ⅳ. 면책조항 ······ 175
1. 제11조와 면책조항 ······ 175
2. 면책조항에 제11조 적용요건 ······ 176
Ⅴ. 제11조가 적용되는 위험감소조건 ······ 178
1. 위험감소조건 ······ 178

2. 위험감소조건과 전체적인 위험정의조건의 겸유의 경우 ······ 178
VI. 제11조의 손해에 무관한 조건에 대한 효과 ······ 179
1. 개관 ······ 179
2. 내용 ······ 180
VII. 제11조 제3항의 적용사례 ······ 182
1. 사례 ······ 182
2. 소결 ······ 184
VIII. 제10조와 제11조의 상호작용 ······ 185
IX. 영국보험법 제11조의 위험의 증가와 손해사이의 인과관계에 관한 우리법에의 시사점 ······ 186
1. 문제의 소재 ······ 186
2. 입법례 ······ 187
제8장 임의규정성 ······ 191
I. 개관 ······ 191
II. 소비자보험과 비소비자보험 ······ 196
1. 소비자보험과 비소비자보험의 의미 ······ 196
2. 소비자보험계약에서 임의규정화 ······ 196
3. 비소비자보험계약에서 임의규정화 ······ 196
III. 불리한 조건 ······ 198
1. 서언 ······ 198
2. 불리한 조건의 예 ······ 198
3. 불분명한 예-공정한 제공의무관련 보험계약자의 인식간주의 경우 ······ 199
IV. 투명성요건 ······ 200
1. 개관 ······ 200
2. 제1요건: 조건에 주의하기에 충분한 단계 ······ 201
3. 제2요건: 효과가 명확할 것 ······ 207
V. 단체보험 ······ 211
VI. 우리법에의 시사점 ······ 213
1. 소비자보험과 비소비자보험의 구별기준 ······ 213
2. 투명성요건 ······ 217
제9장 사기적 보험금청구 ······ 219
I. 입법배경 ······ 219

1. 사기적 보험금청구에 관한 2015년 보험법의 규정 219
2. 개관 219
3. 구법의 지위 220
4. 2015년 보험법의 내용 223
Ⅱ. 사기적 보험금청구에 관한 2015년 보험법의 규정 224
1. 보험금청구에 대한 사기의 효과 224
2. 관련보험계약에 대한 사기의 효과 224
3. 사기적 보험금청구에 관한 2015년 보험법의 예상되는 영향 232
Ⅲ. 기업보험의 경우 임의규정성 234
Ⅳ. 단체보험 234
1. 단체보험에서 사기적 보험금청구에 관한 2015년 보험법의 규정 234
2. 내용 235
Ⅴ. 우리법에의 시사점 236
1. 손해보험에서 피보험자의 협조의무 236
2. 우리법상의 사기적 보험금청구에 관한 판례의 동향 237
3. 일본 238
4. 소결 240

제10장 보험금지급 지체의 효과 241
Ⅰ. 보험금 지급지체로 인한 보험자의 책임 241
1. 보험금지급 지체에 관한 보험법의 규정 241
2. 개정배경 242
3. 개정과정 244
4. 2016년 기업법 제5부의 개정내용 245
Ⅱ. 적시에 보험금을 지급할 묵시적 조건 245
Ⅲ. 상당한 기간 안에 지급할 의무(2015년 보험법 제13A조 제2항, 제3항) ... 246
1. 서언 246
2. 상당한 기간의 산정시 고려요소 246
Ⅳ. 보험금 청구분쟁(제13A조 제4항) 252
1. 서언 252
2. 고려요소 253
3. 객관적인 평가 253
4. 변호사의 자문의 경우 254

5. 증명책임 ······ 255
Ⅴ. 손해배상청구권 ······ 255
1. 개관 ······ 255
2. 손해배상청구권 ······ 256
3. 손해배상책임의 독립성 ······ 259
4. 소멸시효 ······ 259
Ⅵ. 재보험 ······ 260
Ⅶ. 임의규정성 ······ 262
1. 서언 ······ 262
2. 내용 ······ 262
3. 추가적 쟁점 ······ 263
Ⅷ. 시사점 ······ 263
1. 현행법의 입장 ······ 263
2. 영국 이외의 비교법적 검토 ······ 264
3. 소결 ······ 265
제11장 신의성실의무 ······ 267
Ⅰ. 서언 ······ 267
1. 신의성실의무에 관한 2015년 보험법의 규정 ······ 267
2. 개정배경 ······ 267
3. 해석의 도구 ······ 268
Ⅱ. 보험자의 신의성실의무 ······ 270
1. 서언 ······ 270
2. 보험계약 체결 이전의 보험자의 신의성실의무 ······ 272
3. 보험계약 체결 이후의 보험자의 신의성실의무 ······ 276
Ⅲ. 보험계약자의 신의성실의무 ······ 279
부록-2015년 보험법(2016년 기업법 포함) ······ 281
부록 1-보험자의 제한 있는 위반에 대한 구제 ······ 294
부록 2-보험자에 대한 제3당사자의 권리: 보험관련자(생략) ······ 296
참고문헌 ······ 297
판례색인 ······ 301

제1장 2015년 보험법의 배경

I. 개관

이 책은 영국의 2015년 보험법 그리고 동법의 영국법과 우리나라 해상보험법에 대한 영향에 관한 것이다. 2015년 보험법은 본질적으로 당시의 판례법을 입법화한 1906년 해상보험법 이래 비소비자보험법에 관해 최초로 종합적으로 개정한 법이다. 이는 영국보험법을 개정하기 위해 법률개정위원회가 광범위하게 50년 이상 노력한 결과이다.[1]

2015년 보험법은 영국의 보험법에 매우 중요한 변화를 가져왔고, 영국법에 의해 규율되는 보험계약을 매수, 인수, 중개하는 영업에도 그와 같이 기대되고 있다. 2015년 보험법은 2016년 8월 12일, 2016년 기업법은 2017년 5월 4일 시행되었는데, 약 2년이 지난 현재 동법에 대해서는 영국보험법의 철저한 조사,[2] 250년간 영국법의 가장 중요한 개혁,[3] 특정한 측면에서는 불확정적이고 불명료하므로 크게 희망적이지 않음,[4] 기업보험법의 소중한 확실함의 위험한 희생[5] 등의 평가가 나타나고 있다.

2015년 보험법은 이전에는 보험계약 당사자사이에서 부당하게 보험자에게 유리하게 기울어진 운동장을 수평으로 하는 것을 의도하였다.[6] 동법상 보험계약

1) 1954년 킬무이르경은 법률개정위원회(Law Commissions)의 전신인 법률개혁위원회(Law Reform Committee)에 보험법의 다양한 측면에 대한 고찰을 요구하였고, 동위원회는 1957년 보고서를 발간하였다.
2) David Hertzell, The Insurance Act 2015: Back ground and philosophy, in Malcolm Clarke and Bariş Soyer(ed), The Insurance Act 2015-A new regime for commercial and marine insurance law, (informa law from Routledge, 2016), p. 1.
3) Bernard Rix, conclusion : general reflections on the law reform, in Malcolm Clarke and Bariş Soyer(ed), The Insurance Act 2015-A new regime for commercial and marine law, (informa law from Routledge, 2016), p. 107.
4) Arnould, Law of marine insurance and average, Supp. to the 18th edn(Sweet & Maxwell, 2015), para 1.1-02.
5) Paul Jaffe, Reform of the insurance law of England and Wales-Separate laws for the different needs of business and consumers' in BILA Journal No 123(October 2013), p. 33.

자에게 유리하게 많은 변경이 행해졌는데, 신의성실의무의 위반에 대한 구제로서 취소의 폐지, 공정한 제공의무 위반에 대한 구제로서 비율적 보상원칙으로의 대체 등을 들 수 있다. 또한 동법은 보험워런티를 변경하여 그 위반으로 보험자는 더 이상 자동적 그리고 항구적으로 면책이지 않도록 하였다. 동법은 보험자가 상당한 기간 안에 보험금을 지급하지 아니하면 손해배상책임을 질 수 있도록 하였다. 이는 근본적인 변경이다.

2015년 보험법은 가장 주의가 요구되는 보험법분야만을 취급하는데 그치지 않았다. 동법은 공정한 제공의무의 목적을 위해 보험계약자와 보험자의 인식을 규율하는 법을 종합적으로 개혁하였다. 보험계약자는 그가 인식하거나 인식해야 하는 사항만을 고지할 것이 요구되고, 보험자가 인식하고 있는 사항은 고지할 필요가 없는 점에서 이는 중요하다. 2015년 보험법은 이와 같이 인식에 관하여 새로운 공정한 제공의무를 지원하고 있다. 2015년 보험법의 목적이 보험계약자의 이익을 증진하는 것이었지만, 인식에 관한 법률개혁은 보험계약자의 부담을 가중시키거나 적어도 보험계약자가 고지하여야 하는 사항에 대한 불확실성을 증대시키고 있다. 동법은 또한 위험조건의 위반이 발생한 손해와 무관한 때(예컨대 손해가 홍수로 인한 때에는 강도워런티의 위반에 의거할 수 없다)에는 보험자의 책임을 제한하거나 면책으로 하기 위해 보험자가 위험의 감소위반에 의거할 수 없도록 하는 새로운 제한을 도입하였다. 이 조항은 워런티만이 아니라, 조건을 충족하면 손해의 위험을 감소하게 하는 범위의 조건에도 폭넓게 적용된다. 이 또한 근본적인 변경이다.

Ⅱ 영국에서 보험법개정의 최근 연혁

1. 1980년 이전

영국에서 1954년 법률개혁위원회가 최초로 고찰한 후 50년 이상이 지나서야 비소비자보험의 법률개정이 실현되었다. 1978년부터는 법률개정위원회[7]가 이

6) Law Commissions, Insurance contract law: business disclosure; warranties; insurers' remedies for fraudulent claims; and late payment No 353, Law Commissions, July 2014 (아래에서는 Law Commissions, July 2014 Report라고 한다), para 1.6.

과정을 수행하였다. 최초의 법개정 과정은 1954년 킬무이르경이 법률개정위원회의 전신인 법률개혁위원회에 보험법의 특정한 측면을 고찰하도록 요구한데서 찾을 수 있다. 1957년에는 법률개혁위원회는 중요한 사실의 기준을 개정하여 합리적인 보험계약자가 중요한 사실로 고찰하지 아니하는 한 어떠한 사실도 중요한 것으로 간주되어서는 안 될 것으로 고지의무를 개정할 것을 권고하는 제1 보고서를 발간하였다. 또한 문제된 부실고지가 보험계약자의 최대한 인식과 진실이었음을 보험계약자가 증명하는 경우에는 제소할 수 없는 것으로 제안되었다. 그러나 이 모든 제안은 입법되지 않았다.

엘윈-존스경이 법률개정위원회에 보험법개혁을 요청한 1978년까지 활동이 중단되었다.

2. 1980년 보고서

1980년 법률개정위원회는 고지의무, 워런티, 기초조항에 대해 고찰한 후, 보고서를 발간하였다. 1980년 보고서[8]는 '보험법개혁안'을 통해 법개정을 제안하였는데, 그 개혁의 내용은 다음과 같았다.

첫째, 보험계약자는 인식하거나 인식하는 것으로 추정되는 중요한 사실을 고지하여야 한다. 그 사실이 합리적인 질문에 의해 확인가능하고, 문제된 보험을 청약하는 합리적인 사람이 그것을 확인하였을 경우에는 보험계약자는 중요한 사실을 인식하는 것으로 추정된다. 보험계약자의 지위에 있는 합리적인 사람이 추구된 보험보장의 성질과 범위 그리고 추구된 상황을 고려한 후, 보험자에게 고지하였을 사항인 경우는, 보험계약자는 그 사항을 고지하여야 한다.[9]

둘째, 청약서상 보험계약자는 최대한 인식하고 신념아래 질문에 대해 답변하여야 하고, 질문은 그 상황에서 합리적이어야 한다.[10]

셋째, 위험에 중요한 조건이 워런티일 수 있다. 워런티의 속성을 보유한 조항은 위험에 대해 중요하다는 추정이 존재한다.[11] 워런티는 서면으로 상당한 기

7) 1965년 Law Commissions Act가 제정되어 법률개정위원회는 이미 존재하였다.
8) Law Commissions, Insurance Law Non-disclosure and Breach of Warranty Report on a Reference Under Section 3(1)(e) of the Law Commissions Act 1965(Law Com No 104), 1980(이하 Law Com No 104(1980)라 한다).
9) Law Com No 104(1980), paras 4.43-4.53; 보험법개혁안 제2조.
10) Law Com No 104(1980), paras 4.61, 4.82; 보험법개혁안 제6조 제4항.

간 안에 보험계약자에게 제공되어야 하고, 그러하지 아니하면 보험자는 워런티 위반을 주장하지 못한다.[12)]

넷째, 워런티 위반이어도 워런티가 특정한 유형의 손해의 위험을 방지하기 의도한 것이고 실제손해가 다른 형태임을 보험계약자가 증명하면 보험계약자는 보상을 받을 수 있다. 손해가 워런티가 방지하고자 의도하는 형태이어도, 손해가 실제로 발생한 방식으로 발생한 위험을 증가시키지 아니하였으면 보험계약자는 보상을 받을 수 있다.[13)] 어느 경우에도 보험자는 위반을 이유로 장래를 향해서만 보험계약을 무효로 할 수 있다. 또한 기초조항은 무효일 수 있다.[14)]

1980년 권고안의 중요한 제한은 해상, 항공, 운송보험에는 적용되지 않는다는 것이었다. Law Com No 104(1980)에서 제안된 다수의 개혁안과 보험법개혁안은 2015년 보험법과 매우 유사하다.[15)]

3. 1980년 이후

수많은, 상세한 권고에도 불구하고 개혁은 행해지지 않았다. 영국보험법협회의 소위원회에 의한 2002년 보고서가 개혁이 필요하다는 결론을 내린 시점에야 그 동안의 장기간의 보험법개정에 대한 침묵이 깨어졌다.[16)] 영국보험법협회는 고지의무위반의 경우 비율적 보상, 보험계약상 보험금을 채무로 취급, 상당한 기간 안에 보험금을 지급할 묵시적 조건의 도입 등을 새로 추가하여 법률개정위원회의 1980년 권고안을 시행할 것을 권고하였다. 이 보고서는 2005년 상급판사, 학자, 위원에게 제출되었고, 보험법개혁이 새로 강력히 고찰되는 계기가 되었다.[17)]

---

11) Law Com No 104(1980), paras 6.12-6.13; 보험법개혁안 제8조 제1항, 제3항.
12) Law Com No 104(1980), para 6.14; 보험법개혁안 제8조 제2항.
13) Law Com No 104(1980), paras 6.15-6.22; 보험법개혁안 제10조 제5항.; 뒤의 제7장 Ⅱ. 2015년 보험법 제11조의 규정내용과 개정연혁 2. 개정연혁 나. 법률개정위원회의 1980년 제안.
14) Law Com No 104(1980), paras 7.1-7.11; 보험법개혁안 제9조.
15) David Kendall and Harry Wright, A practical guide to the Insurance Act 2015, (Informa law from Routledge, 2017), para 1.8.
16) BILA, Insurance contract reform-recommendation to the Law Commissions, BILA(2002), para 4.

Ⅲ 2000년대의 개혁

법률개정위원회는 2005년 보험법주제로 돌아와 보험법을 검토하였다.[18] 2006년에는 법률개정위원회는 주의가 필요한 보험법분야에 대하여 이해당사자의 의견을 조사한 보고서를 발간하였다. 이후 6년간 법률개정위원회는 영국보험법에 대한 소중한 연구를 하였고, 일련의 쟁점보고서, 자문보고서, 다양한 주제에 관한 최종보고서를 발간하였다.

쟁점보고서 1: 고지의무(2006.9)

쟁점보고서 2: 워런티(2006.9)

쟁점보고서 3: 모집보조자와 계약전 정보(2007.3)

자문보고서 No 182: 고지의무와 보험계약자에 의한 워런티 위반(2007.6)

쟁점보고서 4: 피보험이익(2008.1)

쟁점보고서 5: 미소영업(2009.4)

소비자보험법: 계약전 고지의무(2009.12)

쟁점보고서 6: 보험금 지급지체로 인한 손해배상과 보험자의 신의성실의무 (2010.3)

쟁점보고서 7: 보험계약자의 계약후 신의성실의무(2010.7)

쟁점보고서 8: 보험중개사의 보험료지급책임: 제53조는 개정되어야 하나? (2010.7)

쟁점보고서 9: 해상보험증권의 형식적 요건: 제22조는 폐지되어야 하나? (2010.8)

자문보고서 No 201: 보험계약법: 계약후 의무와 기타 쟁점(2011.12)

자문보고서: 기업보험자의 고지의무와 워런티법(2012.7)

법률개정위원회의 간략히 요약된 보고서도 다수의 페이지로 이루어져 있고, 깊은 연구와 고찰을 하지 않고서는 정당하게 기술될 수 없었다. 위에서 언급된 보고서가 법률개정위원회의 402페이지의 2014년 7월의 보고서: 보험계약법, 기업고지의무, 워런티, 보험계약자의 사기적 보험금청구, 지체한 지급에 농축되었고, 보험법안 초안과 법률주석서가 이어 출간되었다. 다음 설명(Ⅳ~Ⅷ)은 법률

17) Law Commissions, July 2014 Report, paras 1.8-1.9.
18) Law Com 293, p. 3; Law Commissions, July 2014 Report, paras 1.8-1.9.

개정위원회가 2014년 최종보고서에서 확인하고, 2015년 보험법이 교정하고자 의도했던 문제점을 요약하고자 하였다.

Ⅳ 구법의 문제점

법률개정위원회는 구법은 보험자에게 지나치게 유리하고 보험계약자의 이익에 반한다고 고찰하였다. 주로 문제가 되었던 것은 1906년 해상보험법이었고, 법률개정위원회는 다음과 같은 2가지 기본적인 결함이 있다고 고찰하였다. 첫째는 정책의 결함으로 1906년 해상보험법은 워런티 위반의 효과, 계약전 고지의무를 포함한 다수의 측면에서 보험자를 주도적 지위에 놓은 것이었다. 두 번째의 결함은 1906년 해상보험법은 '명확하고 직설적인 용어'로 기술되어서 법관이 법률을 발전할 권한을 제한한다는 것이었다.[19] 법률개정위원회는 1906년 해상보험법은 유지할 것이 많이 있지만, 특정한 측면은 시대에 뒤늦어 보험이 기대대로 대응하지 못할 가능성이 증대되었다고 고찰하였다.[20] 이로 인해 지연, 비용, 불확실성을 초래하여 보험분쟁의 위험을 증대시킨다고 고찰되었다.[21] 따라서 1906년 해상보험법이 개정되지 아니하는 한, 세계시장에서의 영국법에 대한 국제적 신뢰가 훼손될 것이라는 우려가 존재하였다.[22]

Ⅴ 신의성실의무와 취소

법률개정위원회의 구법에 대한 주된 비판은 고지의무의 성질과 위반의 효과로서 취소만이 인정된 것이었다.

1. 고지의무의 성질

법률개정위원회는 고지의무의 성질에 관한 2가지 문제점을 확인하였다. 정보가 제대로 이해되지 않고 지나치게 부담이 크다는 것이었고, 고지의무는 데이터

19) David Hertzell, op. cit., para 1.11.
20) Law Commissions, July 2014 Report, para 1.3.
21) Law Commissions. Law Commissions, July 2014 Report, para 1.3.
22) Law Commissions, July 2014 Report, para 1.3.

덤핑현상과 보험금 청구단계에서의 분쟁증가라는 2가지 결과를 초래한다고 보았다. 구법상 고지의무에 따라 보험계약자는 보험계약을 체결하기 전에 인식하거나 인식해야 하는 모든 중요한 사항을 고지할 것이 요구되었다. 법률개정위원회에 따르면 이 의무가 지나치게 광범위하고 막연해서 보험계약자는 이를 이행했다고 확신하기 매우 어려웠다.[23] 정보가 분산되어있는 중소기업과 대기업에서는 회사가 인식하거나 인식해야 하는 것이 무엇인가.[24] 누구의 인식이 고지해야 하는 사항이고,[25] 무엇이 고지사항인가에 대해 이해하기가 어려웠다. 이로 인해 중요한 정보를 고지하지 못하게 된다고 고찰되었다.[26] 구법상의 고지의무에서는 중소기업과 대기업으로서 중요한 사항은 현저한 양 또는 감당할 수 없는 양에 이르기 때문에 중소기업과 대기업으로서는 고지의무의 특징으로 지나치게 부담이 큰 것이 들어졌다.[27] 이것은 일부는 1906년 해상보험법 이래 보험계약자나 보험자가 이용가능한 정보가 기하급수적으로 증가한 것으로 인한 것이고, 구법은 점차 시대착오적으로 판단되는 것을 의미하였다.[28]

무엇이 중요한 사실인가와 어떠한 인식이 고지의무의 목적을 위한 것인가에 대한 불확실함이 결합되어 불고지로 취급받는 것에서 보호받기 위해 구조화되지 않은 방대한 양을 고지하는 것을 의미하는 데이터 덤핑이 발생했다.[29] 이 현상은 1906년 해상보험법이 보험계약자가 보험자에게 고지하는 방식에 대해 규정하지 않은 것에 일부 기인하였다.[30] 보험자에 대한 데이터 덤핑의 실무상 명백히 어려움이외에도, 법률개정위원회는 다량의 처리되지 않고 무관한 정보 속에 중요한 사항이 묻히고 마는 실무를 우려하였다.[31] 데이터 덤핑 이외에 구법은 특정한 경우 보험금청구단계에서 분쟁을 야기한다고 적시되었다. 보험자는 보험금청구가 행해지지 않거나 보험금청구가 행해질 때까지는 질문을 하지 않고 빈약한 양의 위험제공을 수용하고,[32] 고지의무위반을 이유로 보험계약을

23) Law Commissions, July 2014 Report, para 1.27.
24) Law Commissions, July 2014 Report, paras 3.11(2), 5,8.
25) Law Commissions, July 2014 Report, para 5.15.
26) Law Commissions, July 2014 Report, para 5.10.
27) Law Commissions, July 2014 Report, para 5.14.
28) Law Commissions, July 2014 Report, paras 1.18, 3,2.
29) Law Commissions, July 2014 Report, paras 3.7, 5.28.
30) Law Commissions, July 2014 Report, para 5.28.
31) Law Commissions, July 2014 Report, paras 5.29.

취소하고 보험금지급을 거부하기 위해 고지사항을 상세히 재심사하는 것을 의미한다.[33]

2. 고지의무위반의 효과

보험계약자의 계약전 고지의무의 성질과 이로 인한 문제점에 대한 우려에도 불구하고, 법률개정위원회의 주요 관심사는 취소의 효과이었다. 취소의 효과만인 인정되는 것은 너무 엄격하고,[34]전부 또는 전무식이며,[35] 보험자를 과대하게 보호하는 것[36]이라고 기술되었다. 취소는 위반의 중대성에 따라 차별할 수 없고, 사기적이나 선의로 인한 고지의무위반인가를 고려하지 않고 적용되었다. 또한 보험계약자가 고지의무를 이행했더라면 보험자가 실제로 달리 행했는가 (보험료증액청구, 다른 조건을 부과)를 고려하지 아니하였다.[37] 마지막으로는 전부 또는 전무식의 취소의 성격상 보험자가 화해비용을 절감하기 위한 협상도구로 취소의 위협을 가하는 문제를 야기하였다.[38] 1906년 해상보험법이 고지의무위반의 효과로서 취소만을 규정하였기 때문에, 취소의 효과의 문제는 보통법에 의해 치유될 수 없었다.[39] 따라서 법률개정위원회는 고지의무에 관한 법개정이 필수적이라고 결론지었다.

VI. 워런티와 기초조항

1. 워런티 위반

취소 바로 직후 구법상 제기된 문제는 워런티 위반이었다. 법률개정위원회는 워런티 위반이 시간의 경과로 치유되거나 워런티 위반이 실제 손해를 야기하기 아니한 경우에, 보험자가 워런티 위반을 근거로 면책이 가능한 것에 대해 비판

---

32) Law Commissions, July 2014 Report, para 5.37.
33) Law Commissions, July 2014 Report, paras 1.27, 3.11(3).
34) Law Commissions, July 2014 Report, para 1.27.
35) Law Commissions, July 2014 Report, para 5.41.
36) Law Commissions, July 2014 Report, para 5.42.
37) Law Commissions, July 2014 Report, para 11.16.
38) Law Commissions, July 2014 Report, paras 5.42, 11.19.
39) Bernard Rix, op. cit., p. 115.

하였다.[40] 예컨대 강도경보워런티의 경우 손해가 홍수로 인한 것이어서 워런티 위반이 손해와 아무 관련이 없는 경우에도 보험자는 면책이었다.[41] 1906년 해상보험법상은 취소와 함께와 워런티 위반의 경우 보험자는 자동적으로 면책이라고 명확한 용어로 규정하고 있었기 때문에 보험계약자는 워런티 위반이 치유되었다는 주장을 할 수 없었다. 법률개정위원회는 기술적인 워런티 위반에 의거할 수 있는 사례가 매우 드물다는 것은 인정하였지만, 워런티 위반에 근거한 주장은 보험금청구의 화해비용을 절감하기 위한 협상도구로 이용될 수 있다고 고찰되었다.[42]

2. 기초조항

전형적으로 청약서상의 진술이 기초조항이라고 보험계약자가 명시한 기초조항에도 워런티와 같은 불공정성이 인정된다고 판단하였다. 구법에서는 이것은 청약서에 기재된 모든 사항이 진실이라는 워런티에 해당하였다. 따라서 어느 사항이라도 부정확하면 보험자는 워런티 위반이고, 보험자는 항구적으로 면책이었다. 기초조항은 법률개정위위원회에 의해 주로 청약서상 여하한 착오가 아무리 사소하여도 보험자는 면책이라고 오랫동안 비판받았다.[43] 기초조항은 또한 보험계약자가 거의 이해하지 못하였다. 따라서 법률개정위원회는 그 폐지를 제안하였다.

Ⅶ 사기적 보험금청구

법률개정위원회는 보험사기가 중대하고, 다액의 보험금누수가 발생하는 문제이며, 민사법이 억제장치로서 중요한 역할을 해야 한다고 인식하였다.[44] 따라서 사기행위자에 대한 억제장치로서 민사법상 보험사기의 결과에 대하여 명확한 규정을 두는 것이 필요하다고 고찰하였다.[45] 그러나 법률개정위원회는 사기행

40) Law Commissions, July 2014 Report, para 1.28.
41) Law Commissions, July 2014 Report, para 12.4(3).
42) Law Commissions, July 2014 Report, para 1.28.
43) Law Commissions, July 2014 Report, para 13.6 이하.
44) Law Commissions, July 2014 Report, paras 19.1-19.3.
45) Law Commissions, July 2014 Report, para 21.5.

위자는 진정한 보험금청구를 포함하여 보험금청구권을 상실하는 보통법원칙[46]과 신의성실의무위반을 이유로 보험계약 전체를 취소하는 1906년 해상보험법 사이[47]의 상충의 결과 사기적 보험금청구에 관한 법률은 약간 혼란스럽다고 고찰하였다.[48] 실무상으로 이 점에 관하여 약간의 불확실성이 남아 있었지만,[49] 이 혼란은 실제적이라기 보다는 이론상의 것으로 법원은 일반적으로 보험자가 사기적 보험금청구를 이유로 보험계약을 취소하는 것을 허용하지 않고 있었다.[50] 또한 사기적 보험금청구 후에 선의의 청구가 있는 경우 사기적 보험금청구의 효과에 대하여 불확실성이 존재하였다. 일반적으로 사기적 보험금청구의 경우 보험자는 계약위반을 이유로 보험계약을 종료할 수 있지만, 보험계약은 종료권을 행사할 때까지는 존속하며, 종료권한이 행사되기 이전에 발생하는 보험금청구는 지급되어야 한다.[51] 반대의 견해도 존재하는바, 사기적 보험금청구는 보험계약을 자동적으로 종료하게 하여 사기 이후에 발생하는 보험금청구는 지급될 필요가 없다고 한다.[52] 법률개정위원회는 사기적 보험금청구에 관하여 법

46) Manifest Shipping Company Ltd v. Uni-Polars Shipping Co Ltd(The Star Sea) [2001] UKHL 1, [2003] 1 AC 469, [62]-67(홉하우스판사); Star Sea호는 선장인 Kollakis와 두 아들 소유로 동인은 Centaurus호와 Kastora호도 소유하고 있었던바, 이 3척의 선박은 이들이 이사인 Kappa Ltd에 의하여 관리되고 있었다. Centaurus호와 Kastora호는 화재에 의하여 멸실되었는데 Kastora호를 조사한 전문가의 보고서는 Kastora호의 제동기(dampers)가 작동하지 않아 엔진룸이 정상적으로 밀폐되지 않아 화재방지시스템이 작동되지 않음으로 인하여 화재가 확대되었다고 되어 있었다. 그 후 Star Sea호는 화재로 인하여 추정전손이 되었지만 제동기에 하자가 있음이 발견되었다. Kastora호의 보고서는 보험자에게 제출되지 않았지만 재판때까지 Kollakis 아들 형제들도 확인하지는 못하고 있었다. 피보험자의 보험금 청구에 대하여 보험자는 위의 보고서를 알리지 않은 것은 사기로서 신의성실의무위반이라고 주장하였다. 법원은 피보험자가 선의이고 최대선의의무를 위반한 것은 아니라고 하여 피보험자의 보험금 청구를 인용하였다. 쟁점의 하나는 보고서를 본 전문적 지식을 가진 이사(Nicholadis씨)가 사기적으로 보험금을 청구하는 피보험자로 행위하였는가 여부이었는데, 그는 피보험자가 아니라고 판시하였다.

47) 1906년 해상보험법 제17조

48) Law Commissions, July 2014 Report, paras 1.31, 20.1

49) Manifest Shipping Company Ltd v. Uni-Polars Shipping Co Ltd(The Star Sea) [2001] UKHL 1, [2003] 1 AC 469, [110] (스코트판사)

50) Agapitos v. Agnew (No 1) (The Aegeon) [2002] EWCA Civ 247. [2003] QB 556, [45](맨스판사); Axa General Insurance Ltd v. Gottlieb [2005] EWCA Civ 112, [2005] 1 All ER (Comm) 445.

51) Axa General Insurance Ltd v. Gottlieb [2005] EWCA Civ 112, [2005] 1 All ER (Comm) 445, [22](맨스판사).

률로 명확히 하는 것이 적절하다고 판단하였고, 2015년 보험법은 이를 규정하고 있다.

Ⅷ 보험금 지급지체로 인한 손해배상

법률개정위원회는 영국의 구법상 손해보험자는 상당한 기간 안에 보험금을 지급하지 않음으로 인하여 발생한 예견가능한 손해에 보상책임이 없다는 사실을 비판하였다.[53] 예컨대 부보된 공장소유자의 재산이 탈취되었는데 오랫동안 보험금청구가 다투어져 공장소유자가 기업을 매도할 수밖에 없게 된 경우, 보험자가 보험금청구가 유효하다고 승인한 경우에도 그 손해를 보상받을 수 없었다.[54] 일반적으로 이것은 보험금이 적절한 시간내에 지급되지 않으면 손해를 복구하기 불가능한 소규모의 보험계약자에게는 크게 불리한 것이었다.[55]

구법에 의해 야기된 문제는 손해보험자는 보험사고에 대해 피보험자는 피해가 없도록 유지해야 한다는 추상적인 법률원칙의 산물이었다. 달리 말하면 보험자는 부보선박이 침몰하지 않은 것과 같이 하거나 부보건물이 소훼되지 않은 것처럼 처리할 것을 약속한 것으로 취급된다.[56] 보험사고로 인해 손해가 발생하면 보험자는 피보험자에게 피해가 없도록 유지하여야 할 의무위반으로 인한 손해를 배상할 책임을 지지만,[57] 영국법상 피보험자에게는 손해배상을 하지 않음으로 인한 청구권을 인정하지 않았다.[58] 법률개정위원회는 이와 같은 추상적인 법원칙이 보험계약법상의 당사자의 의무에 대한 이해와 부합하지 않는다고 비판하였지만,[59] 동위원회는 피해를 입지 않도록 유지한다는 추상적인 법원칙

52) David Kendall and Harry Wright, op. cit., para 1.17.
53) Sprung v. Royal Insurance (UK) Ltd [1999] 1 Lloyd's Rep IR 111; Apostlos Konstantine Ventouros v. Trevor Rex Mountain (The Italia Express) (No 3) [1992] 2 Lloyd' Rep 281.
54) Sprung v. Royal Insurance (UK) Ltd [1999] 1 Lloyd's Rep IR 114.
55) Law Commissions, July 2014 Report, para 26.9.
56) David Kendall and Harry Wright, op. cit., para 1.19.
57) Firma C-Trade SA v. Newcastle Protection and Indemnity Association (The Fanti); Secony Mobil Oil Inc v. West of England Ship Owners Mutual Association(The Padre Island) (1991) 2 AC 1. 35(고프판사).
58) The President of India v. Lips Maritime Corporation(The Lips) [1988] AC 395, 425(브랜든판사).

을 폐지하지 않았다.[60] 이것은 추상적인 법원칙이 적어도 소멸시효기간이 개시하는 때에 관한 불확실성에서는 유용하지 않지만, 이자의 산정에 있어서 유용하다는 것은 인정한 것이다.[61] 그러나 법률개정위원회는 보험금지급 지체에 대한 손해배상책임을 금지하는 것을 비판하였고, 비교법적으로도 타당하지 않으며, 일반적인 법원칙에 반한다고 판단하였다.[62] 동위원회는 보험자가 부당하게 보험금지급을 거부하거나 지체하는 경우에 피보험자는 구제되어야 한다고 결론지었다.[63]

Ⅸ 의회에서 보험법의 제정

2012년 소비자보험(고지)법과 같이 2015년 보험법은 토론에 붙이지 않는 특별절차[64]에 따라 법률개정위원회초안으로 입법되었다. 2015년 보험법안이 상원에 제출되었을 때, 동법은 특별절차에 적합한 것으로 판단되었다. 법률개정위원회의 2014년 7월 보고서에 첨부된 원래의 법안은 제11조(특별히 명시한 손해에 관한 조건)와 제14조(보험금지급 지체의 효과)라는 매우 복잡한 것으로 증명된 두 조항이 포함되어 있었다.

제11조는 조건이 충족되는 경우에 특정한 유형의 위험을 감소하게 하는 경우에 보험자는 실제손해가 다른 유형이면 보상책임이 없다고 규정하고 있었다. 2014년 7월 보고서가 발표된 후, 불확실하고 범위가 넓다는 근거로 반대가 있었다.[65] 재무부는 법률개정위원회에 이 조항의 수정을 요청하였고, 2014년 11

59) Law Commissions, July 2014 Report, para 26.5.
60) Law Commissions, July 2014 Report, para 25.9.
61) David Kendall and Harry Wright, op. cit., para 1.19.
62) Law Commissions, July 2014 Report, para 1.32.
63) Law Commissions, July 2014 Report, para 24.4.
64) 이 절차는 상원에 제출되어 특별공공법안위원회에서 고찰되어 상원과 하원의 심리에서 적은 시간이 소요되고 입법에 있어서 가장 유리한 지위에 서게 한다. 특별공공법안위원회절차는 축조심사와 개정을 고찰하기 이전에 위원회행위단계를 생략하고 정선한 위원회에 위임하여 서면증거와 구두증거를 채택할 수 있다. 어떠한 법안도 이와 같이 조사될 수 있지만, 토론에 붙이지 않는 법률개정위원회초안과 같은 절차는 정당정치단계에서 토론이 붙이지 않는 기술적인 절차로 통상 유보된다.; David Kendall and Harry Wright, op. cit., para 1.20.
65) House of Lords, Paper 81, p. 78(BILA가 제시한 메모, para 39).

월 7일 법률개정위원회는 새로운 제11조를 제출하였지만, 2014년 12월 2일 특별공공법안위원회에서 고찰될 때 뉴비 재무부장관은 개정조항도 또한 논의가 필요하다고 다음과 같은 의견을 제시하였다.[66]

의장(울프경): 정부는 법률개정위원회의 손해와 무관한 조건을 규율하는 2014년 11월의 조항의 개정을 추구하시나요?

뉴비경: 이 점에 관해서는 이해관련당사자의 합의가 없었다. 칙선변호사(QC)가 부적절하거나 어렵다고 판단한 다수의 근거가 위원회의 구성원에게 제출되어 있다. 현재 법률개정위원회는 합의가 존재한다고 느끼지 않는다.

이에 따라 2014년 12월 14일 특별공공법안위원회는 개정 제11조를 포함하지 않은 초안을 발표하였다. 그러나 크리스마스를 지나면서 변화의 기류가 감지되었고, 2015년 1월 9일 발표된 초안은 개정된 제11조를 포함하였다. 제11조를 포함한 초안은 2015년 1월 16일 상원에 상정되어 2015년 2월 12일 국왕의 승인을 받았다.

반면 원래 법안 제14조는 입법되지 못했다. 보험법안 제14조는 보험금청구에 대해 상당한 기간 안에 지급해야 하고, 그 위반의 경우 손해배상책임을 진다는 묵시적 조건을 모든 보험계약에 삽입하는 것이었다. 이 개혁은 법률개정위원회의 2014년 여름의 자문기간 동안 반대의견이 제시되었고, 지급지체에 관한 조항은 특별공공법안위원회에 입법안이 제출될 때 철회되었다. 그러나 정부는 지급지체조항의 입법의도를 지지하였고, 2015년 제안된 기업법에 관련조항을 포함하였으며, 2016년 5월 4일 국왕의 승인을 받았다.

X 해석보조자료: 입법이유서와 법률개정위원회의 문서

1. 개관

보험법의 일부는 의도적으로도 판단되지만 불명확하다. 명확한 예로서는 제4조의 합리적 조사, 상급 관리자, 제11조 제1항의 전체적으로 위험을 정의하는 조건, 제11조 제3항의 심사의 의미, 제13A조 제1항의 보험금을 지급하는 상당

66) House of Lords, Paper 81, p. 46.

한 기간 등을 들 수 있다. 보험법에 관한 판례가 없는 것이 더욱 어렵게 하고 있다.[67] 그러나 다수의 철저히 조사된 법률개정위원회의 문서가 존재하고, 이는 보험법을 이해하고, 보험법이 어떻게 작용할 것인가에 대해 매우 유용하다. 또한 입법이유서도 있다.

법령을 해석하는 법원의 임무는 법령의 문언으로부터 확인되는 의회의 의도를 결정하는 것이다. 입법이유서와 법률개정위원회의 문서는 법령문언을 해석하는데 있어 직접 허용되지는 않는다.[68] 그러나 이것이 이 자료가 부적절하다는 것은 아니다. 그러나 이들은 보험법의 의미를 이해하는데 있어 상당한 영향을 미치고, 적어도 해석에 대한 적절한 접근을 위해 법률개정위원회가 달성하고자 하는 것에 의하여 정보를 얻어야 할 것이다.[69]

2. 법률개정위원회의 문서

법률개정위원회의 보고서는 의회가 제시하고자 하는 문제와 법령의 배후에 있는 정책을 이해가 위해서 참조된다. Black-Clawson판결에서 딜호른판사는 "당시의 법에 관하여 그리고 법이 구제하려고 한 해악 또는 결함 양자에 관한 정확한 정보자료로서 법률개정위원회의 보고서 이외에 무엇을 상상할 수 있을까?"라고 하였다.[70] Yaxley v. Gotts사건[71]에서 법률개정위원회의 문서는 해악을 야기한 구법과 문제에 관한 소중한 지침이라고 언급되었다. 이러한 이유로 클라크판사는 법률개정위원회의 권고의 결과 법령이 제정되는 경우에, 특정한 조항이 어떻게 해석되어야 하는가에 대해 종국적이지는 않지만, 법이 치유하고자 의도한 해악과 그 배후에 있는 공공정책 양자를 확인하는데 법원이 법률개정위원회의 권고를 고려하는 것이 적절하고 허용된다고 하였다.[72]

법률개정위원회의 문서의 효용은 해악의 성격을 식별하는데 국한되지 않는

67) David Kendall and Harry Wright, op. cit., para 1.24.
68) Arnould, supp. to 18th edn, para 1.2-02.
69) Black-Clawson International Ltd v. Paierweke Waldhof-Aschaffenburg A.G. [1975] AC 591, 622-623(딜호른판사).
70) Black-Clawson International Ltd v. Paierweke Waldhof-Aschaffenburg A.G. [1975] AC 591, 622-623(딜호른판사).
71) [2000] Ch 162, 176(로버트 워커판사).
72) Yaxley v. Gotts [2000] Ch 162, 176(클라크판사).

다. 보험법상 초안에 첨부된 법률개정위원회의 보고서(예컨대 2014년 7월 보고서)가 존재하는 경우에, 법원은 초안의 조항과 보험법의 규정을 대조할 수 있고, 어귀상의 중요한 차이가 없으면 법원은 의회가 법률개정위원회의 권고를 수용하여 이를 시행할 의도이다라고 결론짓는 것은 적절하다[73] Black-Clawson 사건에서 딜호른판사가 판시와 같이 "위원회 또는 법률개정위원회가 변경 없이 시행된 보고서와 초안을 발간한 경우, 위원회가 권고할 것을 행할 의회의 의사와 위원회가 염두에 둔 목적을 달성하고자 한 의사를 안심하고 추측할 수 있다. 내 생각으로는 위원회의 권고와 초안에 대한 고찰은 법원이 참조하는데 금지되지 않는 소중한 해석보조자료에 해당한다."

이 고찰은 대부분의 2015년 보험에 적용된다.[74] 따라서 이 보고서는 2015년 보험법을 해석하는데 특히 유용하고, 이 책 전반에 널리 참조될 것이다.

3. 입법이유서

입법이유서는 법령의 객관적인 배경과 그 문맥과 관련하여 해석보조자료로 허용된다.[75] 그러나 R. (on the application of Westminster City Council v. National Asylum Support Service사건[76]에서 스테인 판사는 "법령의 어귀의 범위에 관한 정부의 바램과 소망을 의회의 의사를 반영한 것으로 처리하는 것은 허용되지 않는다. 입법이유서에 적시된 조항의 의미에 관한 정부의 목적은 의회에 귀속될 수 없다. 그 목적은 입법된 문언이 표시하고자 하는 의도가 무엇인가를 고찰하는 것이다."고 하였다.

---

73) Black-Clawson International Ltd v. Papierweke Waldhof-Aschaffenburg A.G. [1975] AC 591, 622-623(딜호른판사).

74) 예외로는 2015년 보험법 제4조 제4항, 제4조 제8항 (a)호, 제11조, 보험금지급 지체로 인한 손해배상, 2010년 제3자법(보험자에 대한 권리)을 수정하는 조항 등이다.; David Kendall and Harry Wright, op. cit., para 1.27.

75) Flora v. Wakom [2007] 1 WLR 482, [15]-[17](부르크판사).

76) [2002] 1 WLR 2956, [6].

제2장 2015년 보험법의 적용범위

I. 2015년 보험법의 적용범위에 관한 규정

2015년 보험법은 시행시기, 적용지역 그리고 적용범위에 관하여 다음과 같이 규정하고 있다.

제22조 제2부에서 제5부까지의 적용범위

(1) 제2부(그리고 제21조)와 제14조는 다음에 관해서만 적용된다.
  a. 당해 기간 종료 후 체결된 보험계약
  b. 당해 기간 종료 후 합의된 보험계약.

(2) 제3부와 제4부는 당해 기간 종료 후 체결된 보험계약과 그 계약의 변경에만 적용된다.

(3) 제1항과 제2항에서 '당해기간'은 이 법이 통과된 날로부터 18월을 의미한다.

(4) 다른 의사가 나타나지 않는 한, 보험계약자와 보험자에 관련하여, 또는 의하여 행해진 것에 대한 참조는 그 자의 대리인에 관련하여 또는 의하여 행해진 것을 포함한다.

제23조 범위, 시행일, 약어

(1) 다음을 제외하고 이 법은 영국, 웨일즈, 스코틀랜드, 북아일랜드에 적용된다.
  a. 제21조 제4항은 북아일랜드에 적용되지 아니한다.
  b. 제21조 제5항은 북아일랜드에만 적용된다.

(2) 이 법(제6부와 본조를 제외함)은 이 법이 통과된 날로부터 18월 후 시행된다.

(3) 제6부중 a. 제19조는 이 법이 통과된 날로부터 2월후 시행된다. b. 제20조와 부록2는 2010년 제3자(보험자에 대한 권리)법 제21조 제2항에 지정된 날로부터 시행된다.

(4) 이 조는 이 법이 통과된 날로부터 시행된다.

(5) 이 법은 2015년 보험법이라고 인용될 수 있다.

Ⅱ 시행시기

1. 시행일

이 법은 국왕의 승인을 받은 2015년 2월 12일부터 18월 후인 2016년 8월 12일부터 시행되지만, 4가지 예외가 있다.[77] 따라서 제2부(공정한 제공의무), 제3부(워런티와 기타 조건), 제4부(사기적 보험금청구), 제5부(신의성실과 임의 규정)는 2016년 8월 12일부터 시행되었다. 4가지 예외가 있지만, 2016년 8월 12일 이후 체결되고 영국법에 의해 규율되는 보험계약은 이 적용된다. 보험계약은 2015년 보험법, 1906년 해상보험법에서 정의되어 있지 않고, 이 문구의 의미는 보통법에 의해 규율된다.[78]

2016년 8월 12일 시행일에는 4가지 예외가 있다. 첫째, 이 법의 범위와 시행일을 규율하는 제23조는 이 법이 통과된 2015년 2월 12일부터 시행된다.[79] 둘째, 제19조는 국왕 승인 후 2월 후인 2016년 4월 12일에 시행되었다.[80] 제19조는 2010년 제3자(보험자에 대한 권리)법, 특히 법령상의 '당해 사람'의 의미를 개정하는 국무장관의 권한을 개정하였다. 셋째, 제20조와 부록2는 2010년 제3자(보험자에 대한 권리)법 제21조 제2항에서 지정된 2016년 8월 1일 시행되었다. 제20조와 부록2는 2015년 보험법이 적용되는 피보험자에 관한 2010년 제3자(보험자에 대한 권리)법을 개정한다. 넷째, 이 법 제13A조는 2017년 5월 4일부터 시행되었다. 제13A조는 2016년 기업법 제5부로 2015년 보험법에 삽입되었다.[81] 따라서 상당한 기간 안에 보험금을 지급할 의무가 보험계약에 부과되었고, 이를 위반하면 보험계약자는 지급지체로 인한 손해배상청구권을 가진다. 다음 표 2-1은 2015년 보험법이 시행되는 일자를 요약한 것이다.

---

77) 2015년 보험법 제23조 제2항.
78) Law Commissions, July 2014 Report, para 2.5; John Birds, Ben Lynch, Simon Mines, MacGillivray on Insurance Law(13th ed. Sweet & Maxwell, 2015), para 1-001.
79) 2015년 보험법 제23조 제4항.
80) 2015년 보험법 제23조 제3항 a호.
81) 2016년 기업법 제28조-제30조.

<표 2-1> 2015년 보험법의 시행시기

법조문	시행일
제23조(이 법의 시행과 적용)	2015년 2월 12일
제19조(2010년 제3자(보험자에 대한 권리) 법상 '당해 사람')의 의미	2016년 4월 12일
제20조와 부록 2) (2010년 제3자(보험자에 대한 권리) 법이 적용되는 피보험자를 수정)	2016년 8월 1일
제13A조(보험금지급 지체)	2017년 5월 4일
이 법의 나머지	2016년 8월 12일

2. 적용예

예외가 있지만 이 법은 2016년 8월 12일부터 시행된다. 따라서 이 법은 2016년 8월 12일 이후 체결된 모든 보험계약에 적용된다. 예컨대 보험자가 2016년 8월 11일 인수하고, 4개의 추가 보험자가 2016년 8월 12일에 동일한 위험을 인수하였다면, 전자의 보험계약에는 구법이 적용되고, 후자의 4개의 보험계약에는 이 법이 적용된다. 이에 최초 보험자에게 지는 것은 고지의무이고, 4개의 보험자에게는 공정한 제공의무를 진다. 위반의 경우 효과도 다르다. 보험계약에 워런티가 포함되어 있는 경우, 보험계약자가 이를 위반하면, 최초 보험자는 항구적으로 면책되지만, 4개의 보험자의 책임은 위반이 치유되고 치유될 때까지 정지된다.

3. 보험계약의 변경

2016년 8월 12일 이후 행해진 보험계약의 변경의 경우 이 법의 모든 조항이 적용되는 것은 아니다. 이 법 제2부(공정한 제공의무, 그 위반의 효과, 고지의무에 관한 인식에 관한 법원칙)는 실제 보험계약이 체결되었는가를 묻지 않고 2016년 8월 12일 이후 체결된 보험계약의 변경에 적용된다.[82] 2016년 보험법 시행 이전에는 보험계약자가 원래의 보험계약을 변경하기를 원하고, 보험자가 추가 위험을 인수하려면, 보험계약자는 변경과 관련된 모든 중요한 사항을 고지하여야 하였다. 2015년 보험법상은 유사하다. 즉 보험계약자가 계약을 변경하

82) 2015년 보험법 제22조 제1항 b.호.

고 보험자가 추가위험을 보장하는 경우, 그 위험에 관하여 공정한 제공의무를 진다. 원래의 보험계약이 2016년 8월 12일 이전이나 이후에 체결되었는가는 묻지 아니한다. 따라서 계약의 변경에 관하여 원래의 보험계약이 고지의무를 지는 2016년 8월 12일 이전에 체결되었어도 보험계약자는 공정한 제공의무를 진다. 예컨대 2016년 1월 1일 선박을 부보하는 해상보험계약이 체결되고, 2016년 9월 1일 보험계약자가 보험자에게 추가보험료를 지급하고 보험계약상의 지역상 제한되는 해역밖을 보장할 것을 청약하는 경우, 보험계약자는 계약이 성립하기 이전에 공정한 제공의무를 진다. 보험계약자가 이 의무를 위반하면, 보험자는 부록1에 의거한 비율적 보상책임을 진다. 반면 보험계약자가 보험계약이 성립하기 이전에 부담하였던 고지의무를 위반하였다면, 보험자는 취소권만을 행사할 수 있다.83)

제3부와 제4부의 적용에 있어서의 지위는 다르다. 제3부와 제4부는 워런티와 기타 조건, 사기적 보험금청구를 규율하고 있다. 제2부 모두 2016년 8월 12일 이후 체결된 보험계약과 그 이후에 변경된 보험계약에 적용된다.84) 그러나 2016년 8월 12일 이전에 보험계약이 체결되고, 그 이후에 변경되면 적용되지 아니한다.85) 보험계약이 2016년 1월 1일 체결되고, 2016년 8월 13일 워런티가 추가되어 변경되었다면, 그 계약은 2016년 8월 12일 이전에 체결되었기 때문에 워런티에 관한 2015년 보험법이 적용되지 않는다. 그러나 원래의 보험계약이 2016년 8월 12일 이전에 체결되었더라도 그 변경에 관해서는 공정한 제공의무를 진다.86)

4. 보험과 재보험, 재재보험

2015년 보험법상 명확히 규정되어 있지 않지만, 동법은 모든 보험계약, 재보험계약, 재재보험계약에 적용된다.

83) David Kendall and Harry Wright, op. cit., para 2.5.
84) 2015년 보험법 제22조 제2항.
85) 2015년 보험법 제22조 제2항.
86) 2015년 보험법 제22조 제1항 b호.

5. 보험계약이 체결되는 시기

가. 의의

보험계약이나 그 변경이 체결되는 시점을 이해하는 것이 중요하다. 왜냐하면 그래야만 2015년 보험법에 의해 규율되는지 여부를 확인할 수 있기 때문이다. 로이즈시장에서는 보험자가 위험의 인수부분을 승낙할 때 당사자사이에서는 구속력 있는 계약이 설정되므로 슬립에 승낙을 기재하는 시점이 대부분의 경우 보험계약의 체결시점이다.[87]

나. 책임개시시점과의 구별

보험계약의 성립시점과 보험자의 책임의 개시시점은 구별된다.[88] 개시시점은 보험자의 책임이 시점이고, 보통 보험계약의 성립하는 시점보다 늦다.

다. 포괄예정보험과 특약재보험

(1) 의의

포괄예정보험(open cover insurance)은 계속적, 반복적으로 적하가 선적되는 경우에 특약서에서 대상적하의 범위, 항로와 수송용구, 보험조건(담보위험, 손해보상범위, 보험기간), 보험요률, 각 선적에서의 보험가액과 보험금액 등이 정해지고, 개별적으로 선적된 대상적하의 계약내용이 확정되는 즉시 보험자에게 확정통지가 행해지는 보험이다.[89]

특약재보험(treaty reinsurance)은 출재자가 다수의 원수보험계약중 미리 합의한 내용에 합치되는 것을 포괄적, 자동적으로 출재하는 보험계약이다. 출재자가 미리 합의한 내용에 합치하는 원수보험계약에 대하여 출재할 의무를 지고, 타방 수재자도 당해보험계약에 대하여 수재할 의무를 지는 것이 일반적이다(의무/의무특약재보험). 반면 출재자가 미리 합한 내용에 합치하는 보험계약에 대

87) General Reinsurance Corp. v. Forsaklingaktiebolaget Fennia Patria [1983] QB 856 (CA). [1983] 2 Lloyd's Rep 287.; 양승규·한창희, 해상보험법, 삼지원, 2007, 122-123면.

88) David Kendall and Harry Wright, op. cit., para 2.7.

89) 양승규·한창희, 전게서, 33~34면.

하여 출재하는가는 임의이지만, 타방, 수재자는 출재된 보험계약에 대하여 수재할 의무를 지는 계약을 임의/의무특약재보험이라고 한다.[90]

(2) 의무/의무 포괄예정보험, 특약재보험

의무/의무 포괄예정보험과 특약재보험에서 보험계약자는 특정한 위험을 청약하고, 보험자는 이를 인수하여야 한다. 따라서 보험계약은 특정일에 체결되고, 보험계약자에 의한 이후의 확정통지는 새로운 계약을 이루지 않는다.[91] 따라서 2016년 8월 12일 이전에 의무/의무포괄예정보험이 체결되었지만, 그 후에 확정통지되었으면, 구법이 적용된다. 2016년 8월 12일 이후 수년 동안 포괄예정보험이 적용되는 경우에도 원래의 보험계약이 그 이전에 체결되었다면 동일하다.

(3) 임의/의무 포괄예정보험과 특약재보험

임의/의무 포괄예정보험과 특약재보험에서는 보험계약자는 위험의 청약에 대한 선택권을 가지지만, 보험자는 청약한 모든 위험을 인수해야 한다. 이는 보험계약자의 청약된 영업에 대하여 보험자가 계속판매신청을 하는 것과 같다. 이 경우 보험계약자에 의한 확정통지에 의한 위험의 청약은 개별계약을 성립하게 한다.[92] 따라서 임의/의무 포괄예정보험이 2016년 8월 12일 이전에 체결된 경우에도, 위험이 그 이후에 확정통지되면, 개별 청약된 보험계약을 규율하는 계약은 2015년 보험법에 의해 규율된다. 그러나 임의/의무 계약상 보험계약자는 공정한 제공의무를 지지 않는다. 왜냐하면 확정통지시에 새로운 공정한 제공의무를 부담하는 것은 아니고, 본질적으로 보험자는 확정통지된 위험을 인수할 수 밖에 없기 때문이다.[93]

(4) 임의/임의 포괄예정보험과 특약재보험

임의/임의보험계약에서는 보험계약자는 청약할 위험에 대한 선택권을 가지

90) 稲田行祐, 英國再保険法の基礎知識一門一答, 保険毎日新聞社, 2015, 14面.; 코리안리, 알기쉬운 재보험과 코리안리, 2011, 25면.
91) The Beurgsracht, [2001] EWCA Civ 2051. [2002] 1 Lloyd's Rep 574 [21](턱키판사).
92) Glencore International AG v. Alpina Insurance Company Limited (No 2) [2004] EWHC 66(Comm), [2004] 1 Lloyd's Rep 567.
93) Citadel Insurance Co v. Atlantic Insurance Co SA [1982] 2 Lloyd's Rep 543 (CA) [548](케르판사).

고, 보험자도 인수할지 여부에 대한 선택권을 가진다.[94] 임의/임의보험계약에서는 각 위험에 대한 청약이 새로운 보험계약을 성립하게 하고, 2016년 8월 12일 이후에 행해진 확정통지는 비록 원래 계약이 2016년 8월 12일 이전에 체결되었어도 2015년 보험법이 적용된다.

(5) 장기계약

생명보험과 같이 장기간 보험계약이 유지되는 보험계약을 고찰할 필요가 있다. 이 경우에는 2016년 8월 12일 이전에 청약되었어도, 예컨대 10년간 갱신되지 않았다면, 구법이 적용된다. 그러나 2016년 8월 12일 이후 그 계약이 갱신된 경우에는 새로운 계약이 체결된 것이고, 2015년 보험법이 적용된다.[95]

Ⅲ 적용지역-영국

1. 적용지역

이 법은 영국을 구성하는 지역, 즉 영국, 웨일즈, 스코틀랜드, 북아일랜드의 법률에 의해 규율되는 재보험과 재재보험을 포함한 보험계약에 대해 적용된다. 대부분의 경우 보험계약에는 명확한 어귀로 보험계약을 규율하는 법률을 적시하는 관할권조항을 두고 있다. 관할권조항이 없으면, 런던에서 이루어지거나 런던 중재조항, 런던고등법원관할조항이 포함된 보험계약은 영국법에 의해 규율된다.

2. 적용지역의 범위

이 법은 영국 전체, 즉 영국, 웨일즈, 스코틀랜드, 북아일랜드의 법에 적용된다. 유일한 예외로서 제21조 제4항은 북아일랜드에 적용되지 않지만, 제21조 제5항은 북아일랜드에만 적용된다. 이는 영국, 웨일즈, 스코틀랜드에서 적용되는 1988년 도로교통법과 북아일랜드에만 적용되는 1982년 도로교통(북아일랜드)시행명령사이의 차이를 반영한 것이다.

94) Berger and Light Diffusers Pty Ltd v. Pollock [1973] 2 Lloyd's Rep 442(Com Ct).
95) 금융분쟁조정위원회 2017.11.4. 결정 제2017-18호는 5년마다 갱신되는 질병보험계약의 보험기간은 5년이고, 갱신 시 새로운 별개의 보험계약이 성립한다고 하였다.

Ⅳ. 소비자보험과 비소비자보험에의 적용

1. 소비자보험, 비소비자보험에 적용

2015년 보험법의 각 부는 소비자보험 또는 비소비자보험에 적용되고. 표2-2는 이를 나타내고 있다.

<표 2-2> 동법의 소비자보험/비소비자보험에의 적용

사항	적용
공정한 제공의무: 보험자와 보험계약자의 인식. 의무위반의 효과	비소비자보험
워런티와 손해와 관련 없는 조건	소비자보험과 비소비자보험
사기적 보험금청구와 보험금지급 지체	소비자보험과 비소비자보험
신의성실의무, 임의규정	소비자보험과 비소비자보험
2010년 제3자(보험자에 대한 권리)법의 개정	소비자보험과 비소비자보험
일반조항	소비자보험과 비소비자보험

2. 소비자보험과 비소비자보험의 구별[96)]

96) 일본 보험법은 보험계약자 기타 보험계약자 측의 관여자의 보호를 위하여 특히 필요한 규정에 대하여서는 그 규정보다 보험계약자 등에게 불리한 것은 무효로 하는 상대적 강행규정성이 조문 각각에 명문화되어 있다.
생명보험계약과 상해질병정액보험계약(상해질병손해보험계약도 같음)에는 상대적 강행규정성의 적용제외가 규정되어 있지 않다. 그 근거로는 단체생명보험계약은 사업자가 체결한 것이지만, 보험계약의 이익은 직접 또는 간접적으로 단체구성원인 소비자에 귀속하는 것이 일반적이라는 것과, 재보험과 국제적인 보험시장과의 관련과 사정이 일반적으로 존재하지 않는다는 것 등이 있다(山下友信, "新しい保險法-總論的事項および若干の共通事項,"『ヅェリスト』, No. 1364, 2008. 10. 1, 15面).
손해보험계약에 대하여는 ① 해상보험계약, ② 항공보험계약, ③ 원자력보험계약, ④ 법인 기타 단체 또는 사업을 행하는 개인의 사업활동에 수반하여 생기는 손해를 보상하는 손해보험계약에 대하여서도 상대적 강행규정성의 적용이 제외되어 있다(보험법 제36조). ①~③은 명확하지만, ④에 대하여서는 일본 보험법에서는 실질기준을 채용하여 사업활동에 수반하는 위험을 대상으로 하는 보험을 의미하는 실질기준을 채용한 것으로 이해되고 있다(山下友信, 상게논문, 13面에서 山下友信교수는 예컨대 점포의 화재보험은 사업을 행하는 점포의 리스크에 대한 보험으로 주택에 대한 화재보험과는 달리 상품이 구성되는 인수판단이 행해지는 한 가끔은 영세한 점포의 사업에 대한 보험도 4호에 해당한다. 이에 대하여 업무용자동차에 대한 자동차보험이어도 자가용자동차(보험료율의 차이가 있어도)와 동일한 보험상품으로 구성되어 인수되는 경우에는 4호에 해당한다고 한다).; 한창희, 보험법, 국민대학교 출판부, 2017, 181면.

소비자보험계약은 "개인의 영업, 거래 또는 직업과 전적으로 또는 주로 무관한 목적아래 계약을 체결하는 소비자와 보험회사 사이에 체결되는 계약이다"[97] 이다. 비소비자보험계약은 소비자보험이 아닌 보험계약이다.[98]

보험계약자가 회사, 신탁과 같은 자연인 이외의 것인 경우 보험은 소비자보험계약이 될 수 없다.[99] 보험계약자가 자연인이면 그가 소비자인가는 개인의 주관적 동기에 따른다. 예컨대 개인이 자신의 자동차를 주로 사적인 이유로, 가끔은 업무상 사용하기 위해 부보하는 경우, 그의 의도가 자동차를 주로 사적으로 사용하는 것이면 이것은 소비자보험계약이다.[100] 소비자보험의 정의는 혼합적으로 사용되는 보험계약의 현실을 반영한 것이고, 이는 법률개정위원회의 의도적인 결정이다. 보험이 '전적으로 또는 주로' 영업, 거래 또는 직업과 무관하면, 그것은 소비자보험계약이다. 보험계약자가 영업목적으로 가끔 자동차를 사용할 것을 의도하여도 문제되지 않는다.[101] 그러나 보험계약자가 주로 택시서비스에 사용할 의도인 경우에는, 비소비자보험이다. 보험계약 체결시 보험계약자가 자동차를 주로 사적인 이유로 사용할 것을 고려하였지만, 보험기간 중 보험계약자가 주로 자신의 영업과 관련하여 사용하기 시작하였다면, 비소비자보험이다. 왜냐하면 보험계약체결시 보험계약자의 목적을 고려하기 때문이다.[102] 그러나 갱신시에 보험계약자가 자동차를 주로 영업, 거래 또는 직업과 관련하여 계속하여 사용할 것을 의도한 경우에는 그것은 비소비자보험계약이다.

---

97) 2012년 소비자(고지의무)법 제1조. 이 정의는 2015년 보험법 제1조에 의거해 적용된다.

98) 2015년 보험법 제1조는 비소비자보험은 소비자보험계약이 아닌 보험계약을 의미한다고 규정한다.

99) Explanatory Notes to the Consumer Insurance(Disclosure and Representations) Act 2012, para 18.

100) Explanatory Notes to the Consumer Insurance(Disclosure and Representations) Act 2012, para 18; Law commission, Consumer contract law: pre-contract disclosure and misrepresentation(Law Com No 319), 2009.12(아래에서는 Law Com No 319라고 한다), paras 5.17-5.18.

101) Law Com No 319, paras 5.17-5.18.

102) David Kendall and Harry Wright, op. cit., para 5.16.; 이는 '보험계약자가 전적으로 또는 주로 비영업적인 목적으로 계약을 체결한 개인'인 계약이라고 정의하는 2012년 소비자(고지의무)법 제1조의 정의와 일치한다(David Kendall and Harry Wright, op. cit., para 2.17).

3. 소비자보험과 비소비자보험의 특징

소비자보험과 비소비자보험의 차이는 다음과 같다.[103] 첫째 소비자보험은 사회정책의 영향을 크게 받는 데 비하여, 비소비자보험은 그러하지 아니하다. 비소비자보험의 경우에도 산재보험과 같은 사회정책적 특성을 가지는데 경우가 있지만, 대부분은 사회정책이 거의 기능하지 않는 광범위한 영역을 보장한다. 반면 자동차보험과 같은 소비자보험은 장래에는 노인장기요양보험과 같이 전면적으로 강제보험으로 사회복지화 될 가능성이 존재한다. 둘째, 소비자보험은 대규모시장을 대상으로 하고, 위험풀도 거대하며, 예상손해도 안정적이고 예측가능하다고 하여 포트폴리오보험으로도 불린다. 반면 비소비자인 즉 기업은 규모가 상이하고, 다양하고 광범위하게 노출되는 위험도 상이하다. 기업손해는 거대하고, 보험자의 경험은 심하게 변동된다. 보험자는 모든 기업과정상의 위험을 알 것을 기대하기 어렵고, 이에 보험계약자에 대한 특수한 정보가 매우 중요하다.

4. 보험계약자의 주관적 의사와 객관적 의사

모든 경우에 보험계약자의 주관적 의도는 보험계약이 소비자보험인가, 비소비자보험인가에 결정적이지 않고, 특정한 경우에는 보험의 객관적 목적의 평가가 필요하다. 예컨대 보험계약자가 상점이 붙은 아파트를 재산보험에 부보하는 경우에, 보험계약자의 주관적 믿음이 그의 상점영업과 무관한 목적이고, 상점위에는 아파트가 존재하며, 보험계약자가 양자에 대하여 단일 보험계약을 체결하였다면, 보험의 객관적 목적으로 고려할 때 그것은 비소비자보험이다. 이 경우에는 보험이 주로 보험계약자의 영업, 거래, 직업과 무관한 목적이 아니기 때문이다.[104]

---

103) David Hertzell, The Consumer Insurance(Disclosure and Misrepresentation) Act 2012, in Peter Tyldesley(ed), Consumer insurance law: disclosure, representation and basis of the insurance contracts, (Bloomsbury Professional, 2013), pp. 182~183; 한창희, 해상보험법, 50면.

104) David Kendall and Harry Wright, op. cit., para 2.16.

5. 영업, 거래, 직업의 의미

영업, 거래. 직업의 어구는 넓게 해석된다.[105] 개인의 직업과 관련하여 부보된 보험을 포함하지만, 이 어구는 이 보다 넓다. 예컨대 법률개정위원회는 개인이 재산을 상업적으로 임대하였고, 이에 대하여 부보하였다면, 상업적 임대가 보험계약자의 주요 직업이 아니어도, 그것은 비소비자보험이다.[106] 이것은 보험계약자의 영업 또는 거래 즉 상업적 임대와 관련하여 부보되었기 때문이다. 또한 법률개정위원회는 보험계약자의 목적이 질병 또는 장해의 경우 소득을 보호받기 위함이면, 소득이 고용 또는 자영업을 통해서 얻어지는가를 묻지 않고 소비자보험으로 보았다.[107] 왜냐하면 보험계약자의 목적은 소득을 보호받는 것이고, 그 목적은 보험계약자의 영업, 거래 또는 직업과 무관하기 때문이다.[108] 또한 개인이 피용인의 건강을 부보하면, 이것은 보통 영업목적일 것이므로 비소비자보험이다.[109] 이는 대부분의 경우 정확하지만, 예컨대 개인이 자신의 집사의 건강을 부보하면, 이는 개인의 영업, 거래 또는 직업과 무관하기 때문에 소비자보험이다.[110]

6. 소비자계약과의 구별

가. 소비자계약상의 소비자

소비자보험계약과 비소비자보험계약의 구별과 관련하여 법률개정위원회는 법원이 다른 영역에서의 관련판결을 참조하였음을 적시하였다.[111] Standard Bank London Ltd v. Apostrolakis(No 1)사건[112]에서 그리스 거주의 부부가 영국은행과 미화 700만달러를 영국은행과 외환약정을 체결하였다. 부부는 이 계약은 소비자를 '거래, 영업, 그리고 직업 밖의 목적을 위해 행위하는 자연인'

105) Law Com No 319, p. 147에서 인용된 Explanatory Notes to Insurance Bill, para A.4.
106) Law Com No 319, para 5.18.
107) Law Com No 319, para 5.18.
108) Law Com No 319, para 5.18.
109) Law Com No 319, para 5.18.
110) David Kendall and Harry Wright, op. cit., para 2.18.
111) Law Com No 319, para 5.18.
112) [2002] CLC 933 (Com Ct) 936-937.

이라고 정의하는 1999년 소비자계약상의 불공정조건법의 목적을 위해 소비자계약이라고 주장하였다. 부부는 토목기사와 변호사이었다. 롱모어판사는 외환약정이 토목기사나 변호사로서의 사람의 거래의 일부가 분명히 아니라고 하였다. 문제는 부부가 외환거래를 거래, 영업, 직업으로 거래한 것인가 여부이었다. 법원은 그렇지 아니하다고 하고, 그들은 이용할 수 있는 소득을 처리한 것이었다. 그 거래의 규모는 결정적 요인은 아니고, 따라서 계약은 소비자계약이었다.

나. 소비자계약과 소비자보험계약의 차이

다른 영역의 소비자계약과 소비자보험계약의 정의는 다른 점에 유념해야 한다.[113]

2015년 보험법상 소비자보험계약은 법률개정위원회의 의도적인 결정이었고, 이는 혼합적으로 사용되는 보험계약의 현실을 반영하였다.[114] 보험이 '전적으로 또는 주로' 영업, 거래 또는 직업과 무관하면, 그것은 소비자보험이다.[115]

반면 Apostrolakis사건에서 고찰된 1999년 소비자계약상의 불공정조건법은 혼합적으로 사용되는 계약에 대해 명시적으로 규정하지 않고 있다. 유럽연합의 소비자금융서비스의 원격판매에 관한 지침, 불공정조건과 소비자매매에 관한 지침, 일련의 유럽연합소비자지침에 따라 제정된 FCA[116]의 소비자정의에도 적용된다.[117] 이 정의는 또한 브뤼셀협약에서 사용된 소비자정의와 유사하다. 법률개정위원회는 이와 같은 정의를 고찰한 후, 소비자보험계약의 정의에 '전적으로 또는 주로' 라는 어귀를 삽입하여, 보험이 일시적으로 영업에 사용된다는 것만으로 소비자에게 부여되는 보호를 박탈당하지 않도록 하였다.[118] 예컨대 가끔 사무실로 사용되는 주택의 방에 대해 부보한 사람은 소비자로 취급된다.[119]

---

113) David Kendall and Harry Wright, op. cit., para 2.19.
114) Law Com No 319, paras 5.17-5.18.
115) 2012년 소비자보험(고지)법 제1조. 이 정의는 2015년 보험법에 적용된다.
116) 영국의 금융감독체제는 2012년부터 건전성을 담당하는 건전성감독원(Prudential Regulation Authority)과 금융소비자감독업무를 담당하는 영업행위감독원(Financial Conduct Authority)으로 분리하는 쌍봉형으로 전환되었다.
117) ICOB 규칙 2.1.1(3)은 소비자를 '거래 또는 직업 밖의 목적을 위해 행위하는 자연인으로 정의한다.
118) Law Com No 319, paras 5.8-5.12.

제3장 공정한 제공의무

I. 개관

1. 1906년 해상보험법

250년전 Carter v. Boehm사건[120]에서 맨스필드판사에 의해 확인된 바와 같이, 보험계약은 신의성실의 원칙에 따른 계약이다. 이에 영국법은 보험계약을 체결하기 이전에 위험에 관한 모든 중요한 사항을 보험자에게 고지할 의무를 지웠다. 이 원칙은 1906년 해상보험법 제17조에서 제20조에 규정되었다.

2. 2012년 소비자보험(고지의무)법

2013년 4월 6일 이후 체결된 보험계약에는 보험계약자는 1906년 해상보험법과 같은 의무는 없다(2012년 소비자보험(고지의무)법 제2조 제1항, 제12조 제2항). 소비자는 단지 보험자에게 부실고지를 하지 아니할 상당한 주의의무를 질 뿐이다(동법 제2조 제2항).[121] 이 목적을 위한 소비자는 "개인의 영업, 거래 또는 직업과 전적으로 또는 주로 무관한 목적아래 계약을 체결하는 개인이다(동법 제1조), 다른 계약은 비소비자보험계약이다(2015년 보험법 제1조). 예컨대 존스씨가 아파트에 대하여 물건보험에 가입하면, 소비자보험이지만, 상점을 위한 물건보험에 가입하면 그것은 비소비자보험이다. 아파트가 상점 위층이 있고, 존슨씨가 양자에 대하여 물건보험에 가입하면 이는 비소비자보험이다.

3. 2015년 보험법상 공정한 제공의무의 연혁

2015년 보험법 제3조는 비소비자보험에 관하여 보험계약자의 고지의무를 유지하고, 공정한 제공의무라고 정의하고 있다. 1957년의 법률개정위원회의 보고서, 1980년 보고서, 2007년 공동자문보고서[122]는 판례법에 기초한 공정한 제공

119) Law Com No 319, para 5.17.
120) (1766) 3 Burr. 1905, 96 ER 1162.
121) 한창희, 해상보험법, 48~55면,

의무를 입법할 것을 제안하였다. 법률개정위원회는 2014년 1월의 보고서[123]에서 '현행법에 기초한 점진적인 접근방법을 채용하였다'고 확인하였다.[124] 이는 보험자에게 고지가 충분하지 아니한 것을 주의하도록 하고, 보험자에게 질문할 의무를 부과한 것이며, 이전의 판례법을 미묘하게 수정한 것으로 실무에 상당한 충격을 줄 것으로 판단되는 바, 2015년 보험법 제3조에 주로 반영되어 있다.[125] 2015년 보험법상 공정한 제공의무는 현대보험실무에 합치하도록 하고, 위반시 구제수단을 의무위반의 성질과 정도에 따라 균형을 맞추는 것을 목적으로 하였다.[126]

고지의무에 관한 보험계약자와 보험자의 인식의 정의에 대해서는 1906년 해상보험법과 판례법을 주로 반영하고 있다. 고지의무위반의 효과에 대해서는 2015년 보험법상 크게 수정되었다. 이에 대해서는 별개의 장에서 기술한다.

4. 2015년 보험법 제3조의 규정

2015년 보험법 제3조는 다음과 같이 규정하고 있다.

제3조 공정한 제공의무

(1) 보험계약이 체결될 때, 보험계약자는 보험자에게 위험에 대해 공정하게 제공하여야 한다.

(2) 이 법에서 제1항의 의무는 공정한 제공의무라고 한다.

(3) 위험의 공정한 제공은 다음과 같은 것이다.

(a) 제4항에서 규정하는 고지를 할 것

(b) 신중한 보험자에게 명백하고 접근가능한 방법으로 합리적으로 고지할 것

(c) 모든 중요한 사항에 대한 표시는 실질적으로 정확하고, 기대 또는 신념에 관한 모든 중요한 표시는 선의로 행해져야 한다.

---

122) Law Com No 104(1980), para 2.30.

123) 법률개정위원회, 보험계약법의 개혁: 제1차초안(2014.1), para 2.10.

124) Peter MacDonald Eggers QC, The fair presentation of commercial risks under the Insurance Act 2015, in Malcolm Clarke and Bariş Soyer(edited), The Insurance Act 2015-A new regime for commercial and marine insurance law, (informa law from Routledge, 2016), op. cit., para 2.3.2, p. 28.

125) David Kendall and Harry Wright, op. cit., para 3.3

126) Peter MacDonald Eggers QC, op. cit., para 2.4 p. 37.

(4) 제5항의 예외를 제외하고 요구되는 고지는 다음과 같다.
 (a) 보험계약자가 인식하거나 인식하여야 하는 모든 중요한 사항의 고지
 (b) 그러하지 아니하면 보험자가 중요한 사항을 밝히고자 추가질문을 하기에 충분한 정보의 고지
(5) 질문이 없는 경우, 제4항에 따라 보험계약자는 다음 사항을 고지할 필요가 없다.
 (a) 위험을 감소하게 하는 사항
 (b) 보험자가 인식하는 사항
 (c) 보험자가 인식해야 하는 사항
 (d) 보험자가 인식하는 것으로 추정되는 사항
 (e) 보험자가 정보를 포기한 사항
(6) 제4조에서 제6조는 보험계약자와 보험자의 인식에 대하여 추가 규정하고, 제7조는 보충규정이다.

Ⅱ 의무자

1. 개관

공정한 제공의무는 보험계약자가 보험자에 대하여 진다. 보험계약자는 보험계약을 체결하는 보험계약의 당사자이다(2015년 보험법 제1조). 법률개정위원회는 "보험계약자는 타인을 위하여 보험계약을 체결할 수 있고, 보험계약자가 누구인가는 특정한 계약의 해석의 문제이다"라고 하였다.[127] 법률개정위원회는 2014년 10월 6일자 웹사이트상의 문서에서 다음과 같이 기술하고 있다.[128]

"다수당사자에게 보장을 제공하는 보험계약의 구조는 계약의 문언, 당사자의 의도, 다양한 당사자의 이익의 성질을 포함하는 각각의 요소에 의해 결정된다.

이 쟁점에 관련되는 다양하고 광범위한 계약을 가정하면, 우리는 특수한 사실분석이 제시하는 다양성을 유지하기를 원한다. 우리는 특히 성과를 부적절하게

127) Law Commissions, July 2014 Report, para 7.15.
128) 보험법안상의 공정한 제공의무: 그것은 다수당사자를 위해 체결된 보험계약에 대해 어떠한 영향을 미치는가?; David Kendall and Harry Wright, op. cit., para 3.5.

강요할 수 있는 법령상의 원칙의 설정을 피하고자 한다. 계약당사자가 아닌 실체 또는 개인에게 보장을 제공하는 단일한 보험계약이 존재하는 경우에, 보험법안상의 현재 문구는 그것이 적절한 경우에 적정한 실체 또는 개인에 관한 중요한 사항의 고지에 탄력성을 제공하기에 충분하다.

비소비자보험의 경우 보험자가 적용을 위한 특수한 분석을 원하거나 또는 달성하고자 하는 특수한 결과를 원하는 경우, 2015년 보험법 제16조의 투명성요건에 따라 계약상 명확하여야 한다.

2. 피보험자가 다수이거나 공동보험의 경우

동일한 보험계약으로 다수의 피보험자가 부보되는 경우, 2015년 보험법상 누가 공정한 제공의무자인지가 문제된다.

각각의 피보험자가 보험목적에 대해 별개의 이익을 가지는 경우, 한 피보험자가 공정한 제공의무를 위반한 경우 위반하지 아니한 공동피험자의 보험에 영향을 미치지 않는다.[129)]

그러나 보험계약에 의해 보장되는 당사자의 이익이 동일한 공동보험의 경우에는 한 피보험자의 공정한 제공의무 위반의 경우 피보험자는 다른 모든 보험계약자에 대해 위반을 주장할 수 있다. 보험계약자의 1인이 다른 보험계약자의 대리인으로 복수의 보험계약을 체결하는 경우에는, 다른 보험계약자는 부보된 대리인에 의해 고지 또는 부실고지가 확정되므로 또한 같다.

법률개정위원회는 2014년 보고서에서 모회사가 그룹전체 또는 자회사를 위하여 복합적인 보험계약을 체결하는 쟁점을 설명하기 위해 New Hampshire Insurance Co Ltd v. MGN Ltd사건[130)]의 예를 들었다. 이 사건에서 보험계약자는 맥스웰회사그룹으로 표시되었고, 법원의 임무는 맥스웰회사그룹의 기재에 보험계약상 부보되는 보험계약자가 누구인가를 결정하는 것이었다. 이는 보험계약자는 회사로 기재되지만, 보험계약상 보험계약자의 자회사 또는 관련회사, 그룹 또는 합작회사의 이사, 피용인에게 보장이 확대되는 경우와 구별된다. 이 경우 보험계약자가 보험계약을 체결함에 있어서 다른 사람의 대리인으로 행위

129) New Hampshire Insurance Co Ltd v. MGN Ltd [1997] LRLR 24(CA).
130) Law Commissions, July 2014 Report, para 7.16.

하는 것에 대한 원칙은 존재하지 않지만, 다른 사람은 보험계약자가 수권을 받지 아니한 경우 보험계약자에서 제외하도록 수정을 요구할 수 있다. Sumito Bank Ltd v. Banque Bruxells Lambert사건[131]에서 랭그리판사는 "보험계약상 한 보험계약자가 다른 사람을 위한 당사자가 될 수 있고, 이 경우 보험계약자는 다른 사람의 수탁자로서 보험금을 보유할 수 있다."고 하였다.

3. 보험중개사의 고지의무의 폐지

1906년 해상보험법 제19조[132]에서는 보험중개사와 같은 보험계약자의 대리인은 보험자에게 중요한 사실을 고지할 의무를 별개로 부담하였고, 고지의무위반의 경우 보험자는 보험계약을 취소할 수 있었으며, 보험중개사에 대한 손해배상청구권은 문제되지 않았다.[133] 2015년 보험법 제21조 제1항은 1906년 해상보험법 제19조상 보험중개사가 부담하던 고지의무를 폐지하였다. 그 대신 보험계약자는 자신이 인식하고 있는 정보만 아니라, "보험계약자의 보험책임자인 한 명 이상의 개인이 인식하고 있는" 정보를 고지해야 한다. 동법 제4조 제8항 b호는 보험계약자의 보험책임자를 "보험계약자의 보험을 획득하는 과정에 보험계약자를 대신하여 참여하는 개인(개인은 보험계약자의 피용인, 대리인, 보험계약자의 대리인의 피용인 또는 그 권한을 가진 자의 피용인으로 행위하든지)이라고 하였다." 이는 보험계약자의 위험관리자, 보험중개사를 포함한다.[134] 보험중개사는 여전히 고지의무자이지만, 이는 보험계약자의 대리인이 독립적인 공정한 제공의무를 지기 때문이 아니라, 보험계약자의 인식으로 취급되기 때문이다.[135] 따라서 보험중개사는 인식해야 하는 정보를 고지해야 한다는 요건은 더

131) [1997] 1 Lloyd's Rep 487(Com Ct).
132) 제19조 보험계약을 체결하는 대리인의 고지를 필요로 하지 않는 사항에 대하여는 전조의 규정에 따르는 것으로 하고, 보험계약이 피보험자를 위하여 대리인에 의하여 체결되는 경우, 대리인은 다음과 같은 사류를 보험자에게 고지하여야 한다.
(a) 대리인이 알고 있는 모든 중요한 사항. 보험을 부보하는 대리인은 그의 통상의 업무상 당연히 알아야 하거나 또는 당연히 대리인에게 통지되어야 할 모든 사항을 알고 있는 것으로 본다.
133) PCW Syndicates v. PCW Reinsurers [1996] 1 Lloyd's Rep 241(CA) 258(새빌판사),; HIH Casualty and General Ins Ltd v. Chase Manhattan Bank [2003] 4 Lloyd's Rep 230(Com Ct).
134) Parliament's explanatory notes for the Insurance Act 2015, paras 51, 53.
135) David Kendall and Harry Wright, op. cit., p. para 3.11.

이상 없고, 이제는 보험계약자는 보험중개사가 실제로 인식하고 있는 정보만을 고지할 의무가 있다.[136] 법률개정위원회는 보험중개사에게 보험자에 대한 별개의 의무를 지우는 것을 고려하였지만, 급격한 개혁을 진행하지 않았다.[137]

4. 보험자의 신의성실의무

2012년 소비자보험(고지의무)법과 2015년 보험법[138]상 보험계약은 여전히 신의성실에 기초한 계약이지만, 2015년 보험법 제14조 제1항은 일방당사자는 타방당사자가 신의성실의무를 준수하지 아니하였다는 이유로 보험계약을 취소할 수 있다는 법률원칙을 폐지하였다. 따라서 보험자는 이전의 법과 같이 보험자는 중요한 정보를 제공할 의무를 지지만,[139] 보험계약자는 의무위반을 이유로 구제수단을 가지지 않는다. 보험계약을 체결하는데 있어 보험자가 정보제공의무를 위반하는 경우 1967년 부실표시법이 적용된다.[140]

Ⅲ 고지사항

영국법은 우리와 달리[141] 고지의무를 불고지와 부실고지로 나누어 규율하고 있고, 2015년 보험법도 이 체제를 유지하고 있다.

1. 불고지

"위험을 인수하거나 또는 다른 조건으로 인수하는 신중한 보험자의 판단에 영향을 미치는 사항은 중요하다"라고 규정하는 1906년 해상보험법 제18조 제2항과 제20조 제2항의 중요한 사항의 기준은 2015년 보험법 제7조 제3항에 의해 유지되고 있다. 나아가 제7조 제4항은 현재의 판례법에 따라 중요한 사항의

---

136) Parliament's explanatory notes for the Insurance Act 2015, para 58.
137) 법률개정위원회의 2012년 '보험계약법: 기업보험계약자의 고지의무와 워런티법'에 관한 공동자문보고서, para 7.46.
138) 동법 제21조 제2항.
139) Bank Financière de la Cité v. West Gate Insurance Co Ltd [1991] 2 AC 249 (HL).; 이 사건의 사실관계에 대해서는 한창희, 해상보험법, 75~78면.
140) Derry v. Peek (1889) LR 14 App Cas 337(HL).; 한창희, 해상보험법, 78~79면.
141) 한창희, 보험법, 204면.

예를 들고 있다

가. 중요한 사항의 고지의무

공정한 제공의무는 보험계약자가 신중한 보험자에게 합리적으로 명확하고 접근가능한 방법으로 보험계약자가 인식하거나 인식하여야 하는 모든 중요한 사항을 보험자에게 고지할 의무이다(2015년 보험법 제3조 제3항 a호와 제3조 제4항 b호).

사항이란 어귀는 보험계약자가 수령한 정보 또는 그에게 행해진 통신을 포함한다고 정의되어 있다(2015년 보험법 제7조 제2항). 이는 이제는 폐지된 1906년 해상보험법 제18조 제5항을 다시 입법한 것이다. 이 정의는 제한적이 아니라 예시적인 것이다.[142] 예컨대 보험계약자가 공장에서 위험한 화학제품을 제조하기로 한 결정은 그가 수령한 정보 또는 그에게 행해진 통신은 아니지만, 중요한 사실이다. 보험계약자가 수령한 모든 중요한 사항을 고지해야 하는 것은 아니다. 고지의무는 보험계약자가 통지나 그 통지의 내용을 인식하거나 인식해야 하는가 여부에 따르고, 인식은 2015년 보험법 제4조에서 설정된 기준이 적용된다.

중요한 사항은 그 사항이 위험을 인수하는지 여부, 인수한다면 어떠한 조건으로 인수할지 여부에 대해 신중한 보험자의 결정에 영향을 미치면, 고지해야 한다(2015년 보험법 제7조 제3항).[143] 이는 1906년 해상보험법 제18조 제2항과 제20조 제항에서 설정된 기준과 유사하다. 여러 번 보험법개정책임자가 중요한 사항은 신중한 보험계약자가 적절하다고 판단하는 것을 참조하여야 하는 것으로 기준을 변경하자고 제안하였지만,[144] 법률개정위원회는 합리적인 보험계약

142) David Kendall and Harry Wright, op. cit., para 3.14.

143) Pan Atlantic Insurance Co Ltd v. Pine Top Insurance Co 1995] 1 AC 501에서 상원은 중요하기 위해서는 위험의 인수여부, 청구된 보험료에 대한 신중한 보험자의 결정에 결정적인 영향을 미칠 것은 필요하지 않다고 하였고, 이는 계속 적용된다.

144) 젠킨스판사, 파커판사, 데블린판사, 디플록판사가 주관한 1957년 1월의 법률개혁위원회의 제1보고서는 해상보험 이외의 보험계약에 대하여 합리적인 보험계약자가 중요한 것으로 고찰하지 않는 한 중요한 사실로 간주되지 않아야 한다고 권고하였다(Law Reform Committee(1957) Comnd 62, para 14). 법률개정위원회는 1980년 보고서에서 추구되는 보험보장의 성질과 범위 그리고 추구되는 사실을 참조하여 청약자의 지위에 있는 합리적인 사람이 중요하다고 고찰되는 사실은, 보험자에게 고지되어야 한다고 권고하였다(para

자기준은 새로운, 미지의 검증되지 않은 개념을 법률에 도입하는 것이고, 현존 기준을 약간 명확히 하여 유지하는 것으로 결론지었다.[145]

나. 중요한 사항의 명확화

중요한 사항은 무엇인가에 대하여 2015년 보험법은 제8조 제1항과 제7조 제4항의 두 조항에서 명확히 하고 있다.

(1) 유인

2015년 보험법은 중요한 사실의 불고지를 이유로 보험계약을 취소하기 위해서는 보험자가 불고지로 인하여 보험계약을 다른 조건으로 체결하도록 유인되었음을 증명하여야 한다는 Pan Atlantic Insurance Co Ltd v. Pine Top Insurance Co사건[146]의 판결이 2015년 보험법 제8조 제1항에 도입되었다

(2) 중요한 사항의 예

2015년 보험법 제7조 제4항은 법률개정위원회[147]가 판례법에서 도출한 중요한 사실을 열거하고 있다. 법률개정위원회는 2014년 7월의 보고서에서 보험자, 보험중개사, 보험계약자단체는 공동으로 표준적 위험의 제공이 포함하는 것을 설정하는 유형의 영업에 대한 지침과 협약을 공동 개발할 것을 제안하였지만,[148] 아직 실무상 구현되지는 않고 있다.[149]

(가) 위험에 관한 특별하거나 비일상적인 사항(제7조 제4항 a호)

보험자가 중요한 사실에 대한 고지가 없었음을 포기하였다고 보험계약자가

109(c)). 2012년 BILA보고서는 합리적인 사람이 불고지된 사실이 신중한 보험자에게 중요한 사실로 고찰하였을지 여부를 선호하였다(para 17.2). 2007년 6월의 공동자문보고에서 법률개정위원회는 당시의 기준대신 '그 상황에서 합리적인 보험계약자가 보험자에게 적절한 것'을 의미하는 '합리적인 보험계약자기준'을 채용할 것을 권고하였다(para 5.83).

145) 법률개정위원회의 2012년 '보험계약법: 기업보험계약자의 고지의무와 워런티법'에 관한 공동자문보고서, paras 5.78, 5.79

146) [1995] 1 AC 501(HL).

147) Law Commissions, July 2014 Report, paras 7.26-7.28.

148) Law Commissions, July 2014 Report, paras 7.29-7.31.

149) David Kendall and Harry Wright, op. cit., para 3.17.

주장하는 경우에, 법원은 위험을 증가하게 하는 특별하거나 비일상적인 위험의 존재에 대하여 보험자가 질문하지 않음을 발견하였다.[150] 보험법은 이전의 판례를 입법한 것이다.

(나) 보험계약자가 위험보장을 추구하도록 하는 특수한 관심(제7조 제4항 b호) Aiken v. Stewart Wrightson Members Ltd Agency사건[151]은 로이즈관리대리인이 신디케이트를 위하여 재보험계약을 체결할 때 신디케이트에 대해 부담하는 주의의무에 관한 사건이었다. 재보험자는 장기계정을 단기계정으로 기술하고, 블록유보금을 IBNR로 처리한 것을 포함하여 특수한 사실에 대한 불고지 및 부실표시를 이유로 승소하였다. 재보험자는 신디케이트가 특수한 관심을 고지하지 않았다는 주장을 하지 않았지만, 법관은 신디케이트가 재보험자에 대해 위험을 제공할 때 이와 같은 특수한 관심에 대해 보다 주의를 기울였어야 했다고 판시하였다.

이 관심이 사실에 기초하였다면 중요한 정도까지 이 사실을 고지하여야 한다.[152]

또한 보험계약자 또는 제3자가 합리적으로 보유한 의견이 중요한 경우 고지되어야 한다.[153]

반면 Cater v. Boehm사건[154]에서 맨스필드판사는 프랑스에 의한 성의 공격이 가능하다는 총독의 관심은 '전쟁의 일반적인 상태에 관한 총독의 단순한 추측'에 불과하므로 보험자에 대한 불고지는 문제되지 않는다고 판시하였다.

---

150) CTI v. Oceanus Mutual Underwriting Association (Bermuda) Ltd [1984] 1 Lloyd's Rep 476(CA) 498(케르판사); Marc Rich & Co AG v. Portman [1997] 1 Lloyd's Rep 225(CA) 234(레것판사)에서 비일상적인 사실이 고지되지 아니한 경우에는 제공이 공정할 수 없는 것은 명확하다고 하였다.; 법률개정위원회의 2012년 '보험계약법: 기업보험계약자의 고지의무와 워런티법'에 관한 공동자문보고서, paras 5.31-5.33에서 인용된 판례 참조.

151) [1995] 2 Lloyd's Rep 618(Com Ct).; 법률개정위원회의 2012년 '보험계약법: 기업보험계약자의 고지의무와 워런티법'에 관한 공동자문보고서, paras 5.34-5.36.

152) Fraser Shipping Ltd v. Colton (The Shakir Ⅲ) [1997] 1 Lloyd's Rep 586(Com Ct) 사건에서 보험자는 항구와 날씨상태에 대한 불고지를 이유로 승소하였는데, 이 상태에 대한 보험계약자의 관심을 이유로 한 것이 아니었다.

153) David Kendall and Harry Wright, op. cit., para 3.17(ⅱ).

154) (1766) 3 Burr 1905, 97 ER 1162.; 이 사건의 사실관계에 대해서는 양승규·한창희, 전게서, 135면.

따라서 관심이 사실에 근거하지 아니하고, 추측의 문제인 관심을 고지하도록 한다면 이는 법률의 변경에 해당하겠지만, 이는 법률개정위원회의 의도는 아니다.[155] 2015년 보험법 제3조 제3항 c호에 따르면 보험계약자가 기대 또는 신념인 관심을 보험자에게 표시하고, 그것이 인수된 위험에 대한 중요한 것이면, 그 표시는 선의로 행해져야 한다.

(다) 보험의 유형과 당해 활동분야와 관련 있는 사항이 당해 유형의 위험의 공정한 제공과 관련 있는 것으로 일반적으로 이해되는 것(제7조 제4항 c호)

이는 법원이 당연한 문제로 고지되어야 한다고 판시한 다수의 문제에 근거한 것이다.[156] 이는 현존하는 손해경험, 이사 또는 상급직원의 형사처벌, 보험계약자와 파산 등을 포함한다.[157] 3가지 중 시장에서 공정한 제공의무로 처리되어야 한다고 일반적으로 이해되고 있는 것이라고 하는 3번째 기준이 가장 중요하다.[158]

2. 부실고지

가. 개관

보험계약자의 고지는 가끔 부실고지의 형태를 가진다. 공정한 제공의무에 따르면 사실의 문제에 관한 모든 중요한 표시는 정확하고, 기대 또는 신념에 관한 모든 중요한 표시는 선의로 행해져야 한다(2015년 보험법 제3조 제3항 c호).

2014년 1월의 16일의 보험법 제1초안에서 법률개정위원회는 보험계약자가 인식하거나 인식해야 하는 것에 관한 중요한 표시가 실질적으로 정확하면 공정한 제공이라고 할 것을 제안하였다. 이것이 채택되었더라면 보험계약에는 모든 중요한 표시는 진실하여야 한다는 기타 상사계약[159]보다 덜 엄격한 원칙이 적

---

155) David Kendall and Harry Wright, op. cit., para 3.17(ⅱ).

156) Glencore International AG v. Alphina Insurance Company Limited [2004] 1 Lloyd' Rep 111.; 이 사건의 사실관계에 대해서는 한창희, 해상보험법, 64면.

157) 법률개정위원회의 2012년 '보험계약법: 기업보험계약자의 고지의무와 워런티법'에 관한 공동자문보고서, paras 5.15~-5.24, 5.26, 5.27, 5.28.

158) Law Commission, Report No. 353, 3 Law Commissions, July 2014 , Insurance Contract Law: Business Disclosure; Warranties; Insurers' Remedies for Fraudulent Claims; and Late Payment(Law Comm: Final Report Disclosure and Warranties- Executive Summary), para 2.28.

용되도록 하여 현행법에 중대한 변경이 초래되었을 것이다. 로이즈시장협회, 국제보험협회의 의견을 들은 후, 법률개정위원회는 1906년 해상보험법 제20조 제2항의 문언으로 회귀하였고, 이 조항에 관한 판례법은 계속 적용된다.

중요한 사실의 기준은 고지의무와 동일하고, 따라서 보험계약자는 위험을 인수하는지 여부, 인수한다면 어떠한 조건으로 인수할지 여부에 대해 신중한 보험자의 결정에 영향을 미치는 사항에 대해 표시해야 한다.

나. 사실의 표시

표시가 사실에 관하여서이면, 표시는 실질적으로 정확하여야 한다. 2015년 보험법 제7조 제5항은 신중한 보험자가 표시된 것과 실질적으로 정확한 것의 차이를 중요하다고 고찰하지 아니하면, 표시는 '실질적으로 정확하다'고 규정하고 있다. 이 개념은 1906년 해상보험법 제20조 제4항[160]을 받아들인 것이고, Commonwealth Insurance of Vancouver v. Group Sprinks SA사건,[161] Avon Insurance plc v. Swire Fraser Ltd사건,[162] ERC Frankona Reinsurance v. American National Insurance Co사건[163]에서 반영되어 있다. ERC Frankona Reinsurance v. American National Insurance Co사건에서 앤드류 스미스판사는 중요성의 문제는 표시가 거짓인가의 문제와 분리될 수 없음을 고찰하였다. 총체적으로 보험계약자의 일련의 착오가 신중한 보험자의 판단에 영향을 미치지 않았으면, 그 위험의 표시는 공정한 제공의무 위반이 아니다. 반대로, 중요한 사항의 표시가 일부는 실질적 제공이고, 그렇지 않았으면 중요하고 완전하였을 경우에도, 중요한 사항의 표시는 공정한 제공의무 위반이다.[164]

159) Hugh Beale(ed.), Chitty on Contracts, (32nd ed., Sweet & Maxwell, 2015), para 76.
160) 1906년 해상보험법 제20조 제4항은 신중한 보험자가 표시된 것과 실질적으로 정확한 것의 차이를 중요하다고 고찰하지 아니하면, 사실의 표시는 실질적으로 정확하다고 규정하였다.
161) [1983] 1 Lloyd's Rep 67(Com Ct).
162) [2000] 1 Lloyd's Rep IR 535(Com Ct).
163) [2006] 1 Lloyd's Rep IR 157(Com Ct).
164) David Kendall and Harry Wright, op. cit., para 3.21.

다. 기대 또는 신념의 표시

2015년 보험법 제3조 제3항 c호는 기대 신념의 표시는 선의로 행해져야 한다고 규정하고 있는데, 이는 1906년 해상보험법 제20조 제5항에 유래한 것이다. 표시가 선의로 행해져야 한다는 것은 본질적으로 표시가 정직하게 행해져 보험계약자가 그것이 진실이 아니라고 믿은 경우에만 거짓이라는 것을 의미한다. 표시자가 회사인 경우 누구의 신념이 선의이어야 하는가가 문제된다. 구법상의 지도적 판례는 개인의 신념의 표시에 관한 Economides v. Commercial Union Assurance Co plc사건[165]이다. Highlands Insurance Co Ltd Co v. Continental Insurance Co사건[166]에서 전문인이 행한 신념의 표시는 신념에 대한 합리적인 근거가 존재한다고 판시되었지만(따라서 그러한 근거가 없는 경우 부실표시이다), Economides v. Commercial Union Assurance Co plc사건 이후[167] 현재에 유효할지는 의문이 있다.[168] 신념에 대한 합리적 근거의 결여는 표시자가 보험계약자의 기대 또는 신념을 정직하게 신뢰하였는가 여부를 결정하기 위한 적절한 요소일 수 있다. 보험계약자의 인식의 결정에 대한 2015년 보험법의 체제는 불고지에는 적용되지만, 표시에는 적용되지 않는다. 회사를 위하여 표시를 하는 개인의 신념은 정직하게 행해졌는지 여부에 적절할 것이다. 또한 '회사의 지휘하는 정신과 의사'인 개인의 신념은, 특히 그들 사이에 회사에 대한 신념의 표시가 상이할 때, 적절할 것이다.

라. 알고도 모른 채 한 경우

구법상 만일 표시자가 신념을 변경할 수 있는 정보를 알고도 모른 채 한 경우, 표시자가 보유한 신념의 정직성이 비난받는지 여부에 관하여 불확실성이 존재하였다.

맥도널드 에거스 등[169]은 보험계약자의 신의성실의무위반이지만 2015년 보

165) [1997] 3 All ER 636(CA).
166) [1987] 109(Com Ct).
167) Sirus International Insurance Corporation v. Oriental Assurance Corporation [1999] 1 Lloyd's Rep IR 343(QB); Kamidian v. Holt [2008] EWHC 1483(Comm), 3 All ER 636(CA) 645(브럼웰판사).
168) David Kendall and Harry Wright, op. cit., para 3.32.
169) MacDonald Eggers, Picken & Foss, Good Faith and Insurance Contracts,

험법상 보험자에게 구제수단이 인정되지 않는다고 한다.

반면 기대 또는 신념은 개인만이 보유할 수 있는 것이기 때문에, 기대 또는 신념이 2015년 보험법 제3조 제3항 c호[170]의 목적을 위하여 정직하게 보유되었는지 여부를 결정하는데 있어 동법 제6조 제1항[171]을 적용하는 것이 적절하다는 견해가 유력하다.[172]

3. 불고지와 부실고지의 구별

가. 개관

법률개정위원회의 2014년 7월의 보고서는 불고지와 부실표시는 가끔 실제로 차이가 없다고 하였다.[173] Pan Atlantic Insurance Co v. Pine Top Insurance Co Ltd사건[174]에서 머스틸판사는 실무상 양자의 차이는 '자주 인지할 수 없다'고 하였다.

나. 2015년 보험법상의 양자의 차이[175]

2015년 보험법상의 중요한 차이는 표시의 경우에는 보험계약체결시 보험자에 의한 질문이 필요한데, 그 질문이 표시를 이끌어내기 때문이다.

반면 불고지인지 여부는 보험계약자의 인식에 의거한다. 보험계약자가 불고지된 사항을 인식하지 못하거나 인식한 것으로 간주되지 아니하는 경우에는 보험계약자는 불고지에 의한 공정한 제공의무 위반이 아니다.

(informa, 2010), para 7.49.

170) 제3조 제3항 c호는 "모든 중요한 사항에 대한 표시는 실질적으로 정확하고, 기대 또는 신념에 관한 모든 중요한 표시는 선의로 행해져야 한다."고 규정하고 있다.

171) 제6조 제1항은 "제3조에서 제5조의 목적을 위하여, 개인의 인식은 실제적 인식만이 아니라, 개인이 의심한 사실 그리고 개인이 알고도 모른 채 한 사실을 포함하여 참조한다."라고 규정하고 있다.

172) David Kendall and Harry Wright, op. cit., para 3.25.

173) Law Commissions, July 2014 Report, para 7.47.

174) [1995] 1 AC 501(HL).

175) David Kendall and Harry Wright, op. cit., para 3.24-3.25.

다. 구별이 어려운 예

법률개정위원회의 2014년 7월의 보고서는 불고지의 예로 보험자가 보험계약자의 피용인 중 형사처벌을 받은 자가 있는가라는 질문에 보험계약자가 아니라고 대답하였지만, 실제로 직원 한명이 절도죄로 처벌받은 경우, 상급관리자 또는 보험계약자가 처벌사실을 인식하였거나 만일 보험계약자가 합리적으로 조사하여 처벌사실을 인식하여야 했을 것을 가정하면 공정한 제공의무 위반이라고 하였다.[176)]

이에 대해서는 보험자의 질문에 보험계약자의 대답이 보험계약자의 인식에 해당하지 않고, 형사처벌을 받은 피용인이 없다는 표시는 진실이 아니라는 주장이 유력하다.[177)] 이에 따르면 절도로 인한 형사처벌이 중요한 사항이면, 보험계약자가 피용인의 형사처벌 사실을 인식하는가 여부와 관계없이 보험계약자는 공정한 제공의무 위반이 된다.

Ⅳ 제공시기와 제공내용

1. 제공시기

가. 개관

보험계약자가 위험의 공정한 제공의무를 지는 시점은 보험계약의 성립시까지이다(2015년 보험법 제3조 제1항). 대부분의 경우 보험계약자가 청약하지만, 보험계약자가 보험자의 청약을 승낙하는 경우도 있다.[178)] 이는 1906년 해상보험법 제18조에 입법된 구법을 반영한 것이다.

176) Law Commissions, July 2014 Report, para 7.53.
177) David Kendall and Harry Wright, op. cit., para 3.25.
178) 1906년 해상보험법 제21조는 해상보험계약은 보험계약자의 청약이 보험자에 의하여 승낙되었을 때 체결된 것으로 보고, 그 당시 보험증권의 발행여부는 불문한다. 일반적으로 보험자에 의한 슬립 또는 시장개혁계약에의 기재가 보험계약자와 보험자 사이에 계약이 성립한 시점이다.; Morrison v. The Universal Marine Insurance Company (1872-73) LR 8 Ex 197, 199(호니먼판사); General Reinsurance Corp. v. Forsaklingaktiebolaget Fennia Patria[1983] QB 856 (CA) 866(케르판사).; 일본 보험법 제5조 제1`항은 보험계약자가 승낙하는 경우를 규정하고 있다.

나. 보험계약자가 늦게 알게 된 경우

1906년 해상보험법 제19조 b호[179]는 보험이 대리인(전형적으로는 보험중개사)에 의하여 체결되는 경우 보험계약자가 고지의무를 지는 사항에 대해 너무 늦게 알게 되어 대리인에게 통지할 수 없었던 경우에는 고지의무를 면제하고 있었다. CTI v. Oceanus사건[180]에서 파커판사는 제19조 b호는 정보가 보험중개사에게 너무 늦게 도착한 경우 고지의무를 면제한다는 견해를 취한 듯 하고, 맥도널드 에거스[181]가 이를 지지하였다. 법률개정위원회는 1906년 해상보험법 제19조 b호는 불고지를 이유로 보험자가 주장하는 구제수단에 대해 거의 추가할 게 없다고 고찰하고, 그 폐지를 권고하였다.[182] 이에 따라 2015년 보험법에는 보험자가 보험을 인수하기 이전에 보험계약자가 최근 취득한 중요한 정보를 보험중개사에게 통지하기 불가능하거나 실행할 수 없어서 중요한 사실을 고지하는 것을 면제하는 규정이 없다. 오늘날 초고속통신시대에도 일련의 수배하는 보험중개사가 존재하는 경우 보험계약자가 최근 취득한 정보를 보험자에게 이들을 통해 전달하는데 지체하는 것이 실제 가능하지만, 해상보험법이 제정된 20세기보다는 관심이 적다고 할 수 있다.[183]

다. 포괄예정보험

대부분의 적하보험은 포괄예정보험[184]으로 처리되는데, 확정통지가 성격상 행정절차에 불과하고 보험자가 의무적으로 승인할 수밖에 없는 경우를 제외하고는, 개별인 확정통지마다 공정한 통지의무가 인정된다.[185]

---

179) 1906년 해상보험법 제19조: 고지를 필요로 하지 않는 사항에 대하여는 전조의 규정에 따르는 것으로 하고, 보험계약이 피보험자를 위하여 대리인에 의하여 체결되는 경우, 대리인은 …보험자에게 고지하여야 한다. (b) 피보험자가 고지의무를 지는 모든 중요한 사항. 다만 피보험자가 늦게 알게 되었기 때문에 대리인에게 통지할 수 없었던 사항은 제외된다.

180) [1984] 1 Lloyd's Rep 476(CA).

181) MacDonald Eggers, Picken & Foss, op. cit., paras 8.87-8.89, 13.77.

182) Law Commissions, July 2014 Report, para 9.10 그리고 권고 11.

183) David Kendall and Harry Wright, op. cit., para 3.26.

184) 양승규·한창희, 전게서, 33면.

185) John Dunt, op. cit., p. 75.

라. 계속담보의 경우

이에 관하여서는 적하가 계속담보되는 경우[186]와 유사한 조항이 적용되는 경우[187] 피보험자가 담보의 확장 또는 변경을 신청할 때 공정한 제공의무가 부활하는지가 문제된다. "피보험이익, 선박, 항해의 기재상의 생략 또는 착오의 경우 추가보험료지급을 조건으로 계속담보된다"라고 규정하는 1963년 1월 1일자 협회전위험담보약관 제4조에 관한 두 개의 판례는 피보험자는 보험자에 대하여 신의성실의무를 진다고 하였고,[188] 이 원칙은 보험계약이 변경되는 경우 공정한 제공의무는 변경을 신청한 위험에 대한 변경에 적용된다고 규정하는 2015년 보험법 제2조 제2항에서 확인되었다.[189]

또한 공정한 제공의무 위반의 효과는 원래의 계약에 미치는가 아니면 계속담보된 확장 또는 변경부분에만 미치는가가 문제된다. Mercandian Continent호 사건[190]에서 롱모어판사는 원래의 위험이 아닌 변경부분에 미친다고 하였다.

2. 제공내용

가. 수회의 전달

2015년 보험법 제7조 제1항은 보험계약을 수배하는 절차는 보험계약자와 보험자 사이에 한번 이상의 통신일 수 있음을 인정하고 있다. 즉 공정한 제공은 하나의 문서에만 포함되거나 또는 구두제공일 필요가 없다고 규정되어 있다. 법률개정위원회는 새로운 입법의 결과로서 보험자는 인수절차[191]의 일부로서 보다 많이 질문하고, 이는 보험계약자, 그의 보험중개사가 질문을 하며, 이 질문에 대한 답변을 보험자에게 제공할 것을 기대하였다. 제공이 공정한가 여부는

186) 협회적하보험약관(1963.1.1.) 제4조. 협회적하보험약관(19821.1.) 제10조
187) 협회적하보험약관(19821.1.) 제9조 협회적하보험약관(2009.1.1.) 제9조, 제10조 제1항.
188) Overseas Commodities Limited v. Style [1958] 1 Lloyd's Rep 546; Liberian Insurance Agency Inc v. Mosse [1977] 2 Lloyd's Rep 560.
189) John Dunt, op. cit., p. 75.
190) [2001] 2 Lloyd's Rep 563.
191) Law Commissions, July 2014 Report, paras 5.21, 6.6, 6.7; Parliament's explanatory notes for the Insurance Act 2015, para 72는 "이 법은 보험자가 인수결정을 하기 위하여 요구되는 정보를 끌어내기 위하여 최초 제공한 정보에 대하여 질문하는 것이 필요하다는 것은 인정할 것을 의도하고 있다."라고 하였다.

제공된 정보와 행해진 표시의 전체적인 내용에 따른다.[192]

나. 표시는 실질적으로 정확할 것

동법 제7조 제5항은 "표시된 사항과 실제로 정확한 사항의 차이를 중요하다고 고찰하지 아니하는 경우에는 중요한 표시는 실질적으로 정확한 것이다"라고 규정하고 있다. 동법 제7조 제5항과 1906년 해상보험법 제20조의 차이는 '실질적으로'라는 어귀를 삽입한 것으로, 이는 모든 단일한 디테일까지 정확할 것을 요구하지 않는 현대의 판례법의 발전을 반영한 것이다.[193]

다. 제공된 정보의 교정

2015년 보험법 제7조 제6항 표시는 계약이 체결되기 이전에 철회되거나 교정될 수 있다고 규정하고 있다. 이는 1906년 해상보험법 제20조 제6항을 반영한 것이다. 보험계약이 체결되기 이전에 그 부실표시가 철회되는 경우에도, 보험자는 부실표시를 신뢰했다고 확정할 것 같지 않지만, 제7조 제6항은 인수과정은 제공된 내용에 착오가 있으면 대화의 과정이고, 보험계약이 체결되기 이전에 는 교정이 가능하다는 법률개정위원회의 견해를 강화하고 있다.[194]

V 고지방법: 합리적으로 명백하고 접근가능한 고지

1. 입법의도

2015년 보험법의 작지만 중요한 변화[195]가 제3조 제3항 b호에 두어졌다. 이는 "위험의 공정한 제공은 모든 중요한 위험의 고지가 신중한 보험자에게 명백하고 접근가능한 방법으로 합리적으로 행해지는 것"이라고 규정한다. 이 요건이 충족되지 아니하면, 보험계약자의 공정한 제공의무 위반이 된다.

이는 다량의 고지된 자료 속에 숨겨진 정보를 포함한 방대한 양의 서류를 제

192) David Kendall and Harry Wright, op. cit., para 3.27.
193) John Birds, Modern insurance law, (Sweet & Maxwell, 2016). p. 131,
194) David Kendall and Harry Wright, op. cit., para 3.28.
195) Peter MacDonald Eggers QC, op. cit., para 2.3.3 (a) p. 30.

공하여도 공정한 제공의무를 이행한 것으로 되지 않음을 명백히 하는 점에서 중요하다. 이에 따라 517페이지의 각주를 단 600페이지의 보고서를 제출하여도 공정한 제공의무를 이행한 것으로 반드시 충분한 것은 아니다.[196)]

법률개정위원회는 2014년 7월의 보고서에서 현행법과 같이 보험계약자가 '방대한 양의 정돈되지 않은 정보로써 보험자를 압도하는 것을 허용하는 것은 효율적이지도 효과적이지도 않다'[197)] 고 하였다. 이 조문의 목적은 보험자가 질문을 하지 않을 것을 희망하여 관련된 적시도 없고, 애매하며 간접적인 제공인 방대한 양의 정보를 보험자가 제공받게 되는 소위 데이터 덤핑을 제거하기 위해 노력하고자 하는 것이다.[198)]

CTI v. Oceanus Mutual Underwriting Association (Bermuda) Ltd사건[199)]에서 스티픈슨판사는 "보험자는 공정한 요약이 제공될 것을 기대하고, 조사할 기회를 가진 정돈파일이 예외적이거나 비일상적인 것이 없을 것을 추측한다. 왜냐하면 이를 배제하는 요약문은 공정한 요약문이 아니기 때문이다"[200)]라고 하였다. 이를 반영하여 법률개정위원회의 2014년 7월 보고서[201)]는 "방대한 양의 데이터가 적절히 조직되고, 보험자가 중요한 사항인가를 판단하는 것을 가능하게 하는 형태로 보험자에게 제공되는 경우에는, 그것은 이의가 없을 것이다. 요약서가 공정하고 정확하고, 중요한 점을 강조한 개요를 첨부되었다면, 그것은 수용할 수 있을 것이다"라고 하였다.

의회의 입법이유서에 따르면 "이 변화는 한편으로는 보험자가 엄청난 양의 정돈되지 않은 정보를 제공받는 '데이터 덤핑'을 목표로 한다. 다른 한편으로는 지나치게 간단하거나 애매한 제공으로는 공정한 제공의무가 충족되지 않는 것을 기대한다."[202)]

196) Peter MacDonald Eggers QC, op. cit., para 2.3.3 (a) p. 30.
197) Law Commissions, July 2014 Report, para 7.42.
198) Law Commissions, July 2014 Report, para 7.46.
199) [1984] 1 Lloyd's Rep 476(CA).
200) Ibid, 529.
201) Law Commissions, July 2014 Report, para 7.44.
202) Parliament's explanatory notes for the Insurance Act 2015, para 46.

2. 보험중개사협회 등의 지침

보험계약자, 보험중개사협회[203]가 발행한 지침에 이와 같은 시사점이 채택되어 있는 점에 비추어, 이 조항은 보험계약자에 의하여 또는 그를 위하여 행해지는 제공의 질에 영향을 미칠 것으로 판단된다.[204]

3. 보험자의 고지면제의 문제

공정하기 위해서는 제공은 명백하고 접근 가능하여야 한다는 요건은 보험자에 의한 포기의 쟁점을 낳는다. 2015년 보험법 제3조 제5항에 따라 보험자가 정보를 포기하는 경우에는 보험계약자는 고지의무가 면제된다. 보험자가 색인도 없고 개요도 없는 방대한 양의 정보를 제공받았지만, 여하하든 위험을 인수하는 절차를 진행한 경우, 그것이 명확하고 접근가능하지 아니하였기 때문에, 그 제공이 불공정하였다고 다툴 수 있는가? 구법에서이지만, 법원은 보험자가 묵시적으로 고지의무위반을 포기한 경우 고지의무위반을 인정하는데 소극적이었다는 점에서 보험자의 항변은 인용되지 않을 것으로 판단된다.[205]

2015년 보험법에서는 보험자에게 적극적인 질문의무를 지우고 있는바(동법 제3조 제4항 b호), 보험계약자의 제공이 보험자로 하여금 질문을 촉진하는 경우(데이터 덤핑은 이 질문을 촉진할 것이다), 이와 같은 접근방식은 변경될 것이 기대된다. 보험자가 정보 제공시 그 제공이 데이터 덤핑이고 위험을 인수하지만 명확하고 접근 가능하도록 합리적으로 제공되어야 하는 보험계약자의 의무를 포기한 것은 아니라고 이의를 제기한 경우에는 어떠한가? 보험자가 계속해서 위험의 인수절차를 진행한 사실은 제공이 신중한 보험자에게 사실상 명확하고 접근 가능하였는지 여부를 결정하는데 영향을 미칠 것으로 판단된다.[206]

보험자의 포기의 쟁점으로 인해, 제3조 제3항 b호는 제공이 지나치게 장문이지 않고, 중요한 사항을 강조하는 개요가 있지만, 중요한 정보가 각주로 처리되

---

203) 산업과 상업상 보험과 위험관리자협회(AIRMIC), 2015년 보험법-공정한 제공지침(AIRMIC), 2016) pp. 14, 15; 영국보험중개사협회(BIBA), 2015년 보험법-해설적 지침(BIBA, 2016), p. 6.
204) David Kendall and Harry Wright, op. cit., para 3.30.
205) David Kendall and Harry Wright, op. cit., para 3.31.
206) David Kendall and Harry Wright, op. cit., para 3.31.

어 묻히는 것과 같은 경우에 대부분 적용될 것으로 판단된다. 정보가 제공되었지만, 신중한 보험자가 각주를 간과하였다면, 그것은 '명확하고 접근 가능한' 것은 아니기 때문에 제공이 불공정할 위험이 명백히 존재한다.

Ⅵ. 보험자에 대한 추가질문경고

1. 개관

공정한 제공의무는 고지와 관련하여 두 가지 택일적인 요소를 가진다. 2015년 보험법 제3조 제4항 b호에 따르면 보험계약자는 인식하거나 인식해야 하는 모든 중요한 사항을 고지해야 하지만, 그러하지 않더라도 신중한 보험자가 중요한 사항을 밝히고자 추가 질문이 필요하다고 주의하기에 충분한 정보를 고지하면 고지의무위반이 아니다. 보험계약자가 충분하게 경고한 경우에는 고지의무위반이 아니다. 보험자가 질문하도록 촉구되는 사항은 보험계약자가 고지하지 아니한 중요한 사항이다. 이와 같은 의미의 공정한 제공의무는 1906년 해상보험법 제18조 제1항과 포기의 면제에 관한 제18조 제3항 c호의 재구성이다.[207] 제3조 제4항 b호는 WISE (Underwriting Agency) Ltd v. Grupo National Provincial SA사건[208]에서의 릭스(Bernard Rix)판사의 판시를 채택한 것이다.

법률개정위원회는 제3조 제4항 b호에 의하여 도입된 변화가 구법상의 문제를 해결하기 위한 중요한 요소라고 고찰하였다. 법률개정위원회는 위험을 인수할 때는 빈약한 제공이어도 승낙하고, 보험금이 청구되면 충분한 고지가 있었는지

207) Peter MacDonald Eggers QC, op. cit., para 2.3.2, p. 28.

208) [2004] EWCA Civ 962, [2004] 2 All ER 613.; 이 사건에서 멕시코 칸쿤 소재 사치품의 소매상이 피보험자이었고, 적하는 탁상시계(clocks)로 기재되었지만 손목시계(watctes)의 단순 오역이었다. 피보험자의 창고밖에서 컨테이너가 도난당하였고 손해액은 미화 817,797달러이고 이중 700,390달러는 롤렉스시계의 가액이었다. 항소법원은 다수의견으로 손목시계에 의심을 가질 근거는 없다고 하여 보험자승소판결을 하였다. 이에 대하여 릭스(Bernard Rix)판사는 소수의견으로 신중한 보험자라면 탁상시계에 주의하였어야 하고, 손목시계에 대하여 부보하지 않으려 했으면 회중시계에 손목시계가 포함되어 있는가를 질문했어야 하며, 칸쿤의 면세점에서는 회중시계는 판매되지 않을 것이기 때문에 신중한 보험자라면 회중시계에 주의했어야 하며 질문을 하지 않은 것은 고지받기를 포기한 것이라고 판시하였다. 제3조 제4항 b호는 릭스판사의 판시를 채택한 것이다.

여부에 대하여 질문하는데 대하여 유념하였다.[209] 제3조 제4항 b호는 보험자가 고지와 제공과정에서 유념할 것을 의도한 것이다.[210]

법률개정위원회는 그 예로서 생산물책임보험에 가입하고자 하는 밸브제조업자가 밸브제조회사라고만 기재하고 그 밸브가 석유화학기업에서 사용되는 것을 기재하지 않았다면, 밸브의 하자로 커다란 손해가 발생하여 고액의 보험금청구가 있는 경우 보험계약자의 성격과 그 고객을 기재하지 않은 것만으로는 공정한 제공의무를 이행한 것으로 인정되기 어렵다. 그러나 특수한 밸브제조업자라고 기재하였으면 신중한 보험자라면 특수한 밸브의 의미를 질문하도록 하였을 것이고, 주요한 석유화학기업을 모두 기재하였다면 신중한 보험자는 밸브가 작동하지 않으면 발생할 위험에 대해 추가질문의 필요성을 인식할 것이기 때문에 공정한 제공의무의 기준을 충족한다.[211]

2. 구법과의 차이

종래에는 1906년 해상보험법 제18조 제1항에 따라 보험계약자는 보험계약자가 인식하고 있는 모든 중요한 사항을 고지하여야 하고, 고지의무의 면제에 관한 동법 제18조 제3항 c호에 따라 보험자가 불고지된 중요한 사항이 존재할지 모른다는 것을 주의하도록 위험의 요약을 제공하였지만, 보험자가 추가 정보에 관한 질문을 하지 않았으면 보험자는 고지를 포기한 것으로 처리되었다.

2015년 보험법 제3조 제4항 b호에 따르면 보험계약자가 충분히 고지를 하지 않더라도 보험계약자가 신중한 보험자가 추가 질문하기에 충분히 주의하도록 한 경우에는, 제공은 공정한 제공이다. 따라서 보험자는 보험계약자가 (1) 중요한 사실을 고지하지 않았고, (2) 신중한 보험자가 추가질문이 필요하다고 주의하기에 충분한 정보를 제공하지 않았음을 증명하여야 한다.[212] 보험자가 질문을 했는데도, 보험계약자가 중요한 부실고지를 하면, 보험계약자는 공정한 제공의무 위반이다. 보험계약자의 제공으로 보험자가 질문하도록 촉구되었고, 답변이 없거나 부적절하게 답변하였지만, 보험자가 위험을 인수하면, 보험자가

209) Law Commissions, July 2014 Report, para 5.37.
210) Law Commissions, July 2014 Report, para 7.38.
211) Law Commissions, July 2014 Report, para 7.38.
212) David Kendall and Harry Wright, op. cit., para 3.34.

질문이 필요하다고 주의하기에 충분하였기 때문에, 보험계약자의 제공은 공정하다.[213)]

3. 보험자가 질문하지 않은 경우

가. 개관

보험자가 중요하다고 고찰하여 보험자가 질문할 것이 기대되는데도, 보험계약자가 고의로 보험자에게 제공하지 않고 보유하는 경우, 그 효과는 2015년 보험법상 명확하지 아니하다. 보험계약자가 추가 질문이 필요하다고 주의하기에 충분한 정보를 고지하여 공정한 제공의무를 이행하였지만, 보험자가 질문하지 아니한 경우를 3가지로 나누어 고찰한다.[214)]

나. 보험계약자가 공정한 제공의무를 위반했지만 보험자가 포기하는 경우

보험계약자가 신중한 보험자에게 명확하고 접근가능한 방법으로 고지할 의무를 이행하지 않았지만, 질문이 필요하다고 주의하기에 충분한 정보를 고지하면 공정한 제공이고, 보험자는 택일적으로 명확하고 공정한 제공의 불이행의 주장을 포기할 수 있다.

다. 보험자가 질문하지 못할 것을 기대하여 보험계약자가 보험자가 고의로 보험자에게 제공하지 않고 보유하는 경우

선의의무위반의 효과로서 취소가 폐지되었지만(2015년 보험법 제14조 제1항), 보험계약은 선의계약이다(2015년 보험법 제14조). 법률개정위원회의 2014년 7월의 보고서는 양당사자는 정보교환에 있어 선의이어야 하고, 보험자가 질문하지 않을 것을 희망하여 보험계약자가 고의로 정보를 유보하는 경우, 보험계약자의 공정한 제공의위반이다. 1906년 해상보험법에서는 보험계약자가 인식하거나 인식하여야 하는 모든 중요한 사항을 고지하여야 했고, 보험계약자의 고의, 과실 등 주관적 의사를 구별하지 않았었다.

---

213) David Kendall and Harry Wright, op. cit., p. 35.
214) David Kendall and Harry Wright, op. cit., para 3.36.

2015년 보험법 제3조 제4항 b호에 따라 추가 질문이 필요하다고 주의하기에 충분한 정보를 고지하지 않으면 공정한 제공의위반이다.

라. 사기로 인한 경우

사기로 인한 경우에는 모든 계약이 무효이다는 것은 오래된 법률원칙이다. Brownlie v. Campbell사건[215]에서 블랙번판사는 "발언할 의무가 있는 경우에 이 발언하기 아니한 경우, 상대방이 아무 발언도 없었기 때문에 발언할 이유가 없다는 신념아래 행동하도록 유인할 의도로 그와 같이 행위하였으면, 그것은 사기이다"라고 하였다.

보험계약자가 고의로 보험자에 대하여 중요한 정보를 보류하고, 제공에 의해 촉진된 질문을 보험자가 하지 않았기 때문에 공정한 제공이라고 주장하는 것은 위의 원칙에 의해 금지된다. 당사자가 임의규정을 두어 사기에 의한 책임을 면한다고 할 수 없고, 2015년 보험법상으로도 그러하다.

Ⅷ 고지대상

1. 개관

보험계약자의 공정한 제공의무는 중요한 사항의 고지에 관한 것이다(2015년 보험법 제3조 제4항). 이 표현은 이전의 법, 특히 1906년 영국해상보험법 제18조 제1항에 유래하고, 의도적으로 이 조항으로부터 입법한 것이다.[216] 따라서 '사항'이 무엇인가에 대한 현행 판례법은 계속 적용된다.

2. 사실, 의견, 신념

가. 사실

이전의 법 그리고 2015년 보험법상 고지의 목적인 사항은 사실을 의미한다.

215) (1880) 5 App Cas 925(HL) 950(블랙번판사).
216) Law Commissions, July 2014 Report, para 7.25.

나. 의견 또는 신념

의견 또는 신념은 그것이 틀린 것으로 판명되어도[217] 충분한 근거가 존재하면[218] 사실일 수 있다. 의견 또는 신념이 기초하는 사실의 고지가 보다 안전한 진행방법이고, 이것이 이 사실이 의미하는 것(보험자가 위험보장을 추구하도록 하는 특수한 관심(제7조 제4항 b.호))에 관한 보험계약자의 의견 또는 신념을 고지할 필요성을 제거할 수 있다.[219]

다. 소문

소문도 사실일 수 있다. Brotherton v. Aseguradora Colseguros SA(No 2)사건[220]에서 항소법원은 부보은행의 사기에 관한 언론보도는 고지되어야 한다고 판시하였다. 이 사건에서 맨스판사는 막연하거나 근거 없는 소문은 중요한 사항은 아니고, 따라서 고지할 필요가 없지만, 보다 실체가 있는 소문은 결국 진실이 아니더라도 고지되어야 한다고 하였다.

3. 명시적 또는 묵시적 워런티

1906년 해상보험법 제18조 제3항 d.호에 따르면 보험계약자는 명시 또는 묵시의 워런티가 있기 때문에 고지할 필요가 없는 모든 사실은 고지할 필요가 없었다. 예컨대 보험계약자의 재산에 대한 강도경보장치가 작동하지 않는 경우, 만일 보험계약상 강도경보장치가 항상 작동하여야 하는 워런티가 보험계약상우 삽입되어 있는 경우에는 보험계약자는 그 사실을 고지할 필요가 없었다. 보험자는 어느 경우에도 워런티로 보호받기 때문에, 고지는 불필요한 것으로 고찰되었다. 그러나 2015년 보험법상 워런티의 성격을 정지적 효과로 변경되는 것과 함께, 보험계약상 워런티의 주요부분에 관한 사항은 이제는 고지사항이고, 이에 따라 1906년 해상보험법 제18조 제3항 d.호는 삭제되었다. 대부분의 경우 보험계약상 워런티의 주요부분을 이루는 사항은 중요한 사항으로 고지

217) Shirley v. Wilkinson (1781) 3 Doug KB 41, 99 ER 529.
218) Edgington v. Fitzmaurice (1885) 29 CH D 459(CA).
219) General Accident Fire & Life Assurance Corporation Ltd c. Campbell (1925) 21 Ll L. Rep 151(KB).; David Kendall and Harry Wright, op. cit., para 3.39.
220) [2003] EWCA Civ 705. [2003] Lloyd's Rep IR 746(CA).

되어야 한다.[221)]

Ⅷ 고지의무의 면제

1. 개관

2015년 보험법 제3조 제5항의 고지의무의 면제는 1906년 해상보험법 제18조 제3항의 면제와 비교하여 2가지 차이점 외에는 같다. 제3조 제5항은 질문이 없으면 공정한 제공의무에 기하여 보험계약자는 다음과 같은 사항을 고지할 필요가 없다. 즉, (a) 위험을 감소하는 사항 (b) 보험자가 인식하는 사항 (c) 보험자가 인식하여야 하는 사항 (d) 보험자가 인식하는 것으로 추정되는 사항 (e) 보험자가 정보를 포기한 사항 등이다. 이와 같은 면제는 제18조 제3항 (a)-(c)호와 같다. 첫 번째 차이점은 보험계약자는 보험계약상 약속적 워런티의 존재를 이유로 고지가 불필요한 중요한 사항은 고지가 면제된다고 규정하던 제18조 제3항 (d)호의 폐지이다. 이는 2015년 보험법 제10조와 제11조에 의거 워런티 위반의 효과가 변경되었기 때문이다. 두 번째 차이점은 보험자의 인식에 기초한 면제의 범위가 2015년 보험법상 다시 정의된 점이다.

2. 내용

가. 위험을 감소하는 사항(제3조 제5항 a호)

인수된 위험을 감소하게 하는 사실은 중요한 사실에서 생략하더라고 보험계약자의 제공은 공정하다.[222)] 고지사항이 위험을 감소하게 하는가 여부는 신중한 보험자의 관점에서 판단하는 전문가증거의 문제이다.[223)]

---

221) David Kendall and Harry Wright, op. cit., para 3.40.
222) Carter v. Boehm (1766) 3 Burr 1905, 97 ER 1162; Pawson v. Watson(1778) 2 Cowp 785, 98 ER 1361.
223) Inversiones Manlia SA v. Sphere Drake Insurance Co(The Dora) [1989] 1 Lloyd's Rep 69(Com Ct) [89]-[90](필립스판사).

나. 보험자가 인식하는 사항(제3조 제5항 b호)

보험자의 인식이 무엇인가는 제4장에서 기술한다.

다. 보험자가 인식하여야 하는 사항(제3조 제5항 c호)

보험자가 인식하여야 하는 사항이 무엇인가는 제4장에서 기술한다.

라. 보험자가 인식하는 것으로 추정되는 사항(제3조 제5항 d호)

보험자가 인식하는 것으로 추정되는 사항이 무엇인가는 제4장에서 기술한다.

마. 보험자가 정보를 포기한 사항(제3조 제5항 e호)

반영된 보험계약의 조건에 보험자가 특수한 사항에 대해 보험자로부터 정보를 요구하지 않는다고 명확히 기재되어 있는 경우 이외에, 대부분의 포기의 사례는 보험자의 추가 질문이 필요하다고 주의하기에 충분한 정보가 고지되는 제3조 제4항 b호가 적용되는 경우이다. 포기의 문제는 또한 명확하고 접근가능한 방법의 제공이 관련된다.[224)]

224) 앞의 제3장 공정한 제공의무 V. 고지방법: 합리적이고 명백하고 접근가능한 고지.

제4장 보험계약자와 보험자의 인식

I. 총설

보험계약자의 공정한 제공의무에 관한 2015년 보험법 제3조는 고지의무의 목적을 위한 보험계약자 측의 인식과 보험계약자가 고지의무를 지지 아니하는 보험자의 인식에 대해 규정하고 있다. 이 문제는 구법에서도 제기되었고, 판례법과 1906년 해상보험법 제18조와 제19조의 주제이었지만, 제18조와 제19조 그리고 동일한 효과를 가지는 법률원칙은 폐지되었다(2015년 보험법 제21조 제2·3항). 보험계약자와 보험자가 인식하는 것을 판단하기 위한 목적으로 새로이 도입된 2015년 보험법 제4조와 제5조에 의해, 이 조항에서 설정된 사항만이 보험계약자와 보험자의 인식으로 인정되게 되어 이에 관한 구법의 원칙은 거의 의미가 없어졌다.[225] 이 조항들은 법원이 특수한 사례에 어떻게 적용할지를 고려할 기회를 가질 때까지 약간의 불확정성을 초래하는 새로운 개념을 포함하고 있다. 의회의 입법보고서는 이 조항의 약간에 대한 장래의 해석에는 현재 판례법에 의해 지침을 받게 될 것이라고 한다.[226]

2015년 보험법상 공정한 제공의무의 개정방향은 현대보험실무에 합치하도록 하고, 보험자에게 유리하게 기울어진 운동장을 바로잡아 보험계약자 보호를 강화하는 것이었다. 2015년 보험법에서 변경된 사항 중에서 가장 중요한 것은 당사자의 인식과 위반의 효과이다.[227] 이와 같은 특수한 변화를 고찰함에 있어서는, 법률을 보험자에게 덜 유리하게 하고자 하는 의회의 목적이 달성되었는가 여부의 문제가 중요하다.[228]

고지해야 하는 보험계약자의 인식과 보험계약자의 고지의무가 면제되는 보험자의 인식에 대한 변경에 대해서는 특히 보험계약자의 인식과 관련하여 1906

225) David Kendall and Harry Wright, op. cit., para 4.1.
226) Parliament's explanatory notes for the Insurance Act 2015, para 57.
227) Peter MacDonald Eggers QC, op. cit., para 2.3.3 p. 30.
228) Peter MacDonald Eggers QC, op. cit., para 2.3.3 p. 30.

년 해상보험법보다 보험계약자의 고지의무가 보험계약자에게 보다 엄격하게 되었다는 점에서 공정한 제공의무를 보험계약자에게 유리하게 변경하고자 하는 2015년 보험법의 목적달성에 대한 의문도 제기되고 있다.[229)]

먼저 보험계약자의 인식과 관련하여 보험계약자의 인식 외에도 보험계약자의 인식으로 간주되는 것[230)]에 관해 새로 규정하는바, 후자에 관하여 "보험계약자는 자신의 조직이나 보험중개사, 대리인이 보유하든 보험계약자가 이용가능한 합리적인 정보조사에 의하여 정보를 조사하여 합리적으로 밝혀져야 하는 것은 인식하는 것으로 간주된다"고 규정하는 2015년 보험법 제4조 제6·7항에 따라 보험계약자는 고지할 정보를 서류, 기록보관소, 전자적 조사만이 아니라 다른 사람에게 질문을 하는 등 적극적으로 조사할 의무가 부과되었고, 보험중개사 등의 고지의무를 인정하던 1906년 영국해상보험법 제19조 a항은 폐지되었다.

다음으로 1906년 해상보험법 제18조 제3항 b호는 "보험자가 알고 있거나 알고 있는 것으로 추정되는 사항은 고지의무가 면제되고, 보험자가 통상적인 업무수행과정 중 알아야 하는 일반적인 주지사항이나 지식 또는 사항은 보험자가 알고 있는 것으로 추정된다"고 규정되어 있었는데, 이에 대해서는 복잡하고 그 의미가 명확하지 아니하다는 비판이 있었다. 보험자는 대규모 조직이고, 그 정보는 다수의 자에게 분산되어 있으며, 승계되는 시스템상의 과거의 보험금 청구파일에 담긴 정보는 보험자의 결정에 이용되지 않을 수 있는 점을 감안하여 2015년 보험법은 보험자의 인식을 보험인수에 관여한 자의 인식을 기준으로 하고, 보험자가 인식하고 있거나 인식하여야 하거나 인식한 것으로 추정되는(동법 제3조 제5항 b호~d호) 3가지를 명확히 하였다.

Ⅱ 보험계약자의 인식

1. 서언

2015년 보험법 제4조는 보험계약자의 인식에 관하여 다음과 같이 규정하고

229) Peter MacDonald Eggers QC, op. cit., para 2.4 p. 37.
230) 존 버즈는 추정적 인식이하고 하지만(John Birds, op. cit., p. 132). 인식해야 하는 것이기 때문에 아래에서는 우리법에 비추어 인식간주라고 한다.

있다.

제4조 보험계약자의 인식

(1) 이 조는 제3조 제4항 (a)호의 목적을 위하여 보험계약자가 인식하거나 인식하여야 하는 것을 규정한다.

(2) 개인인 보험계약자는 다음 사항만을 인식한다.

(a) 개인이 인식한 사항

(b) 보험계약자의 보험에 대해 책임을 지는 한명 이상의 개인이 인식한 것

(3) 개인이 아닌 보험계약자는 다음의 한명 이상의 개인이 인식하는 것만을 인식한다.

(a) 보험계약자의 상급관리자의 일원

(b) 보험계약자의 보험에 책임을 지는 자

(4) 다음 경우에는 보험계약자는 제2조 (b)호와 제3조 (b)호에 의하여 개인이 인식한 비밀정보를 인식한 것으로 취급되지 아니한다.

(a) 개인이 보험계약자의 대리인이거나 보험계약자의 대리인의 피용인인 경우

(b) 보험계약과 무관한 자와의 영업관계를 통해 보험계약자의 대리인(또는 그 대리인의 피용인)이 취득한 정보

(5) 제4항의 목적을 위하여 보험계약과 관련이 있는 자는 (a) 보험계약자와 보험계약상 보장이 제공되는 피보험자와 기타의 자, (b 그 계약이 재보험계약인 경우에는 원수보험과 관련이 있는 자이다

(6) 개인이건 아니건, 보험계약자가 이용가능한 합리적인 정보조사(그 조사가 질문 기타 방법에 의해 행해지건)에 의하여 정보를 조사하여 합리적으로 밝혀져야 하는 것은 보험자가 인식하는 것으로 간주된다.

(7) 제6항의 정보는 보험계약자의 조직 기타의 자(보험계약자의 대리인 또는 보험계약상 보장이 제공되는 피보험자 등) 내부에 보유된 정보를 포함한다.

(8) 이 조의 목적을 위하여 다음과 같이 정의된다.

(a) 보험계약자의 대리인과 관련하여 피용인은 개인이 행위하는 권한이 무엇이든 대리인을 위하여 일하는 개인을 포함한다.

(b) 개인이 보험계약을 취득하는 과정에 보험계약자를 위하여 참여하는 경우에는(개인이 보험계약자의 피용인 또는 대리인으로, 보험계약자의 대리인의 피용인으로 기타 권한으로 행위하건) 보험계약자의보험에 책임을 지는 자이다.

(c) 상급관리자는 보험계약자의 활동이 어떻게 관리 또는 조직되는가에 대한 결정을 내리는데 중요한 역할을 하는 개인을 의미한다.

보험계약자는 인식하거나 인식해야 하는 모든 중요한 사항을 고지할 의무가 있다(2015년 보험법 제4조 제1항, 제3조 제3항 a호, 제3조 제4항 a호). 보험계약자의 인식과 인식간주에 대해서는 동법 제3조 제4항, 제4조, 제6조[231]에서 규정하고 있다. 공정한 제공의무에 있어서 보험계약자가 '인식하거나 인식해야 하는' 정보를 제공할 것을 요구하는 목적은 개인의 책임을 지우고, 동시에 관련자의 책임을 제한하기 위함이다.[232] 제4조에서 규정하고 있는 보험계약자가 인식하는 것과 인식하여야 하는 것은 고지의무의 이행을 위하여 보험계약자의 인식으로 취급되는 것에 대해 열거적인 아닌 제한적인 효과가 있다.[233]

제4조는 공개주식회사와 같은 조직이 보험계약자로서 가입한 보험에서는 다수의 사람이 중요한 사항을 인식할 수 있기 때문에 특히 복잡하다.[234]

보험계약자가 개인 또는 법인, 법인격 없는 단체이든, 그리고 보험계약자의 고지의무의 범위를 정의하는 인식이 현실적인 인식[235] 또는 인식간주(인식했어야 하는 것)에 기초하든, 보험계약자는 그 부담을 경감하려는 2015년 보험법의 의도와 달리 1906년 해상보험법보다 무거운 부담을 진다.[236]

---

231) 제6조 제1항은 개인의 인식은 (1) 실제적인 인식, (2) 개인이 의심하고 그리고 고의로 그것을 확인 또는 질문하기를 그만두지 않았으면 인식하였을 사항을 포함한다고 규정하고, 이는 보험자의 인식에도 적용된다.
232) Bernard Rix, op. cit., p. 113.
233) David Kendall and Harry Wright, op. cit., para 4.2.
234) John Birds, op. cit., p. 132.
235) 현실적 인식은 알고도 모른 채하는 인식을 포함한다(2015년 보험법 제6조 제1항).
236) Peter MacDonald Eggers QC, op. cit., para 2.3.3(c) p. 31.

2. 보험계약자가 개인인 경우

2015년 보험법 제4조 제2항에 따라 소비자가 아닌 개인인 보험계약자는 자신이 실제로 인식하거나 '보험계약자의 보험책임자인 한명 이상의 개인'이 인식하는 것을 보험자에게 고지하여야 한다. 1906년 해상보험법 제18조에서는 개인인 보험계약자가 통상적인 영업과정에서 인식해야 하는 것을 보험계약자가 인식하는 것으로 간주되었지만, 이는 그 자체로 타인이 인식하는 것을 인식하는 것으로 취급되는 점에서 중요한 변경이다.[237] 반면 보험계약자의 고지의무를 수배하는 보험중개사와 기타의 자를 포함하여 보험계약자의 보험책임자가 실제로 인식하고 있는 정보로 확대하는 것 이외에는 구법과 신법사이에 차이는 없다는 견해가 유력하다.[238]

후술하는 것과 같이[239] 개인인 보험계약자는 또한 합리적인 조사에 의해 밝혀졌어야 하는 것은 인식한 것으로 간주된다. 실제적인 인식에는 개인이 이전에 인식하였지만 보험자에 대한 제공시 잊은 경우 사항은 포함되지 아니하지만, 보험계약자가 의도적으로 자기 기억을 되살리고자 하지 아니한 경우 즉 '의도적인 맹목'의 문제는 있다.

보험계약자의 중요한 사항에의 노출이 보험계약을 구입할 때 존재하였는가 여부를 평가하는 것이 필요하다. 예컨대 보험계약자인 나이트클럽의 소유자가 자기 재산에 대해 보험을 갱신할 때 강도가 그 지역의 나이트클럽을 불태우겠다는 위협의 정보를 경찰로부터 제공받았다면, 그 인식은 고지해야 할 것이다. 그러나 소유자가 갱신 9개월 전에 관련 대화에서 그 위협에 대해 들었다면, 그가 마음에 명확히 기억한 것이 입증되지 아니하는 한 고지해야 하는 인식이 아니다.

---

237) Arnould, Law of marine insurance and average, (1st supp. 18the de. Sweet & Maxwell, 2016, para 1.2-30.; David Kendall and Harry Wright, op. cit., p. 40.
238) Peter MacDonald Eggers QC, op. cit., para 2.3.3(c) p. 31.
239) 뒤의 제3장 공정한 제공의무 Ⅱ. 보험계약자의 인식 4, 개인과 단체의 공통사항 다. 합리적인 정보조사.

3. 보험계약자가 단체인 경우

가. 원칙

보험계약자가 개인이 아닌 경우 그 인식은 특정한 개인이 인식한 것(2015년 보험법 제4조 제3항) 그리고 합리적 조사에 의해 밝혀졌을 것(제4조 제6항)에 의하여 결정된다. 2015년 보험법 제4조 제3항에 따라 보험계약자가 개인이 아니고, 주식회사 또는 법인격없는 단체인 경우에는 (1) 보험계약자의 '상급관리자'의 일원 또는 (2) 보험계약자의 보험책임자인 한 명 이상의 개인이 인식하고 있는 정보를 고지해야 한다. 이는 고지의무를 지는 보험계약자의 현실적 인식을 실질적으로 확대시키는 잠재적인 결과가 된다.[240)]

1890년 합명회사법에 준거하여 설립된 합명회사는 대부분의 목적을 위하여 독립한 법인격을 가지지 아니하고, 그 인식은 2015년 보험법 제4조 제2항에 따라 평가되는 개별 조합원의 인식이다.[241)] Ackman & Scher v. Policyholders Protection Board사건[242)]에서 머스틸판사는 영국법상 합명회사의 책임에 관하여 체결된 보험계약은 이론상 보험자와 개별 조합원의 한 묶음의 계약이라고 판시하였다. 주식회사, 신탁회사, 공공단체, 법령상의 단체 그리고 무한책임조합원은 개인이 아니고, 이 단체의 인식은 제4조 제3항과 제4조 제6항에 의거하여 결정된다.

나. 상급관리자의 인식

(1) 입법과정

구법에서는 보험계약자가 단체인 경우 자연인의 인식은 대리 또는 주식회사의 '지휘하는 정신과 의지'와 관련된 귀속의 원리에 의하여 정해졌다. 이것은 주식회사의 이사회를 포함하고, 또한 '부보이익의 영업, 보험의 수배, 보험금 청구이든가 아닌가를 묻지 않고, 주식회사의 영업과 관련 있는 자'를 포함하였다.[243)]

---

240) Peter MacDonald Eggers QC, op. cit., para 2.3.3 (c) p. 31.
241) David Kendall and Harry Wright, op. cit., para 4.4.
242) [1994] 1 Lloyd's Rep 121(HL), 129.
243) MacDonald Eggers, Picken & Foss, op. cit., para 7.10.; Manifest Shipping

2014년 7월의 보고서에 첨부된 보험법안 제4조 제6항 (c)호는 상급관리자의 개념을 좁게 고찰하였고, 2014년 상원의 특별공공법안위원회의 심의과정에서 관심사항으로 제기되어 보험계약자의 활동의 전부 또는 실질적 부분을 실질적으로 관리 또는 조직하는데 관여하는 자를 포함하는 것을 명확히 하기 위해 정의를 확대할 것을 내용으로 하는 수정안이 제시되었다.[244] 특히 대규모회사에서 이사회 하위의 집행임원이 이사회의 이사 특히 비상임이사보다 보험보장의 목적을 위한 보험계약자의 영업에 관한 많이 인식하는 것이 자주 있다는 것에 유념하였다.

이 비판에 대하여 정부는 입법보고서를 검토하기로 약속하였고, 2015년 2월 12일자 입법보고서는 다음과 같은 내용을 포함하였다.

54. 제4조 제8항 (c)호는 '상급관리자'를 정의하고 있다. 이것은 보험계약자의 활동이 관리되고 조직되는 방법에 대한 결정을 하는데 중요한 역할을 하는 개인을 포섭한다. 주식회사에서 이것은 이사회의 구성원을 포함하지만, 보험계약자의 조직과 관리약정에 따라 이보다 확대될 수 있다.

55. 상급관리자와 보험을 책임지는 개인의 인식은 공정한 제공의무의 목적을 위하여 보험계약자에게 직접 귀속하고, 이와 같은 범주의 사람은 상대적으로 협소하게 해석될 것이 기대되지만, 탄력적인 적용이 기대된다. 상급관리자의 범주에는 포함되지 않지만, 부보되는 위험에 관한 정보와 인식을 소유하거나 영업을 수행하는 개인은 제4조 제6항의 '합리적인 조사'에 의해 포섭된다.

불행하게도 이 입법보고서는 '상급관리자'의 정의의 범위를 명확히 하기 보다는 혼란을 초래하였다. 특별공공법안위원회에 대한 증언에서 맨스판사는 법령상의 문귀는 절대적으로 수용할 수 있지만, 2014년 7월의 보고서와 입법보고서에 대해서는 이의가 있을 수 있다고 하였다.[245] 상급관리자의 일원인 자의 인식

Company Ltd v. Uni-Polars Shipping Company Ltd and Others, The Star Sea [2001] 2 W.L.R. 170, 186(사실관계는 한창희, 해상보험법, 74면); Red Sea Tankers Ltd v. Papachristidis: The Hellespont Ardent [1997] 1 Lloyd's Rep 547 594-597 (맨스판사).

244) 상원의 특별공공법안위원회, 보험법(상원), House of Lords Papers(2014-15, HL 81), 116.

은 고지의 목적을 위하여 보험계약자의 인식으로 취급되기 때문에, 이에 포함되고 포함되지 아니하는 자가 누구인가를 이해하는데 있어, 정의는 중요하다. 뒤에서 고찰하는 바와 같이,[246] 합리적인 조사는 조항의 정의에 포함되지 않는 자의 인식을 반드시 밝힐 수 있는 것은 아니고, 이 경우 중요한 사실이 고지되지 않아도, 공정한 제공의무가 이행된 것이다. 이러한 불확정성에 대한 보험자와 보험계약자의 관심을 반영하여, 로이즈시장협회(LMA)와 산업과 상업상 보험과 위험관리자협회(AIRMIC)는 보험계약에서 누가 보험계약자의 상급관리자인가에 대하여 보험자와 보험계약자가 합의할 것을 권고하였다.[247] 로이즈시장협회는 다음과 같은 표준조항을 제안하였다.

2015년 보험법-'상급관리자의 정의'

2015년 보험법 제3조 제3항 (a)호에 의거 보험계약자는 '상급관리자'가 인식한 모든 중요한 사항을 고지하여야 한다. 이 목적을 위하여 '상급관리자'는 이래에 기재한 지위에 종사하는 자를 포함한다.

{해당 지위를 삽입: 예컨대 영업부서장}[248]

(2) 2015년 보험법상 상급관리자의 인식

2015년 보험법 제4조 제3항 (a)호는 개인이 아닌 보험계약자는 보험계약자의 상급관리자의 일원인 한명 이상의 개인이 인식한 것만 인식한 것으로 간주된다고 규정하고, 제4조 제8항 (c)호에 따르면 '상급관리자'는 '보험계약자의 활동이 어떻게 관리되고 조직되는가를 결정하는데 중요한 역할을 하는 개인'을 의미한다.

보험계약자의 '상급관리자'의 일원의 적어도 한명의 개인이 인식하고 있는 정보도 보험계약자는 고지하여야 한다.

1906년 해상보험법에서는 법인인 보험계약자는 지휘하고 있는 개인이 인식하

245) 상원의 특별공공법안위원회, 보험법(상원), 보험법안(HL), House of Lords Papers (2014-15, HL 81), 55-56. 2014. 12. 9일의 특별공공법안위원회에서의 구두증언.

246) 뒤의 제3장 공정한 제공의무 Ⅱ. 보험계약자의 인식 4. 개인과 단체의 공통사항 다. (3) 적용에 참조할 점-(4) 정보조사의 시기.

247) 로이즈시장협회는 로이즈시장협회표준조항에 대한 지침(2016년 3월의 로이즈시장협회)에서, 산업과 상업상 보험과 위험관리자협회(AIRMIC)는 2015년 보험법-공정한 제공에 대한 지침(업과 상업상 보험과 위험관리자협회, 2016), p. 9에서 이것을 권고하였다.

248) 로이즈시장협회 표준조항, 2016년 3월 16일.

고 있는 것을, 주식회사인 경우에는 내부보험관리자 또는 CEO 또는 관리이사, 이사회를 포함한 개인이 인식하고 있는 것을 인식하는 것으로 간주되었다. 그러나 2015년 보험법에서는 회사인 보험계약자의 현실적인 인식은 보험계약자의 조직내부에서의 보험책임자만이 아니라, 임명된 보험중개사를 포함한다. 단체인 보험계약자에 대해 규정하고 있는 제4조 제3항은 대리인의 인식이 본인의 인식으로 추정이 되는 경우에 대해 보통법상의 원칙을 대체한 것이다.[249] 2015년 보험법 제4조 제8항 c호에 따르면 '상급관리자'는 '보험계약자의 활동이 어떻게 관리되고 조직되는가를 결정하는데 중요한 역할을 하는 개인'을 의미한다. 법률개정위원회의 2014년 7월의 보고서는 "정의는 주식회사가 아닌 단체의 경우 이사회 또는 이에 해당하는 것을 포함한다. 이것은 일반적으로 지부관리자 또는 중간관리자를 포섭하기 위한 것은 아니다. 이것은 보통법상의 '지휘하는 정신과 의지'를 재현한 것이고. 그보다 확대하고자 한 것은 아니다"고 하였다.[250] 법률개정위원회는 이 보다 하위의 관리자의 인식은 일반적으로 합리적 조사에 의해 포섭되어야 한다고 고찰하였다.[251]

이는 대규모주식회사의 경우 회사의 부서장 그리고 주식회사의 CEO, 재무이사 등 상급집행임원, 이사회의 구성인인 개인이 인식하고 있는 정보를 포함하여, 보험계약자의 활동이 어떻게 관리되고 조직되는가를 결정하는 데 있어서 중요한 역할을 하는 개인이 인식하고 있는 정보가 고지되어야 함을 의미한다.[252]

의회의 입법이유서는 "'상급관리자'라는 어귀는 보험계약자의 활동이 어떻게 관리되고 조직되는가를 결정하는데 있어 중요한 역할을 하는 개인을 포섭한다. 주식회사에 있어 이는 이사회의 구성원을 포함하고, 보험계약자의 조직과 관리제도에 따라 이를 넘어 확대가능하다."고 하였다.[253] 그러나 입법이유서는 이 범주의 사람은 "상대적으로 협소하게 해석되어야 하지만, 탄력적으로 적용될 것을 기대한다"고 하였다.[254] 이는 2015년 보험법의 도입 이전의 지위와 비

249) John Birds, op. cit., p. 132.
250) Law Commissions, July 2014 Report, para 8.55.
251) Law Commissions, July 2014 Report, para 8.60.
252) Peter MacDonald Eggers QC, op. cit., para 2.3.3 (c) p. 32.
253) Parliament's explanatory notes for the Insurance Act 2015, para 55.
254) Parliament's explanatory notes for the Insurance Act 2015, para 57.

교하여 보험계약자가 고지해야 하는 정보가 실질적으로 증가했다는 것을 나타낸다.[255]

4. 개인과 단체 공통 사항

가. 보험계약자의 보험에 책임을 지는 자의 인식

2015년 보험법 제4조 제2항 b호와 제4조 제3항 b에 따라는 개인인 보험계약자와 회사인 보험계약자는 보험계약자의 보험에 대해 책임을 지는 자가 인식한 것을 인식한 것으로 간주된다. 제4조 제8항 (b)호는 '보험계약자의 보험에 대해 책임을 지는 개인'은 보험계약자를 위하여 보험을 획득하는 과정에서 참가하는 개인이라고 정의하고 있다. 이 정의는 그 과정에 참여하는 개인의 권한이 '보험계약자의 피용인 또는 대리인으로서 이든, 보험계약자의 대리인의 피용자 기타의 자로서이든' 불문하는 것을 명확히 하고 있다.[256] 제4조 제8항 (b)호는 이 목적을 위한 보험계약자의 대리인(일반적으로는 보험중개사)에 '개인이 어떠한 권한으로 행위를 하건' 대리인을 위하여 일하는 개인을 포함한다고 규정한다.

상원의 2014년 12월 15일의 특별공공법안위원회에서 노우크스경은 전문적인 자문인이 대리인으로 일하는 경우, 그 전문적인 자문인은 보험계약자의 대리인으로 실제 취급되는 것으로 이 정의가 의미하는가를 질문하였다. 재무부의 책임자인 뉴비경은 외부자문인은 피용인의 정의에 포함되지 아니하기 때문에 이 정의는 외부전문인을 포함하지 않는다고 하였다.[257]

입법보고서는 제4조 제8항 (b)호의 정의에는 보험계약자의 위험관리자와 데이터 수집을 보조하거나 보험조건을 협상하는 보험계약자의 피용인을 포함하고, 또한 보험자와 보험계약을 수배하는 개인보험중개사를 포함하지만,[258] 개인이 아닌 중개회사는 포함되지 않는다고 하였다.[259] 이 정의에는 보험계약자의 보험을 획득하는 과정에서 상이한 권한으로 행위하는 다수의 개인이 포함된다.

255) Peter MacDonald Eggers QC, op. cit., para 2.3.3 (c) p. 32.
256) David Kendall and Harry Wright, op. cit., para 4.10.
257) 2014년 12월 15일자 특별공공법안위원회의 절차기록.
258) Parliament's explanatory notes for the Insurance Act 2015, para 53.
259) Law Commissions, July 2014 Report, para 8.65에 의하여 확인됨.

예컨대 보험계약자를 위하여 보험을 수배하는 일련의 보험중개사와 관련된 각각의 보험중개회사에서 보험을 수배하는 보험중개사를 포함하지만, 보험중개사를 수배하는 자는 포함하지 않는다. 보험계약자의 법률부서가 보험금청구를 다루고 있는 경우, 보험자에 대한 위험의 제공을 준비할 목적으로 보험금청구데이터의 편집에 관여하는 법률부서의 개인은 보험계약자의 인식으로 취급된다. 노우크스경의 질문에 대한 뉴비경의 답변과 관련하여, 보험계약자가 보험조건을 협상하기 위하여 예컨대 변호사와 같은 외부자문인을 고용하는 경우, 외부자문인은 보험을 획득하는 과정에 개입한 것이기 때문에, 그 자문인의 인식은 보험계약자의 인식으로 취급될 수 있다. 산업과 상업상 보험과 위험관리자협회는 고지되어야 하는 실제적 인식을 포함하기 위하여 보험중개사 그리고 보험자와 '보험계약자의 보험을 책임지는 자'인 개인에 대한 특수하고 간단한 리스트에 동의를 보험계약자가 보험자로부터 받도록 권고하였다.[260)]

나. 비밀정보

(1) 서언

2015년 보험법 제4조 제4항은 개인이 (1) 보험계약자의 대리인 또는 그 대리인의 피용인이고, (2) 그 정보가 보험계약과 무관한 자와의 영업관계를 통해 대리인 또는 대리인의 피용인에 의해 획득된 경우에는, 이를 비밀정보라고 하고, 개인의 비밀정보는 개인이 인식한 것으로 간주되지 않으므로 고지하지 않아도 된다고 규정한다. 제4조 제5항에 따르면 여기에서 보험계약과 관련 있는 자는 (1) 보험계약자와 보험계약에 의하여 보장이 제공되는 자, 그리고 (2) 그 계약이 재보험계약인 경우에는 원수보험과 관련이 있는 자이다(제4조 제5항).

보험계약자가 인식한 정보(보험계약자가 개인이 아닌 경우 인식한 것으로 추정되는 정보)는 은밀할 수 있다. 비밀정보는 비밀로 명시적 또는 묵시적으로 전달되는 비공개적 정보이다.[261)] 이는 예컨대 중재절차에서 수령한 정보와 같이 보험계약자가 제3자와 합의한 정보에 대해 비밀유지의무를 지는 것을 포함한

260) 산업과 상업상 보험과 위험관리자협회(AIRMAC), 2015년 보험법: 공정한 제공의무에 대한 지침(AIRMAC, 2016), 11; David Kendall and Harry Wright, op. cit., para 4.11.
261) Peter G. Watts(ed.), Bowstead and Reynolds on Agency, (20th ed., Sweet & Maxwell, 2016), para 6-077.

다. 일단 공중이 정보를 용이하게 이용가능하게 되면 은밀성이 종료한다. Carter v. Boehm사건[262]에서 맨스필드판사는 성의 방어의 취약함에 대하여 부보된 성의 총독이 보유한 정보는 총독이 비밀유지의무로 인해 고지할 수 없다는 것을 보험자가 알고 있었다고 하였다. 보험자는 그 정보의 고지를 압박하지 않고 위험을 인수하였으며, 실질적으로 그 고지를 면제한 것이었다. 이와 관련하여서는 보험계약자가 특히 1989년의 공무상 비밀법과 같이 법령상 비밀유지의무를 지지 아니하는 한, 정보가 비밀이기 때문에 보험계약자가 보류하는 것을 보험자가 알고 있는 경우, 정보의 고지를 압박하지 아니하거나 질문하지 아니 한 것은 보험계약자의 그 정보의 고지의무를 보험자가 면제한 것에 해당한다는 견해가 유력하다.[263]

2015년 보험법은 보험계약자의 대리인 또는 그 대리인의 피용자인 자인 개인이 보유하는 비밀정보를 취급하는 특별한 제도를 설정하고 있다(제4조 제4항, 제4조 제5항). 보험을 수배하는 보험계약자의 대리인은 통상 보험중개사이고, 2015년 보험법이 처리하고자 추구하는 것은 비밀정보를 취급하는데 있어서의 보험중개사의 특수한 어려움이다. 2014년 7월의 법률개정위원회의 보고서[264]는 "대리인은 다른 고객으로부터 위험에 관한 정보를 수령한다. 예컨대 대형보험중개사는 수천 명의 고객으로부터 보험금청구의 사전통지를 수령하고, 이에 따라 전체산업상의 위험에 주의하게 되는 것이다."라고 하였다.

제4조 제4항 (b)호는 보험계약자의 대리인이 보험계약과 무관한 자와의 영업관계를 통해 비밀정보를 취득한 경우에는, 대리인의 인식 또는 대리인이 피용인인 경우 대리인의 피용인인 개인의 인식은 보험계약자의 인식으로 처리되지 않고, 따라서 보험자에게 고지할 필요가 없다고 규정한다. 제4조 제5항은 보험계약과 관련 있는 자의 의미를 정의하고, 뒤에서 기술될 것이다.[265]

예외로서 (1) 비밀정보의 의의 (2) 영업관계의 의미 (3) 개별보험중개사가 비밀정보를 보유한 경우의 조치와 같은 쟁점을 고찰할 필요가 있다.

262) (1766) 3 Burr. 1905.
263) David Kendall and Harry Wright, op. cit., para 4.12.
264) Law Commissions, July 2014 Report, para 9.41.
265) 뒤의 제4장 보험계약자와 보험자의 인식 Ⅱ. 보험계약자의 인식 4. 개인과 단체 공통 사항 나. 비밀정보 (5) 보험과 관련이 있는 자.

(2) 비밀정보의 의의

법률개정위원회는 처음에는 다른 고객으로부터 수령한 정보는 보험계약자에게 귀속시킬 수 없다고 제안하였다.[266] 법률개정위원회의 2014년 7월보고서에서는 이 사고를 발전시켜 핵심쟁점은 취득되는 정보에 있어서의 권한이 아니라 다른 고객에 대하여 비밀인가 여부라고 하였다.

이 접근방법은 2015년 보험법에 반영되어 있지만, 법률개정위원회는 이 경우 비밀정보가 무엇인가에 대하여 고찰하지 아니하였기 때문에 개별보험중개사에게 정보를 제공한 자가 비밀을 유지하도록 요구하거나 그것이 비밀정보라고 고찰하면 충분한가 또는 개별보험중개사나 그의 대리인은 비밀정보를 유지할 법적 책임을 지는가가 문제된다.

이에 대해서는 비밀성의 기준은 객관적인 것이고, 보험중개사 또는 그 피용인은 보험자에게 고지하지 아니할 정보에 대한 비밀유지의무를 지며, 그것은 보험중개사와 정보제공자의 법률관계(일반적으로는 제공자가 보험중개사의 고객인 경우 본인과 대리인의 관계)로부터 발생하든, 보험중개사가 비밀로 한다는 특약에 의하든 불문한다는 견해가 유력하다.[267]

기준이 객관적인 것인가 주관적인 것인가는 정보의 지위를 결정하는데 매우 중요하다. 비밀정보가 아니지만, 보험중개사가 비밀정보라고 믿고 고지하지 아니하면 그 정보가 중요하다면 보험계약자는 공정한 제공의무 위반이다. 보험중개사가 비밀정보라고 믿지 않았지만, 객관적으로 비밀정보이고, 보험중개사가 이를 보험자에게 고지하였다면, 보험계약자는 잘못 고지한 정보의 결과 입은 손해배상(예컨대 추가보험료 또는 보험금면책)을 청구할 수 있게 된다.

이 쟁점에 관한 어려움에 대해서는 법률개정위원회의 2014년 7월 보고서에서의 예로부터 살펴볼 수 있다.[268] 의료장비제조업자가 책임보험의 갱신을 위해 보험중개사에게 과거 보험금청구에 관한 정보를 보험중개사에게 제공한 경우 그 고지에는 일련의 병원에서 그 제품을 승인 없이 사용하여 발생한 사고를 포함하고 있었고, 보험중개사가 이 사고사실을 알지 못하는 다른 일련의 병원을

266) 법률개정위원회의 2012년 '보험계약법: 기업보험계약자의 고지의무와 워런티법'에 관한 공동자문보고서, para 7.74.
267) David Kendall and Harry Wright, op. cit., para 4.15.
268) Law Commissions, July 2014 Report, para 9.45.

위하여 책임보험을 또한 수배한다면, 보험중개사는 일련의 병원에 대하여 또는 일련의 병원과 보험을 갱신하는 보험자에게 이를 고지하여야 하는가?

이에 대해서는 부동산중개사와 공인회계사와 같이 여러 본인으로부터 취득한 지식[269]을 누설하여서는 안 될 의무를 지는 유형의 대리인에 속하고, 그리고 보험금청구에 관한 정보는 비밀정보이기 때문에 보험중개사는 다른 병원 또는 보험자에게 고지해서는 안된다는 견해가 유력하다.[270]

(3) 영업관계의 의미

비밀정보에 대한 예외는 '영업관계'를 통해 취득한 정보에만 적용된다. 개인 보험중개사가 이웃으로부터 비밀로 수령한 정보는 그것이 영업관계 과정에서 수령한 것이 아닌 한 예외에 해당하지 않는다.

정보제공자가 보험중개사조직과 고객관계가 있는 조직이어야 하는가 아니면 일종의 계약관계로 충분한가에 대해서는 위의 (2) 비밀정보의 의의를 참조하여 어려움을 해결하여야 할 것이다.[271]

(4) 개별보험중개사가 비밀정보를 보유한 경우의 조치

영업관계의 의미에 관한 어려움에 비추어 개별보험중개사가 중요한 비밀정보를 다른 고객으로부터 수령한 경우, 가장 안전한 과정은 보험중개사가 또 다른 고객을 위해 보험에 가입하는 경우 다른 고객과 공유하는데 대하여 이의가 있는지 점검하는 것이다.[272] 만일 그 고객이 동의를 거부하면, 객관적으로 그 정보가 비밀이 아닌 한, 개별보험중개사는 첫 번째 고객을 위해 보험을 수배하는 것을 중단하여야 할 것이다. 만일 그것이 비밀정보인 경우에는, 개별보험중개사가 보험자에게 그 정보를 제공하지 않고 보유하면 어려움에 처할 수도 있다.[273]

269) Harlerquin Property (SVG) Limited & Another v. Wilkins Kennedy[2016] 3188 EWHC (TCC) [492]-[495](쿨손판사).
270) David Kendall and Harry Wright, op. cit., p. 46.
271) David Kendall and Harry Wright, op. cit., para 4.17.
272) David Kendall and Harry Wright, op. cit., p. para 4.18.
273) 제4장 보험계약자와 보험자의 인식 Ⅵ. 보험자에 대한 추가질문경고 3. 보험자가 질문하지 않은 경우에서 고의로 중요한 정보를 유보하는 경우의 결과를 참조할 것.

2015년 보험법에서 보험계약자의 인식은 개별보험중개사의 인식에 초점이 맞추어져 있고, 개별보험중개사가 그의 회사내부에 비밀정보를 잠재적으로 공개하지 않는 한, 교체보험중개사는 그 정보를 인식한 것으로 확정되지 아니한다.

(5) 보험과 관련이 있는 자

2015년 보험법 제5항은 "제4항의 비밀정보를 위하여 보험계약과 관련이 있는 자는 (a) 보험계약자와 보험계약에 의하여 보장이 제공되는 기타의 자, (b)그 계약이 재보험계약인 경우에는 원수보험과 관련이 있는 자이다"라고 규정하고 있다.

이에 따라 개별보험중개사가 보험을 수배하고자 하는 보험계약과 관련이 있는 자로부터 수령한 비밀정보는 고지가 면제되지 아니한다. 2015년 보험법 제4조 제5항은 보험계약과 관련 있는 자를 정의하고 있다. 동법은 피보험자와 기타의 자가 보험계약의 당사자가 아니더라도 보험수익자(손해보험의 경우 피보험자)인 자와 기타의 자를 포함한다.[274] 또한 보험중개사가 재보험을 수배하는 경우에는 원수보험과 관련이 있는 자를 포함한다. 후자는 보험중개사가 원수보험자를 위하여 보험을 수배하는 경우에 원수보험계약자로부터 중요한 비밀정보를 수령한 경우(전형적으로는 임의재보험의 경우)를 처리하기 위한 의도이다.[275]

다. 합리적인 정보조사

(1) 개관

2015년 보험법상 보험계약자의 공정한 제공의무는 보험계약자가 실제로 인식하고 있는 정보만이 아니라, 보험계약자가 인식해야 하는 정보를 고지할 것을 요건으로 한다. 동법 제4조 제6항은 보험계약자가 인식해야 하는 것, 즉 보험계약자가 이용할 수 있는 합리적인 정보조사(조사가 질문 또는 다른 수단에 의해 행해지든)로 합리적으로 밝혀질 수 있는 것을 보험계약자는 인식해야 한다라고

274) David Kendall and Harry Wright, op. cit., para 4.19.
275) 예컨대 General Accident Fire and Fire Assurance Corp Ltd v. Peter Williams Tanter(The Zephyr) 1984] 1 Lloyd's Rep 58(Com Ct), aff'd [1985] 2 Lloyd's Rep 529(CA).

규정하고 있다. 이는 보험계약자의 조직내부에 보유되거나 또는 기타의 사람(대리인이나 보험계약에 의하여 보장이 행해지는 피보험자)이 보유한 정보를 포함한다(제4조 제7항).

법률개정위원회는 보험계약자의 적극적인 정보조사의무는 판례법에 근거한 것이었다고 하였지만,[276] 의무가 공정한 제공의 목적으로 관련 정보를 적극적으로 대조할 의무인 한, 근거로 한 판례가 이의 근거가 될 수 있을 것 같지 않다.[277]

아놀드의 저자들은 구법의 목적을 위하여 보험계약자가 인식하여야 하는 것은 보험자가 인식하여야 하는 것과 동일하고, 이 기준은 그 유형의 보험계약자에서 통상정인 영업과정에서 합리적이고 신중한 보험계약자가 인식하여야 하는 것에 대한 주관적인 요소가 개입된다고 주장하였다.[278] 이는 법률개정위원회의 합리적 조사의 개념의 도입의 근거로 들어졌다.[279] 그러나 이 견해에 대해서 맥길리브레이[280]나 맥도널드 에거스 등[281]은 동의하지 않았다.

법률개정위원회는 보험구입자는 보험을 수배할 목적으로 조직에 대한 정보를 조사할 적극적 의무가 있다는 원칙에 대하여 다음 3개의 판례를 근거로 하였다.[282] Inversiones Manria v. Sphere Drake Insurance Co Plc(The Dora)사건,[283] Aiken v. Stewart Wrightson Members Agency Ltd(Aiken)사건,[284] London General Insurance Co Ltd v. General Marine Underwriters Association Ltd(London General)사건[285]이 그것이다.

도라호사건에서는 쟁점은 부보요트의 선장의 형사처벌 사실을 보험계약자가 보험자에게 고지하지 않은 것이었다. 보험계약자는 그 사실을 인식하지 못하였

276) Law Commissions, July 2014 Report, para 8.81.
277) Law Commissions, July 2014 Report, para 8.80.
278) Arnould, Law of marine insurance and average, (1st supp. 18th ed., Sweet & Maxwell, 2016), paras 16-37에서 16-48.
279) Law Commissions, July 2014 Report, para 8.83.
280) John Birds, Ben Lynch, Simon Milnes, MacGillivray on Insurance Law, (13th ed., Sweet & Maxwell, 2015), para 1.2-37.
281) MacDonald Eggers, Picken & Foss, op. cit., paras 7.122, 7.123.
282) Law Commissions, July 2014 Report, para 8.81.
283) [1989] 1 Lloyd's Rep 69(Com Ct).
284) [1995] 2 Lloyd's Rep 618(Com Ct).
285) [1920] 3 Ll L Rep 1999(Com Ct), aff'd 4 Ll L Rep 382(CA).

지만, 필립스판사는 보험계약자의 대리인인 선박의 관리자가 선장의 특성을 점검했어야 하였기 때문에 통상적인 영업과정에서 선박관리자가 그 사실을 인식했어야 하였다고 판시하였다. 1906년 해상보험법 제18조 제1항에 의거 보험계약자의 대리인이 통상의 영업과정에서 인식해야 하는 것을 보험계약자는 인식한 것으로 간주되었다. 이 판결은 보험계약자의 관리자가 통상의 영업과정에서 발견했어야 하는 것에 근거하였지만, 보험계약을 수배하는 목적으로 보험계약자(또는 그 대리인)가 중요한 사실을 조사하여야 한다는 것도 없었고, 그 사건의 상황의 합리적 조사로 합리적으로 밝혀졌어야 하는 것의 고찰도 제시되지 않았다.[286)]

아이큰사건에서는 신디케이트가 신디케이트의 재보험을 수배하는 목적을 위한 정보조사의무를 그 구성원에게 부담하는가 이었다. 재보험자에게 고지의무가 있는가도 제기되지 않았고, 그 의무가 존재하는지 여부는 법원이 결정할 쟁점인가도 제기되지 않았다.

런던 제너럴사건은 재보험계약자가 통상의 영업과정에서 인식하여야 하는 것에 관한 사건이었다. 재보험계약자의 대리인이 부보선박의 멸실에 관한 정보를 수령하였지만, 과실로 인하여 동일한 위험의 임의재보험을 수배하는 보험중개사에게 그 정보를 전달하지 않았다. 항소법원의 베일해쉬판사는 통상의 영업과정에서 보험대리인은 사고를 인식하거나 인식했어야 하였고, 따라서 재보험자는 중요한 사실의 고지의무위반을 이유로 보험계약을 취소할 수 있다고 판시하였다. 이 사건에서도 재보험계약자나 그 대리인이 중요한 사실의 조사의무가 있다는 제시가 없었다.[287)]

3 사건에 대해서는 구법상 보험계약자가 합리적인 정보조사의무라 있다는 근거는 되지 못하고, 제4조 제6항의 적용범위를 결정하기 위한 제한적인 도움밖에 되지 아니하며, 이전 법의 판례중 이를 직접적으로 언급하였지만 조사의무가 없다고 한 유일한 사건이 근거라는 견해가 유력하다.[288)]

---

286) 요트매니저가 선장의 특성점검을 수행하였는지 요트관리자에게 묻는 것을 포함하여 보험계약자에 의하여 수행된 조사를 기대하는 것이 합리적인가? 또는 선장의 특성에 대하여 질문을 하였는가에 관한 점이다.; David Kendall and Harry Wright, op. cit., para 4.22.

287) David Kendall and Harry Wright, op. cit., para 4.24.

288) Simner v. New India Assurance Co [1995] LRLR 240(Com Ct) 253-255(다이아몬드

Australia & New Zealand Bank, Ltd v. Colonial & Eagle Wharves, Ltd; Boag (Third Party)사건[289]은 창고관리자가 선하증권의 작성 없이 적하를 반출하였다는 사실을 보험계약자가 고지하지 아니한 사건이었다. 맥네어판사는 창고관리자의 과실을 인식하지 못하였고, 인식한 것으로 간주되지 아니한다고 판시하였다. 합리적인 조사를 하였더라면 관리자의 과실을 밝혀냈을 것이고 따라 보험자는 이를 인식하였어야 한다는 제안에 대하여 맥네어판사는 다음과 같이 판시하였다.

만일 합리적이고 신중한 이사회가 통상의 영업과정에서 자신의 시스템에 대하여 질문했더라면 피고 이사회는 중요한 사실을 인식하였을 것이기 때문에 피고는 사실을 인식한 것으로 간주된다는 주장은 나의 판단으로는 법률상 그리고 사실에 맞지 않다. 보험을 청약하는 회사의 이사회가 회사의 활동이 행해지는 방법에 관하여 상세한 조사의무를 진다는 어떠한 판례를 알지 못하고, 이 결과를 도출하는 법률원칙에 대하여 나는 알지 못한다. 만일 회사가 운송중 임금에 대하여 보험가입을 청약하는 경우, 회사가 시스템상의 결함에 대하여 고의로 알고도 모른 체 하지 않고, 있을지 모르는 의심이나 착오를 고지하여야 하지만, 회사가 매주 임금이 은행에서 회사로 입금되는지를 정확히 파악하여 고지할 의무가 있다고 믿지 않는다. 그러한 의무를 청약자에게 지우는 것은 보험자가 오직 신중하게 영업을 하는 자만을 부보하는 것으로 판결하는 것과 같다. 그러나 일반적으로 보험의 목적의 하나는 자신의 과실 또는 피용인의 과실에 대하여 자신을 보장하기 위한 것이다.

법률개정위원회는 합리적인 조사의 개념이 판례로부터 도출한 것이 아니라, '합리적인 보험수배과정'의 일부인 것에 근거하였다고 고찰하였다.[290] 산업과 상업상 보험과 위험관리자협회의 기술이사인 폴 홉킨이 2014년 12월 9일 상원 특별공공법안위원회에서 행한 증언은 동 협회가 보험자에 대한 고지정보의 수집에 관하여 이미 회원에게 제공하고 있는 지침을 다음과 같이 서술하였다.[291]

판사); David Kendall and Harry Wright, op. cit., para 4.25.

289) [1960] 2 Lloyd's Rep 241(Com Ct).

290) David Kendall and Harry Wright, op. cit., para 4.26.

291) 상원특별공공법안위원회, 보험법안(상원), 상원보고서(2014-15, 상원 81), 61; David Kendall and Harry Wright, op. cit., para 4.26.

우리는 회원에게 강화된 권고를 하기 위하여 회원의 경험과 우수운영사례에 기초하여 작성한 지침을 발행하고 있다. 우리가 작성한 보고서의 중요성을 보여주기 위해 약간의 샘플을 가져왔다. 하나의 보고서는 특별히 기업보험에서 중요한 사실과 정보의 고지에 관한 것이다. 3, 4년 전에 작성한 이 지침은 매상고가 20억 파운드인 대규모 다국적회사를 위한 보험구입자로서 나의 경험에 기초하여 작성하였다. 이 지침은 다수의 보험구입자가 적용하는 제안된 절차를 설정하고 있고, 대규모회사에서는 전형적으로 보험관리자, 적절한 정보를 보유하며, 중요한 고지사항을 인식하고 있는 일련의 사람, 제출서에 서명하는 사람의 역할의 역할을 확인하고 있다. 기술적으로 보험관리자가 있는 대규모회사에서는 서술된 합리적인 조사를 행하고, 책임자-보험구입자가 인식하거나 신뢰할 이유를 보유하거나 보험시장에 고지하기 위하여 요구되는 지식을 가진 조직내의 모든 자와 접촉한다. 합리적인 조사는 조직내의 모든 인식가능한 사람과의 접촉 그리고 그 정보의 보험시장으로의 통합으로 구성된다. 합리적 조사는 그와 같은 정보의 발견을 위한 합리적인 과정을 나타낸다.

(2) 조사의 범위(제4조 제7항)

보험계약자에 의한 조사의 범위에 대해서는 2015년 보험법에서 약간의 도움을 받을 수 있다. 제4조 제7항은 조사의 대상인 정보는 보험계약자의 조직내부에 보유되거나 또는 기타의 사람(대리인이나 보험계약에 의하여 보장이 행해지는 피보험자)이 보유한 정보를 포함한다고 정의하고 있다. 따라서 관련정보를 제공하도록 요청이 필요한 자로서 책임성 이외에는 제한은 없다. 이에도 불구하고, 정의상의 특수한 유형의 사람의 확인(즉 '보험계약자의 조직내부의 자', '보험계약자의 대리인', '보험계약에 의하여 보장이 행해지는 피보험자'[292])이 문제된다.

법률개정위원회는 보험계약자에게 이용가능한 것은 물론 그 사건의 상황에 있어서의 사실의 문제임을 인정하였다.[293] 의회의 입법보고서는 '기타의 사람이 보유한 정보'의 문구의 범위는 탄력적인 것으로 의도되었다고 하였다.[294]

292) Law Commissions, July 2014 Report, para 8.89.
293) Law Commissions, July 2014 Report, para 8.90.
294) Parliament's explanatory notes for the Insurance Act 2015, para 56.

조사의 대상으로서 조직내부에 보유되는 정보의 확인에는 무엇이 조직을 구성하는 것인가의 문제가 제기된다. 보험계약자의 자신으로 국한되는가, 보험계약자가 일부인 단체를 포함하는가가 문제된다. 단체의 다른 구성원이 보장의 수익자(즉 손해보험에 있어서 피보험자)인 경우 단체구성원이 보유한 정보의 조사도 어쨌든 행해져야 한다고 기대되는 것이 일반적이다. 그러나 보험에 의하여 보장되지 아니하는 단체구성원에 대하여 조사의 일부로서 질문이 행해져야 하는지 여부를 보험계약자가 인식하는 것이 중요한 경우가 존재한다. 예컨대 재보험을 수배하는 캡티브 보험회사가 그 예이다.[295]

보험계약자가 합리적 조사의무를 진다고 하여 푸아로와 같은 탐정일 필요는 없고, 합리적인 기업인으로 행위하면 족하다.[296]

(3) 적용에 참조할 점

의회의 입법보고서는 2015년 보험법 제4조 제6항은 '주로 아이큰사건과 판례로부터 유래한 원칙을 입법한 것'이라고 하였다. 앞에서 서술한 바와 같이,[297] 제4조 제6항은 한 두가지 예외는 있지만 영국법에 새로운 개념을 실제로 도입한 것이고, 구법상의 판례는 새로운 기준의 적용에 큰 도움이 되지 않는다.[298] 다음의 점을 참조할 필요가 있다.[299]

첫째, 법률개정위원회는 비밀정보에 관한 2015년 보험법 제4조 제4항은 관련정보를 대조할 적극적인 절차를 취할 법령상의 의무를 도입한 것으로 기술하였고,[300] 보험계약자는 이에 대해 조사할 의무가 없다. 보험계약자가 정보를 조사하지 않기로 선택하고, 그 정보가 보험계약 체결시 고지되지 않은 것으로 밝혀지면, 보험자는 관련자[301]가 그 정보를 인식하고 있거나 보험계약자에 의한 합리적인 조사가 있었으면 그 정보가 밝혀졌을 것임을 증명하여야 한다.

295) David Kendall and Harry Wright, op. cit., para 4.28.
296) Bernard Rix, op. cit., p. 115.
297) 앞의 제4장 보험계약자와 보험자의 인식 Ⅱ. 보험계약자의 인식 4. 개인과 단체 공통 사항 다. 합리적인 정보조사 (1) 개관.
298) David Kendall and Harry Wright, op. cit., para 4.29.
299) David Kendall and Harry Wright, para 4.29.
300) Law Commissions, July 2014 Report, para 8.80.
301) 앞의 제4장 Ⅱ. 보험계약자의 인식2. 보험계약자가 개인인 경우-3. 보험계약자가 단체인 경우.

둘째, 조사의 목적은 중요한 사실을 밝히는 것이다. 중요한 사실은 신중한 보험자가 위험을 인수할지 또는 어떠한 조건으로 인수할지를 결정하는데 영향을 미치는 사항이다(2015년 보험법 제7조 제3항). 보험자가 작성한 청약서가 중요한 정보에 대한 지침일 것이다. 전문보험계약자가 아닌 일반보험계약자는 무엇이 중요한 사실인가에 대하여 보험전문인인 보험중개사로부터의 지도를 기대할 것이다.

셋째, 매매에 있어서 매도인이 권원에 있어서 하자가 있음을 알지 못한다는 진술은 어떠한 하자가 존재하는지 여부를 확인할 적극적인 절차를 취했다는 묵시적인 표시를 수반한다.302) "이는 매도인이 권원증서와 기타 서류를 검사하고, 재산을 조사하며, 법률자문을 받을 것을 의미한다. 하자의 존재에 관하여 조사할 사항이 존재하면, 다른 사람에게 질문하거나 그에 관한 서류를 검사하여 추가적으로 그 문제를 추구하여야 한다."303) 이것은 중요한 정보의 합리적 조사가 초래하는 것이 무엇인가에 대한 지침일 수 있다.

넷째, 당사자가 당해서류에 대한 합리적인 조사를 할 것을 요구하는 민사소송에서의 서류의 고지를 규율하는 원칙이 참조될 수 있다. 1998년의 민사소송규칙 31.7부는 다음과 같이 규정하고 있다.

(2) 조사의 합리성을 결정하는 데 관련된 요소는 다음과 같다.
 (a) 관련된 서류의 수
 (b) 절차의 성질과 복잡성
 (c) 특정한 서류의 검색의 용이함과 비용
 (d) 조사중 발견될 가능성이 있는 서류의 중요성
(3) 당자사가 조사하는 것이 비합리적이라는 이유로 일정한 범주 또는 유형의 서류를 조사하지 아니한 경우, 당사자는 고지서에 이를 기재하고, 일정한 범주 또는 유형의 서류를 확인하여야 한다.

중요한 비례의 원칙이 조사범위를 결정하는데 적절하다. 실무훈령 제31부는 특정한 날 이전에 작성된 서류를 조사하지 않거나, 특정한 장소에서 또는 특정한 유형의 서류의 조사로 제한 있는 결정이 합리적일 수 있음을 언급하고 있다

302) William Sindall plc v. Cambridgeshire County Council [1994] WLR 1016(CA).
303) William Sindall plc v. Cambridgeshire County Council [1994] WLR 1016(CA)사건에서 호프만판사의 판시임.

(실무훈령, 고지와 검사 제2항과 2A(4))

다섯째, 조사는 질문 또는 '기타 다른 방법'으로 행해져야 한다(제4조 제6항). 종이파일, 전자적 데이터베이스, 온라인 또는 전자적 매체를 통하여 이용가능한 정보는 모두 조사가능하고, 고지되어야 한다.

여섯째, 법률개정위원회의 견해는 합리적 조사에 이르는 것은 '그 유형에서의 합리적이고, 신중한 보험계약자를 참조하여 객관적으로 결정되기 위하여' 영업의 크기, 성질 그리고 복잡성을 포함한, 특수한 일련의 사실에 의거한다는 것이었다.304) 보험계약자가 부보하기를 원하는 위험에 대해 보험자가 어떠한 정보를 중요하다고 고찰할 것인가, 어느 곳에서 중요한 정보가 발견될 것인가를 보험계약자는 고찰할 필요가 있다. 다음으로는 확인될 자료에 의하여 산출된 중요한 정보가 존재할 가능성 그리고 그 정보의 중요성에 관한 정보를 획득을 추구하기 위한 시간과 비용을 들이는 것이 합리적인가를 고찰할 수 있다.

일곱째, 보험계약자는 '조사에 의하여 합리적으로 밝혀졌어야 하는 것'만을 인식하는 것으로 간주된다(제[4조 제6항). 이것은 주로 정보를 요청받은 사람이 그것을 제공하는 것이 합리적으로 기대될 수 없는 상황을 가리키는 것이다. 예로서는 어떠한 사람의 과실이 있었지만 그 과실을 수용하는 것이 기대될 수 없는 사람을 들 수 있다.305)

보험계약자에게 정보를 제공한 법률상 의무가 없는 자가 보험계약자의 질문에 대답하는 것을 기대하는 것이 합리적인지가 문제된다. 이에 대해서는 보험계약자의 질문에 대답할 법률상 의무가 있는지 여부는 그 사람이 정보를 제공하는 것이 기대되는 것이 합리적인가를 판단할 때 고려되는 중요한 요소이지만, 그것은 종국적인 것은 아니라는 견해가 유력하다.306) 법률개정위원회는 합리적 조사의 대상인 사람의 유형에 공급자를 포함하였지만, 공급자는 보험계약자의 질문에 대답할 법적 의무는 없다고 판단된다.307)

304) Law Commissions, July 2014 Report, para 8.83.

305) Australia & New Zealand Bank, Ltd v. Colonial & Eagle Wharves, Ltd; Boag (Third Party) [1960] 2 Lloyd's Rep 241(Com Ct)사건을 인용하는 의회입법보사보고서 (Parliament's explanatory notes for the Insurance Act 2015) para 4.29 참조.

306) David Kendall and Harry Wright, op. cit., p. 52.

307) 앞의 제4장 보험계약자와 보험자의 인식 Ⅱ. 보험계약자의 인식 4. 개인과 단체 공통 사항 다. 합리적인 정보조사(2) 조사의 범위(제4조 제7항)

여덟째, 합리적 조사는 구법에는 존재하지 아니한 과실의 기준을 공정한 제공의무에 도입하였다.[308] 사건의 상황에서 합리적인 보험계약자에게 기대되는 것이 어떠한 조사인가를 증명하기 위하여 전문가의 증거가 요구되는가, 어떠한 정보가 밝혀지는 것이 기대되는 것이 합리적인가가 문제된다.

(4) 정보조사의 시기

보험계약자의 정보조사시기에 대하여서는 다음 2가지 점이 문제된다.[309]

첫째, 중요한 사항의 고지의무는 보험계약이 성립할 때까지 부담하는 계속적 의무이다.[310] 보험계약자에 의한 조사는 위험이 보험자에게 제공되기 이전 어느 시점에 종료하는 것 같기도 하다. 그러나 조사가 종료된 후 보험자계약자가 이용할 수 있는 중요한 정보를 수령하고 그것이 보험계약이 성립하기 이전이면, 이것이 보험자에게 고지되지 않으면, 보험계약자는 공정한 제공의무 위반이다. 보험계약자가 정보를 수령하였거나 부보된 개인의 인식, 또는 개인의 인식으로 처리되는 사람의 인식[311]이 존재하면, 공정한 제공의무 위반이다.

다른 개인이 정보를 수령하였으면, 합리적인 조사가 있었으면 그 정보가 밝혀졌을 경우에만 보험계약자는 공정한 제공의무 위반이다. 보험계약자에 의한 조사가 합리적인지 여부는 조사시기가 합리적이었는가에 따라 결정된다.

둘째, 법률개정위원회의 2014년 7월의 보고서[312]와 의회의 입법보고서[313]는 합리적인 조사는 보험계약을 수배할 목적이어야 한다고 하였다. 그러나 법률개정위원회가 '합리적인 조사'의 개념의 설정에 근거로 삼은 도라호사건[314]에서 통상의 영업과정에서 보험계약자는 선장의 채용시점에 통상의 영업과정에서 선장의 형사처벌 사실을 질문했어야 했기 때문에 보험계약자는 그 사실을 인식한

308) 앞의 제4장 보험계약자와 보험자의 인식 Ⅱ. 보험계약자의 인식 4. 개인과 단체 공통 사항 다. 합리적인 정보조사 (1) 개관 참조.
309) David Kendall and Harry Wright, op. cit., para 4.30.
310) 대법원 2012.8.23. 선고 2010다78135판결; 한창희, 보험법, 2017, 202면.
311) 앞의 제4장 보험계약자와 보험자의 인식 Ⅱ. 보험계약자의 인식 2. 보험계약자가 개인인 경우- 4. 개인과 단체 공통 사항 가. 보험계약자의 보험에 책임을 지는 자의 인식.
312) Law Commissions, July 2014 Report, paras 8.81-8.83.
313) Parliament's explanatory notes for the Insurance Act 2015, para 56.
314) Inversiones Manria v. Sphere Drake Insurance Co Plc(The Dora)[1989] 1 Lloyd's Rep 69(Com Ct).; 앞의 제4장 보험계약자와 보험자의 인식 Ⅱ. 보험계약자의 인식 4. 개인과 단체 공통 사항 다. 합리적인 정보조사 (1) 개관.

것으로 확정되었다. 도라호사건의 접근방법이 적용된다면, 영업의 관리과정에서 질문을 포함하여 합리적인 조사에 의하여 인식될 수 있었던 모든 사실을 보험계약자는 인식한 것으로 간주되게 된다. 제4조 제6항을 이와 같이 해석하면,[315)] 보험계약자는 보험을 수배할 목적으로 모든 중요한 사실을 밝히기 위하여 합리적인 조사를 할 것이 요구될 뿐만 아니라, 보험계약자는 합리적으로 행위하였으면 인식하였을 것을 인식한 것으로 간주되므로, 영업에 관한 정보를 조사할 때 영업행위에 있어서 합리적으로 행위하는 것이 요구되기 때문에, 보험계약자의 고지의 부담은 매우 크다.[316)]

(5) 구법과의 차이

(가) 구법의 원칙

1906년 해상보험법 제18조 제1항에서 보험계약자의 추정적 인식은 '통상의 영업과정에서 인식하였어야 하는 것'으로 제한된다. 판례들은 소위 인식한 대리인, 즉 대리의 결과로서 인식한 것으로 간주되는 것과 관련된 사건이었다. Proudfoot v. Montefiore사건[317)]에서 선박이 해저에 닿아 보험계약자의 적하가 훼손되었음을 보험계약자의 항만대리인은 인식하였지만, 보험계약자에게 그 정보통지를 지체하였다. 그러하던 중 보험계약자는 적하에 대하여 보험계약을 체결하였고, 항소법원은 항만대리인은 적하가 훼손되었다는 사실을 통상의 영업과정에서 통지하였어야 한다고 판시하였다. 보험계약자는 적하의 손해에 대하여 인식하지 않았지만, 보험계약을 수배할 때 보험계약자의 대리인이 보험계약자에게 전달하였어야 하는 정보의 불고지를 이유로 보험자는 보험계약을 취소할 수 있다고 항소법원은 판결하였다. 콕번판사는 "이 판시에 의하여 우리는 본인에게 통지하여야 하는 사항에 관하여 원격지에 있는 선박의 선장과 대리인 측의 사기적인 묵비의 경향을 방지하고, 또한 본인 측에는 피용인과 대리인이 통지하도록 촉구한다"라고 판시하였다.

315) David Kendall and Harry Wright, op. cit., para 4.30은 2015년 보험법의 문언상 이와 같이 해석하지 못할 근거가 없다고 한다.
316) David Kendall and Harry Wright, op. cit., para 4.30.
317) (1866-67) LR 2 QB 511(QB).

(나) 보험계약자의 책임가중의 근거

2015년 보험법상 통상의 영업과정에서 인식하였어야 하는 것을 참조하여 보험계약자의 인식을 인정하였던 원칙은 폐지되고, 잠재적으로 넓은 범위의 자료의 합리적인 조사에 의하여 밝혀졌어야 하는 정보의 개념으로 대체되었다. 따라서 합리적인 조사는 매우 중요하다.

합리적인 조사에 대하여 의회의 입법보고서는 2015년 보험법 제정 이전의 판례법의 지침을 받아 해석될 것을 제안하고 있다.[318] 그러나 2015년 보험법 제4조 제6항은 문언상 추정적 인식의 기준에 대해 보험계약자가 개인이든 회사이든 이전보다 보험계약자에게 비교적 광범위한 의무를 다음과 같이 부과하고 있다.[319]

첫째, 1906년 해상보험법 제18조상의 고지의무는 보험계약자가 통상의 영업과정에서 인식하여야 하는 것을 고지해야 했지만, 이 정보를 취득하기 위한 능동적 의무는 없었다. 그러나 합리적 조사에 의하여 밝혀져야 하는 지식은 보험계약자가 통상의 영업과정에서 인식하여야 한 것보다 광범위한 유형이다(비록 확실하지는 않지만, 이와 같이 판단된다). 2015년 보험법의 문언은 합리적 조사의 대상인 정보의 잠재적인 보유처를 제한하고 있지 않기 때문이다. 정보는 보험계약자가 점유하거나 통제하고 있을 필요는 없고, 보험계약자의 대리인뿐만 아니라 제한 없이 자유로운 유형의 '기타의 사람'이 보유하는 정보를 포함한다. 유일한 기준은 합리성밖에 없다. 이는 보험금액이 고액이면 광범위한 조사가 요구되는 것이 합리적인 것은 당연하기 때문에, 보험금액 등에 따라 같은 유형의 위험이라 하더라도 다를 수 있음을 의미한다.

둘째, 합리적인 조사는 보험계약자의 조사에 의하여 밝혀졌어야 하는 것에 초점을 맞추고 있다. 보험계약자가 그 대리인에게 고지할 중요한 사항을 가지고 있는지(예컨대 보험계약자가 대리인이 정기적으로 중요한 사실을 보고하는 것을 기대하기 때문에) 여부에 대하여 질문하는 것이 합리적이 아니면, 보험계약자의 대리인의 인식이 보험계약자의 인식으로 확정되지 아니한다.[320] 법률개정

318) Parliament's explanatory notes for the Insurance Act 2015, paras 56, 57.

319) David Kendall and Harry Wright, op. cit., para 4.32-4.32.; Peter MacDonald Eggers QC, op. cit., para 2.3.3 (c) pp. 32~33.

320) 예컨대 앞의 제4장 보험계약자와 보험자의 인식 Ⅱ. 보험계약자의 인식 4. 개인과 단체

위원회의 2014년 7월보고서에서 '인식한 대리인'의 인식은 보험계약자가 인식하여야 하는 것이 포함되는 것은 당연하다고 하였고,321) 아놀드는 이 개념은 계속 적용된다고 하였다.322) 콜린보는 인식한 대리인'의 개념은 폐지되었고, 구법에 비하여 보험계약자의 지위가 강화되었다고 하였고,323) 맨스판사는 특별공공법안위원회에서 증언할 때 이 점에 관하여 관심을 표시하였다.324)

셋째, 예컨대 은행이 사이버보험에 가입하였는데, 외부 IT컨설턴트는 은행의 IT시스템상의 잠재적 바이러스를 알고 있었지만, 누구에게도 말하지 아니하였고, 보험을 수배하는 동안 은행도 접촉하지 않았다. 이 경우 보험계약자는 바이러스가 존재하는 것을 알았어야 한다는 것이 가능하지만, 이 경우 법원은 컨설턴트에게 질문했어야 하는 것이 합리적인가를 고찰할 것이다. 컨설턴트가 은행의 피용인도 대리인도 아니라는 사실은 무관한데, 왜냐하면 합리적인 조사를 해아만 하는 정보는 '기타의 사람이 …보유하는 것'이기 때문이다.

넷째, 이전 판결에서는 법원은 '통상의 영업과정에서' 인식하여야 하는 것을 판단함에 있어서 보험계약자의 주관적인 특징을 고려할 수 있었다. 따라서 보험

공통 사항 다. 합리적인 정보조사 (가) 개관에서 Proudfoot v. Montefiore사건 참조.

321) Law Commissions, July 2014 Report, paras 8.87.

322) Arnould, Law of marine insurance and average, (Supp. to the 18th ed., Sweet & Maxwell, 2015), paras 1.2-39.

323) Robert M. Merkin, Colinvaux's Law of Insurance, (11th ed., Sweet & Maxwell, 2016), para 7-046.

324) 2014년 12월 9일의 구두증언 p. 56에서 맨스판사는 다음과 같이 증언하였다.:Proudfoot v. Montefiore사건과 이 사건에서의 판결은 보험계약자가 대리인을 조사할 이유가 절대적으로 없었던 사례를 취급하고 있다. 대리인이 보험목적인 선박 또는 적하에 대하여 고지하여야 하는 것에 대하여 특별히 인식하였지만, 보험계약자가 이를 알지 못하는 동안 보험에 가입하도록 하기 위하여 의도적으로 묵비하였다. 대리인의 인식은 보험계약자의 인식으로 간주되고, 보험이 취소되는 것은 당연하다. 판례의 입장을 파기하는 현재 제안은 다툼의 여지가 있다. 왜냐하면 '본인에게 귀속되는 대리인의 인식'의 정보 대신 귀속되는 인식의 제3의 범주를 가지고 있지 않기 때문이다. 반면 합리적인 조사의무가 제안되어 있다. 당신이 정보를 보유하지 않은 것이 기대되는 경우에는 합리적인 조사는 매우 타당하지만, 보험목적에 대하여 책임을 지는 대리인이 있는 경우에는, 표면적으로는 대리인을 조사하거나 질문할 의무가 없다. 나는 이와 같은 경우 이 문언이 어떻게 적용될지 확신할 수 없다. 이 문언은 묻지 않고 말해줄 의무를 지는 자 누구에게 질문할 의무가 있는가를 말하고 있는가? 달리 말하면 보험이전에 부보되는 재산 또는 행위에 대하여 책임지는 모든 대리인에게 질문형식을 거쳐야 하는가?: 당신은 통상의 의무에 따라 나에게 고지되어야 하는 정보를 보유하고 있는가? 이것은 합리적인 조사의 개념의 인위적인 해석으로 판단된다. 이것이 의도된 것일지 모르지만, 나는 명확하지 않다고 생각한다.

계약자가 비효율적으로 영업을 수행하는 경우에도, 보험계약자가 간과한 것에 대해 추정적 인식으로 취급하지 않을 수 있었다.[325] 구법의 근거는 모든 보험계약자가 영업을 효율적으로 하는 것은 아니라는 것이었고, 특정한 판결에서 법원은 이 현실을 인정하였다.[326]

2015년 보험법에서는 합리적인 조사는 합리적인 조사에 의하여 밝혀졌어야 하는 것에 근거하는 순수하게 객관적인 기준으로 판단되기 때문에 이렇게 완화하여 적용되지 않는다. 따라서 보험계약자의 주관적인 성질을 고려할 여지는 없다. 보험계약자의 합리적인 보다 높은 기준이 적용되기 때문에, 보험계약자의 의무는 증가한다. 즉 합리적 조사는 보험계약자의 영업의 특징(보험계약자가 경영하는 영업의 규모, 분야를 포함하여)을 고려하지 않고, 요구되는 것은 유사한 상황에 있는 영업에 기대되는 것에 비추어 판단되어야 한다는 것이다. 이에는 전문가 증가가 필요하다.[327]

다섯째, 예컨대 보험계약자가 창고에 임치된 콩을 부보할 때, 보험계약자는 2만 톤의 콩이었다고 하였지만, 실제로는 약 2배이었고, 현장책임자가 창고에 입출거하는 콩의 정확한 기록을 유지하기 않았기 때문에 보험계약자는 이를 알지 못하였다고 하자. 구법은 모든 보험계약자가 효율적으로 영업을 하는 것은 아니라는 사실을 고려하였기 때문에 구법에서는 콩의 실제양은 보험계약자가 통상의 영업과정에서 인식하여야 하는 것은 아니었을 것이다. 그러나 2015년 보험

325) 이에 반대하는 법률개정위원회의 견해와 아놀드의 견해에 대해서는 앞의 제4장 보험계약자와 보험자의 인식 Ⅱ. 보험계약자의 인식 4. 개인과 단체 공통 사항 다. 합리적인 정보조사 (1) 개관 참조.

326) Australia & New Zealand Bank, Ltd v. Colonial & Eagle Wharves, Ltd; Boag (Third Party) [1960] 2 Lloyd's Rep 241(Com Ct)사건; 앞의 제4장 보험계약자와 보험자의 인식 Ⅱ. 보험계약자의 인식 4. 개인과 단체 공통 사항 다. 합리적인 정보조사 (1) 개관.

327) 맥도널드 에거스는 1906년 해상보험법의 추정적 인식의 기준과 달리, 2015년 보험법상의 기준은 보험계약자가 '통상적인 영업과정에서 인식해야 하는' 정보로 국한하지 않는바, 1906년 해상보험법상은 보험계약자는 실제로 영업을 행한 통상적인 방법의 과정에서 그것이 효율적으로 행해졌는가 여부를 불문하고, 보험계약자가 인식해야 하는 정보를 고지하면 되었지만(ERC Frankona Reinsurance v. American National Insurance Co [2005] EWHC 1381 (Comm); [2006] 1 Lloyd's Rep IR 157, [173]), 2015년 보험법상으로는 보험계약자가 취해야 하는 절차는 특징이 고려된 보험계약자가 합리적으로 추구해야 하는 절차를 참조하여 정의된다는 것을 시사한다고 하였다.; Peter MacDonald Eggers QC, op. cit., para 2.3.3.(c)(iv) p. 33.

법상으로 실제 콩의 양은 합리적 조사에 의하여 밝혀졌어야 하고, 따라서 이를 고지하지 않은 것은 공정한 제공의무 위반이다.

여섯째, 조사의 성격이 철저히 정의되지 않았고, 질문하거나 '다른 수단으로' 조사할 수 있게 되어 있다. 이에 보험계약자는 서류상, 기록보관소, 전자적 조사만이 아니라 다른 사람에 대한 질문을 통한 조사도 필요하다.

일곱째, 보험계약자가 조사해야 하는 정보의 출처는 보험계약자가 보유한 정보에 국한되지 않는다. 보험계약자가 그 출처가 '이용가능한' 경우에는 변호사를 포함하여 대리인, 피용인, 공동피보험자, 상업적 파트너, 수급인, 서비스공급자 등과 같은 타인이 보유하는 정보를 포함한다.

(6) 보험계약자의 인식간주의 성격

콜린보는 보험법 제3조의 목적을 위한 보험계약자의 인식간주는 합리적인 조사에 의하여 밝혀졌어야 하는 제4조로 국한되지 않고, 법원은 보험계약자에게 다른 사실의 인식상태가 주어진다면 합리적으로 취득되었을 정보를 보험계약자가 인식한 것으로 취급하는 1906년 해상보험법 제18조에 관한 판례를 적용할 수 있을 것이라고 한다.[328] 이에 대해서는 2015년 보험법 제21조 제2항은 1906년 해상보험법 제18조를 삭제하고 있고, 제21조 제3항은 특히 제18조와 같은 효과를 가진 법률원칙을 폐지하였기 때문에, 보험계약자가 인식한 것과 인식한 것으로 간주되는 것은 제6조에서 보충되는 것과 같이, 제4조로 제한된다는 견해가 유력하다.[329]

(7) 지침의 개발필요성

인식으로 간주되는 사항에 관한 새로운 용어에 대해서는 법원에서 다툼이 발생하더라도 커다란 어려움은 예상되지 않지만, 보험계약자가 이용할 수 있는 합리적인 조사에 의해 밝혀질 수 있는 사항(제4조 제6항) 또는 보험자가 보유하고 용이하게 이용할 수 있는 사항(제5조 제2항 b호)과 같은 추정적 인식을 정의하는 것은 예외적으로 어려울 수 있다.[330] 다만 법률에 삽입된 현대

328) Robert M. Merkin, Colinvaux's Law of Insurance, (11th ed., Sweet & Maxwell, 2016), para 7-056.
329) David Kendall and Harry Wright, op. cit., para 4.33.
330) Bernard Rix, op. cit., p. 114.

적인 IT와 정보검색의 경우 이 분야는 변화의 속도가 빠르기 때문에 이 규정도 얼마 안가 시대에 뒤질 수 있는 것은 일반적인 문제이기 때문에 법원이 '합리적인 조사', '보유한' 또는 '이용할 수 있는' 등의 용어가 무엇인가에 대해 탁상공론식이 되어서는 안되고, 합리적인 조사의 문제 등을 지원할 지침이 개발될 것이다.[331]

특히 합리적인 조사라는 개념의 불확정성과 그것이 초래하는 것은 말할 것도 없고, 보험계약자의 고지사항의 잠재적인 증가에 비추어, 보험계약자와 보험중개사는 보험자와 합리적인 조사를 구성하는 것에 대한 일반지침을 약정하는 것을 꾀할 것이다. 보험계약자와 보험중개사는 계약자체에서 합리적인 조사가 행해질 조건에 관한 어구를 합의하고, 이 문제에 관한 분쟁을 회피하는 것을 추구할 것이다. 보험자와 보험계약자 사이에 보험계약자가 조사를 수행하기로 하는 합의는 보험계약자 측의 사기가 아닌 한 보험자를 구속할 것이다.[332]

Ⅲ 보험자의 인식

1. 개관

가. 보험법 제5조의 규정

보험법 제5조는 보험자의 인식에 대하여 다음과 같이 규정하고 있다.

제5조 보험자의 인식

(1) 제3조 제5항 (b)호의 목적을 위하여 위험의 인수여부, 그리고 어떠한 조건으로 인수하는가를 결정하는데 보험자를 위하여 참여하는 한명 이상의 개인이 인식하는 경우에만(개인이 보험계약자의 피용인 또는 대리인으로, 보험계약자의 대리인의 피용인으로 기타 권한으로 행위하건), 보험자가 인식하는 것이다.

(2) 제3조 제5항 (c)호의 목적을 위하여 다음의 경우에만 보험자가 인식하는 것이다.

331) Bernard Rix, op. cit., p. 114.
332) David Kendall and Harry Wright, op. cit., para 4.34.

(a) 보험자의 피용인 또는 대리인이 인식하고, 제1항에 규정된 개인에게 당해 정보를 전달하는 것이 합리적이었을 경우

(b) 당해 정보가 보험자에 의해 보유되고 제1항에 규정된 개인에게 용이하게 이용가능한 경우

(3) 제5항 (b)호의 목적을 위하여 (a) 공통적으로 인식되는 사항 (b) 당해 활동분야에서 보험계약자에게 당해 유형의 보험을 제공하는 보험자가 통상의 영업과정에서 인식하는 것으로 합리적으로 기대되는 사항은, 보험자가 인식하는 것으로 추정된다.

나. 개요

보험계약자가 위험의 공정한 제공의무의 일부로서 중요한 사항을 고지하지 아니한 경우에도, 보험자가 불고지된 사항을 인식하거나 인식한 것으로 취급되는 경우에는 보험계약자는 불고지로 인한 결과에 대하여 책임을 면한다(2015년 보험법 제3조 제4항, 제5항 b호-d호).

진정한 지위에 대한 보험자의 인식 또는 인식간주는 보험계약자에 의한 중요한 사실, 기대 또는 신념의 부실고지를 면책으로 하지 않고, 보험계약자는 제3조 제3항 (b)호의 공정한 제공의무 위반이지만, 보험자는 부실고지로 인한 효과를 주장하기 위하여서는 그 사실에 의거했음을 증명하여야 한다(2015년 보험법 제8조 제1항). 이것은 보험자의 인식은 불고지에 대해서만 면책이지 부실고지의 무위반에 대해서는 면책이지 않다는 구법의 원칙을 반영한 것이고, 영국해상보험법 제18조 제3항 (b)호는 2015년 보험법 제3조 제5항과 같이 질문이 없는 경우에 적용된다.[333]

따라서 2015년 보험법 제3조 제5항 b호-d호에 따르면 보험계약자는 보험자가 당해 사실을 인식하거나, 인식해야 하거나 인식하는 것으로 추정되는 경우에는, 보험계약자는 보험자에게 중요한 사항을 고지할 의무가 없다. 보험자의 인식의 범위는 동법 제5조에서 규정하고 있다.

보험계약자는 다음의 경우 중요한 사실을 고지할 필요가 없다.

---

333) 법률개정위원회의 2012년 '보험계약법: 기업보험계약자의 고지의무와 워런티법'에 관한 공동자문보고서, para 8.5.; David Kendall and Harry Wright, op. cit., para 4.35.

(1) 보험자가 인식하는 사항(제3조 제5항 (b)호)

(2) 보험자가 인식해야 하는 사항(제3조 제5항 (c)호)

(3) 보험자가 인식하는 것으로 추정되는 사항(제3조 제5항 (d)호)

의회의 입법보고서에 따르면 이 조항은 영국해상보험법 제18조 제3항[334]의 면제사유와 이를 해석하는 판례법에 기초한 것이다.[335] 또한 인식과 추정적 인식에 관한 제5조 제1항과 제5조 제2항은 보통법의 원칙을 대체한 것이다.[336]

2. 보험자의 인식사항

2015년 보험법 제3조 제5항 (b)호의 목적을 위하여 보험자는 위험을 인수하거나 어떠한 조건으로 인수하는가를 결정하는 데 있어서 보험자를 위하여 참여하는 개인이 인식하는 것만을 제5조 인식하는 것이다라고 규정한다(2015년 보험법 제5조 제1항). 보험자가 로이즈의 Name[337]과 같이 개인인 경우 그가 위험의 인수에 관여하지 아니하는 한 개인의 인식은 보험자의 인식이 아니다.[338] 동일한 원칙이 주식회사인 보험자의 이사를 포함한 상급관리자의 인식에 적용된다. 보험자의 인식이 기초하는 근거는 보험계약자의 인식이 근거하는 것과 다르고, 법률개정위원회는 귀속의 근거가 구법에 비하여 협소하여졌다고 인정하였다.[339]

제5조 제1항은 위험을 인수할지 여부와 어떠한 조건으로 인수할지를 결정하는데 참여하는 개인의 권한이 "보험자의 피용인 또는 대리인으로, 보험자의 대리인의 피용인 또는 기타 권한으로 행위하든" 묻지 않음을 명확히 하고 있다.

334) 영국해상보험법 제18조 제3항은 "질문이 없는 한 다음사항은 고지될 필요가 없다: 보험자가 알거나 알고 있는 것으로 추정되는 모든 사실. 보험자는 주지의 사실 또는 보험자가 통상의 업무상 당연히 알아야 하는 사실에 대하여 이것을 알고 있는 것으로 추정된다."라고 규정하고 있다.

335) Parliament's explanatory notes for the Insurance Act 2015, para 60.

336) John Birds, op. cit., p. 135.

337) 보험자이면서 위험인수를 행하는 자는 로이즈의 '인수구성원(underwriting memebers)'이고, 이 인수구성원은 개인 또는 회사일 수 있다. 이 중 개인인 인수구성원을 Names라고 한다.; Julan Burling, Lloyd's-law and practice, (informa law from Routledge, 2014), para 1.2.

338) 앞의 제4장 보험계약자와 보험자의 인식 Ⅱ. 보험계약자의 인식 2. 보험계약자가 개인인 경우- 3. 보험계약자가 단체인 경우

339) Law Commissions, July 2014 Report, para 10.38.

이는 구법과 같이 하급피용인의 인식이 보험자에게 귀속되는가의 여부는 피용인에게 위임된 임무와 책임에 의거한다는 것을 시사한다.340)

Evans v. Employers Mutual사건341)은 법률개정위원회가 이 조항의 근거로 삼은 사건인데,342) 보험금청구와 청약서의 검토권한이 위임된 사무원의 인식은 보험자에게 귀속되었다. 법률개정위원회는 개인의 인식이 보험자의 인식으로 인정되기 위해서는 개인에게 위임된 특수한 임무가 적절할지라도, 개인은 '인수결정에 의미 있는 역할'을 하여야 한다고 제시하였다.343) 예컨대 Evans v. Employers Mutual사건344)에서 사무원에게는 보험금청구서와 청약서를 비교할 것이 요청되었고, 사무원이 관리자에게 말하여야 하였던 두 서류사이에 중요한 차이점이 있었기 때문에 사무원의 인식은 보험자의 인식으로 귀속되었다. 예컨대 사무원이 보험계약자가 재정상 어려움이 있음을 인식하였지만 이를 보험자에게 전달하지 아니한 경우에는 그 결과가 달랐을 것이다. 사무원에게 그 점에 대하여 고찰할 것이 요구되지 않은 경우에는 그 정보는 보험자의 인식으로 처리되지 않았을 것이다.345)

3. 보험자의 인식간주사항

가. 서언

위험의 인수에 참여하는 개인의 실제적 인식 이외에 보험자는 다음 2가지 경우에 개인이 이용가능하지만 인식하지 아니한 사항을 인식하는 것으로 취급된다.

(1) 보험자의 피용인 또는 대리인이 인식하고, 개인에게 당해 정보를 전달하였어야 하는 경우(2015년 보험법 제5조 제2항 (a)호)

(2) 보험자가 당해 정보를 보유하고, 개인이 당해정보를 용이하게 이용할 수 있는 경우(2015년 보험법 제5조 제2항 (b)호)

340) David Kendall and Harry Wright, op. cit., para 4.38.
341) [1936] 1 KB 505(CA).
342) Law Commissions, July 2014 Report, paras 10.37.
343) Law Commissions, July 2014 Report, para 10.40.
344) [1936] 1 KB 505(CA).
345) Malhi v. Abbey Life Insurance Co [1996] LRLR 237(CA).; David Kendall and Harry Wright, op. cit., p. 58.

나. 제1유형

제1유형은 소위 '대리인의 인식'에 의하여 인식된 것에 관한 구법을 반영한 것이다. 예컨대 Joel v. Law Union사건[346]사건에서 의사가 당해 정보를 보험자에게 전달하였어야 하는 보험자의 대리인이기 때문에, 장래 보험계약자를 검사할 의무가 주어진 의사가 인식하는 것을 보험자의 인식으로 간주되었다. 예컨대 보험계약자의 대리인 또는 피용인이 보유한 인식이 보험계약자에게 귀속되는가를 고찰할 때 Proudfoot v. Montefiore사건[347]과 London General Insurance Co Ltd v. General Marine Underwriters Association사건[348]에서 같은 원칙이 적용되었다. 2015년 보험법 제5조 제1항에 따르면 대리인 또는 피용인이 위험의 인수에 참여하는 경우, 대리인 또는 피용인의 인식은 보험자의 인식으로 취급된다.[349] 제5조 제2항 (a)호는 인수에는 관여하지 아니하지만 인수팀에게 인식하는 것을 전달하여야 하는 피용인 또는 대리인에 관한 규정이다. 의회의 입법보고서는 보험자의 보상부, 또는 위험을 평가할 목적으로 고용된 손해사정사, 의사가 이 유형에 해당하는 것으로 확인하였다.[350] 주어진 상황에서 보상부가 정보를 보험자에게 정보를 전달하였어야 하는가 여부는 보험금청구정보가 통상적인 실무의 문제로서 전달되었어야 하는지, 당해 위험이 인수과정에 있었다는 것을 보상부가 알았거나 알았어야 하는지 여부를 포함하여 사실관계에 따라 결정된다.[351]

다. 제2유형

2번째 인식간주유형은 전자기록상의 정보와 같이 보험자가 보유하고 인수에 참여하는 개인이 용이하게 이용가능한 정보인 경우, 보험자가 정보를 조사하도록 하기 위함이다.[352] 이는 Malhi v. Abbey Life Insurance Co사건[353]과

---

346) [1908] 2 KB 863(CA).
347) (1866-67) LR 2 QB 511(QB).
348) (1920) 3 Ll L Rep 199(Com Ct), aff'd (1920) 4 Ll L Rep 382(CA).
349) 앞의 제4장 보험계약자와 보험자의 인식 Ⅱ. 보험자의 인식 2. 보험자의 인식사항
350) Parliament's explanatory notes for the Insurance Act 2015, para 63.; John Birds, op. cit., p. 135.
351) Malhi v. Abbey Life Insurance Co [1996] LRLR 237(CA).
352) John Birds, op. cit., p. 135.

The Great Express사건[354]에 유래하고, 법률개정위원회는 통상적인 위험의 인수과정에서 보험자는 기록을 자문할 것이 기대되지 않고, 따라서 그 기록상에 있는 것을 인식한 것으로 간주되지 않는다는 견해를 취하였다.[355] 2014년 1월에 간행된 법률개정위원회의 보험법 제1초안에서는 이 조항은 당해정보가 위험의 인수과정에 참여하는 개인에게 용이하게 이용가능한 정보이면 보험자가 이를 인식한 것이다라고 규정하였다. 로이즈시장협회는 특히 보험자가 부보된 위험에 관한 인터넷조사를 수행하면 보험자에게 이용 가능한 정보를 이것은 포함할 수 있다고 지적하였고, 법률개정위원회는 이 조항이 너무 광범위하게 입법되었음을 인정하였다.[356] 2014년 7월의 보고서에 첨부된 보험법안에서는 당해 정보는 보험자가 보유한 정보로 국한되었다. 인터넷에서 이용 가능한 정보는 인터넷에 접근권을 가진 자가 보유한 것은 아니다. 따라서 보험자는 공간에서 인터넷검색을 하는 것이 기대되지 않고, 보험자는 검색이 행해졌더라면 그 검색이 밝혔을 것을 보험자가 인식한 것으로 결정되지 않는다. 그러나 이와 같은 추론은 예컨대 보험자의 내부전산망 또는 회원으로 가입한 데이터베이스상의 정보에는 적용되지 않는다.[357]

회원제 데이터베이스상의 정보는 인터넷상의 정보와 마찬가지로 보험자가 보유한 정보는 아니다. 예컨대 로이즈해상정보검색(Lloyd's Marine Intelligence Unit Seasearcher database)은 비록 회원에게 접근가능하지만, 로이즈해상보험자협회(Lloyd's MIU)가 보유하는 정보이다. 그러나 이 정보는 일반대중회원은 접속할 수 없지만, 회원인 동안에는 데이터베이스상의 정보에 직접 접근할 수 있는 권리와 자격을 가진다는 의미에서는 보험자가 보유하는 정보이다.[358]

Malhi v. Abbey Life Insurance Co사건[359]에서 항소법원은 "특정한 위험의 인수 외의 상황에서 보험자에 대한 정보의 제공은 선택에 의한 포기의 근거가 되기에 충분한 회사인식이라고 할 수 없는 것은 반드시 아니다. 인식에 해당

353) [1996] LRLR 237(CA).
354) [2002] EWCA 203(Comm), [2002] 2 Lloyd's 88.
355) Law Commissions, July 2014 Report, paras 10.22-10.27.
356) Law Commissions, July 2014 Report, para 10.54.
357) David Kendall and Harry Wright, op. cit., para 4.41.
358) David Kendall and Harry Wright, op. cit., para 4.42.
359) [1996] LRLR 242(CA)(로즈판사).

하는지 여부는 정보의 수령상황과 그 후 그것이 처리된 방법에 의거한다. 특히 정보가 수권된 자에 의하여 수령되거나 그 중요성을 평가할 수 있지 아니하는 한, 정보가 인식의 근거가 되는 것은 아니다."라고 하였다.

동일하게 The Great Express사건360)에서 콜만판사는 "청약자는 보험자가 부보하지 아니한 이전의 선박의 사고를 염두에 두고, 그 사고정보를 새로운 청약위험에 연관시킬 것이라고 주장할 권리가 없다."고 하였다. London General Insurance Co Ltd v. General Marine Underwriters Association사건361)사건에서 항소법원의 배일해쉬판사는 정보가 취득될 때 관심이 없었던 정보를 염두에 두는 것이 기대되지 않고, 보험자는 용이하게 이용가능하다는 이유만으로 정보를 인식하는 것으로 결정되는 것으로 주장할 수 없다고 하였다.

그러나 보험자가 중요한 정보의 지위를 점검할 수단을 가지고 있는 경우에는, 그 정보의 인식한 것으로 인정될 수 있다고 고찰한 구법을 적용한 판례가 존재한다. Brine v. Featgersone사건362)에서 보험자가 로이즈리스트를 살펴보면 부보선박의 지위를 알 수 있었을 경우(맨스필드판사는 보험자가 과실로 이를 살펴보지 않았다고 주장하였다), 보험자는 부보선박의 지위에 관한 부실고지를 이유로 보험계약을 취소할 수 없다고 하였다. Foley v. Tabor사건363)에서 엘르판사는 다음과 같이 판시하였다.

중요한 사실은 보험계약자는 인식하고, 보험자에게는 인식되어서는 안된다. 후자에 관하여 보험자가 사실을 인식할 수단을 가지고 있고 그것이 인식의 범위안이라도 실제적 인식이 필연적인 것은 아니다. 예컨대 보험자가 로이즈에서 정확한 적하를 파악할 수 있고, 적하에 철이 포함되어 있다고 인식하거나 믿고 그것을 확인하지 아니하면 그것인 인식의 범위안에 있는 것이다.364)

매도널드 에거스 등365)은 구법상 보험자는 보험시장에서 이용가능한 정보를 인식한 것으로 인정될 수 있고, 위험을 평가할 때 보험자에 의하여 참조된 것으

360) [2002] EWCA 203(Comm), [2002] 2 Lloyd's 88.
361) (1920) 3 Ll L Rep 199(Com Ct), aff'd (1920) 4 Ll L Rep 382(CA).
362) (1813) 4 Taunt 869, 128 ER 574.
363) (1861) 2 F&F 663, 175 ER 1231.
364) 이 결정은 보험자가 이를 알고도 모른 체 한 예일 수 있다.; 뒤의 제4장 보험계약자와 보험자의 인식 Ⅱ. 보험자의 인식 3. 보험자의 인식추정.
365) MacDonald Eggers, Picken & Foss, op. cit., paras 12.21, 12.22, 12.26, 12.28.

로 추정된다고 주장하였다. Morrison v. Universal Marine Insurance Co사건[366]에서 보험자는 로이즈 리스트의 내용을 인식한 것으로 추정되지 아니한다고 판시되었다. Sea Glory Maritime Co v. Al Sagr National Insurance Co(The M/V Nancy)[367]에서 블레어판사는 전자적 데이터베이스는 신문과 같은 하드 카피상의 정보와 동일한 것으로 취급되어야 한다는 것은 정확하다고 생각하지 아니한데, 온라인 정보는 조사를 수행하는 것이 필요할 때 비로소 이용가능하기 때문이라고 하였다. 이 사건에서 3가지 온라인 데이터베이스에 보험계약자가 고지하지 않았다고 주장되는 정보가 포함되어 있었고, 보험자는 가장 명확하게 표현된 정보를 포함한 하나의 데이터베이스에 회원등록을 하지 아니하였다. 블레어판사는 이 사건에서 보험자는 여하튼 유인을 증명하기 않았기 때문에, 데이터베이스상의 것을 인식한 것으로 간주되는지 여부를 결정할 필요가 없었지만, 그것은 위험의 수배에 관한 모든 사항에 비추어 결정될 문제라고 하였다.[368]

의회의 입법보고서에 따르면 제5조 제2항 (b)호의 의도는 예컨대 보험자에게 전자적 기록을 제공하는 것으로서 보험자의 조직의 내부에서 이용가능한 정보를 조사하기 위한 합리적인 노력을 요구하기 위한 것이다라고 하였다.[369] 이 조항상의 인식은 보험자가 조사를 하지 아니하거나 그 정보를 발견하지 못한 경우에 쟁점으로 되기 때문에, 그 당시 보험자의 기록상 실제 존재한 것과 합리적으로 이용가능한가 여부가 확인되어야 한다.[370]

'용이하게 이용가능한' 정보의 자격이 무엇인가는 사실판단의 문제이고, 보험자가 수년 동안 보험계약자에게 보장을 한 경우, 그에 관한 정보, 보험금청구기록은 정보의 자격을 갖춘다. 그러나 예컨대 보험자가 접근권이 없는 별개의 데이터베이스에 저장되어 있기 때문에 보험금청구기록은 특정보험자에게 사실상 이용가능하지가 않았으면 이 목적을 위하여 '용이하게 이용가능한' 것은

366) (1872-73) L. R. Ex 40, revd LR 8 Ex 197(CA).

367) [2013] EWHC 2116 (Comm); [2014] 1 Lloyd's Rep 14; 정해석·정영석, 영국 해상보험법상 고지의무와 워런티 위반에 관한 최근 판례 동향-SEA GLORY 사건의 보험금을 중심으로, 법학논총 제32권 제1호(2015), 한양대학교 법학연구소, 128~146면.

368) Ibid., [173]-[174] 그리고 Arnould, Law of marine insurance and average, (18th edn, Sweet & Maxwell, 2015), para 16-181, 16-194.

369) Parliament's explanatory notes for the Insurance Act 2015, para 64.

370) David Kendall and Harry Wright, op. cit., para 4.46.

아니다.[371)]

4. 보험자의 인식추정사항

가. 개관

제5조 제3항은 다음과 같이 보험자가 인식한 것으로 추정되어 보험계약자가 고지하지 아니한 것으로 주장할 수 없는 2가지 정보유형을 규정하고 있다.

- o 공통적 인식사항
- o 당해 영업분야에서 보험계약자에게 당해 유형의 보험을 제공하는 보험자가 통상의 영업과정에서 인식하는 것으로 합리적으로 기대되는 사항

제5조 제3항의 추정적 인식의 정의는 1906년 해상보험법상의 판례를 반영한 것이다.[372)] 두 유형은 특정한 영업종목의 보험자가 신문이나 인터넷자료로부터 인식한 것으로 추정되는 한도 내에서는 중복될 수 있다.[373)] 위험을 인수하는 결정에 참여하는 개인이 인식하거나 인식하여야 하는 것을 보험자에게 귀속하도록 하는 제5조 제1항, 제5조 제2항과 달리, 제5조 제3항은 인식이 추정되는 개인에 국한되지 아니한다. 따라서 이 기준은 온전히 객관적인 것이다.[374)]

나. 공통적 인식사항

(1) 의의

이는 1906년 해상보험법 제18조 제3항 (b)호에서 규정하였던 보험자가 인식

---

371) David Kendall and Harry Wright, op. cit., para 4.47.

372) The Beduin [1894] P 1, at 12; Cantiere Meccannico Brindisino v. Jason [1912] 3 KB 452; Man, MacNeal & Steevas Ltd v. Capltal & Counties Insurance Co Ltd (1920) 5 Ll L. Rep 424; North British Fishing Boat Insurance Co Ltd v. Starr (1922) 13 Ll L Rep 206; George Cohen Sons & Co v. Standard (1925) 21 Ll L Rep 30, at 38; Fraser Shipping v. Colton (The Shakir Ⅲ) [1997] 1 Lloyd's Rep 586, at 595-596; Marc Rich & Co v. Portman [1996] 1 Lloyd's Rep 430, at 442; 의회의 입법보고서 para 67에서 의회는 제3조 제3항 (b)호는 "보험자가 통상의 영업과정에서 인식하여야 하는 사항"을 규정하는 1906년 해상보험법 제18조 제3항 (b)호를 반영하는 것을 의도한 것이라고 서술하고 있다.; Peter MacDonald Eggers QC, op. cit., para 2.3.2.(d) p. 34.

373) John Dunt, op. cit., p. 98.

374) David Kendall and Harry Wright, op. cit., para 4.49.

하는 것으로 추정되는 공통의 알려진 사항과 인식사항(matters of common notoriety or knowledge)을 수용하고자 의도한 것이다. 의회의 입법보고서는 공통의 알려진 사항(matters of common notoriety)이 유지되지 않은 이유는 알려진 사항(notoriety) 의 의미가 1906년의 '잘 알려진'이란 의미에서 불명예의 요소를 제시하는 것으로 변화되었기 때문이라고 하였다.[375] '공통적인 인식'으로 고찰될 수 있는 사항의 예로서는 Carter v. Boehm사건[376]에서 맨스필드 판사는 보험계약자가 언급할 필요가 없는 사항의 리스트에는 다음 사항이 포함된다고 하였다.

…항해의 어려움, 계절의 종류, 허리케인, 지진의 가능성 등과 같이 자연적 위험을 발생시키는 일반적인 고려주제, 또는 모든 원인; 또는 국가의 전복, 또는 전쟁으로 인한 정치적 위험을 발생시키는 모든 원인, 평화의 지속과 회복으로 인하거나 또는 적의 무능으로 인한 안전의 개연성에 관한 다양한 활동

(2) 공통적인 인식사항과 '보유하고 용이하게 접근가능한 정보(제5조 제2항 (b)호)와의 구별

법률개정위원회는 제5조 제2항 (b)호의 목적을 위한 인수팀의 이용가능한 정보를 보험자가 보유하고 이용가능하여야 함을 인정하였지만, 공통적인 인식사항에 대해서는 아무 제한도 없다고 하였고, 법률개정위원회는 공통적 인식으로 고찰되는 것에 대하여 법률의 변경을 의도하지는 않았지만, 넓게 해석할 것을 제안하였으며, 공통적 인식의 문제로서 주류매체에 보도된 연예인의 마약사용의 예를 들면서 사회적 매체에 관한 사항을 포함하였다.[377] 이에 비추어 사회적 매체를 포함하여 매체에 보도된 사실만으로 그 사실을 공통적인 인식으로 인정하기에 충분하지 않고, 이것은 구법을 반영하지 않은 것이다.[378]

Bates v. Hewitt사건[379]에서 미국 남북전쟁중 부보선박이 남부동맹군의 순양함으로 취역하였던 사실은 대중에게 인식된 사항이었지만, 보험자는 인수당시에 이 인식을 염두에 두지 않았다. 배심은 보험자가 수배사항을 주의 깊게 연구

375) Parliament's explanatory notes for the Insurance Act 2015, para 66.
376) (1766) 3 Burr. 1905.
377) Law Commissions, July 2014 Report, paras 10.58, 10.59.
378) David Kendall and Harry Wright, op. cit., para 4.51.
379) (1867) LR 2 QB 595(QB).

하면 선박에 관한 이전의 것을 상기할 수 있었다고 보았지만, 법원은 보험계약자의 불고지를 면제하기에는 충분하지 않다고 보았다.

2015년 보험법 제5조 제2항 (b)호에 관한 판례[380]는 같은 효과를 가진다. 공통적인 인식사항은 사회적 매체나 뉴스 웹사이트의 조사로 확인가능한 경우에는, 인터넷상 이용가능한 정보의 영역으로 환원되지만,[381] 법률개정위원회는 제5조 제2항 (b)호의 목적을 위한 보험자의 인식간주의 문제가 아니라고 하였다.[382]

다. 당해 영업종목의 보험자로서 알아야 하는 사항

인식추정의 2번째 유형은 2015년 보험법 제5조 제3항 (a)호의 추정적 인식의 '공통적인 인식'의 범위에 시사점을 제시한다. Noble v. Kennoway사건[383]에서 맨스필드판사는 다음과 같이 판시하였다.

모든 보험자는 부보하는 거래의 실무와 그 실무가 확립되었는지 여부에 대하여 정통한 것으로 추정된다. 그것을 인식하지 못하면 자신이 습득해야 한다. 다만 1년에 불과한 관행은 문제되지 않는다.

1906년 해상보험법 제18조 제3항 (b)호는 보험자가 '통상의 영업과정에서 인식하거나 인식하여야 하는 사항'을 인식하는 것으로 추정된다고 규정하였다. 법률개정위원회는 2012년 6월 보고서[384]와 2014년 7월의 보고서에서 이는 적절한 기준이지만 '그 개념은 입법에서 보다 명확히 표현'되어야 할 것을 지적하였고, 이전의 판례는 유지된다. 예컨대 Glencore International AG v. Alphina Insurance Company Limited사건[385]에서 무어빅판사는 석유거래의 영업에 익숙한 합리적인 보험자는 그 유형의 영업을 수행하는데 있어 발생할 수 있는 모든 범위의 사항에 대하여 인식하는 것이 기대된다고 하였다.

---

380) 앞의 제4장 보험계약자와 보험자의 인식 Ⅱ. 보험자의 인식 2. 보험자의 인식사항 다. 제2유형.
381) 앞의 제4장 보험계약자와 보험자의 인식 Ⅱ. 보험자의 인식 2. 보험자의 인식사항 다. 제2유형.
382) David Kendall and Harry Wright, op. cit., para 4.51.
383) (1780) 2 Doug K B 511, 99 ER 326.
384) 2012년 6월 보고서 para 8.20.
385) [2004] 1 Lloyd's Rep 111.

법률개정위원회는 이 개념을 보다 명확히 표현함으로써 이른바 순진한 보험자문제 즉 경험이 부족하여 새로운 시장에 참가하거나 이해력부족으로 인하여 위험을 과소평가하여, 불고지를 이유로 면책을 시도하는 것을 변화시키고자 하였다.[386)]

제5조 제3항 (b)호는 보험자가 인수한 유형의 영업과 보험계약자의 활동분야를 구분한다. 의회의 입법보고서는 이 구별을 다음과 같이 설명하였다.

많은 보험자는 산업분야(석유와 가스)에 의해서가 아니라 영업의 유형(예컨대 재산보험, 전문손해보험)에 따라 경영한다. 보험자는 보험을 제공하는 상업에 약간의 통찰을 하여야 하지만, 그 통찰은 제공되는 보험의 유형에 적절한 사항으로 합리적으로 구속된다.[387)]

용이하게 이용할 수 있는 인터넷정보의 추정적 인식의 문제는 홍콩사건인 Hua Tyan Developments Ltd v. Zurich Insurance Co Ltd(The Hofeng 7)[388)] 에서 다투어졌다. 원목의 적하가 부보되었는데, Hofeng 7호는 보험증권상 중량이 1만톤으로 기재되어 있었지만 실제로는 8960.13톤이었고, 인터넷으로 쉽게 확인 가능하였다. 홍콩1심 법원의 충(Chung)판사는 해상보험 거래에서 선박의 명세는 용이하고 쉽게 접근가능하기 때문에 고지의무 위반이 아니라고 하였고, 이 점은 대법원에서도 유지되었다.

영국에서 공간된 자료에 대한 추정적 인식의 쟁점은 Morrison v, Universal Marine Insurance Co사건[389)]에서 배론 브람웰판사는 보험자는 Lloyd's List에 포함된 사항에 대해 피보험자의 고지의무를 면제하는 것은 보험자에게 어렵고 불필요한 부담을 지우는 것이라고 하였고, 전자자료에 관한 Sea Glory Maritime Co v. Al Sagr National Insurance Co(The M/V Nancy)사건[390)] 에서 약간 수정되어 유지되었다. Nancy호는 화재안전설비에 관한 결여로 인해 항만통제국에 4번 억류되어 되었는데 이것이 고지되지 않았다. 이 사실은 웹사

---

386) Law Commissions, July 2014 Report, para 10.61.
387) Parliament's explanatory notes for the Insurance Act 2015, para 67.
388) [2013] HKCA 414; [2014] Lloyd's Rep IR 1; [2014] HKCFA72; [2015] Lloyd's Rep IR 14.
389) (1872-73) L. R. Ex 40.
390) [2013] EWHC 2116 (Comm); [2014] 1 Lloyd's Rep 14; 정해석·정영석, 전게논문, 128~146면.

이트에 가입하면 쉽게 확인 가능하였지만 보험자는 가입하지 않은 상태이었다. 블레어판사는 전자적 데이터베이스는 신문과 같은 하드 카피상의 정보와 같이 취급될 수 없는데, 온라인상의 정보는 필요할 때 불러내야 하기 때문이다라고 하였다. 적하보험 실무상 적하를 운송하는 선박에 관한 자료와 같은 인터넷 상의 정보는 보험자가 불러내야 하는 것은 일반적인 실무라고 할 수 없고 사실관계에 따라 결정된다고 하는 견해가 유력하다.[391]

라. 보험자의 인식추정과 보험계약자의 인식간주와의 차이

2015년 보험법 제5조 제3항의 보험자의 추정적 인식은 제4조 제6항의 보험계약자의 인식간주에 비하여 다음과 같이 협소하다. 이는 중요한 사항의 고지에 대한 일차적인 의무는 보험자가 아니라 보험계약자가 지는 점에 부합한다.[392]

첫째, 보험계약자가 적극적인 합리적인 조사의무를 부담하는데 비하여, 보험자는 보험자가 보유하거나 용이하게(합리적으로가 아니다) 이용할 수 있는 정보이다(제5조 제2항). 보험계약자가 합리적 조사의무를 진다고 하여 푸아로와 같은 탐정일 필요는 없고, 합리적인 기업인으로 행위하면 충분하다.[393]

둘째, 보험자의 추정적인 인식은 보험자가 보유하는 정보를 참조해서만 정의되는데 반하여, 보험계약자의 인식간주는 '다른 사람'이 보유하는 정보를 포함하여 정의된다. 보험자가 보유하는 정보는 협소하고 확대되어서는 안된다.[394] 이 기준에 의해 보험자가 보유하는 전자적 데이터베이스상에서 보험자가 이용 가능한 정보만이 아니라 외부 기관(예컨대 공적 데이터베이스 또는 회원제(subscription) 데이터베이스)이 보유하는 보험자가 이용할 수 있는 정보가 2015년 보험법상 추정적 인식의 정의에 해당하는지 여부는 불문명하다.[395]

---

391) John Dunt, op. cit., p. 101.
392) Bernard Rix, op. cit., p. 114.
393) Bernard Rix, op. cit., p. 115.
394) Bernard Rix, op. cit., p. 115.
395) Sea Glory Maritime Co v. Al Sagr National Insurance Co (The Nancy) [2013] EWHC 2116 (Comm); [2014] 1 Lloyd's Rep 14, [170]-[178]; Peter MacDonald Eggers QC, op. cit., para 2.3.3 (d) p. 34.; 앞의 제4장 보험계약자와 보험자의 인식 Ⅱ. 보험자의 인식 3. 보험자의 인식간주사항 다. 제2유형.

2015년 보험법상 보험계약자와 보험자의 추정적 인식의 정의의 차이로 인해 예상하지 못한 결과가 초래된다. 예컨대 재보험자가 인식해야 하는 것은 재보험계약자로서 원수보험자가 인식해야 하는 것보다 제한적이다.[396]

마. 지침의 개발필요성

2015년 보험법 제5조 제3항의 2가지 유형의 보험자의 추정적 인식에 대하여 당해 유형과 분야의 보험자와 보험중개사는 이와 같은 추정적 인식의 정의를 지원할 지침을 체결할 것이 기대된다.[397]

5. 비밀정보

비밀정보가 보험계약자의 대리인에 의하여 보유되는 경우에는 비밀정보의 인식의 보험계약자에게의 귀속은 2015년 보험법 제4조 제4항과 제5항에 의하여 규율된다.[398]

법률개정위원회의 2014년 7월의 보고서상 권고는 보험계약자이든 보험자이든 본인 이외의 사람과의 영업관계를 통하여 대리인이 취득한 비밀정보는 개인의 인식으로 귀속되어서는 안된다는 권고를 포함하였다.[399] 이 권고는 법률개정위원회의 2014년 7월의 보고서에 첨부된 보험법초안 제6조 제3항은 반영되어, 보험자는 보험자 이외의 자와의 영업과계를 통하여 보험자의 대리인이 취득한 비밀정보를 인식하는 것으로 간주되지 아니한다고 규정되었다. 이 조항은 2014년 8월 의회에 제출된 입법초안에는 포함되지 아니하였다. 따라서 보험계약자의 대리인이 보유한 비밀정보가 보험자가 인식한 것으로 확정할 것인지는 대리인이 인수할지 여부를 결정하는데 참여하는 '개인에게 그 정보를 전달하였어야 하는 것이 합리적인가'(2015년 보험법 제5조 제2항)[400] 또는 보험자가 통상의 영업과정에서 정보를 인식하는 것으로 기대되는 것이 합리적인가(제5조

396) Peter MacDonald Eggers QC, op. cit., para 2.3.3 (d) p. 34.; 앞의 제4장 보험계약자와 보험자의 인식 Ⅱ. 보험자의 인식 3. 보험자의 인식간주사항 다. 제2유형.
397) Bernard Rix, op. cit., p. 113.
398) 앞의 제4장 Ⅱ. 보험계약자의 인식 4. 개인과 단체 공통 사항 나. 비밀정보.
399) Law Commissions, July 2014 Report, At 129,
400) 앞의 제4장 Ⅱ. 보험자의 인식 3. 보험자의 인식간주사항 가. 서언-나. 제1유형.

제3항 (b)호)[401]에 의거한다.

Ⅳ 추가적 인식간주사항

1. 2015년 보험법 제6조의 규정

2015년 보험법 제6조는 추가적 인식간주사항에 대하여 다음과 같이 규정하고 있다.

제6조 인식: 일반

(1) 제3조에서 제5조의 목적을 위하여, 개인의 인식은 실제적 인식만이 아니라, 개인이 의심한 사실 그리고 개인이 알고도 모른 채 한 사실을 포함하여 참조한다.

(2) 다음의 경우 이 부의 어느 것도 보험계약자 또는 보험자측의 개인이 행하는 사기의 인식이 보험계약자 또는 보험자에게 귀속하여서는 아니된다는 법률원칙의 효력에 영향을 미치지 못한다.

(a) 사기가 보험계약자에 대하여서 이고, 개인이 제4조 제2항 또는 제4조 제3항에 규정된 사람인 경우

(b) 사기가 보험자에 대하여서 이고, 개인이 제5조 제1항에 규정된 사람인 경우

2. 내용

2015년 보험법 제6조 제1항은 "제3조에서 제5조의 목적을 위하여, 개인의 인식은 실제적 인식만이 아니라, 개인이 의심한 사실 그리고 개인이 알고도 모른 채 한 사실을 포함하여 참조한다."라고 규정하고 있다.

2015년 보험법 제4조와 제5조에 의하여 보험계약자와 보험자가 인식간주되는 특수한 인식 외에도, 제6조 제1항은 보험계약자와 보험자에게 적용되는 추

401) 앞의 제4장 Ⅱ. 보험자의 인식 4. 보험자의 인식추정사항 다. 당해 영업종목의 보험자로서 알아야 하는 사항.

가 범주로서 이른바 '알고도 모른 체 하는 인식'을 규정한다. Manifest Shipping Co v. Uni-Polaris Insurance Co사건[402]에서 스코트판사는 이 개념을 다음과 같이 설명하였고, 제6조 제1항은 이를 입법하였다.[403]

'알고도 모른 체 하는 인식'은 인식과 유사하다. 코펜하겐 전투에서 넬슨은 보이는 눈을 망원경에 대면 그가 보는 것을 인식하는 것을 피하기 위하여 보이지 않는 눈을 망원경에 대기로 한 의도적인 결정을 하였다. '알고도 모른 체 하는 인식'의 귀속은 특정한 사실이 존재한다는 의심과 그 사실을 확인하기 위한 취하지 않기로 한 결정의 혼합이 요구된다.

2015년 보험법 제4조와 제5조는 동법의 목적을 위하여 보험계약자와 보험자의 인식으로 처리되는 사항을 제한적으로 규정한다. 그런데 제6조 제1항이 제3조를 언급하고 있는 이유가 명확하지 아니하지만(다만 제3조 제3항 (c)호의 목적을 위한 기대 또는 신념의 사항에 대해서는 예외이다),[404] 이것은 제4조와 제5조에서 규정하는 범주를 초과하여 인식의 범위를 확대하고자 의도한 것은 아니라는 견해가 유력하다.[405]

V. 대리인의 사기

본인의 대리인이 행한 사기에 대하여 본인의 인식으로 결정되어서는 안된다는 것은 영국법의 오래된 원칙이다. 왜냐하면 소위 햄프셔예외[406]라는 것으로 상식적으로 대리인이 본인에게 사기이었다고 고지할 것은 아니기 때문이다.

1906년 해상보험법의 맥락에서 특히 동법 제18조와 제19조를 적용한 지도적 판결은 PCW Syndicates v. PCW Reinsurers사건[407]이다. Arab Bank PLC v. Zurich Insurance Co사건[408]에서 릭스판사는 이사의 사기가 제3당사자를 대상으로 한 경우 보험계약자의 인식을 배제하기 위하여 이 원칙을 적용하였

402) [2001] UKHL1, [2003] AC 469 [112].
403) Parliament's explanatory notes for the Insurance Act 2015, para 69.
404) 앞의 제3장 Ⅲ. 고지사항 2. 부실고지 라. 알고도 모른 채 한 경우.
405) David Kendall and Harry Wright, op. cit., para 4.60.
406) In re Hampshire Land Co [1896] 2 Ch 743(Ch).
407) [1996] 1 Lloyd's Rep 214(CA).
408) [1999] 1 Lloyd's Rep 262(Com Ct).

다.[409] 보험사건이 아닌 Stone & Rolls Ltd v. Moore Stephens사건[410]의 항소법원과 상원에서는 본인이 제2차적인 피해자인 경우 사기의 원칙의 적용에 대해서는 의문이 제기되었다. Bilta (UK) Ltd v. Nazir (No 2)사건[411]에서 섬시온판사는 제1차적인 피해자관계와 2차적인 피해자관계의 구별은 적절하지 않다고 판시하였다.

법률개정위원회의 보험법 제1초안에서 햄프셔원칙은 언급되지 않았고, 보험계약자와 보험자의 인식은 법안의 조항에 의하여서만 결정되었기 때문에, 보험계약자와 보험자의 인식이 성립하는지 여부를 결정하는데 이 원칙이 적용되지 아니하였다.[412] 이 생략은 의회에서 수정되었고, 이 원칙이 2015년 보험법 제6조 제2항에 입법되어 있다.

(2) 다음의 경우 이 부의 어느 것도 보험계약자 또는 보험자측의 개인이 행하는 사기의 인식이 보험계약자 또는 보험자에게 귀속하여서는 아니된다는 법률원칙의 효력에 영향을 미치지 못한다.

(a) 사기가 보험계약자에 대하여서 이고, 개인이 제4조 제2항 또는 제4조 제3항에 규정된 사람인 경우

(b) 사기가 보험자에 대하여서 이고, 개인이 제5조 제1항에 규정된 사람인 경우

제6조 제2항은 개인이 보험계약자 또는 보험자에 대하여 사기를 행한 경우 인식의 귀속에 초점을 맞추고 있다.

2014년 7월보고서에서 법률개정위원회는 Arab Bank PLC v. Zurich Insurance Co사건[413]과 Stone & Rolls Ltd v. Moore Stephens사건[414]에서 판시된 상이한 견해를 인정하고, 정의된 원칙을 권고하기보다는 보통법상의 탄

---

409) 이 판결의 사실관계는 문제된 보험은 이사에 의한 사기책임에 대하여 보험계약자를 부보하였고, 제3당사자에게 사기행위를 한 이사와 청약서에서 부정직한 표시를 한 이사를 포함하였다. 사기의 주요한 피해자는 부정직한 이사에 의하여 서명된 고의로 속인 청약서를 신뢰하여 보험계약을 인수한 보험자이었다.

410) [2008] EWCA Civ 644, [2008] 2 Lloyd's Rep 319 [72]-[74] aff'd and [2009] UK HL. [2009] 1 AC 1391.

411) [2015] USCS 23. [2016] AC 1.

412) David Kendall and Harry Wright, op. cit., para 4.62.

413) [1999] 1 Lloyd's Rep 262(Com Ct).

414) [2008] EWCA Civ 644, [2008] 2 Lloyd's Rep 319 [72]-[74] aff'd and [2009] UK HL. [2009] 1 AC 1391.

력성을 유지하기를 원한다고 하였다.[415]

그러나 의회의 입법보고서는 제6조 제2항은 '회사의 대리인이나 직원에 의하여 회사에 대하여 행한 사기는 회사의 인식으로 보지 않는다'는 것을 의미하는 것을 명확히 하는데 있어서 다른 방법을 취하였다.[416] 따라서 사기가 보험계약자에 대한 것이 아니라 제3자당사자에 대한 것이면, 그 상급관리자가 제3당사자에 대한 사기행위로 보험계약자에게 중대한 의무위반행위를 했을 지라도 보험계약자의 상급관리자의 사기를 보험계약자의 인식으로 보지 않기는 어렵다.[417]

415) Law Commissions, July 2014 Report, paras 8.67-8.76,
416) Parliament's explanatory notes for the Insurance Act 2015, para 70.
417) David Kendall and Harry Wright, op. cit., para 4.63.

제5장 공정한 제공의무 위반의 효과

I. 보험자의 구제수단의 다양화

1. 공정한 제공의무 위반의 효과에 관한 2015년 보험법의 규정

공정한 제공의무 위반의 효과에 관하여 2015년 보험법은 다음과 같이 규정하고 있다.

제8조 위반에 대한 구제

(1) 공정한 제공의무 위반이 없었으면 보험자가 (a) 어떠한 조건으로도 보험계약을 체결하지 않았거나 (b) 다른 조건으로만 보험계약을 체결하였을 것을 증명한 경우에만, 보험자는 공정한 제공의무 위반에 대하여 보험계약자에게 구제수단을 가진다.

(2) 구제수단은 부록에 규정된다.

(3) 보험자가 보험계약자에 대하여 구제수단을 가지는 위반을 이 법에서는 '제한 있는 위반'이라고 한다.

(4) 제한 있는 위반은 (a) 고의 또는 중과실인 경우, (b) 고의도 아니고 중과실도 아닌 경우이다.

(5) 보험계약자가 (a) 공정한 제공의무 위반을 인식하거나 (b) 의무위반이 있는가 여부에 대하여 주의하지 아니하면, 제한 있는 위반은 고의 또는 중과실이 존재한다.

(6) 보험자는 제한 있는 중과실이 고의 또는 중과실이 존재함을 증명하여야 한다.

부록 1 보험자의 제한 있는 위반에 대한 구제

제1부 계약

일반

1. 이 부는 비소비자보험계약에 관한 공정한 제공의무의 제한 있는 위반에 대하여 적용된다(그 변경에 대하여서는 제2부 참조).

고의 또는 중과실로 인한 위반

2. 제한 있는 위반이 고의 또는 중과실로 인한 것이면, 보험자는 (a) 보험계약을 취소하고, (b) 수령한 보험료를 반환하지 않아도 된다.

기타 위반

3. 제4항에서 제6항은 제한 있는 위반이 고의 또는 중과실로 인한 것이 아닌 경우에 적용된다.
4. 제한 있는 위반이 없었으면, 보험자가 어떠한 조건으로도 보험계약을 체결하지 아니하였을 경우에는, 보험자는 보험계약을 취소하고, 보험금지급을 거부할 수 있지만, 어느 경우에도 수령한 보험료를 반환하여야 한다.
5. 보험자가 다른 조건으로(보험료에 관한 조건 이외의) 보험계약을 체결하였을 경우에는, 보험계약은 만일 보험자가 그 조건을 요구하는 경우에는, 다른 조건으로 체결되었을 것과 같이 처리된다.
6. (1) 또한 보험자가 다른 조건으로 체결하였을 것이지만(보험료 이외의 사항에 관한 조건이 동일하건 또는 다르건), 추가보험료가 청구되었을 경우에는, 보험자는 보험금을 비율적으로 감액할 수 있다.
   (2) 제1호의 '비율적 감액'은 계약의 조건상 지급의무를 지는 것의 X%만을 지급할 필요가 있는 것을 의미한다(또는 제5항에 따라 다른 조건으로).
   X=실제부과보험료/높은 보험료X100

제2부 변경

7. 이 부록의 이 부는 비소비자보험계약의 변경에 관한 공정한 제공의무의 제한 있는 위반에 대하여 적용된다.

고의 또는 중과실로 인한 위반

8. 제한 있는 위반이 고의 또는 중과실로 인한 경우이면, 보험자는 (a) 통지에 의하여 변경이 행해진 때로부터 계약이 정료된 것으로 처리할 수 있고, (b) 보험료를 반환하지 않아도 된다.

기타 위반

9. (1) 이 조항은 다음 경우에 적용된다. (a) 제한 있는 위반이 고의나 중과실로 인한 것이 아니고, (b) 전체보험료가 변경의 결과 증가되었거나 변경되지 아니한 경우

(2) 제한 있는 위반이 없었으면, 보험자가 어떠한 조건의 변경에 합의하지 않았을 경우이면, 보험자는 변경이 없었던 것과 같이 처리할 수 있지만, 그 경우에 수령한 추가보험료를 반환하여야 한다.

(3) 제2호는 다음 경우에는 적용되지 아니한다.

(a) 보험자가 다른 조건으로 변경에 합의하였을 경우에는(보험료에 관한 조건 이외), 그 변경은 보험자가 요구하는 경우에는 다른 조건으로 체결하였을 것과 같이 처리되고.

(b) 제11항은 (증액된 보험료의 경우에) 보험자가 증액된 것보다 보험료를 증액하였을 경우에는, 또는 (보험료가 변경되지 아니한 경우) 보험료를 증액하였을 경우에 또한 적용된다.

10. (1) 이 항은 다음 경우에 적용된다.

(a) 제한된 위반이 고의나 중과실로 인하지 아니한 경우

(b) 총보험료의 변경의 결과 감액된 경우

(2) 제한되는 위반이 없었으면 보험자가 어떠한 조건으로도 변경에 합의하지 아니하였을 경우에는, 보험자는 계약을 변경이 없었던 것으로 처리할 수 있고, 또한 제11항이 적용된다.

(3) 제호는 다음의 경우 적용되지 아니한다.

(a) 보험자가 다른 조건으로 변경에 합의하였을 경우에는(보험료에 관한 조건 이외), 그 변경은 보험자가 요구하는 경우에는 다른 조건으로 체결하였을 것과 같이 처리되고.

(b) 제11항은 보험자가 증액된 것보다 보험료를 증액하였을 경우에는, 보험료를 감액하였을 것이거나 행해진 것보다 적게 감액하였을 경우에 또한 적용된다.

11. (1) 이 항은 적용되는 경우에는, 보험자는 변경 이후에 사고로 인한 보험금을 감액하여 지급할 수 있다.

(2) 1호의 경우 '비율적 감액'은 보험자가 계약의 조건상 그러하지 않았으면 지급의무를 부담하였을 것의 Y%만을 지급할 필요가 있다는 것을 의미한다(원래의 조건상, 또는 변경된 것이거나 또는 제9조 제3항(a)호, 제10조 제3항 (a)호에 의한 다른 조건으로든).

Y=실제 청구된 보험료/보험료X100

(3) 전호의 공식에서 보험료는 다음과 같다.

(a) 제9조 제3항 (b)호에서는 보험자가 청구하였을 총보험료

(b) 제10조 제2항에서는 원래보험료

(c) 제9조 제3항 (b)호에서는 보험자가 청구하지 아니하였을 경우, 또는 (경우에 따라서는) 보험자가 청구하였을 보험료를 감액하였을 경우 원래의 보험료

제3부 추가사항

12. 1906년 해상보험법 제84조(약인결여로 인한 보험료반환)는 비소비자보험계약인 해상보험계약에 관하여서는 이 부록의 조항에 따라 읽혀야 한다.

2. 구제수단의 다양화

1906년 해상보험법에 대한 비판중의 하나는 보험계약자가 고지의무를 위반하는 경우에는 보험계약자의 위반의 경중과 고의, 과실 또는 선의이었는지와 무관하게 항상 보험자에게 취소를 인정하는 것은 보험계약자에게 가혹하다는 것이었다. 법률개정위원회는 고지의무위반에 대한 구제수단이 비탄력적이고 통상적인 보상원칙과 상업상의 현실을 반영하지 못하였다고 기술하였다.[418] 법률개정위원회는 이에 따라 해결책으로 프랑스[419] 등에서 잘 작동하고 있는 비율보상

418) Law Commissions, July 2014 Report, para 11.31,

의 원칙이라고 고찰하였고, 소비자보험에서 2012년 소비자보험(고지의무)법에 도입되었다.

공정한 제공의무 위반의 효과로서 비율보상의 원칙의 하나의 단점은 위반의 효과가 가혹하였지만 명확하였던 영역에 불확실성을 도입한다는 것이었다. Law Com No 104(1980) '보험법: 고지의무와 워런티의 위반'에서 보험계약자의 고지의무위반에 대한 구제수단으로 경우 보험자에게 수령한 보험료와 정확하게 위험이 고지되었더라면 보험계약자가 수령하였을 보험료의 비율로만 인정하는 유럽연합지침의 권고안에 대하여 고찰하였다. 법률개정위원회는 1980년 보고서에서 수령하였을 명목보험료를 결정하여야 하는 이 요건은 적절하고 설득력 있도록 산정하는 것은 불가능하다는 견해이었다.[420] 현재는 위반의 구제수단의 하나로 비율보상의 원칙이 이용가능하게 되었다.

보험계약자가 공정한 제공의무를 위반하는 경우 보험자의 구제수단이 대폭적으로 개정되었다.

(1) 보험계약자가 고의 또는 중과실로 의무를 위반한 경우, 보험자는 보험계약을 취소하여 모든 보험금청구를 거부할 수 있고, 이미 수령한 보험료를 반환할 필요가 없다(동법 제8조 제2항, 부록 제2항). 또한 보험계약자의 고의 또는 중과실에 대해서는 보험자가 증명책임을 진다(동법 제8조 제6항).

(2) 보험계약자의 고의 또는 중과실이 인정되지 않는 경우에는, 보험계약자의 의무위반이 없었을 경우, 보험자가 내렸을 판단에 따라 구제수단이 다르다. 구체적으로는 보험계약자에게 공정한 제공의무 위반이 없었더라면, 보험자가 보험계약을 체결하지 않았을 경우에는, 보험계약을 취소하고, 모든 보험금지급을 거부할 수 있지만, 수령한 보험료를 반환해야 한다(부록 제4항). 다음으로 보험자에게 공정한 제공의무 위반이 없었더라면, 보험자가 다른 조건으로 보험계약을 체결하였을 경우에는, 보험자는 당해 보험계약이 당해 다른 조건을 포함한 것으로 할 수 있다(부록 제5항). 또

---

419) 한창희, 고지의무의 입법적 연혁과 최근동향, 상사법연구 제28권 4호(2010), 171면.

420) 법률개정위원회 1980년 보고서, para 11.31.; 2012년 영국보험법협회는 선의 또는 과실 있는 불고지 또는 부실고지에 대한 비율보상의 원칙의 도입을 권고하였다.; 앞의 제1장 2015년 보험법의 배경Ⅱ. 영국에서 기업보험법개정의 최근 연혁 3. 1980년 이후.; 한창희, 고지의무의 입법적 연혁과 최근동향, 상사법연구 제28권 4호(2010), 152면.

한 그 다른 조건이 추가보험료를 부과하는 경우에는 보험자는 고지의무가 이행되었더라면 받았을 보험료에 대한 실제보험료의 비율로 보험금을 감액해서 지급한다(부록 제6항). 보험자가 청구했을 보험료가 1,500파운드이고 실제로 수령한 보험료가 1,000파운드이면 소비자는 보험금의 3분의 2를 지급받게 된다.

2015년 보험법의 2가지 중요한 변경은 보험계약자의 고지의무의 범위와 의무위반에 대한 구제수단이다. 의무위반에 대한 구제수단은 보험계약자의 책임성과 보험계약을 체결하거나 다른 조건으로 체결할지 여부에 대한 보험자의 결정에 대한 영향을 고려하는 점에서 균형을 맞추었고, 1906년 해상보험법상의 엄격하고 비탄력적인 구제수단보다 개선되었다. 다만 보험계약자의 위반이 사소한 과실로 인한 경우에는 여전히 탄력성을 결한다는 비판이 유력하다.[421]

Ⅱ 유인

1906년 해상보험법의 조문상 나타나 있지 않았지만, 판례는 보험자가 보험계약자의 고지의무위반을 주장할 때 보험계약자보호의 관점에서 유인이라는 요건을 추가적으로 요구하였다.

상원은 Pan Atlantic Insurance Co v. Pine Top Insurance Co Ltd사건[422]에서 불고지 또는 부실고지를 이유로 보험계약을 취소하기 위하여서는, 보험계약자가 보험계약자의 고지의무위반을 신뢰하였음, 즉 정보가 완전하고 정확하게 제공되었더라면 보험자가 보험계약을 체결하지 아니하였거나 다른 조건으로만 체결하였을 것을 증명하여야 함을 명확히 하였다. 이 신뢰의 요건은 신중한 보험자를 기준으로 하는 중요성요건과 달리, 당해 보험자를 기준으로 하는 주관적 요건이었다.

2015년 보험법에서는 이 신뢰성에 대하여 조문에서 명확히 되어 있다. 구체적으로 보험자가 위반의 효과를 주장하기 위해서는, 공정한 제공의무 위반이 없었으면 보험계약을 체결하지 않았거나 다른 조건으로 보험계약을 체결하

421) Bariş Soyer, Reforming pre-contractual information duties in business contracts: one reform too many, (2009) Journal of Business Law 15.
422) [1995] 1 AC 501(HL).

였을 것을 증명하여야 한다(동법 제8조 제1항). 유인의 증명책임은 보험자가 진다.[423]

구법상 특히 보험자가 실제보험자에게 유인의 증거를 제시하도록 하지 않았거나 또는 인수보험자가 인수한 위험을 충분히 이해하지 않은 경우에 보험자가 신뢰를 어떻게 증명하여야 하는가의 문제가 다수의 판례에서 제기되었다.[424]

법원은 보험자가 부실표시의 결과로서가 아니라 경험부족 또는 주의결여를 통하여 위험을 승낙하지 아니하는 한, 부실표시의 정도에 따라 신뢰가 존재하였거나 신뢰의 추정 또는 추론이 존재하였다고 상정하였다.[425] Axa Versicherung AG v. Arab Insurance Group사건[426] 메일스판사는 '비록 사실의 문제로서 진실이더라도' 보험자가 증거를 제공하도록 실제보험자를 불러낼 수 없는 것이 정당한 경우에만 유인의 추정이 성립한다는 것이 법의 원칙이라고 생각하지 않는다고 하였다. 이 사건에서 메일스판사는 불고지 또는 부실표시가 고의인가 또는 완전한 선의인가 여부를 참작하기 위하여 유인에 대한 보험자의 증거를 고찰할 때, 그것은 적절하다고 하였다. 구법상 구제수단에서는 이것은 부적절하였는데, 선의의 불고지에에 대한 취소는 명확한 사건에 한정되었다. 이 접근방법이 비율보상의 원칙이 인정되는 새로운 보험법상 유지될 것인가에 대한 법원의 판단이 기대된다.[427]

Marc Rich & Co AG v. Portman사건[428]에서 롱모어판사는 유인의 문제는 실제 인수된 맥락을 참조하여 증명되어야 하는 것이고, 실제보험자가 다른 위험을 인수할 때 참조한 증거에 의한 것은 아니라고 판시하였다. 이것은 동일한 보험자가 인수한 유사위험에 관한 서류의 고지를 적용할 때 판사와 중재인에 의한 접근방법이었다. 2015년 보험법에서 채용된 비율보상의 원칙과 관련하여,

---

423) Bernard Rix, op. cit., p. 116.

424) St Paul Fire & Marine Insurance Co (UK) Ltd v. McConnell Contractors Ltd[1996] 1 All ER 96(CA), [1995] 2 Lloyd's Rep 116; Assicurazioni Generali SpA v. Arab Insurance Group [2002] EWCA Civ 1642, [2003] 1 Lloyd's Rep IR 131; Marc Rich v. Portman [1996] 1 Lloyd's Rep 430 (Com Ct).

425) Sinner v. New India Assurance Co. Ltd[1995] LRLR 240(QBD).

426) [2015] EWHC 1939 (Com Ct). [2016] 1 Lloyd's Rep IR 1, aff'd [2017] EWCA Civ 96(CA).

427) David Kendall and Harry Wright, op. cit., para 5.4.

428) [1996] 1 Lloyd's Rep 430(Com Ct).

이와 같은 증거는 적절하고, 법원이 실제보험자가 유사상황에서 고찰한 것을 고려하는데 더 이상 소극적이지 않을 것으로 판단된다.[429)]

Ⅲ 제한 있는 위반

공정한 제공의무 위반이 없었으면 보험계약을 체결하지 않았거나 다른 조건으로 보험계약을 체결하였을 것을 보험자가 증명하면, 보험계약자의 위반은 제한 있는 의무위반이다(2015년 보험법 제8조 제3항). 제한 있는 위반은 고의 또는 중과실 있는 경우 또는 고의도 아니고 중과실도 아닌 경우이다(2015년 보험법제8조 제4항). 보험계약자가 (a) 공정한 제공의무 위반을 인식하거나 (b) 의무위반이 있는가 여부에 대하여 주의하지 아니하면, 제한 있는 위반은 고의 또는 중과실이 존재한다(2015년 보험법 제8조 제5항).

Ⅳ 고의 또는 중과실로 인한 위반

1. 의의

법률개정위원회가 고의 또는 중과실로 인한 행위가 사기를 증명하는 것과 동일하지는 않다고 주의 깊게 강조했지만,[430)] 보험계약자의 위반이 고의 또는 중과실임을 증명할 책임은 보험자가 진다(제8조 제5항).

법률개정위원회는 다음 유형의 행위를 고의의 공정한 제공의무 위반으로 확인하였다.[431)]

(1) 보험계약자가 중요하다고 인식하는 사항을 불고지 하는 것

(2) 정보를 묵비하기 위하여 데이터 덤핑을 하는 것

(3) 의도적으로 중요한 사항의 부실표시를 하는 것

---

429) David Kendall and Harry Wright, op. cit., para 5.5.

430) Law Commissions, July 2014 Report, para 11.37.; 아놀드는 Derry v. Peek (1889) LR 14 App Cas 337(HL), [374]사건에서의 허쉘판사에 의거하여 고의 또는 중과실로 인한 위반은 사기적 위반을 약간의 영향력을 가져야 한다고 하였다(Arnould, Law of marine insurance and average, (1st supp. 18th ed., Sweet & Maxwell, 2016), paras 1.2-66.)

431) Law Commissions, July 2014 Report, para 11.43.

법률개정위원회는 중과실에 대해서는 법원이 결정하도록 유보하는 것이 최선이라고 하였다.[432] 의회의 입법보고서는 보험계약자가 의무위반인가 여부에 대하여 주의하지 않으면, 부주의하게 행위한 것으로는 충분하지 않지만, 보험계약자는 중과실로 행위한 것이라고 하였다.[433]

2. 보험계약자의 인식과의 구별

보험계약자가 고의로 공정한 제공의무를 위반하였는가 여부를 결정하기 위한 목적의 인식은 2015년 보험법 제4조 또는 보통법에 의하여야 하는가 여부는 명확하지 아니하다. 제4조 제1항은 제3조 제4항 (a)호 즉 보험계약자가 수배하는 보험자에게 고지하여야 하는 것을 결정하기 위한 목적으로 인식하거나 인식하는 것으로 간주되는 것으로 규정하고 있다. 이것이 제8조의 목적을 위하여 적용되는 기준이라면, 회사의 인식은 상급관리자 또는 보험에 책임을 지는 자의 인식일 것이다.[434] 이것은 보험계약자의 보험중개사가 중요한 사실을 인식하고도 보류하는 경우, 비록 보험계약자의 관리자가 정보가 중요한 것을 인식하지 못한 경우에도 제8조 제5항의 고의적인 공정한 제공의무 위반인데 비하여, 반면 회사인 보험계약자는 보통법상으로는 보험중개사의 인식이 보험계약자의 인식으로 결정되지 아니한다.[435]

3. 위반의 효과

보험계약자의 제한 있는 공정한 제공의무 위반이 고의 또는 중과실로 인한 경우, 보험자의 구제수단은 2015년 보험법 부록 제2항에 규정되어 있다. 보험자가 이를 선택하면, 보험자는 소급하여 보험계약을 취소할 수 있고, 보험금지급을 거부하며, 보험료를 보유할 수 있다. 구법에서는 보험자는 이미 지급한 보험금을 반환받을 수 있었고, 이는 새로운 법에도 같다. 구법에서와 같이 보험자

---

432) Law Commissions, July 2014 Report, paras 11.44-11.46.

433) Parliament's explanatory notes for the Insurance Act 2015, para 80.

434) 앞의 제4장 보험계약자와 보험자의 인식 Ⅱ. 보험계약자의 인식 3. 보험계약자가 단체인 경우 나. 상급관리자의 인식-4. 개인과 단체 공통 사항 가. 보험계약자의 보험에 책임을 지는 자의 인식.

435) David Kendall and Harry Wright, op. cit., para 5.9.

가 제한 있는 위반임을 안 후에 보험계약을 승인하거나, 보험계약의 취소와 양립할 수 없는 행위를 한 경우에는, 취소할 권리를 상실하는데, 취소는 자동적 취소가 아니기 때문이다.[436] 보험자가 취소권이 존재하도록 선의로 행위하였는가 여부에 관한 구법상의 판례에서의 논의는, 계속 유지되는데, 보험계약은 신의성실의 원칙이 적용되는 계약이기 때문이다.[437] 공정한 제공의무의 제한 있는 위반의 경우 보험계약자에 대한 취소는 유효하다. 그러나 보험계약의 제3당사자가 중요한 사실을 고지하지 아니하거나, 중요한 부실고지의 경우 보험자의 구제수단은 제3자가 인식한 것을 보험계약자가 인식한 것으로 간주되는가 또는 반복되거나 승인된 부실고지인가 여부에 따라 결정된다. 어느 경우이든 제3당사자의 고의 또는 중과실 행위는 보험계약자에게 귀속되지 않고, 따라서 보험자는 계약을 취소할 수 없다.[438]

2명 이상의 보험계약자가 존재하는 복합보험계약인 경우, 햄프셔원칙[439]이 적용되어 보험자는 공정한 제공의무를 위반한 보험계약자에 대하여서만 보험계약을 취소할 수 있고, 다른 보험계약자에게는 행사할 수 없다.

Ⅴ 고의 또는 중과실로 인하지 아니한 위반

1. 개관

보험계약자에 의한 제한 있는 위반이 고의 또는 중과실로 인한 것이 아닌 경우, 보험법 부록 제1항상의 구제수단은 비례적인 것이고, 이는 의무위반이 없었으면 보험자가 행하였을 것에 의거한다. 보험자는 보험계약의 체결시에 중요한 사항이 고지되었거나 부실표시가 행하여지지 않았을 경우에 행하여졌을 것을

436) Mackender, Hill and White v. Feldia AG, CH Brachfeld and Sons SA and Diamil SRL[1996] 2 Lloyd's Rep 449(CA), [457]-[459]; Insurance Corp of the Channel Island and Royal Insurance (UK) Ltd v. The Royal Hotel Ltd [1998] Lloyd's Rep IR 151(Com Ct), [161].

437) Drake Insurance plc v. Provident Insurance plc [2003] EWCA Civ 1834, [2004]1 Lloyd's Rep 268.

438) David Kendall and Harry Wright, op. cit., para 5.11.

439) New Hampshire Insurance Co v. MGN Ltd & Others [1896] CLC 1692 (Com Ct); 앞의 제4장 보험계약자와 보험자의 인식 Ⅳ. 인식으로 간주되지 않은 사항.; 대법원 1999. 4.23. 선고 99다8599 판결(한창희, 보험법, 209면).

고찰할 필요가 있다. 예컨대 보험계약자의 자동차사고가 과실 또는 무과실로 인한 경우 중요한 사실의 완전하고 정확한 고지가 있었더라면 보험자의 보험료결정에 영향을 평가하는데 있어서 인수지침 또는 매뉴얼이 고찰될 수 있다. 보험자와 수배하는 보험중개사의 노트, 수배의 협상에 관한 그들과 기타 사람들 사이의 통신, 데이터시스템상의 정보 등이 또한 이에 해당한다.[440]

보험자가 다르거나 유사한 위험에 관하여 취한 접근방법이 고려되어야 하는가 여부가 문제된다. 법원은 보험자가 불고지 또는 부실표시로 인하여 유인되었는가 여부를 결정할 때 이를 고려하지 아니하였지만,[441] 보험법상의 비율보상의 원칙은 보험자가 행하였을 것에 관한 보다 세밀한 접근방법이 요구되고, 따라서 유사한 위험에 관한 증거 또는 보험자의 행위가 보험자의 증거를 보강하고 약화시키기 위한 것 양자 모두에 적용된다.[442]

2. 취소

가. 서언

보험계약자가 공정한 제공을 하였더라면 보험자가 어떠한 조건으로 위험을 인수하지 아니하였을 것임을 증명한 경우에는 보험자의 제한 있는 위반의 구제수단은 소급하여 취소하고,[443] 보험료를 반환하는 것이다.

나. 취소

보험계약자의 위반이전에 지급한 보험금의 회수 또는 반환할 보험료의 보류가 통상적인 결과일 것이다.[444] 부록1의 제4부는 보험자는 보험계약을 취소하고 보험금지급을 거부할 수 있다고 규정하지만, 취소에는 보험계약자가 공정한 제공의무를 위반하지 아니하였을 것과 같은 지위에 놓일 권리를 수반하므로, 보험자는 위반 이전에 지급한 보험금의 반환을 청구할 권리가 있다.[445]

440) David Kendall and Harry Wright, op. cit., para 5.13.
441) 앞의 제5장 공정한 제공무의위반의 효과 2. 유인.
442) David Kendall and Harry Wright, op. cit., para 5.14.
443) 앞의 제5장 공정한 제공무의위반의 효과 Ⅳ. 고의 또는 중과실로 인한 위반.
444) 앞의 제5장 공정한 제공무의위반의 효과 Ⅳ. 고의 또는 중과실로 인한 위반.
445) David Kendall and Harry Wright, op. cit., para 5.15.

다. 보험료의 반환

보험자가 제한 있는 위반을 이유로 보험계약을 취소하는 경우, 보험료반환의무와 관련하여 3가지 쟁점이 문제된다.

- o 보험자는 총보험료 또는 실제 취득한 순보험료(보험중개사의 보수를 공제한 보험료)를 반환하여야 하는가?
- o 보험자는 보험료 보유기간 동안의 투자소득을 설명하여야 하는가?
- o 보험계약이 두 명 이상의 보험계약자에 대한 복합보험인 경우, 누구에게 얼마의 보험료를 반환하여야 하는가?

첫째, 보험자의 총보험료 또는 순보험료에 관한 지위는 영국법상 보험중개사의 수수료에 관한 명확성의 결여로 인하여 복잡하다. 보험중개사는 보험계약자의 대리인이고, 보험중개사의 수수료는 보험자와 보험중개사 사이에 통상 약정되고, 슬립이나 시장개혁계약에 기재된다.[446] 이 경우 법원은 수수료를 위험을 보험자에게 소개한데 대하여 보험중개사에게 지급한 보수라고 한다. 보험중개사는 보험계약자로부터 총보험료를 지급받고, 중개수수료를 공제한 순보험료를 보험자에게 지급한다. 보험중개사는 보험계약자의 대리인이기 때문에 보험자가 보험계약을 소급하여 취소하는 경우 보험자는 보험중개사의 수수료부분을 수령하지 아니하였기 때문에 보험계약자에게 순보험료만을 반환할 책임을 진다.

보험중개사가 보험자와 보험거래를 수배하는 경우, 통상 영업계약조건을 약정한다. 로이즈시장협회와 보험인수협회가 2013년 5월에 발행한 영업계약정조건 제6.7조는 다음과 같이 규정하고 있다.

보험계약의 취소의 경우, 관리대리인은 법률, 명령 또는 보험계약의 조건에 따라 보험계약에 관한 총보험료를 반환하여야 하고, 보험중개사는 당해 수수료를 반환할 것을 약정한다. 취소의 경우 이 반환은 반환할 보험료 중에서 보험중개사의 수수료뿐이다. 법률, 명령, 또는 보험계약의 조건상 다른 의무가 있지 아니하는 한, 관리대리인은 수수료를 공제한 순보험료를 반환한다.

둘째, 보험자는 보험료에 관하여 취득한 이익을 설명하여야 하는가가 문제된다. 1906년 해상보험법 제84조 제3항 (a)호와 2015년 보험법 부록1 제4항은

446) 양승규·한창희, 전게서, 122-123면.

단지 보험료반환에 대해서만 규정하고 있고, 보험료에 대한 이자 또는 이익의 지급이 고찰된 사례는 존재하지 아니한다.[447]

셋째, 복수의 보험계약자가 존재하고, 그 중 1인에 대하여서만 보험계약이 취소되는 경우, 보험계약이 취소되는 보험계약자에 대하여 얼마의 보험료가 반환되어야 하는가가 문제된다.

보험계약상 보험계약자에게 얼마를 반환하는가가 규정되어 있으면 명확하지만, 보험료는 일반적으로는 총액이다. 법원은 이에 대하여 판시하지 않고 있고, 2015년 보험법상 지침도 존재하지 아니한다. 보험계약자 중 1인이 다른 보험계약자보다 중요한 위험을 제공하는 경우(영업의 규모, 영업의 종류, 보험금청구기록을 통하여) 다양한 보험계약자 사이에 수령한 보험료를 비율로 반환하는 것은 공정하지 아니하다. 2015년 보험법은 취소의 경우 보험료의 반환을 요구하고 있고, 보험계약자가 보험료에 대하여 실제로 기여한 것이 얼마인가가 증명되지 아니하는 한, 보험자는 취소된 보험계약자에게 전체 보험료를 반환할 의무가 있다.[448]

3. 계약조건의 변경

가. 서언

보험계약자가 위험의 공정한 제공을 하였더라면, 보험자가 중요한 정보를 고지받지 아니하였기 때문에 실제로 삽입하지 아니하였던 조건을 삽입하였을 것이라거나 조건을 삭제하거나 변경하였을 것이라고 할 수 있다. 삽입되었을 것에 관한 보험자의 증거가 승인되는 경우에는, 보험료에 관한 조건이 아닌 한 2015년 보험법 부록1 제5항에 따라 개정된 조건을 삽입한 것으로 처리된다.[449] 변경이 어떠한 결과를 가지는가 여부는 보험계약상 보험금청구에 대한 보장에 대한 효과에 의거한다. 변경이 면책사유의 삽입되었을 경우에는, 쟁점은 단순하게 면책이 보험금청구에 적용되는가 여부를 결정하는 것이다. 변경이 엄격한 보험

447) David Kendall and Harry Wright, op. cit., para 5.19.
448) David Kendall and Harry Wright, op. cit., para 5.20.
449) 뒤의 제5장 공정한 제공무의위반의 효과 V. 고의 또는 중과실로 인하지 아니한 위반 4. 보험금의 비율적 감액.

청구통지 또는 보험금취급조건을 부과하는 것이라면, 새로운 만일 보험금청구가 변경이 명령될 때까지 원래의 계약조건에 따라 보험금청구가 취급되는 경우 새로운 조건의 도입의 결과는 평가하기 어렵다. 법률개정위원회의 2014년 7월의 보고서는 위험의 공정한 제공이 행해졌더라면 보험자가 삽입하였을 조건으로 예로서 면책사유를 포함한 다음 2가지를 들고 있다.[450)]

o 워런티와 위험을 경감하기 위한 기타 조건
o 초과전보조항[451)]

나. 면책 또는 워런티

변경이 워런티를 삽입하는 것이라면, 보험계약자는 워런티를 알지 못하기 때문에, 새로운 워런티의 충족여부는 우연일 것이다. 보험계약자가 워런티를 충족할 지위에 있고, 이를 충족할 의사가 있는 경우에도, 개정의 효과에 따라 보험계약자는 워런티 위반으로 인하여 보장이 배제된다(2015년 보험법 제10조와 제11조). 법률개정위원회는 이것이 적절하다고 고찰하였다.[452)] 보험계약자가 알지 못하는 워런티를 충족하지 못하였다는 이유로 보장을 상실하는 것은 인상적이다.[453)]

부보된 공장소유자가 보험계약상의 보험의 목적에 높은 가연성을 가진 화학약품을 임치하였고, (고의나 중과실이 없이) 이 사항을 보험자에게 고지하지 아니하였다. 고지하였더라면 보험자가 화학약품과 관련하여 발생한 화재손해를 면책으로 하였을 것이다. 이 조건이 보험계약상의 책임을 면제하거나 경감하였을 경우에는 보험자는 구제수단을 가진다.

만일 보험자가 화학계약품이 스프링클러가 장치된 방에 임치될 것을 요구하

450) Law Commissions, July 2014 Report, para 11.82.
451) 대법원 2002. 5. 17. 선고 2000다30127 판결대상인 약관은 “이 보험계약은 다른 보험계약이 담보하는 손해 또는 이 보험계약이 없었을 경우에 다른 보험계약이 담보하였을 손해에 관하여는 이를 담보하지 아니하고, 다만 이 보험계약이 없었을 경우에 다른 보험계약이 보상하였을 보험금액을 초과하는 손해에 대하여 이 보험계약의 보상한도액을 상한으로 이를 담보한다”라는 내용으로 되어 있었고, 이를 초과전보조항이라고 판시하였다.; 다른 보험조항 또는 초과전보조항에 대해서는 한창희, 보험법, 339~340면; 양승규·한창희, 전게서, 634~636면.
452) Law Commissions, July 2014 Report, para 11.82.
453) David Kendall and Harry Wright, op. cit., para 5.21.

는 워런티를 부과하였을 경우에는, 약간 복잡할 수 있다. 이 워런티를 충족하면 손해를 예방할 수 있는가? 또는 어느 정도 감소할 수 있는가? 이 문제에는 전문가증거가 필요하고, 특별히 간단하지는 않은 문제이다.[454]

다. 보험금액의 감액

보험자가 이미 보험금을 지급한 손해에 관한 효과에 대해서가 문제된다. 구제수단으로 보험계약을 다른 조건으로 체결하였을 경우와 같이 소급효를 가진 것으로 보험계약을 처리하는 것과 관련하기 때문이다. 보험자가 공정한 제공의무를 위반한 것으로 발견하기 이전 손해에 대한 책임을 감소하거나 면제하는 다른 조건으로 계약하였을 것을 증명한 경우, 보험계약자는 보험자에게 이 손해에 대하여 반환하여야 한다.

보험계약자가 항공기의 보험가액을 천만달러로 표시하였고, 보험자가 이에 승낙한 예를 들 수 있다. 항공기가 폭풍으로 인하여 멸실되었고, 보험자는 보장금액 전액을 보상하였다. 이후 보험자는 수배한 항공기의 가액이 500만달러임을 발견하였고, 보험계약자가 공정한 제공의무를 위반하였다고 주장하였다. 보험자는 진실로 고지되었더라면 보장의 한도는 500만달러이었을 것이라고 주장하였다. 보험자는 보험계약자에게 초과 지급한 500만달러를 반환청구할 수 있다(부록1 제5항에 따르면 보험료를 제외한 모든 조건에 적용된다).[455]

4. 보험금의 비율적 감액

보험계약의 조건변경 이외에고, 보험계약자가 위험의 공정한 제공을 하였더라면 추가보험료를 청구하였을 것에 관한 보험자의 증거가 존재하고(그 증거가 승인되면), 보험계약상의 보험계약자의 보험금청구는 보험자가 청구하였을 추가보험료의 비율로 감액된다(보험법 부록1 제6항). 예컨대 보험자가 진실을 알았더라면, 2배의 보험료를 청구하였을 경우에는 보험자의 책임은 1/2이다. 보상액은 보험계약상 1 또는 2 이상의 보험금청구가 있는가 여부에 따른다. 보험금청구가 없으면, 보험자는 청구하였을 추가보험료청구권이 없고, 보험법상 공정

454) David Kendall and Harry Wright, op. cit., para 5.22.
455) David Kendall and Harry Wright, op. cit., para 5.24.

한 제공의무 위반에 대한 구제수단을 가지지 않는다. 법률개정위원회는 보험자가 구제수단으로 보험료에 따른 비율보상의 원칙이 아니라 보험료감액청구권을 가진다고 하면, 보험사고가 발생하여 위험이 구체화하면, 보험자는 낮은 보상을 하게 될 것이라고 하였다.456) 예컨대 수차례 갱신 시에 보험가액에 대하여 낮게 고지한 경우, 뒤의 보험기간에 제1회 보험금청구가 행해진 경우, 이전의 보험기간에 대하여 청구하였을 추가보험료에 대한 청구권이 없기 때문에, 보험금청구가 없으면 낮은 보험료에 대한 추가보험료청구권이 없다고 하여 보험자의 이익을 침해하는 것은 아니다.457)

예컨대 보험계약자가 위험의 공정한 제공을 하였더라면, 보험자가 인수한 것보다 10%의 보험료를 추가 청구하였을 것임을 보험자가 증명한 경우에는, 보험금청구는 9.09% 감액되고, 보험자는 보험계약자로부터 9.09%를 구상할 수 있다(보험법 부록1 제6항은 '지급될' 금액에 대한 감액이라고 규정하지만, 보험료의 증액은 소급하여 효력을 가지기 때문에 이미 보험금을 지급한 경우에도 적용된다).458)

보험계약자가 다수인 복합보험의 경우, 비율보상의 원칙은 공정한 제공의무를 위반한 보험계약자에 대하여서만 적용된다. 다수의 보험계약자 사이에 보험료를 할당하는 것이 어려운 것과 같이,459) 위반한 보험계약자가 보험금을 청구한 경우에, 퍼센티지의 산정은 매우 어렵다.

5. 추가 구제수단

2015년 보험법상의 공정한 제공의무 위반에 대한 구제수단은 제한적이 아니고,460) 2012년 6월의 보고서는 이론상 1967년의 부실표시법상 사기적 부실표시 또는 과실 있는 부실표시에 대하여 구제수단을 가진다고 하였다.461) 법률개

456) Law Commissions, July 2014 Report, para 11.72.
457) David Kendall and Harry Wright, op. cit., para 5.25.
458) David Kendall and Harry Wright, op. cit., para 5.26.
459) 앞의 제5장 공정한 제공무의위반의 효과 V. 고의 또는 중과실로 인하지 아니한 위반 2. 취소 나. 취소.
460) Robert M. Merkin, Colinvaux's Law of Insurance, (11th ed., Sweet & Maxwell, 2016), para 7-196.
461) 법률개정위원회의 2012년 '보험계약법: 기업보험계약자의 고지의무와 워런티법'에 관한 공동자문보고서, para 2.53.

정위원회의 2014년 7월의 보고서와 의회의 입법보고서에 택일적 구제수단의 이용가능성에 대한 언급은 없다. 2015년 보험법은 부록1에서 설정하는 공정한 제공의무 위반에 대한 구제수단을 명시적으로 제한하지 않고 있다. 구법에서는 주요한 불고지 또는 부실고지에 대한 구제수단은 취소이었기 때문에, 위반의 효과로서 손해배상청구권은 존재하지 아니하였고,[462] 택일적 구제수단이 고찰된 판례는 거의 없었다. HIH Casualty and General Ins Ltd v. Chase Manhattan Bank사건[463]에서 상원은 보험계약상의 포기조항이 고지 또는 부실표시로 인하여 보험계약을 취소하는 구제수단을 제한하는 것으로 주장된 사건이었다. 빙엄판사는 다음과 같이 판시하였다.

…불고지 또는 부실고지는 선의 이외인 경우, 보험계약자는 취소권 이외에 과실 있는 부실고지의 피해자에 대하여 1967년 부실표시법 제2조 제1항에 따른 손해배상청구권, 과실 있는 부실고지의 피해자에 대하여 보통법상 사기로 인한 손해배상청구권을 가진다.

2015년 보험법상의 공정한 제공의무 위반에 대한 비율보상의 원칙과 함께, 1967년 부실표시법상의 부실표시로 인한 손해배상청구권은 매우 중요해졌다. 1967년 부시표시법상 사기에 해당하지 아니하는 부실표시를 한 당사자가 표시된 사실이 진실한 것으로 신뢰할 합리적인 근거가 있고, 계약이 체결될 때까지 그 지위를 신뢰하였음을 증명하지 아니하는 한, 사기와 같이 손해배상책임을 진다. 따라서 보험계약자가 과실로 중요한 정보를 부실표시하고, 보험자가 진정한 지위를 알았더라면 추가보험료를 청구하였을 경우에는, 보험자는 1967년 부실표시법상 추가보험료에 상당하는 손해배상청구권을 가진다. 이것은 2015년 보험법상의 구제수단은 아니다. 보험계약자가 사기적인 것과 같이 손해배상책임

---

462) Bank Financière de la cité v. West Gate Insurance Co Ltd[1991] 2 AC 249(HL).

463) [2003] UKHL 6, [2003] Lloyd's Rep IR 230. 이 사건에서 보험계약자는 필름제작회사에 대출한 은행이었고, 보험계약자의 대리인이 사기적거나 과실 있는 고지의무위반을 근거로 취소가능한지가 쟁점이었는데, 한 조항에는 "보험계약자는 명시적인 묵시적인 워런티나 고지를 할 의무는 없다(이 의무는 보험자에 의하여 명시적으로 포기된다)" 라고 규정되어 있었다. 에이킨스(Aikens)판사는 이 조항은 보험계약자가 고지를 하거나 워런티를 하는 것을 부정하는 것은 아니고, 보험계약자에 의하여 고지 또는 워런티가 자발적으로 행해진 경우에는 그 효과를 부정할 수 없다고 하였다.

을 지는 것이고, 이는 손해배상책임의 예정을 포함하여 계약체결시 예견가능한 것을 초과하여 손해배상책임을 확대한 것이다.[464]

Ⅵ 변경에의 적용

1. 개관

2015년 보험법 제2조 제2항은 공정한 제공의무에 관한 동법 제2부가 비소비자보험의 변경에 관하여 적용된다고 규정한다. 이는 제안된 위험의 변경에 대하여 공정한 제공을 하는 것이다(제2조 제2항 (a)호). 보험계약자가 총체적으로 위험의 중요한 사항의 업데이트를 할 요건은 없다(제안된 변경에 관한 보험자의 산정에 영향이 없는 한). 보험계약의 변경은 통상 배서에 의하고, 보험목적의 추가, 보장의 확대, 추가 피보험자의 삽입 등과 같은 사항을 포함한다.

2. 고의 또는 중과실로 인하지 아니한 위반의 경우 변경과의 차이

보험계약의 변경은 원래의 계약이 취소되고 새로운 조건에 기한 새로운 계약과 구별되는데, 후자의 경우에는 보험계약자의 공정한 제공의무는 전체 위험에 적용되며, 변경된 위험에 적용되는 것은 아니다.[465] 이것은 구법에서 인정된 것으로[466] 2015년 보험법상 변경은 없다.

---

464) Hugh Beale(ed.), Chitty on Contracts (1st supp,, 32nd ed., Sweet & Maxwell, 2016), para 7-708. Royscot Trust Ltd v. Rogerson [1991] 2 QB 297(CA), Taberna Europe v. Selskabet AF [2016] EWCA Civ 1262.

465) John Birds, Ben Lynch, Simon Mines, op. cit., para 17-026; 2014년 7월의 법률개정위원회보고서 부록B의 para B2.

466) Lishman v. Northern Maritime Insurance Company (1875) LR 10 CP 179 [182]사건에서 블랙번판사는 변경의 내용상의 위반은 전체보험계약을 무효로 한다고 하였다. 그러나 Mercandian Continent [2001] 2 Lloyd's Rep 563사건에서 롱모어판사는 취소권은 변경에만 적용된다고 하였다. 이것은 Fraser Shipping Ltd v. Colton (The Shakir Ⅲ) [1997] 1 Lloyd's Rep 586(Com Ct)사건에서의 지위이다.; Axa v. Limit No 2 [2008] EWCA Civ 1231, [2009] Lloyd's Rep IR 396. [20](롱모어판사) 그리고 AC Ward v. Caltin (No 5) [2009] EWHC 3122(Com Ct), 2010] Lloyd's Rep IR 695 [195](프로판사).

3. 내용

가. 서언

보험계약의 변경의 경우 보험계약자의 공정한 제공의무의 제한 있는 위반에 관한 2015년 보험법의 구제수단은 부록2의 제2부에 규정되어 있다. 부록1의 제1항과 같이 고의 또는 중과실이 존재하는가 아닌가 사이에 중요한 차이가 있다.[467)]

나. 고의 또는 중과실로 인한 위반

변경이 고의 또는 중과실로 인한 위반으로 인하여 행해진 경우, 보험자는 변경된 날로부터 전체계약이 종료된 것으로 통지하고, 수령한 보험료는 보유한다(2015년 보험법 부록1 제8항). 구법에서는 변경을 취소하는 것뿐이었지만, 2015년 보험법은 사기적이거나 사기에 가까운 보험계약자 측의 행위를 제재하기 위한 의도인 것으로 보인다.[468)]

이 목적을 위하여 보험계약자의 인식으로 간주되는 개인에 관한 쟁점은 위에서 논의되었다.[469)] 보험자가 종료통지를 선택하는 경우, 변경 이전에 보험계약에 관한 보험금청구에 대해서는 보상책임을 진다.

다. 고의 또는 중과실이 아닌 위반

(1) 서언

보험계약자의 공정한 제공의무 위반이 고의도 중과실도 아닌 경우, 부록1의 제9항-11항은 보험자의 구제수단은 보험계약상의 보험료가 변경의 결과 증액되거나 또는 변경되지 않았는가 또는 감소되었는가 여부에 따른다고 규정한다. 보험료가 증액되거나 변경되지 않은 경우에는 보험자는 새로운 계약을 체결한 경우와 같이 비례보상의 원칙이 적용된다(2015년 보험법 부록 1 제9항, 11항). 어떠한 조건으로 변경을 합의하지 아니하였을 것임을 보험자가 증명하고 계약을

467) 앞의 제5장 공정한 제공무의위반의 효과 Ⅲ. 제한 있는 위반.
468) David Kendall and Harry Wright, op. cit., para 5.31.
469) 앞의 제5장 공정한 제공무의위반의 효과 Ⅳ. 고의 또는 중과실로 인한 위반 2. 보험계약자의 인식과의 구별.

취소하는 경우에는, 보험자는 초과보험료를 반환할 의무가 있다.[470] 제공이 공정하였으면, 보험자가 추가보험료를 청구하였을 경우에는, '변경 후 사고로 인한' 보험금청구에 관한 보험금(2015년 보험법 부록 1 제11항 1호)은 총보험료에 대한 보험료의 명목상의 증액의 비율로 감액된다(변경을 위하여 부과된 추가보험료가 아니다)(2015년 보험법 부록 1 제11항 2호, 3호 (a)).

(2) 변경 후 발생하는 당해사고(부록 1 제11항 1호)

법률개정위원회는 제한되는 것을 '변경 후 사고로 인한' 보험금청구로 할 것인가를 고찰하지 아니하였다. 사기적 행위 후 보험보장의 종료에 관한 2015년 보험법 제12조 제2항 (a)호와 제3조의 목적을 위하여 제12조 제4항은 '관련사고'를 '보험계약상 보험자의 책임을 여하한 야기하는 것'이라고 정의하고 있다.[471] 법률개정위원회의 2014년 7월의 보고서는 계약상 보험자의 책임을 발생시키는 사고를 포섭하기 위한 의도임을 확인하였다.[472]

부록 1의 11항의 이와 같은 '변경 후 사고로 인한' 보험금청구에 대한 접근방법의 의미를 적용하기 위하여서는 다음과 같이 제시될 수 있다.

- o 가리키는 것은 보험계약자에 대한 보험금청구가 아니라, 보험계약에 대한 보험금청구이다.
- o 손해를 일으키는 사고가 발생하는 경우를 보험계약에 적용할 때, 보험금청구가 변경 이전 또는 이후에 행해졌는지 여부를 결정하는 것은 사고일자이다.
- o 손해를 야기한 사고에 대하여 보험계약자에 대하여 최초로 보험금청구가 행해진 경우 보험계약에 적용할 때, 보험금청구가 행해진 일자가 당해사고이다.
- o 유사하게 보험계약자에 대한 보험금청구가 최초로 보험자에게 행해진 때 또는 손해를 야기한 사항이나 사고의 통지가 보험자에게 최초로 행해질 때가 보험계약에 적용되는 경우, 보험자에 대한 통지일자는 당해사고이다.

---

470) 앞의 제5장 공정한 제공무의위반의 효과 V. 고의 또는 중과실로 인하지 아니한 위반 2. 취소.

471) 뒤의 Ⅱ. 사기적 보험금청구에 관한 2015년 보험법의 규정 2. 관련보험계약에 대한 사기의 효과 다. 관련사고.

472) Law Commissions, July 2014 Report, para 23.45.

당해사고가 손해를 야기한 사고인 경우에는, 부실표시의 결과 낮은 보험료로 변경된 계약을 인수한 '보험금청구조건' 또는 '사고발생통지조건'의 보험자는, 변경 이전에 발생한 사고에 대하여 변경된 보험계약상 보장의 조건인 보험금청구의 통지를 보험자가 받더라도, 보험보상은 행해지지 않는다.

(3) 비율보상의 원칙

보험계약의 변경시 보험료가 감액되고, 보험계약자의 위반이 고의도 아니고 중과실도 아닌 경우에는, 새로운 보험계약을 체결한 경우와 같이 비율보상의 원칙이 적용된다.[473] 그러나 보험자가 보험료감액에 합의하였지만, 보험자가 다른 조건으로 인수하지 아니하였을 경우에는, 보험자는 변경이 없었던 것과 같이 취급하고, 보험계약자에 대하여 증액된 보험료청구권은 인정되지 아니한다. 그러나 '변경 후 발생하는 사고로 인한' 보험금청구는 원래의 보험료에 대하여 감액된 보험료의 비율로 감액된다(부록1의 제10항 2호와 제11항 (b)호).

보험자가 변경 합의시 총보험료를 감액하였지만, 공정한 제공이 행해졌더라면 추가보험료를 청구하였을 것이거나 그와 같이 또는 전혀 보험료를 감액하지 아니하였을 경우에는, 부록1의 제11항에 따라 산출되어 '변경 후 발생하는 사고로 인한' 보험금액이 감액된다. 이 공식은 제11항 2호에 규정되어 있고, Y는 보험금을 감액하여 적용하기 위한 퍼센티지이다.

Y=실제 청구한 총보험료/P X 100

제11항 3호 c에 따르면 P는 제한 있는 위반이 없었더라면 보험자가 청구하였을 보험료이다.

부록 1의 제12항 1호는 1906년 해상보험법 제84조에 대한 새로운 구제수단의 영향에 대하여 규정하고 있다. 1906년 해상보험법 제84조는 보험계약자에 대하여 보험료가 반환되는 다수의 경우를 규정하고 있다. 제12항은 제84조 이외에 보험계약자에 대하여 보험료가 반환되는 사항에 적용된다.

473) 앞의 V. 고의 또는 중과실로 인하지 아니한 위반 1. 개관~고의 또는 중과실로 인하지 아니한 위반 3. 계약조건의 변경 다. 보험금액의 감액.

Ⅶ 구제수단의 행사시기

2015년 보험법 제8조는 보험자가 공정한 제공의무의 제한 있는 위반의 구제수단을 행사할 때를 규정하지 아니하고 있다. 구법상 보험자는 보험계약자의 위반사실을 안 후에 계약을 승인하거나 취소권을 포기함에 의하여 고지의무위반으로 인한 보험계약의 취소권을 상실하였다.[474)]

제8조와 부록1의 구제수단은 유사하게 복잡하기 때문에, 보험자가 공정한 제공의무의 위반을 일단 주장하면, 구제수단을 추구할 권리를 상실하기를 원하지 아니하면, 특정한 기간 안에 보험자가 위반에 대하여 추구하는 구제수단을 확인하여야 한다.[475)] 어떠한 구제수단을 보험자가 이용할 수 있는가는 보험계약자의 의무위반에 내재하는 사항을 충분히 조사한 후에야 명확해진다.

Ⅷ 동법상의 구제수단의 적용예

선체와 기관에 대한 해상보험계약을 체결하기 전에 보험계약자의 대형요트가 용접과 같은 잠재적으로 위험한 작업을 포함한 광범위한 의장을 하기 위하여 드라이독에 있었다는 사실을 고지하지 아니한 공정한 제공의무 위반이 있었다. 이후 요트는 드라이독 근처에서 예기치 않게 발생한 지진으로 심하게 훼손되었다. 보험계약자의 위반에는 고의도 없었고 중과실도 없었다.

보험자는 보험계약을 취소하기를 원하지만, 공정한 제공의무 위반이 없었더라면 보험계약을 체결하지 아니하였을 것임을 증명하지 못한다. 왜냐하면 보험자는 의장을 위하여 드라이독에 있는 대형요트를 인수하였을 것이고 일반적으로 부보할 의지가 있었다. 따라서 취소는 가능하지 아니하였다.

보험자는 책임을 지지 않거나 감경하기 위하여 보험계약을 다시 작성하기를 추구한다. 보험자가 이를 위하여 다툴 수 있다. 비록 보험자가 의장에 대하여 알게 되었더라도, 보험자가 지진으로 인한 손해의 면책 또는 그와 같은 손해에 대한 보상책임을 면하게 하는 조건을 부과하는 것이 결코 명백하지 아니하였다.

474) ICCI and Royal Insurance(UK) Ltd v. The Royal Hotel Ltd [1998] Lloyd's Rep IR 151.

475) David Kendall and Harry Wright, op. cit., para 5.38.

보다 명백한 과정은 화재손해에 대한 면책 또는 의장작업이 수행되는 방법에 관한 조건을 부과하는 것이었지만, 그 어느 것도 이용할 수 없었다. 달리 말하면 위험이 공정하게 제공되었더라도, 지진으로 인한 손해로 인한 책임을 면책으로 하거나 감경하도록 보험계약을 체결할 것임을 증명하기 불가능하였다.

이 경우 보험자는 보험금의 비율적 감액의 구제수단을 행사할 수 있고, 이는 주요한 의장을 하는 요트에 대하여 더 고액의 보험료를 청구하였을 것임을 증명한 경우에 한한다. 드라이독에 있는 요트는 공해에서 항해하는 것보다 여러 면에서 위험이 낮아 보험료가 감액될 것이라는 주장도 가능하기 때문에 이는 용이한 것은 아니다.

Ⅸ 공동인수와 초과전보에의 적용

1. 서언

고지의무에 관한 구법은 단일 보험계약자가 단일 보험자로부터 보험을 구입하는 비교적 단순한 거래와 관련하여 발달하였다. 중소기업의 보험을 제외하고는, 20세기 후반부에는 상업보험은 다수당사자가 개입하는 보다 복잡한 상황과 관련되는 것이 일반적이었고, 구법은 이와 같은 상황을 충족하기 위하여 진전하였다. 이는 하나의 보험계약상 다수의 보험계약자가 당사자가 되거나, 다수의 보험자가 별개로 동일한 위험을 인수하기도 하였다. 2015년 보험법은 영국보험법을 21세기로 진입하는 것을 의도하였지만, 오늘날의 시장에서 상업보험의 인수를 복잡하게 하는 약간의 쟁점은 다루지 않았다. 공정한 제공의무 위반으로 인한 비율보상의 원칙의 도입은 실무상 법의 적용을 보다 복잡하게 하고 있다.

2. 공동인수

가. 현대의 상업보험 인수과정

상업보험영업의 경제적이고 효율적인 인수는 인수되는 위험을 산정하는데 있어서 약간의 보험자는 다른 보험자의 기술에 의거하는 것을 불가피함을 의미한다. 인수시장 특히 런던보험시장에서 하나의 위험이 다수의 보험자에 의하여 인수되는 과정은 잘 알려져 있고,[476] General Reinsurance Corp. v. Fennia Patria사건[477]에서 케르판사와 제피르호사건[478]에서 홉하우스판사의 판시에 의하여 기술되고 분석되었다. 보험계약자는 보험중개사의 대리행위를 통하여 위험의 100퍼센트가 인수될 때까지 각 보험자와 약정비율로 보험계약을 체결한다.[479] 다수의 보험계약자가 존재하는 경우, 각 보험계약자는 각 보험자와 별개의 보험계약이 성립하고, 그 단일한 보험계약은 다수의 또는 한 묶음의 별개의 보험계약을 포함할 수 있다.[480]

이와 같은 상황에서 위험의 부보를 촉진하기 위하여, 보험자는 제3자에게 인수권한을 위임하거나(관리일반대리인이거나 라인슬립이나 컨소시움 리더와 같은 다른 보험자일 수 있음), 조건이 하나 또는 그 이상의 리더에 의하여 충분히 고찰되고 평가된 위험의 일부를 추종자가 인수하여 추종자로서 공동보험자일 수 있다. 추종자는 피더의 판단과 예지를 크게 신뢰하지만, 담보의 조건에 대한 특수한 수정에 합의할 권한과 같이 명시적인 위임권한이 존재하지 아니하는 한(이 경우에는 관계는 수권의 범위에 한정된다), 그들 사이에 대리관계 또는 신인관계는 존재하지 아니한다.[481]

나. 공정한 제공의무 위반의 적용

이와 같은 상황에서 보험계약자는 각 보험자에게 공정한 제공의무를 진다.[482] 한 보험자에 대하여 제공된 정보(예컨대 특수한 질문에 대한 답변)는 동일한 위험을 인수하는 다른 보험자에게 제공된 것으로 간주되지 아니한다.[483]

---

476) 양승규·한창희, 전게서, 122~123면.
477) [1983] QB 856(CA), [1983]n 3 WLR 318.
478) General Accident Fire and Life Assurance Corp v. Tanter (The Zephyr) [1984] 1 Lloyd's Rep 58(CA).
479) 1982년 로이즈법 제8조 제1항은 "인수회원은 별개의 책임으로 인수된 경우에만 로이즈에서 인수된 보험계약의 당사자이고, 각 인수회원의 책임이 자기 자신의 계산을 위해서만 승낙된 경우에는 각 인수회원은 자신의 몫에 대하여서만 책임을 지고 다른 회원에 대해서는 책임을 지지 아니한다."라고 규정하고 있다.
480) Touche Ross v. Baker [1991] 2 Lloyd's Rep 207(HL).
481) 그 예로서는 Barlee Marine Corporation v. Trvor Rex Mountain(The 'Leegas') [1987] 1 Lloyd's Rep 471(Com Ct) 그리고 General Underwriter's Agreement (GUA).
482) MacDonald Eggers, Picken & Foss, op. cit., paras 13.33-13.45.

Aneco Reinsurance Underwriting Limited v. Johnson & Higgings사건[484]에서 보험중개사에 의한 보험자에 대한 부실표시가 존재하였던 사실은 중요하였고, 추종자 각각에게 고지되어야 하였으며, 고지를 하지 않았기 때문에 각 추종자가 보험계약을 취소할 수 있다고 판시되었다.

유인과 관련하여서는 특정한 정보가 한 보험자에게 고지되었더라면 그 보험자가 행하였을 것은 다른 보험자가 행하였을 것과 동일하지 아니할 것이다. 특정한 사항이 보험계약자에 의하여 고지되었더라면 지도적 보험자가 보험계약에 면책사유를 삽입하였을 것이라는 사실과 법원이 2015년 보험법 부록1의 제4항에 따라 지도적 보험자와 보험계약을 수정한 사실이, 비록 만일 지도적 보험자가 인수시에 삽입을 요구하였더라면 실무상으로는 포함되었을 것이지만, 동일한 면책사유가 추종시장에 의하여 인수된 보험계약에 삽입되었을 것임을 의미하지는 않는다.

2015년 보험법상 비율보상의 원칙의 도입과 관련하여 보험계약자의 공정한 제공의무의 제한적 위반이 존재한다고 주장되는 경우 위험을 인수한 각 보험자가 수배에 관하여 제공받은 사실과 위반에 대한 유인(신뢰)에 관한 증거를 제제공하는 것이 필요하게 되었다. 각 보험자가 진정한 지위를 고지받았더라면, 보험자가 행하였을 것을 각각 주장하는 것이 필요하다. 증거에 따르면 추종보험자가 지도적 보험자의 결정을 따랐을 것일 경우에는, 어느 정도 통일성을 도입할 수 있을 것이지만, 지도적 보험자와 관련하여 제한 있는 위반을 증명하지 못할 위험이 있다(2015년 보험법 제3조 제4항 (b)호에 따라 지도적 보험자는 추가질문을 할 것이 필요하고 그러하지 아니하면 제공이 공정하다고 간주된다.[485]).

---

483) 2002년 영국보험법협회(BILA)의 아드리언 해밀턴이 의장인 소위원회는 모든 리딩 보험자가 불고지 또는 부실고지에 의하여 유인되었으면, 추종하는 공동보험자는 유인되었다고 간주되도록 하여야 한다고 권고하였다.

484) [1998] 1 Lloyd's Rep 565(Com Ct), [596]-[597](크레스웰판사). International Lottery Management Ltd v. Dumas & Others [2002] 2 Lloyd's Rep IR 237사건에서 적용하였음. Brotherton v. Aseguradira Colseguros (No 3) [2003] Lloyd's Rep IR 762 그리고 International Management Group (UK) Ltd v. Simods [2004] Lloyd's Rep IR 247. 그러나 Sirus International Insurance Corp v. Oriental Insurance Corp [1999] Lloyd's Rep 343사건에서 추종하는 시장은 리더에게 행해진 부실표시에 의거할 수 없었다는 롱모어판사 참조.

485) 앞의 제3장 VI. 보험자에 대한 추가질문경고 1. 개관.

인수시장에서 공동보험자는 지도적 보험자가 부실표시에 의하여 오도되는 경우 지도적 보험자가 합의한 보험계약에 따르는 것에 대하여 염려한다. 공동보험자가 지도적 보험자에 대하여 가지는 신뢰의 정도를 감안하여, 로이즈시장협회는 추종보험자는 위험의 인수를 승낙할 때 지도적 보험자에 대한 부실표시를 신뢰하였다고 간주하는 내용의 표준약관을 제안하였다. 로이즈시장협회의 표준약관 5262는 다음과 같이 규정하고 있다.[486]

2015년 보험법-공개시장의 인수수배 사용용 지도적 보험자에 대한 부실표시의 효과

이 보험계약의 체결 이전에 보험계약자가 이 보험계약이 또한 인수된 지도적 보험자에게 부실표시를 한 경우, 보험자가 이 보험계약을 인수할 때 그 보험자가 부실표시를 신뢰하였다고 간주되고, 따라서 보험자는 공정한 제공의무 위반을 이유로 보험계약자에게 구제수단을 가진다.

이 조항은 불고지는 그 성격상 위험을 인수한 모든 보험자에게 영향을 미치기 때문에 부실표시에 대하여서만 규정하고 있다.[487]

3. 초과전보

가. 의의

초과전보는 제1차적 보험을 포함하여 다수의 보험자가 동일한 위험에 대하여 보장을 하는 경우이다. 일반적으로는 다른 보험이 보상하는 보험금을 초과하는 손해만을 보상하는 것으로 규정하는 것이 보통이다. 일반적으로는 다른 보험계약으로 보상받을 수 있는 금액을 공제하고 보상하는 것으로 규정하는 조항이 존재한다.[488]

486) 로이즈시장협회, 2016년 3월 16일의 5262.
487) David Kendall and Harry Wright, op. cit., para 5.49.
488) 한창희, 보험법, 339~340면.

나. 비율보상의 원칙

공정한 제공의무 위반의 경우 비율보상의 원칙의 도입으로 초과전보에 곤한 보험금청구를 취급하기가 매우 복잡하게 되었다. 다음의 경우를 들 수 있다.

- o 법원이 다른 보험계약상의 조건에 면책조항을 포함하는 것으로 변경하고자 하는 경우, 초과보험조항은 면책조항을 포함하는 것으로 자동적으로 수정되는가?
- o 추가보험료를 청구하였을 비율로 다른 보험자의 보상책임이 감액되는 경우, 험자의 지급으로 보험금이 전부 지급되는 것은 아니기 때문에, 초과보험은 그 부분만큼 감액되는가, 초과보험자는 면책인가?

제6장 워런티

I. 워런티제도 개혁의 배경

1. 서언

영국보험법에서는 보험기간 중 위험의 증가에 관하여 우리를 포함한 대륙법계와는 달리 위험증가의 통지의무가 없고,[489] 위험증가를 이유로 보험계약을 해지할 수 없으며,[490] 이를 워런티로 규율해 오고 있다.[491]

영국의 보험법상 워런티제도에 대한 2가지 주요한 비판은 첫째, 손해가 발생하기 전에 그 위반의 치유되는가와 무관하게 보험보상이 허용되지 않고, 둘째, 그 위반은 실제로 발생한 손해와 무관하다는 것이었고, 오랫동안 법관, 학자 그리고 법률개정위원회의 분노의 대상이었다.[492] 2015년 보험법은 워런티제도를 개혁하였는데 그 주요내용은 기초조항의 폐지와 워런티조항의 수정이고, 동법 제9조는 다음과 같이 규정하고 있다.

제9조 워런티와 표시

(1) 다음과 관련하여 보험계약자가 행한 표시에 적용된다.
  (a) 청약된 비소비자보험계약
  (b) 비소비자보험계약의 변경청약

(2) 이 표시는 비소비자보험계약의(또는 변경의 조건) 또는 다른 보험계약(계약의 기초에 해당한다는 표시 또는 기타에 의하든)의 조항을 워런티로 변

489) Pim v. Reid (1843) 6 M & G 1; Kausar v. Eagle Star Insurance Co Ltd [1977] CLC 129; Jurgen Basedow & John Birds & Malcolm Clarke & Herman Cousy & Helmut Heiss & Leander Loaker, Principles of European Insurance Contract Law, (2 expended edition, ottoschmidt, 2016), p. 199.

490) Jurgen Basedow & John Birds & Malcolm Clarke & Herman Cousy & Helmut Heiss & Leander Loaker, op. cit., p. 203.

491) Bariş Soyer, Risk control clauses in insurance law: law reform and the future, 2016 Cambridge Law Journal 109.

492) David Kendall and Harry Wright, op. cit., para 6.5.

경할 수 없다.

제10조

(1) 보험계약상 워런티(명시적 또는 묵시적)의 위반으로 인하여 계약상 보험자의 면책인 법률상의 어떠한 원칙도 폐지된다.

(2) 보험자는 계약상 워런티(명시적 또는 묵시적)가 위반되었지만, 위반이 치유되기 이전에 발생한 손해 또는 발생한 것에 기인한 손해여 책임을 지지 아니한다.

(3) 제2항은 다음의 경우에는 적용되지 아니한다.
  (a) 사정이 변경되어 워런티가 계약의 사정에 적용될 수 없는 경우
  (b) 워런티의 충족이 그 후의 법에 의해 위법인 경우
  (c) 보험자가 워런티의 위반을 포기하는 경우

(4) 제2항은 다음의 경우 위반이 치유되기 이전에 발생한 손해 또는 발생한 것에 기인한 손해에 대한 보험자의 책임에 영향을 미치지 아니한다.
  (a) 워런티의 위반 이전 또는
  (b) 워런티가 치유될 수 있는 경우, 그것이 치유된 후

(5) 이 조항의 목적을 위하여, 다음의 경우 워런티는 치유된 것이다.
  (a) 제6항에 해당하는 경우 워런티가 관련하는 위험이 후일 원래 당사자가 의도하는 것과 동일하게 된 때
  (b) 다른 경우에, 보험계약자가 워런티 위반을 중지하는 경우

(6) 다음의 경우에는 이 조항에 해당하는 사례이다.
  (a) 당해 워런티가 확인할 수 있는 시간까지 어떠한 것이 행해질 것(또는 행해지지 않을 것) 또는 조건이 충족될 것, 또는 어떠한 것이 그 사건일 것(또는 아닐 것)
  (b) 그 요건이 충족되지 아니할 것

(7) 1906년 해상보험법에서
  (a) 제33조(워런티의 성질) 제3항 2문은 삭제된다.
  (b) 제34조(워런티 위반이 면제된 때)는 삭제된다.

2. 기초조항의 폐지

가. 기초조항의 의의

기초조항은 전형적으로 보험계약의 청약서상의 진술이 기초조항을 구성한다는 보험계약자에 의한 명시의 형태를 취한다. 이전에는 이와 같은 명시는 보험계약자가 청약서에 기재된 사항의 진실을 워런티하는 것을 의미한 것으로 여겨져 그 사항중 어느 것이라도 보험계약자는 워런티 위반이고, 보험자는 부정확한 사실이 위험에 중요한가를 묻자 않고 항구적으로 면책이었다. 부정확한 사실이 위험에 중요한가 여부나 보험증권에 기초조항이라는 언급의 여부는 문제가 되지 않았다. 2015년 보험법 제9조에서는 기초조항은 비소비자보험에서는 무효이고,[493] 당사자는 이 조항을 임의규정으로 할 수 없도록 규정하고 있다.

기초조항은 법률개정위원회의 오랫동안의 개정검토사항이었고,[494] 광범위한 비판을 받았다.[495] 주요한 문제점은 기초조항이 사용되면, 청약서상의 어떠한 착오도 그 사항이 중요한가를 묻지 않고 보험자를 항구적으로 면책으로 하는 것이었다.[496] 보험자가 고지의무위반을 이유로 보험계약을 취소하기 위하여서는 불고지 또는 부실고지가 중요한 사항에 대하여서 이었지만, 기초조항은 Dawsons Limited v. Bonnin사건[497]에서와 같이 부정확한 것이 중요하지 않아도 보험자는 면책이었기 때문에 보험자가 이를 우회하기 위하여 사용되었다. 이와 같은 상황은 기초조항이 보험계약에 기재되기를 원하지 않는데도 기재되는 경우 부주의한 보험계약자에 대한 함정이 되는 경우 특별히 부당하였다.[498] 또한 보험계약자가 청약서상의 답변이 계약의 기초에 해당한다는 진술에의 서명의 효과를 이해하지 못한다는 우려가 존재하였다.[499] 이와 같이 기초조항이

493) 기초조항은 이미 소비자보험에서 폐지되었다.; 2012년 소비자보험(고지)법 제16조 제1항.
494) 법률개정위원회 1980년 보고서, para 7.2.
495) Joel v. Law Union and Crown Insurance Co [1908] 2 KB 863판결에서 프레쳐-물튼 판사(885).; Glicksman c. Lancashire and General Assurance Co Ltd [1927] AC 139, (1926) 26 Lloyd's Rep 69.
496) Law Commissions, July 2014 Report, para 13.6.
497) [1922] 2 AC 413, (1922) 12 Lloyd's Rep 237.
498) Zurich General Accident & Liability Co v. Morrison [1942] 2 KB 53, (1942) 2 Lloyd's Rep 167, 그린판사[58].
499) Law Commissions, July 2014 Report, para 16.2.

폐지되어야 한다는 합의가 성립하였다.

나. 기초조항의 폐지

2015년 보험법 제9조는 기초조항을 폐지하고 있고, 이 조항은 2015년 보험법상 당사자의 합의에 의하여 배제될 수 없는 2조항중 하나이다.[500] 제9조에 따르면 제안된 보험계약(또는 변경)과 관련하여 보험계약자가 행한 표시는 보험증권이나 기타 계약상의 어떠한 조건에 의하여 워런티로 전환될 수 없다. 이와 같이 청약서상의 전통적인 기초조항은 계약 이전의 진술을 워런티로 변경할 수 없다. 제9조의 효과는 청약서상의 표시로 제한되지 않고, 보험계약의 청약과 관련하여 보험계약자에 의하여 또는 보험계약자를 위하여 작성된 서류상의 표시에 확대 적용된다.[501]

다. 기초조항의 선택적 허용

청약서상 중요한 표실표시가 포함되어 있으면, 보험자는 2015년 보험법 부록1에 따라 공정한 제공의무 위반으로 인한 구제수단을 보유한다. 그러나 보험자가 특별히 중요한 사실에 관하여 높은 정도의 보호를 원하는 경우도 있고, 보험자가 보험계약에 이와 같은 특수한 사실의 워런티를 포함할 수 있다. 법률개정위원회는 제9조는 사실의 워런티를 금지하기 위한 의도가 아니고, 금지하고 있지 않다고 적시하였다. 많은 경우 보험자는 보험계약자가 특정한 사실의 진실을 보증할 것을 요구할 충분한 이유가 존재한다. 전형적인 예로서는 임원배상책임보험에서 보험계약자가 이사나 직원 중 누구도 범죄처벌기록이 없을 것을 보증하는 것을 들 수 있다. 이 경우 보험계약에 문제된 사항의 진실을 보증하는 명시적인 조건을 포함하는 것이 허용된다. 이와 같은 워런티는 '보험목적이 벽돌 또는 슬레이트로 건축된다'와 같은 과거 또는 현재 사실의 워런티의 형식을 취한다.[502] 이와 같은 조건은 보험증권 자체에 포함되는 경우[503]에 유효하고, 워

500) 2015년 보험법 제16조 제1항 . 동법 제16조A 제2항에 따르면 보험자는 합리적 기간 안에 보험금청구에 관한 보험금을 지급할 목시적 조건(제13조A)을 고의 또는 중과실로 인한 것보다 보험계약자를 불리한 지위에 놓이게 할 수 없다.
501) Law Commissions, July 2014 Report, para 16.10.
502) Law Commissions, July 2014 Report, para 16.12.

런티된 사항이 보험계약자가 청약서 또는 고지된 정보상에 또한 기재한 사실인가는 묻지 아니한다.[504] 이를 분석하면 사실이 당사자가 실제로 체결한 보험계약에 진실한 것으로 워런티된 경우에, 표시는 '청약된 보험계약'과 관련하여 행해진 것이 아니라, 실제 체결된 보험계약에 포함된 표시이다. 과거 또는 현재의 사실의 실제적 워런티가 그 단어의 통상적인 의미에서 '워런티로 전환된 것은 아니다.' 왜냐하면 그것은 그 자체적인 권리로서 워런티이기 때문이다. 요약하면 과거 또는 현재 사실의 워런티는 제9가 적용되는 것은 아니고, 2015년 보험법상 유효하다.[505]

3. 워런티조항의 수정

보험워런티는 워런티가 위험에 중요하든 아니든 정확히 준수되어야 하는 조건이다(1906년 해상보험법 제33조 제3항). 2015년 보험법 이전에는 워런티 위반은 위반시로부터 보험계약상 보험자의 책임을 자동적이고[506] 항구적으로 면책하였다(1906년 해상보험법 제33조 제3항). 따라서 보험계약자에 의한 워런티의 이행은 보험계약상 보험자의 책임의 사전조건으로 특징지어 졌다.[507] 손해가 발생하기 전에 워런티 위반이 치유되어도 차이가 없었고, 워런티 위반이 실제 발생한 손해와 전적으로 무관하여도 문제가 없었다. 손해가 발생하기 전에 그 위반의 치유되는가와 관계없이 보험보상이 허용되지 않고, 그 위반은 실제로 발생한 손해와 무관하다는 것, 2가지가 주요한 비판이었다.

법률개정위원회는 워런티 위반의 치유불가의 성질로 인한 문제의 예로서 De Hahn v. Hartley사건[508]을 들었다.[509] 이 사건은 아프리카연안에서 포획된 주노호에 관한 것 이었다. 주노호는 리버풀에서 적어도 50명의 선원을 싣고 항해할 것을 워런티하였다. 출항시에는 46명이 승선했지만 바로 직후 아프리카연안

---

503) Law Commissions, July 2014 Report, para 15.3.
504) Law Commissions, July 2014 Report, para 16.11.
505) David Kendall and Harry Wright, op. cit., para 6.4.
506) 보험계약자에 의한 선택의 필요가 없다는 의미에서이다.
507) Bank of Nova Scotia v. Hellenic Mutual War Risks Association(Bermuda) Ltd [1992] 1 AC 233(HL)사건에서 고프판사262[G]-263[B].
508) [1786] 1 TR 343.
509) Law Commissions, July 2014 Report, para 12.2.

에서 포획되기 전에 앙글리시에서 6명이 추가 승선하였다. 50명 미만의 선원을 싣고 리버풀로부터 항해하는 순간 보험계약자는 워런티 위반이고, 보험자의 책임은 항구적으로 면제되었다. 약 100년 후 1906년 해상보험법은 손해가 발생하기 전에 워런티 위반이 차유되었다는 항변을 보험계약자가 이용할 수 없다는 원칙을 입법하였고, 이것이 법률개정위원회의 보험워런티의 법에 대한 주요한 비판이었다. 법률개정위원회는 2015년 보험법 제10조에서 이 문제를 해결하려고 시도하였다.

보험워런티법에 대한 2번째 비판은 워런티 위반이 발생한 실제손해와 전혀 무관한 경우에도 보험자가 보험금지급을 거부할 하는 것을 허용한다는 것 이었다. 그 예로는 부보재산에 대해 보험기간 동안 강도경보기를 작동할 것을 요구하는 워런티의 경우 도난 워런티의 위반의 경우 홍수 또는 화재로 인한 손해에 대하여 보험자는 면책이었다.[510] 워런티 위반이 실제 손해를 야기하거나 기여하지 아니하였어도, 워런티의 기술적 위반으로 인하여 보험자가 면책인 약간의 다른 현저한 예가 존재한다.[511]

Ⅱ 2015년 보험법상의 워런티

1. 워런티의 정의

2015년 보험법 제10조는 보험워런티가 무엇인가를 변경하지 아니하고, 워런티가 위반되면 워런티는 하는 것은 무엇인가를 변경하고 있다. 보험워런티 즉 1906년 해상보험법 제33조 제1항[512]에서 규정하고 있는 유형의 약속적 워런티

510) Law Commissions, July 2014 Report, para 12.4.

511) Kler Knitwear v. Lombard General Insurance Co Ltd [2000] Lloyd' Rep IR 47사건에서 보험계약 갱신 30일후 화재스프링클러시스템의 검사를 요구하는 워런티가 있었고, 60일후 검사를 받았고 손해는 스프링클러를 검사하지 아니한 것과 전적으로 무관한 폭풍훼손이었다.: Sugar Hut Group Ltd v. Great Lakes Reinsurance (UK) plc [2010] EWHC 2636 (Comm) [2011] 1 Lloyd' Rep IR 198사건은 중앙모니터링국을 부를 수 있는 강도경보의 설치를 요구하는 워런티가 다른 유형의 경보가 설치되었기 때문에 위반하였고, 화재로 인하여 손해가 발생한 사건이었다.

512) 1906년 해상보험법 제33조 제1항: '워런티라 함은, 이에 관한 다음 조항에서는, 약속적 워런티, 즉 특정한 일이 행하여지거나 행하여지지 않을 것, 또는 어떠한 조건이 충족될 것을 약속하거나 특정한 사실상태의 존재를 긍정하거나 부정하는 내용의 워런티를 말한다.'

는 워런티가 위험에 중요하든 아니든, 정확히 충족되어야 할 보험계약의 조건으로 잔존하고 있다(1906년 해상보험법 제33조 제3항). 이것은 해석의 문제이고, 보험워런티의 식별에 관한 현존하는 판례는 계속 적용된다. HIH Casualty and General Insurance Ltd v. New Hampshire Insurance Co사건[513]에서 릭스 판사는 조건이 워런티인가 여부를 위하여 가능한 3가지 기준을 설정하였다. 첫째 조건이 거래의 근간인 조건인가 여부, 둘째 조건이 손해를 기술하거나 손해의 위험에 중요하게 관계하는가 여부, 셋째 조건이 위반되면, 훼손되는 경우 불만족스럽거나 부적절한 구제수단 인지 여부가 그것이다. 이는 2015년 보험법에 의하여 변경되었다. 제10조는 1906년 해상보험법 제39조와 제41조의 묵시적 워런티를 포함한 모든 워런티에 적용된다.[514]

2. 워런티의 효과

2015년 보험법은 워런티 위반의 효과를 보험자의 책임에 관한 선행조건에서 정지조건으로 변경하였다. 2015년 보험법 이전에는 워런티 위반이면 보험자는 즉시 그리로 항구적으로 면책이었지만,[515] 2015년 보험법상으로는 보험자의 책임은 위반시로부터 자동적으로 정지된다. 이는 명시적 또는 묵시적 위반의 경우 자동적으로 보험자를 면책으로 하는 법률을 폐지하는 2015년 보험법 제10조 제1항에 의하여 달성되고 있다.[516]

제10조 제2항에 따라 보험자는 워런티가 위반되기 전(2015년 보험법 제10조 제4항 (a)호)과 위반이 치유된 후(치유가 가능한 경우)(제10조 제4항 (b)호)) 양자에 발생하거나 '발생하는 것으로 기인한 것' 이었던 것에 대하여 여전히 책임을 진다. 예컨대 선박이 워런티를 위반하여 전쟁지역내로 항해하던 중 프로펠러가 훼손되는 경우를 들 수 있다. 그리고 선박이 전쟁지역 밖으로 항해하면, 워런티 위반은 치유된 것이다. 그 손해는 워런티 위반 치유되기 전에 손해가 발생하였기 때문에, 보험자는 훼손된 프로펠러에 대하여 책임을 지지 아니한다.[517]

---

513) [2001] EWCA Civ 735, [2001] Lloyd' Rep IR 596.
514) Parliament's explanatory notes for the Insurance Act 2015, para 91.
515) 포기와 금반언이 적용된다.
516) 결과적으로 제10조 제7항은 1906년 해상보험법 제33조 제3항를 '위에서 정의한 바와 같이, 워런티가 위험에 중요하든, 아니든, 워런티는 엄격히 충족되어야 하는 조건이다'라고 수정하고 있다.

Hahn v. Hartley사건[518]을 2015년 보험법에 적용하면 다음과 같다. 선박이 리버풀에서 46명의 선원을 싣고 항해하면(50명 이상을 승선할 워런티 위반임), 보험자의 책임은 앙글레시에서 추가로 6명이 승선할 때까지 보험자의 책임은 정지되고, 이 때 보험자의 책임은 회복된다. 워런티의 효과가 변경되었기 때문에, 굿럭호사건에서 보험워런티는 보험자의 책임을 위한 사전조건이라는 고프판사의 방론은 더 이상 정확한 법률의 진술은 아니다.[519] 위반이 치유되지 아니하는 한 그리고 치유될 때까지 워런티 위반은 정지조건이다.

Ⅲ 보험자의 면책

1. 보험자의 책임정지기간

2015년 보험법 제10조 제2항에 따르면 보험자는 워런티가 위반되었지만, 위반이 치유되기 이전에(치유가 가능한 경우) 발생한 손해 또는 '발생한 것에 기인한' 손해에 대하여 책임을 지지 아니한다. 제10조 제4항에 따르면 보험자는 워런티가 위반되기 전과 위반이 치유된 후(치유가 가능한 경우) 양자에 발생하거나 '발생하는 것으로 기인한 것' 이었던 것에 대하여 책임을 진다. '기인한'(attributable to)이라는 어귀는 인한(caused or attributable) 이라는 것 보다 광범위하지만, 발생한 것과 이어서 발생한 손해 사이에 엄격한 인과관계가 존재하지 아니하는 사례를 포함하는 것으로 추정된다.[520]

2. 워런티 위반의 치유 전 손해의 면책(제10조 제2항)

가. 서언

보험자는 워런티의 위반이 치유되기 이전에 발생한 손해 또는 '발생한 것에 기인한' 손해에 대하여 책임을 지지 아니한다.

517) Law Commissions, July 2014 Report, para 17.25.
518) [1786] 1 TR 343.
519) Bank of Nova Scotia v. Hellenic Mutual War Risks Association(Bermuda) Ltd [1992] 1 AC 233(HL), 고프판사262[G]-263[B].
520) David Kendall and Harry Wright, op. cit., para 6.10.

나. 분석

다음과 같은 4가지 예를 들어 의미를 파악하고자 한다.

(1) 전쟁지역내의 항해금지 워런티

전쟁지역내로 항해하여 워런티를 위반하는 사례를 들고 있다. 전쟁지역 안에 있을 때 선박이 어뢰에 피격되었지만, 이후 선박은 전쟁지역 밖으로 항해하다가 침몰하였다. 선박이 전쟁지역밖에서 항해할 때 워런티의 위반은 치유되었지만,[521] 워런티 위반후 그리고 워런티 위반 전에 발생한 사고에 손해는 기인하였기 때문에 보험자는 책임이 없다.[522]

(2) 포도주를 지하상태에서 수직으로 저장하는 워런티

보험계약자가 지하상태에서 수집한 포도주를 지하상태에서 수직으로 저장하기로 워런티하였지만, 포도주가 3개월 동안 따뜻한 수평으로 저장되었다. 이 기간 동안 코크가 건조해져 수축되었다. 그 후 포도주는 지하에 수직으로 저장되었고, 법률개정위원회는 워런티 위반의 치유라고 고찰하였다.[523] 몇 년 후 코크의 수축으로 인하여 포도주가 산화되었음이 발견되었다. 손해는 창고에 있는 동안에 수축된 코크로 인하여 손해가 발생하였고, 이것은 워런티의 위반이 치유되기 이전에 '발생한 것'이기 때문에 보험자는 면책이었다. 이와 같이 보험자는 2015년 보험법 제10조 제2항에 따라 책임이 없다.[524]

(3) 전문인책임보험에서 보험료 부지급 중 과실의 자문

전문직업인책임보험에 부보된 변호사가 보험료지급 워런티를 위반하여 1월 1일에 보험료를 지급하지 아니하였다. 1월 10일 변호사가 고객에게 과실 있는 자문을 하였다. 2월 1일에 보험료가 지급되어 워런티 위반이 치유되었다. 후일 고객은 과실 있는 권고의 결과 손해를 입었고, 변호사에 손해배상을 청구하였

---

521) 보험계약자는 워런티의 위반이 중지되었기 때문에, 워런티는 이 경우 치유되었다(2015년 보험법 제10조 제5항 (b)호).

522) Law Commissions, July 2014 Report, para 17.27.

523) Law Commissions, July 2014 Report, para 17.29.

524) 손해는 '워런티가 위반되었지만, 치유되기 이전에 발생하는 것에 기인하는' 것이었기 때문이다(2015년 보험법 제10조 제2항).

다.[525] 이 손해는 2월 1일 워런티 위반이 치유되기 이전에 '발생한 것에 기인'한 것, 즉 변호사에 의한 과실 있는 자문을 하였기 때문에 보험자는 보험금지급책임을 지지 아니한다.[526]

아 사례를 약간 수정하여 보험계약자가 1월 1일에 보험료를 지급하지 아니하였고, 보험계약자가 1월 10일에 고객으로부터 과실 있는 소송을 위협하는 서류를 소송 전에 수령하였고, 보험자에게 보험금청구를 할 개연성이 있는 사정으로 이를 통지하였다. 이는 2월 1일 보험계약자가 보험료를 지급하도록 촉진하였다. 이 경우에는 손해(변호사의 고객에 대한 책임)는 소송 전 서류의 수령에 '기인하는 것'이라고 할 수 없기 때문에 보험자는 보험금 지급책임을 진다. '기인한 것(attributable to)'의 기준은 근인의 기준보다 광범위하지만 '발생한 것'과 손해사이에 약간의 인과관계의 형태가 존재하여야 한다. 소송이전에 서류의 수령은 과실로 인하여 책임을 질 가능성이 있다는 것을 보험계약자인 변호사에게 알리는 것에 불과하고, 고객에 대한 변호사의 책임의 우연한 징조이므로, 이 손해는 서류의 수령에 기인하는 것은 아니다.[527]

(4) 항해금지해협을 벗어나는데 항해가 단축되어 폭풍우를 당한 경우

제10조 제2항의 '발생한 것에 기인한'이라는 어귀의 효과에 대한 제한이 존재한다. 예컨대 선박이 해적의 위험 때문에 특정한 해협을 통과하여 항해하지 않기로 하는 워런티가 해상보험계약에 포함되어 있는 경우를 들 수 있다. 선박이 항해가 금지된 해협을 안전하게 통과하여 안전한 해역에 진입하였지만, 항해가 2일이 단축되어 폭풍을 만났는데, 이를 통과하지 않았더라면 그러하지 아니하였을 것이었다. 법률개정위원회는 '해협을 지난선박이 해협에 진입하였을 것과 동일한 위험이고, 보험자가 보장을 인수하였을 것이다. 선박은 어떠한 새로운 특징을 취득하지 아니하였다.'고 하였다. 이에 대하여서는 결론은 같지만 보험

525) David Kendall and Harry Wright, op. cit., para 6.13.

526) 보험계약자는 이 경우 보험료 부지급은 1월 10일의 과실 있는 자문을 제공한 것(궁극적으로는 고객에 대한 법률상 책임의 원인이었다)과 아무 관련이 없다는 사실에 비추어 2015년 보험법 제11조를 원용하는 주장을 할지도 모른다. 그러나 보험료 부지급은 위험을 감소하게 하고자 의도된 조건은 아니고, 따라서 제11조 1항은 적용되지 아니한다.: David Kendall and Harry Wright, op. cit., para 6.13.

527) David Kendall and Harry Wright, op. cit., para 6.13.

자가 보상책임을 지는 근거로 법률개정위원회와 다른 견해가 있다.

첫째, 2015년 보험법 제10조 제5항 b호는 "보험계약자가 워런티 위반을 중지하는 경우" 위반이 치유된다고 규정하는데 이는 인과관계에 대한 조사를 필요하지 않는 점에서 보험자에게 불리하게 적용될 수 있게 된다. 따라서 이와 같은 사례에 인과관계를 도입하면 추가적으로 복잡하게 하여 어느 정도의 불확정성을 초래하므로 위반이 치유되었어도 그 위반이 장래 손해를 야기하는 사고과정을 변경하였더라도 보험자가 보상책임을 지도록 하여 불확정성을 피하는 비용을 보험자가 부담한 것으로 보는 것이 적절한 것으로 입법자가 판단한 것으로 해석하는 견해이다.[528]

둘째, 법률개정위원회가 이 사례를 위험이 원래 고찰하였던 상태로 복귀하였는가에 초점을 맞추어(제9조 제5항 (a)호) 제11조 제1항 (c)호의 시간을 특정하는 워런티로 본 것은 결론은 타당하지만 근거가 정확하지 않다는 견해가 있다.[529] 즉 이것은 시간을 특정하는 워런티가 아니라 일반적인 워런티이고, 따라서 선박이 해협을 벗어났을 때 워런티 위반은 치유되었으며, 2015년 보험법 제10조 제4항 (b)호는 워런티 위반이 치유되면 보험자는 책임을 면할 수 없음을 명확히 규정하고 있다. 이어서 손해가 전쟁지역을 통한 지름길을 취한 것에 기인하는 것으로서, 워런티 위반이 치유되기 이전의 '발생한 것'에 기인하는 것인가를 묻고 다음과 같은 두 가지 들어 부정하고 있다. 먼저 '발생한 것'은 워런티 위반 자체일 수 있지만, 이렇게 해석하는 것은 '발생하는 것'과 워런티 위반을 다른 사건으로 취급하는 제10조 제2항과 모순되고, 이 사례와 같이 선박이 전쟁해역에서 항해 중 어뢰피격과 같이 '발생한 것'은 워런티 위반 자체 이외의 어떠한 것이어야 한다. 다음으로는 손해는 폭풍에 기인한 것이지, 워런티가 치유되기 이전에 '발생한 것'에 기인한 것은 아니다.

528) Bariş Soyer, warranties in marine insurance, (3rd ed., Routledge Taylor & Francis Group, 2017), para 5.55.
529) David Kendall and Harry Wright, op. cit., para 6.14.

Ⅳ 워런티 위반 이전 그리고 그 치유 이후 손해에 대한 보험자의 책임

1. 서언

2015년 보험법 제10조 제4항은 제10조 제2항의 어느 것도 워런티가 위반하기 이전에 또는 워런티 위반이 치유된 후에 발생하거나 발생하는 것에 기인하는 손해에 대한 보험자의 책임에 영향을 미치지 아니한다고 규정하고 있다.

2. 워런티 위반 이전의 손해

예컨대 부보선박이 워런티 위반인 해적위험으로 알려진 해협에 진입하기 바로 직전에 잠수된 부표와 접촉하여 선박이 침몰한 경우가 그것이다. 손해는 워런티 위반 이전에 발행한 선박의 부표와의 접촉에 기인한 것이고, 이는 손해발생 시에 실제 워런티 위반이 있었더라도 보험자는 보상책임을 진다는 것을 의미한다. 이것은 놀라운 것으로 간주될 수 있다. 이 경우를 다음과 같이 수정할 수 있다. 즉 선박이 부표와 접촉하여 속도가 감소되고 수면에서 속도가 느려지기 때문에 해협에 진입할 때, 따라서 해적의 공격에 취약해지고 해적에 포획되었다(침몰하지 아니하고). 이 경우 손해는 워런티 위반 이전에 발생하는 어떠한 것, 즉 부표와의 접촉에 기인하였다고 말할 수 있다. 이 경우 보험자는 제10조 제4항 (a)호에 따라 보상책임을 지는 것으로 주장될 수 있다. 그러나 손해가 워런티 위반이 치유되기 이전에 발생한 경우에는 제10조 제2항에 따라 보상책임을 지지 아니한다고 주장될 수 있다. 2015년 보험법상 이 경우 제10조 제4항 (a)호 또는 제10조 제2항의 어느 것이 우선적으로 적용될지는 명확하지 아니하고, 보험계약자가 실제 워런티를 위반하고, 그 위반으로 인하여 손해가 발생하는 경우에 보험자가 보상책임을 지는 놀라운 일이 발생할 수 있다. 법률개정위원회는 이와 같은 경우를 고찰하지 아니한 것으로 판단되고, 그 결과는 불명확하다.[530)]

530) David Kendall and Harry Wright, op. cit., para 6.15.

3. 워런티 위반의 치유 이후 손해

보험자는 워런티 위반이 치유된 후 발생하거나 발생하는 어떠한 것에 기인하는 손해에 대하여 보상책책임을 진다(제10조 제4항 (b)호). 위의 예에서 선박이 금지된 전쟁지역을 벗어나 항해하다가 부표와 접촉하고 침몰한 경우, 워런티의 위반이 치유된 후 손해가 발생하였고, 손해는 치유된 후에 발생하는 것에 기인하였기 때문에 보험자는 면책이다.

V. 2가지 유형의 워런티

1. 서언

2015년 보험법은 어떻게 워런티가 치유되는가를 정의함에 있어서 2가지 유형의 워런티를 구별하고 있다.

첫째 유형은 확인가능한 시간까지 어떠한 것이 행해지거나 행해지지 않을 것, 또는 조건이 충족되거나 또는 어떠한 것이 그 사건일 것 또는 아닐 것을 요구하는 워런티이다(2015년 보험법 제10조 제6항), 법률개정위원회는 이를 시간을 특정하는(time-specific) 워런티라고 하였고,[531] 이 어귀는 편의상 채용되고 있다.

둘째 유형은 시간을 특정하는 워런티가 아닌 것이고 법률개정위원회는 이를 일반적 워런티라고 하였고,[532] 이 책에서도 이와 같이 사용하고자 한다.

시간을 특정하는 워런티는 확인할 수 있는 시간까지 당해 사건이 행해지거나 행해지지 않을 것 또는 경우에 따라서는 당해 사실상태가 존재하거나 아닐 것이면 워런티 위반이다. 확인할 수 있는 시간은 장래이어야 한다.[533] 명확한 예는 보험료지급 워런티, 조사 또는 검정을 행할 워런티, 개시일자까지 강도경보의 설치와 같이 주어진 시간 안에 특수한 조치가 취하여질 것과 같은 것이다. 감항능력의 묵시적인 워런티는 부보선박이 항해의 개시시에 감항능력이 있을

531) Law Commissions, July 2014 Report, para 17.40.
532) Law Commissions, July 2014 Report, para 17.32.
533) 제10조 제6항 (a)호에서는 예컨대 '어떠한 것이 행해질 것', '조건이 충족될 것', '어떠한 것이 그 사건이거나 아닐 것'것과 같은 장래의 소극적인 표현을 반복적으로 사용하는데서 이것이 시사된다.; David Kendall and Harry Wright, op. cit., para 6.18.

것이 요구되기 때문에 시간을 특정하는 워런티이고, 제10조는 명시적 워런티와 묵시적 워런티에 적용된다(2015년 보험법 제10조 제1항).

태풍경보의 시행중에는 선박의 출항을 금지하는 워런티에 대해서는 견해가 나뉜다.

아놀드[534]는 일반적인 워런티로 이해한다. 이와 같은 워런티는 확인할 수 있는 시간까지 충족을 요구하기 어렵기 때문이라고 한다. 이 견해는 시간은 보험계약의 조건상 확인가능하여야 한다는 추정에 기초한 것이다.

이에 대하여서는 시간을 특정할 수 있는 워런티로 보는 견해가 유력하다.[535] 제10조 제6항은 시간이 보험계약의 조건으로부터 확인가능하여야 한다고 규정하고 있지 않고, 프린세스 오브 사타스호사건에서와 같이 태평경보를 내린 기상청과 같은 다른 자료로 시간을 확인하는 것을 금지하고 있지 않다는 것을 근거로 한다. 이 사건에서 태풍경보는 당해 조건은 어떠한 일이 확인가능한 시간까지(시간에[536]) 행해지지 않을 것의 워런티이었다. 따라서 프린세스 오브 더 스타스호사건[537]에서의 태풍워런티는 시간을 특정하는 워런티라고 한다. 2015년 보험법상 태풍경보가 적절한 때에는 선박이 항구에서 출항하는 보험자의 책임은 정지된다.

2. 시간관련 워런티 위반의 치유

가. 서언

시간관련(time-sensitive)워런티가 위반되면, 시간은 명시한 기한 종료시까지 워런티를 충족하도록 번복하는 것이 불가능하기 때문에 엄격한 의미에서 치유가 불가능하다. 보험계약자가 지정된 일자까지 새로운 화재경보기를 설치하지

534) Arnould, Law of marine insurance and average, (1st supp. 18th ed., Sweet & Maxwell, 2016), paras 1.3-68.

535) David Kendall and Harry Wright, op. cit., para 6.15.

536) 확인가능한 시간 '시간'까지 충족되어야 하는 워런티는 확인가능한 시간에 충족되어야 하는 워런티와 동일하지 않지만, 법원은 제10조 제5항 (a)호를 실무상 광의로 해석할 것으로 본다.; Arnould, Law of marine insurance and average, (1st supp. 18th ed., Sweet & Maxwell, 2015), paras 1.3-65.

537) Amlin Corporate Members Ltd v. Oriental Assurance Corp(The Princess of the Stars) [2014] EWCA Civ 1135, [2014] 2 Lloyd's Rep 561.

아니한 경우에는, 1월 후 보험계약자가 화재경보를 설치하더라도 엄격하게는 워런티 위반의 치유가 아니다. 충족을 위한 시간은 도과하였고, 요구된 것과 같이[538] 보험계약자가 정확히 충족하였다고 말하기 어렵다. 2015년 보험법 제10조 제5항은 시간관련 워런티는 '워런티와 관련된 위험이 당사자가 원래 고찰한 위험과 동일하게 되었을 경우' 치유된 것으로 간주된다(2015년 보험법 제10조 제5항 (a)호)라고 규정하고 있다. 법률개정위원회는 시간관련 워런티의 위반이 치유되었는지 여부를 고찰할 때 접근방법은 다음과 같다고 하였다.

시간관련 워런티의 위반이 치유되었는지 여부를 고찰할 때 접근방법은 워런티가 계약에 삽입된 목적을 고찰하고, 그 목적이 달성불능으로 되었는가를 묻거나 또는 워런티 위반을 치유하기 위하여 취하여진 조치로 인하여 목적이 여전이 본질적으로 이행되고 위험개요가 보험자가 승낙한 것으로 복구되었는가를 묻는 것이다.[539]

나. 시간특정 워런티

(1) 의의

시간을 특정하는 워런티의 위반이 치유되었는지 여부를 확인하기 위하여 워런티가 관련된 위험을 확인하는 것이 필요하다. 많은 경우 이것은 용이한데, 다수의 약속적 워런티는 보험계약상 부보된 위험에 명백히 관련하기 때문이다. 특정일자까지 화재경보의 설치를 요구하는 워런티는 화재로 인한 손해에 관련한 것이다. 위에서 언급된[540] 프린세스 오브 더 스타스호사건은 선박이 태풍속에서 멸실 또는 훼손된 위험에 관하여서이었다. 많은 경우 워런티가 관련된 위험은 명백할 것이다. 그러나 2015년 보험법 제10조 제5항 (a)호는 모든 시간관련

538) 1906년 해상보험법 제33조 제3항은 "위에서 정의한 담보특약은 위험에 대하여 중요한가 여부를 묻지 않고, 정확하게 충족되어야 하는 조건이다. 이것이 정확히 충족되지 아니하면 보험증권에 명시적 규정이 있는 경우에는 이에 따르는 것으로 하고, 보험자는 담보특약위반의 날로부터 책임을 면하지만, 그 이전에 발생한 보험자의 책임은 이에 영향을 받지 아니한다."라고 규정하고 있다.

539) Law Commissions, July 2014 Report, para 17.48.

540) Amlin Corporate Members Ltd v. Oriental Assurance Corp(The Princess of the Stars) [2014] EWCA Civ 1135, [2014] 2 Lloyd's Rep 561.; 앞의 제6장 V. 2가지 유형의 워런티 1. 서언.

워런티는 위험에 관한 것이라는데 기초하고 있는 것 같지만, 관련된 워런티가 위험과 전혀 무관한 경우에는 어려움이 초래될 수 있다.[541] 일반적인 예는 보험계약자가 일정한 일자까지 보험료를 지급하기로 워런티하는 보험료지급 워런티이다. 이것은 화재의 위험 또는 선박의 멸실과 같은 특정한 위험과 관련한 워런티가 아니다. 이것은 당사자간의 협상의 기술, 즉 보험료지급의 기한이다. 비록 늦더라도 보험료가 지급될 때 보험료지급 워런티 위반의 치유될 수 있다(보험계약상 이에 반하는 경우에는 이에 따르지만, 치유가 불가능하다 할 이유가 없다). 그러나 이 결론은 워런티가 관련한 위험이 당사자가 원래 고찰한 위험과 동일하게 되었을 경우 치유된 것으로 간주된다라고 규정하고 있는 제10조 제5항 (a)호와 쉽게 합치되지 아니한다는 견해가 유력하다.[542]

즉 선주가 선박을 위협하는 허리케인경보를 들을 때까지 보험료를 지급하지 아니하였지만 이를 듣고 허리케인이 선박을 강타하기 이전에 보험료를 지급하였는데, 바로 직후 선박이 허리케인 속에서 멸실한 경우를 상정하다. 보험자가 보험법 제10조 제5항에 의거하여 보험금지급을 거부할 수 있는지 또는 어떻게 그렇게 할지는 명확하지 아니하다. 위에서 본 바와 같이 보험료지급 워런티는 위험과 무관하고, '워런티가 관련한 위험'이 '당사자에 의하여 원래 고찰된 위험과 본질적으로 동일하게 되었는가' 여부를 쉽게 결론을 내릴 수 없다. 이 경우 잠재적인 해결책은 당해 '위험'은 문제된 보험계약상의 위험과 동일하여야 한다고 하는 것인데, 이 예에서 이는 해상고유의 위험을 포함한다. 만일 이것이 옳다면, 보험계약을 체결할 때 당사자는 선박을 위협하는 접근하는 허리케인이 존재한다는 것을 예상하지 아니하였지 아니하였을 것이고, 보험료가 지급되었을 때의 위험이 당사자가 원래 고찰하였을 위험과 본질적으로 동일하게 된 것은 아니다. 따라서 보험계약자는 해리케인이 강타하기 바로 직전에 보험료를 지급한 것으로 워런티 위반의 치유로 간주될 수 없다. 이 결과는 제10조 제5항 (a)호의 '워런티가 관련한 위험'의 문구의 부자연스러운 해석을 필요로 하지만, 이 문구나 제10조의 목적에 합치한다.[543]

541) David Kendall and Harry Wright, op. cit., para 6.20.
542) David Kendall and Harry Wright, op. cit., para 6.20.
543) David Kendall and Harry Wright, op. cit., para 6.21.

(2) 원래 고찰된 위험과 본질적으로 동일하게 된 때의 의미

위에서 언급한 바와 같이, 시간이 경과하였기 때문에, 시간을 특정한 워런티의 위반은 엄격한 의미에서는 치유될 수 없다. 이 때문에 2015년 보험법은 그 위험이 원래 고찰되었던 것과 '본질적으로'동일하면 시간을 특정하는 워런티는 치유된 것으로 간주한다. '원래 고찰된'이라는 단어는 워런티를 포함하는 보험계약이 체결될 때 또는 워런티가 변경에 의하여 삽입되는 때에는 변경이 합의된 때 당사자에 의하여 고찰된 위험을 의미한다.[544] 워런티가 관련하는 위험이 현저하게 증가한 경우에는 보험계약자는 여전히 위반이고, 보험자의 책임은 위험이 원래 고찰된 것과 동일하게 되지 아니하는 한 그리고 그와 같을 때까지 정지된다. 이는 워런티가 엄격히 충족되어야 하는 계약의 조건이라는 사실과 부합한다(1906년 해상보험법 제33조 제3항).

특정한 워런티 위반은 치유될 수 없고, 이것은 '워런티 위반이 치유되면, 치유된 후에는 보험자는 보상책임을 진다'고 2015년 보험법 제10조 제4항 (b)호에 규정되어 있으며, 법률개정위원회에 의하여 인정되었다.[545] 워런티 위반으로 인하여 손해의 위험이 항구적으로 불가역적으로 증가된 경우와 같이, 위험이 당사자에 의하여 원래 고찰된 위험과 본질적으로 동일하게 될 수 없는 경우에는 시간관련 워런티 위반의 치유가 불가능하다. 보험계약자가 워런티상 행위하도록 요구되는 것을 초과하는 경우와 같이 워런티 위반에 이어 당사자가 원래 고찰하였던 위험보다 그 위험이 후일 우량하게 된 경우, 워런티 위반은 치유된 것으로 간주된다. 이는 보험계약자에게서 치유된 기술적 워런티 위반의 보장을 박탈할 수 없다는 제11조의 목적과 부합한다. 만일 보험계약자가 워런티상 행위할 것으로 요구된 것을 초과하여, 위험이 개선된 경우, 워런티 위반의 치유를 인정하지 아니할 이유가 없다.[546]

544) David Kendall and Harry Wright, op. cit., para 6.22.; 이는 "시간을 특정하는 워런티의 위반을 치유하기 위하여 위험은 보험자가 보험계약을 승낙할 때의 상태로 복귀하여야 하고, 이것은 계약이나 변경이 체결된 때를 의미한다."라고 설명하는 Law Commissions, July 2014 Report, para 17.44에 함축되어 있다.

545) Law Commissions, July 2014 Report, para 17.49.

546) David Kendall and Harry Wright, op. cit., para 6.23.

(3) 시간을 특정하는 워런티와 관련된 예

예컨대 보험계약자가 1월 1일까지 화재가 탐지되면 직접 지방소방서에 통화되는 화재탐지시스템을 설치할 것을 워런티하였다. 워런티가 관련한 위험은 화재위험이고, 워런티의 목적은 화재가 탐지되어 소화하기 위한 것이었다. 보험계약자는 1월 1일에 시스템을 설치하지 아니하였지만, 1월 20일에 이를 행하였다. 후일 워런티가 관련한 위험은, 새로운 시스템이 설치되고, 화재로 인한 손해의 위험은 감소된 것으로 추정되기 때문에, 원래 의도되었던 것과 본질적으로 동일하게 되었다.

보험계약자는 1월 1일까지 모든 문에 5단 자물쇠를 설치할 것을 약정하였지만, 그러하지 아니하였다. 2월 1일 보험계약자는 모든 문에 3단 자물쇠를 설치하였다. 3단 자물쇠는 워런티에서 요구하는 5단 자물쇠와 동일한 보호를 하지 아니하였고,[547] 이는 위험은 본질적으로 동일하게 된 것은 아니라는 것을 의미하였다. 워런티는 정확히 충족되어야 하는 조건이고(1906년 해상보험법 제33조 제3항), 3단 자물쇠의 설치는 정확한 충족이 아니었다.

책임보험계약상 보험계약자는 사항을 인식한 후 10일 이내에 이 사실을 통지할 것을 워런티하였다.[548] 이 워런티의 목적의 하나는 보험계약자에 대한 소송에 개입하도록 하여 보험계약자가 제3자에 대한 법률상 책임의 형태로 손해를 입을 위험을 감소하게 하는 것이다.[549] 따라서 워런티가 관련된 위험은 책임을 지게 될 위험이다. 보험계약자가 30일 동안 통지하지 아니하면, 통지 불이행으로 인하여 손해의 위험이 항구적으로 증가되지 아니하는 한, 워런티 위반은 치유된 것으로 고찰될 것이다. 예컨대 그 기간 동안 보험계약이 파산절차에 들어가면, 워런티 위반은 치유되지 아니할 것인데, 워런티의 목적은 달성되지 아니하였기 때문이다.[550] 그러나 그 기간에 책임의 위험이 증가되지 아니한 경우에

547) 이 문제는 사실증거와 전문가증거에 결정될 수 있다.

548) 영국에서 통지 워런티는 극히 드물고, 이 조건은 보험자의 책임의 사전조건으로 작성되는 것이 보다 개연성이 높다.; David Kendall and Harry Wright, op. cit., para 6.26.

549) 영국에서 책임보험에서는 보험자의 책임이 판결, 중재판단 또는 화해에 의하여 확정되었을 때 통상 손해는 발생한 것이다.; Post Office v. Norwich Union Fire Insurance Society Ltd [1967] 2 QB 363, [1967] 1 Lloyd's Rep 216; Bradley v. Eagle Star Insurance Co Ltd [1989] AC 957, 1 Lloyd's Rep 645.

550) Law Commissions, July 2014 Report, para 17.48은 다음과 같이 기술하고 있다. 즉 시간관련 워런티 위반이 치유되었는가 여부를 고찰할 때 정확한 접근방법은 워런티가 삽

는, 워런티 위반은 통지가 행해진 즉시 워런티 위반은 치유되는데, 위험은 보험자가 승낙한 위험으로 복구되기 때문이다.

사이버보험계약에서 보험계약자인 회사가 1월 1일까지 모든 비고용인 계정을 삭제한다고 워런티했는데, 보험계약자가 인턴의 계정을 삭제하지 아니하였고, 그 인턴이 회사의 우수고객의 비질자료를 절취하였다. 3월 1일 회사는 인턴의 계정을 삭제하였다, 인턴은 비밀정보를 신문사에 판매하여, 회사는 손해를 입었다. 워런티는 특히 비고용인이 IT시스템에 저장된 비밀자료에 접근할 위험과 관련하였다. 3월1일 회사가 인턴의 계좌를 삭제하였지만, 원래 고찰되었던 위험과 동일한 위험으로 되지 아니하였고, 될 수도 없었는데, 왜냐하면 인턴은 비밀자료를 영구적으로 취득하였기 때문이다. 따라서 워런티 위반은 치유될 수 없었다.

3. 일반적 워런티

가. 의의

일반적 워런티는 보험계약자가 워런티 위반을 중지하는 경우 위반이 치유되는 워런티이다(2015년 보험법 제10조 제5항 (b)호). 시간을 특정하는 워런티가 확인가능한 시간까지 일정한 일이 행해질 것(또는 행해지지 않을 것)이 요구되는 데 반하여, 일반적 워런티는 보험계약에 의하여 보장되는 전체 기간 동안 관련된다. 시간을 특정하는 워런티는 보험계약자가 원래 고찰하였던 위험과 동일한 위험이 된 경우에는 위반의 치유이지만, 일반적 워런티는 손해의 위험을 증가시키는 워런티 위반의 경우에도 치유가 성립할 수 있다.

대부분의 경우 보험계약자가 워런티 위반을 중지하는 경우는 비교적 쉬운 문제이다. 예컨대 선박이 특정한 지역에서 해역에서 선박의 항해가 금지되는 워런티를 보험계약자가 위반하는 경우, 선박이 금지된 해역을 떠나는 순간, 보험계약자는 워런티 위반을 중지한 것이므로 워런티 위반은 치유된다.[551] 시간을 특정하는 워런티와 같이 비밀성을 띤 워런티는 치유될 수 없다. 예컨대 보험계약

입된 목적을 고찰하고, 목적이 달성불능으로 되었는가를 묻거나 워런티 위반을 치우하기 위하여 취하여진 행위로 인하여 목적이 본질적으로 충족되었고, 위험개요가 보험자가 승낙한 것으로 복구되었는가를 묻는 것이다.

551) Law Commissions, July 2014 Report, para 17.33.

자가 비밀성을 드러내는 경우에는 워런티 위반은 치유될 수 없는데, 왜냐하면 일단 비밀성이 상실하면, 그 손해는 계속적이고, 원상태로 복구될 수 없기 때문에 비밀성의 워런티 위반은 치유될 수 없다.[552)]

나. 위반과 치유를 반복하는 경우

보험계약자가 지속된 기간 동안 워런티 위반와 치유를 반복하는 경우 특별히 어려움 문제가 발생한다. Murray v. Scottish Automobile and General Insurance Co사건[553)]에서 자동차보험계약에 '자동차의 사적인 개인적인 사용에만' 보상한다는 조건을 포함하고 있었고, 다른 조건상 자동차가 '거래 또는 영업과 관련하거나 사적인 개인적 사용과 관련하여 사용되는' 경우 면책이었다.[554)] 이것이 워런티이었다면, 그것이 확인가능한 시간까지 행해질 것(또는 행해지지 않을 것)을 요구하지 않고, 대신 보험계약에서 보장되는 전체 기간 동안 관련하기 때문에, 그것은 일반적 워런티이었을 것이다. [555)] 이 자동차는 습관적으로 소유자가 행한 자영업에 이용되었고, 사적 용도는 거의 없었다. 자영업에서 귀가한 날 보험계약자는 자동차를 차고에 입고하였고, 비로 직후 화재로 전소하였다. 법원은 다수의견으로 화재 당시에 자동차는 거래 또는 영업목적에 부수한 목적과 관련하여 사용되었다고 판결하였고, 보험자는 면책이었다. 다수의견은 워런티는 계속적 위반이고 손해시에 치유되지 아니하였다고 판단한 것이다.[556)] 그러나 소수의견을 낸 블랙번판사는 차고에 입고된 기간 동안 상업적인 자영업목적으로 사용된 것이 아니기 때문에, 계속적인 위반이라고 특징지을 수 없고, 보험자는 보상책임을 진다고 하였다.

---

552) Law Commissions, July 2014 Report, para 17.49.

553) 1929 SC 48(IH), 1929 SLT 114.

554) 어떠한 조건도 면책은 아니었지만, 추론은 아래에서 설명하는 것과 같이 이에 해당하였다.

555) 반면 예컨대 일몰 후 야간경비원이 배치할 것을 요구하는 워런티는 시간을 특정하는 워런티이라고 할 수 있는 것과 비교된다. 그러나 이와 같이 일정한 기간 동안 계속적인 충족을 요구하는 워런티는 일반적인 워런티로 취급하는 것이 옳다고 할 수 있는데, 이와 같은 워런티가 확인가능한 시간까지 충족이 요구되는지 여부가 의심스럽기 때문이다.; David Kendall and Harry Wright, op. cit., para 6.29.

556) 크라이드판사는 손해시에 자동차는 '고용목적과 관련하여' 사용되었다고 하였고, 샌즈판사는 사고시에 자동차는 고용업에 '부수한' 사용이었다고 보았으며, 모리슨판사는 다수의견에 동의하였다.

다. 보험계약자가 워런티 위반을 중지하는 것의 의미

법률개정위원회는 2015년 보험법 제10조가 보험계약자가 머레이사건에서 행한 것처럼 '제도를 악용하는' 사람을 보호하고자 의도하는 것이 아니다고 하였다. 동위원회는 제10조에서 자동차의 상업목적의 사용이 완전히 중단되거나 적어도 사적 사용이 지배하는 수준으로 감소하지 아니하는 한, 위반은 치유되지 아니하였다고 하였다.

법률개정위위원회의 견해에 대하여서는 반대의견이 유력하다. 이 결과는 바람직하지만, 보험계약자가 워런티 위반을 중지하는 경우 일반적인 워런티 위반의 치유라고 규정하는 제10조 제5항 (b)호를 반영한 것은 아니라고 한다.[557] 첫째, 사적 사용이 지배적인 때 워런티가 치유된다는 법률개정위원회의 견해가 옳다면, 보험계약자가 워런티 위반을 중지하는 정확한 시기를 확인하는 것은 매우 불확실하다. 둘째, 자동차의 사적 사용이 지배적인 수준으로 감소함에 의하여 워런티 위반이 치유된다는 견해는 워런티틑 보험계약상 엄격히 충족되어야 하는 조건이라는 사실이고 자동차의 상업적 사용은 허용되어서는 아니된다는 것에 부합하지 아니한다. 셋째, 머레이사건에서의 워런티의 위반은 자동차는 상업적 목적으로 계속 사용되었기 때문에 손해발생 시에 계속적 워런티는 치유될 수 없고, 보험계약자가 습관적으로 상업목적으로 사용된 경우에는, 워런티 위반이 중지된 것을 입증할 책임은 보험계약자가 지며, 이를 하지 못하면 워런티의 계속적인 위반이다. 예컨대 메레이사건에서 보험계약자는 상업목적으로 사용할 별개의 자동차를 증명한 경우에는, 사적 사용 이외의 목적을 위하여 부보자동차를 사용을 중지한 것을 나타낼 것이다.

시간을 특정하는 워런티와 달리, 일반적인 워런티가 관련하는 위험은 위반이 치유되기 위하여 당사자가 원래 고찰한 위험과 동일하게 되어야 할 필요는 없다. 일반적 워런티는 손해의 위험을 증가시키는 워런티 위반의 경우에도 치유가 성립할 수 있다.[558] 그러나 워런티 위반이 치유되기 이전에 발생한 것에 기인하는 손해에 대하여 보험자는 보상책임을 지지 아니한다고 규정하는 2015년 보험법 제10조 제2항에 따라 보험자는 이 경우 보상책임을 지지 아니한다.

557) David Kendall and Harry Wright, op. cit., para 6.30.
558) David Kendall and Harry Wright, op. cit., para 6.31.

4. 과거 사실 또는 현재 사실의 워런티

가. 원칙적인 치유불가

대부분의 경우 과거 사실 또는 현재 사실의 워런티는 치유될 수 없다. 예컨대 보험계약자가 부정확하게 자신이 형사처벌을 받지 않았다고 워런티한 경우 보험계약자가 과거로 돌아가 형사처벌을 삭제할 수 없기 때문에 워런티 위반은 치유될 수 없다. 유사하게 Yorkshire Insurance Co v. Campbell사건[559]에서 보험계약자가 부정확하게 발이 특정한 혈통임을 워런티하였다. 보험계약자는 과거로 돌아가 말의 혈통을 변경할 수 없기 때문에 과거 사실과 현재 사실의 워런티 위반은 치유될 수 없었다.[560]이것은 많은 경우 사실의 문제가 진실이 아닌 것을 진실이라고 워런티한 경우, 보험계약자가 제10조 제5항 (b)호상의 워런티 위반을 중지한 것을 증명하기 쉽지 않기 때문에 이것은 많은 경우 옳다.

나. 치유의 허용

(1) 구법의 경우

과거 사실 또는 현재 사실의 워런티는 치유될 수 없다는 것은 불확정적이고, 과거 사실과 현재 사실의 워런티가 치유될 수 있는 경우가 존재한다. 굿럭호사건[561]에서 고프판사는 방론에서 워런티는 보험자의 책임의 사전조건이기 때문에, 과거 사실과 현재 사실의 워런티가 위반되면 처음부터 개시되지 아니한다고 하여 치유가 불가능하다고 하였다.[562] 그러나 고프판사의 논거는 워런티는 정확히 준수되어야 하는 사전조건이고 그러하지 아니하면 보험자는 위반시로부터 면책이라고 규정하는 2015년 보험법 제10조 제7항에 의거하여 삭제된 1906년 해상보험법 제33조 제3항에 기초를 둔 것이었다. 제33조를 인용하고, 고프판사는 다음과 같이 판시하였다.

---

559) [1917] AC 218.

560) 말이 특정한 혈통으로 태어 낳고, 현재 특정한 혈통의 말이었다는 약속이었기 때문에 워런티는 현재 사실과 과거 사실의 워런티로 고찰될 수 있다.: David Kendall and Harry Wright, op. cit., para 6.32.

561) Bank of Nova Scotia v. Hellenic Mutual War Risks Association(Bermuda) Ltd [1991] 2 Lloyd's Rep 191.

562) Law Commissions, July 2014 Report, para 17.50

제33조 제3항에 보험계약상 명시적인 조항에 따르는 것으로 하고, 보험계약자는 워런티 위반일로부터 책임을 면한다고 규정한다. 이 단어들은 명확하다. 이는 보험자의 면책이 위반일로부터 자동적이고, 보험자가 보험계약을 종료하기로 한 결정에 의거하는 것이 아니다. … 제30조 제3항은 워런티라는 용어를 사전조건을 의미하는 것으로 사용하는 뿌리 깊은 실무를 반영한 것이다.

이와 같이 약속적 워런티가 충족되지 아니하면 보험자는 워런티 위반일로부터 면책인데, 워런티의 충족은 보험자의 책임의 사전조건이라는 단순한 이유때문이고, …약속적 워런티의 위반의 직접적 효과는 워런티 위반일로부터 보험자의 면책이다.

2015년 보험법 제10조 제7항에 의거하여1906년 해상보험법 제33조 제3항은 삭제되었고, 워런티는 정지조건이 되었다. 따라서 굿럭호사건에서 고프판사의 방론은 더 이상 효력이 없다.

(2) 2015년 보험법의 경우

제10조에 의하면 워런티가 행해졌을 때 사실이 부정확하였더라도, 후일 실질적으로 정확하게 되었으면 워런티 위반의 치유가 가능하다. 예컨대 De Hahn v. Hartley사건[563]에서 보험계약자는 과거 사실인 리버풀에서 50명 이상의 선원을 싣고 출항하였다고 워런티하였다. 그러나 승선한 선원은 40명이었기 때문에 출항 바로 후 앙글시에서 추가 선원을 실을 때까지는 워런티 위반이었기 때문에 이것은 진실이 아니었다. 일이 장래 행하여질 것을 워런티한 것이 아니기 때문에 이것은 일반적 워런티이었다. 이 사건에 대한 법률개정위원회의 분석은 명백한 착오에 전제하였고, 앙글시에서 추가 선원을 승선한 것은 보험계약자가 워런티 위반을 치유한 것을 의미하였다. 이것이 미래사실의 워런티가 아닌 과거사실의 워런티라는 것은 문제가 되지 아니한다. 이것은 제10조가 일반적 워티가 치유된 것으로 간주되는 기초하에 적용된다는 것을 유념하여야 하므로,[564] 워런티가 행해질 때 사실이 부정확한 것은 반드시 문제가 되지 아니한다. 제10

563) [1786] 1 TR 343.

564) 2015년 보험법 제10 제5항 (b)호는 보험계약자가 워런티 위반을 중지하면 워런티 위반은 치유된 것으로 본다고 규정한다.

조의 목적에 비추어 접근하면, 특히 과거 사실의 워런티와 미래사실의 워런티의 차이는 미묘한 것을 가정하면, 워런티의 어귀가 보험계약자의 미래행위가 아니라 과거 사실에 대한 것이라고 하여 보험계약자가 보장을 상실하는 이유가 명확하지 아니하다. 제10조가 미래행위의 것(강도경보가 책임개시일에 작동할 것)이 아니라 과거 사실의 것(강도경보가 책임개시일에 작동하고 있음)을 입법한 것으로 제한한 것으로 보는 것은 어렵다.[565] 이와 같이 과거 사실의 워런티와 현재 사실의 워런티의 치유는 가능하다.

(3) 현재 사실의 워런티의 치유

특정한 현재 사실의 워런티는 장래 사실의 약속적 워런티로 해석되고, 위반이 되어도 치유가 가능하다. Agapitos v. Agnew (No 2)사건[566]에서 보험계약자는 선박이 영국구조협회의 인증을 받을 것을 워런티하였고, 이것은 계약이 체결될 때에는 진실이었지만, 승인확인이 후일 만료하였고, 갱신되지 아니하였다. 무어-빅판사는 이것은 계속적 워런티 위반이라고 판시하였다. 유사하게 Hales v. Reliance Fire Assurance사건[567]에서 보험계약자는 상점의 보험청약서에서 '어떠한 인화성 석유 또는 물건이 보험목적인 재산에서 사용되거나 점유되어 있는가'에 대한 답변은 단지 '연료라이터'이었다. 이것은 청약서상의 기초조항에 의하여 워런티이었다. 보험계약자가 11월 5일까지 수 주 동안 관습적으로 행하여 왔던 것으로 보험목적인 재산에서 폭죽을 보유하다가 화재가 발생하였다. 맥네어판사는 이 답변인 계속적 워런티에 대한 위반이 있었다고 판시되었다. 2015년 보험법상 보험계약자가 화재시까지 상점에 폭죽을 보유하기를 중단하였으면, 위반은 치유되었을 것이다.[568]

565) David Kendall and Harry Wright, op. cit., para 6.34.
566) (The Aegeon) [2002] EWHC 1558(Comm). [2003] Lloyd's Rep IR 54.
567) [1960] 2 yd's Rep 391.
568) David Kendall and Harry Wright, op. cit., para 6.35.

VI. 책임에 대한 사전조건[569)]

1. 재검토필요성

보험워런티는 책임의 사전조건이고, 따라서 책임에 대한 사전조건에 대하여 2015년 보험법 제10조가 적용되는가 여부에 관하여 약간의 혼란이 존재한다. 워런티 위반이 있으면 위반 후 발생하는 모든 책임에 대하여 즉 이후 발생한 모든 보험사고에 대하여 보험자의 면책인가에 대하여서는 구법하에서도 판례는 이를 제한적으로 해석하였다. 2015년 보험법상 워런티 위반의 치유가 인정되고, 제11조는 워런티 위반으로 인하여 위험이 증가된 경우에 한하여 보험자면책이 허용되는 점에서 이를 재검토할 필요성이 있다.

2. 내용

고프판사가 굿럭호사건에서 보험워런티는 보험계약상 보험자의 책임의 사전조건이라고 한 고찰에서 이와 같은 혼란이 유래한 것으로 판단된다.[570)] 그러나 고프판사는 워런티는(구법상) 그 위반이후 보험자의 책임의 사전조건이지만,[571)] '책임에 대한 사전조건'인 조항이 보험워런티인 것은 아니라 하였다. 보험계약상 보험자의 책임의 사전조건은 일반적으로 보험계약자가 주행가능한 상태에서 택시를 유지하기 위하여 합리적인 노력을 하겠다[572)]는 사전조건과 같은 보험사고이거나 또는 사고의 통지나 보험료지급이 특정한 기간 안에 행한다는 사전조건과 같은 보험계약상의 기술일 수 있다. 특정한 사건에서는 보험계약상의 모든 조건을 준수하는 것이 보험자의 책임의 사전조건이라고 규정하는 조항이 존재한다.[573)] 사전조건의 의미와 효과는 모든 사건에서의 해석의 문제이고, 책임의

569) 사전조건은 condtion precedent의 번역어로 정지조건, 선행조건이라고 번역되지만(鴻常夫·北澤正啓 編修, 英美商事法辭典, 2008, 商事法務硏究會, 198面), 우리법상의 정지조건과 동일한 의미가 아니어서 혼동을 초래할 것으로 판단되어, 사전조건으로 기술한다.

570) Bank of Nova Scotia v. Hellenic Mutual War Risks Association(Bermuda) Ltd [1992] 1 AC 233(HL), 고프판사262[G]-263[B].

571) 2015년 보험법상 이 전제는 더 이상 원칙이 아니다.; David Kendall and Harry Wright, op. cit., para 6.36.

572) Conn v. Westminster Motor Insurance Association [1966] 1 Lloyd's Rep 407.

사전조건의 효과에 대한 일반적인 원칙은 존재하지 아니한다.[574] 일반적으로 이와 같은 조건은 워런티가 아니고, 워런티 위반의 경우 보험자는 장래의 모든 책임을 면하는데 반하여, 이 조건의 위반으로 인하여 보험자가 장래의 모든 보험금지급을 면하는 것이 아니다.[575] 책임의 사전조건이 위반되면, 보험계약자는 조건위반이 이전에 치유되었거나 손해와 인과관계가 존재하는가 여부와 관계없이[576] 조건위반에 대한 특정한 손해에 대해서만 보상받을 수 없게 된다.[577]보험계약자는 별개의 손해에 대한 사전조건을 충족하는 경우에는, 보험자는 자유롭게 보험금지급을 청구할 수 있다.

3. 사례

보험계약상 '보험계약자는 10일 이내에 손해의 통지를 하는 것이 보험자책임의 사전조건'이라고 규정한다. 컴퓨터상점을 소유하는 보험계약자는 랩톱의 절취 후 60일후까지 이를 통지하지 아니하였다. 보험계약자가 책임의 사전조건을 위반하였기 때문에 절취된 랩톱컴퓨터의 손해를 보상받을 없을 것으로 추정된다. 이후 절취범이 상점에서 다수의 물품을 절취하고, 보험계약자는 다음날 이를 통지한다. 이전의 사전조건의 위반에도 불구하고, 보험계약자는 이후 손해에 대해여서는 보상받을 수 있는데, 왜냐하면 손해와 관련하여 사전조건의 위반이 존재하지 아니하기 때문이다. 사전조건위반이 있어도 보험계약자가 통지를 하지 아니한 것에 대한 손해를 보상받는 것을 금지하지만, 그 위반이 장래 모든 손해에 대하여 보험자를 면책으로 하거나 책임을 정지하는 것은 아니다. 이것은 사전조건과 워런티 2 가지 사이에 유사성이 존재하지만, 사전조건이 워런티는

573) Farrell v. Federated Employers' Insurance Co [1970] WLR 498 at 500; Cox v. Insurance Co [1982] RTR 1.

574) 책임의 사전조건은 계약의 사전조건, 위험의 개시의 사전조건과 구별된다. 후자는 그 위반은 계약이 전혀 효력이 생기지 아니한다. 위험의 개시의 사전조건은 그 위반의 경우 보험계약의 효력은 유지되지만, 보험자는 전혀 책임을 비지 아니하는 것이다.; David Kendall and Harry Wright, op. cit., para 6.36.

575) Robert M. Merkin, Colinvaux's Law of Insurance, (11th ed., Sweet & Maxwell, 2016), para B-0089.

576) Conn v. Westminster Motor Insurance Association [1966] 1 Lloyd's Rep 407.

577) Robert M. Merkin, Colinvaux's Law of Insurance, (11th ed., Sweet & Maxwell, 2016), para B-0082.

아니기 때문이다.

Welch v. Royal Exchange Assurance사건[578]에서 화재보험계약상 보험금 청구의 사전조건으로 보험계약자는 '합리적으로 요구되는 보험금청구에 관한 증거와 정보를 [보험자]에게 통지하고', '이 보험계약상 보험금청구는 이 약관의 조항이 충족되지 아니하는 한 지급되지 아니한다'는 것을 포함하였다. 보험계약자는 화재 이후 보험금을 청구하였고, 보험자는 정보를 요구하였지만, 보험계약자는 재판에서 교차심리할 때까지 이 정보를 제공하기를 거부하였다. 이 사건에서 주요한 쟁점은 지와 같은 지체한 통지로 인하여 사전조건위반(통지불이행)이 치유되는가 여부이었다. 그러나 맥킨런판사는 사전조건의 위반은 오직 보험계약자가 그 특수한 화재로 인한 손해를 보상받지 못하도록 하는 것이고, 후일 화재가 있었지만 보험계약자가 사전조건을 위반하지 아니하였으면 그러하지 아니하다고 판시하였다.

4. 소결

'보험계약자가 손해 후 10일안에 손해의 통지를 하는 것을 이 보험계약상 보험금 지급책임의 사전조건이다'는 것과 같이 책임의 사전조건이 보다 광범위하게 되어 있다면 어떠한가? 손해가 발생하고 보험계약자가 10일 안에 통지를 하지 아니하면, 이후 손해에 대하여 보험계약자가 적시에 통지를 하였어도 보험자는 면책인가?

문언 그대로 해석하면 이와 같은 조항의 불충족은 특수한 보험금청구에 관하여서만이 아니라, 보험자가 보험계약상 모든 책임을 일체 면한다는 것일 것이다. 그러나 2015년 보험법 시행 이전에도 법원은 명백한 어귀가 없으면 모든 장래의 손해에 대한 책임을 면하는 것으로 사전조건을 해석할 개연성은 없었고, 법원은 다수의 판결에서 이와 같은 해석에 반대하였다.[579] 그러하지 아니하면 책임의 사전조건에는 구법상의 워런티와 같은 엄격한 효과가 인정되고, 워런티가 아니므로 2015년 보험법 제10조에 기하여 치유가 불가능하다. 또한 이 조건

578) [1939] 1 KB 294.

579) Welch v. Royal Exchange Assurance [1939] 1 KB 294.; Kazahstan Wool Processors v. Nederlandsche Credietverzekering Maatchappij [2000] Lloyd's Rep IR 371.

이 엄격히 충족되면 손해의 위험을 감소하게 하는 조건은 아니기 때문에 보험계약자는 제11조의 적용을 주장할 수 없다(적어도 이 사건에서는).[580]

2015년 보험법상 워런티가 책임의 사전조건인가를 검토하면, 2015년 보험법 제10조에 따라 임의규정화의 필요성이 없었던 구법상의 워런티의 효과를 유지하고자 하는 시도에 있어서, 당사자가 이와 같은 효과를 의도한 것으로 보유하고자 하는 것이 조항의 어귀로부터 명확하지 아니하는 한 그 조건은 보험워런티로 처리될 수 없다.[581]

Ⅷ 워런티 위반의 면제

워런티 위반이 면제되는 사항은 한 가지를 제외하고는 변경되지 않고 유지되고 있고,[582] 폐지된 1906년 해상보험법 제34조 대신 2015년 보험법 제10조 제3항에서 규정되고 있다. 사정의 변경으로 워런티가 계약의 사정에 적용될 수 없는 경우,[583] 워런티의 충족이 그 후의 법률에 의하여 위법하게 되는 경우,[584] 그리고 보험자가 워런티 위반을 포기하는 경우[585]에는, 워런티의 위반은 면제된다.

580) David Kendall and Harry Wright, op. cit., para 6.39.
581) David Kendall and Harry Wright, op. cit., para 6.40.
582) 1906년 해상보험법 제34조 제2항은 워런티가 위반되는 경우, 보험계약자는 위반이 손해 이전에 치유되었다는 항변을 주장할 수 없다고 규저아고 있었다.
583) 이전의 1906년 해상보험법 제제34조 제 1항; 현재의 2015년 보험법 제10조 제3항 (a)호.
584) 이전의 1906년 해상보험법 제제34조 제 1항; 현재의 2015년 보험법 제10조 제3항 (b)호.
585) 이전의 1906년 해상보험법 제제34조 제 3항; 현재의 2015년 보험법 제10조 제3항 (c)호; 한창희, 해상보험법, 114면~122면.

제7장 실제위험과 무관한 조건

I. 서언

가. 입법배경

워런티 위반의 치유가 인정되는 것만으로는 워런티나 조건위반과 손해사이에 인과관계가 없는 경우에도 보험계약자가 보장을 받지 못할 가능성이 잔존한다. 예컨대 부보재산에 대해 보험기간 동안 도난경보기를 작동할 것을 요구하는 워런티의 경우 경보기의 고장 중 화재가 발생한 경우에도 보험계약자는 보상을 받을 수 없다.

구법에서는 보험계약자가 워런티를 위반하면, 위반이 실제손해를 야기 또는 기여를 하거나 실제손해와 어떻게 관련되었는가 여부를 묻지 않고, 보험자의 책임은 위반시로부터 자동적으로 면책이었다(1906년 해상보험법 제33조 제3항).

이에 따르면 보험자의 책임은 실제손해가 폭풍[586] 또는 화재[587]로 인하여 발생한 경우 강도경보 워런티 위반을 이유로 또는 손해가 낮에 발생한 경우 야간 경비원의 배치를 요구하는 워런티 위반[588]을 이유로 보험자의 책임은 면제되었다. Forsikringsaktieselskapet Vesta v. Bucher사건[589]에서 노르웨이보험자

586) Kler Knitwear v. Lombard General Insurance Co Ltd [2000] Lloyd's Rep IR 47.

587) Printpak v. AGF Insurance Ltd [1999] 1 All ER (Comm) 466 (CA), [1999] Lloyd's Rep 542. 항소법원은 절도위험을 보장하는 보험계약상의 조항에만 적용하고, 화재위험을 보장하는 보험계약상의 조항에는 적용하여 해석에 의하여 이 사건에 초래되는 것으로 보이는 엄격한 결과를 피하였다. 또한 Sugar Hut Group Ltd v. Great Lakes Reinsurance (UK) plc [2010] EWHC 2636Comm) Lloyd's Rep IR 198.

588) Century Insurance Company Canada v. Case Existological Laboratories Ltd (The Bamcell Ⅱ) [1984] 1 WWR 97(SCC). 이 사건에서 선박의 소유자가 경비원을 야간에 선박에 배치할 것을 워런티하였다. 워런티가 위반되고, 바지선은 낮에 화재손해를 입었다. 보험워런티의 엄격함을 완화하기 위한 것으로 보이는데, 캐나다대법원은 명백한 어귀로 보아 워런티인데도 그 조건은 워런티가 아니라고 하였다. Bariş Soyer, warranties in marine insurance, (2rd ed., Routledge-Cavendish, 2006), p. 45.

589) [1988] WLR 565, [1988] 1 Lloyd's Rep 19, aff'd [1989] AC 852. [1989] 1 Lloyd's

가 연어농장의 위험을 인수하였고, 보험계약자는 농장에서 24시간 경비할 것을 워런티하였다. 워런티가 위반되었고, 많은 물고기가 심한 폭풍으로 멸실되었다. 노르웨이법에서는 보험자가 원수보험에 대하여 보상책임을 부담하였다. 그러나 재보험은 영국법이 적용되었고, 재보험자는 워런티 위반의 점에서 면책을 주장하였다. 항소법원은 재보험자의 주장을 기각하였는데, 재보험은 이 특정한 쟁점에는 노르웨이법이 적용된다고 것에 근거하였다. 이와 같이 영국법원은 특히 워런티 위반과 실제손해사이에 관계를 요구하지 않는 것과 같은 워런티의 엄격성을 완화하기 위하여 적용법이나 해석에 있어서 창의적인 접근방법을 자주 택하고자 하였다.

그러나 법률개정위원회는 보다 항구적이고 종합적인 해결이 요구된다고 고찰하였고, 이는 2015년 보험법 제11조에 규정되어 있다.

나. 개정내용개관

2015년 보험법 제11조는 워런티나 조건이 충족되지 아니한 경우에도 (1) 당해 워런티나 조건의 충족이 특정한 유형의 손해, 특정한 장소에서의 손해, 특정한 시점에서의 손해를 감소시키는 것이고, (2) 피보험자가 워런티나 조건의 불충족이 손해가 발생한 상황에서 실제로 손해발생의 위험을 증가시키지 아니하였음을 증명한 경우에는 피보험자는 손해에 대해 보상받을 수 있음을 규정하고 있다.

제11조는 보험자가 실제손해와 무관한[590] 조건의 불충족으로 인한 보험금청구에 대하여 보험자가 다투지 못하도록 하는 것을 의도하고 있다.

제11조는 법률개정위원회의 워런티에 대한 불만족으로 입법되었지만, 제11조는 실질적으로 위험감소조건인 경우에도 적용되는 점에서 그 범위가 넓다. 이와 같이 워런티가 아닌 위험감소조건에도 제11조를 적용하게 된 이유는 워런티로 한정하면 워런티가 아닌 조건에 그 위반과 무관한 손해에 대한 보상을 금지하는 내용을 포함하여 제11조의 적용을 회피하지 못하도록 하여 개혁의 목적을 달성하고자 한 것이다.[591] 제11조의 유사한 조건에의 확대는 영국법상 계약상의

Rep 331.

590) 무관한(unconnected)이라는 어귀는 제11조 3항에서 설정된 기준의 약어로 사용된다. 보험법 제11조의 표제에서는 '관련되지 않은(not relevant)'이라는 용어가 사용된다.

조건에 대한 기술적인 범주화를 포기하고 위험관리조항에 대한 보다 총제적인 접근을 제공하려는 의도이고, 긍정적인 발전이라고 평가받고 있다.[592]

Ⅲ 2015년 보험법 제11조의 규정내용과 개정연혁

1. 2015년 보험법 제11조의 규정내용

영국의 제11조는 실제위험과 무관한 조건이라는 제목아래 다음과 같이 규정하고 있다.

(1) 이 조는 조건의 충족이 다음 1 이상의 위험을 감소하게 하는 경우에, 위험을 전체적으로 정의하는 것 이외로서 보험계약의 조건(명시적인 또는 묵시적인)에 적용된다.

(a) 특정한 유형의 손해,

(b) 특정한 장소에서의 손해

(c) 특정한 시간에서의 손해

(2) 손해가 발생하고, 조건이 충족되지 아니한 경우에는, 보험계약자가 제3항을 증명하는 경우에는 보험계약상 보상책임을 배제, 제한, 면제하기 위하여 불충족을 주장할 수 없다.

(3) 보험계약자가 사고가 발행한 상황에서 조건의 불충족이 손해의 위험을 증가시킬 수 없었을 것을 증명한 경우에는 보험계약자는 이 조항을 충족한다. 워런티나 조건의 불충족이 손해가 발생한 상황에서 실제로 손해발생의 위험을 증가시킬 수 없었을 것을 증명한 경우에는 보험계약자는 손해에 대해 보상받을 수 있다.

(4) 이 조는 제10조에 추가하여 적용될 수 있다.

591) Bariş Soyer, Risk control clauses in insurance law: law reform and the future, 2016 Cambridge Law Journal 120.; David Kendall and Harry Wright, op. cit., para 7.20.

592) Bariş Soyer, warranties in marine insurance, para 5.61.

2. 개정연혁

가. 서언

제11조는 비교적 짧지만, 특히 적용대상인 조건 그리고 적용되는 효과에 관하여 불확실성이 존재한다. 적어도 1980년 이래 법률개정위원회는 보험계약조건[593]과 발생한 실제손해 사이의 어떠한 유형의 관계의 도입을 고찰하여 왔다. 이 개념의 발전은 제11조의 의미와 효과에 대하여 유익할 것이므로 약간 상세히 고찰한다.

나. 법률개정위원회의 1980년 제안

(1) 보험법개혁초안 제10조 제5항 (b)호

법률개정위원회는 1980년 보고서에서 워런티 위반이 손해에 무관하든 아니든 워런티 위반을 이유로 보험금청구를 기각하는 사실은 부당하다고 비판하였다.[594] 보험워런티에 관한 다양한 비판 중에서 이것이 가장 중요한 결함으로 고찰되었는데,[595] 보험자가 손해에 '전혀 무관한' 워런티 위반을 이유로 한 보험금청구를 보험자가 기각하는 것은 수용할 수 없었기 때문이었다.[596] 따라서 법률개정위원회는 보험계약자가 워런티 위반이 손해가 실제로 발생한 방식으로 발생하였을 위험을 증가시킬 수 없었을 것을 증명하는 경우에는 보험자는 보험금지급을 거부할 수 없어야 한다고 제안하였다.[597] 보험법개혁초안 제10조 제5항 (b)호는 보험계약자가 워런티 위반이 사고가 실제로 발생한 방식으로 보험금청구를 야기하는 사고가 발생하였을 위험을 증가시킬 수 없었을 것을 증명하는 경우에는 워런티 위반의 경우에도 보험자는 보험금 지급책임을

593) 이 영역에 관하여 법률개정위원회가 처음 고찰하였지만, 1980년에는 오직 워란티에만 집중하였다.
594) Law Commissions, Insurance Law Non-disclosure and Breach of Warranty Report on a Reference Under Section 3(1)(e) of the Law Commissions Act 1965(Law Com No 104), 1980(이하 Law Com No 104(1980)이라 한다), para 6.9(b). 라 한다), para 6.9(b).
595) Law Com No 104(1980), para 6.11.
596) Law Com No 104(1980), para 6.15.
597) Law Com No 104(1980), paras 6.21, 6.22(b).

진다고 규정하였다.[598]

(2) 2015년 보험법 제11조 제3항과의 비교

이는 조건의 불충족이 '손해가 발생한 상황에서 실제로 손해발생의 위험을 증가시킬 수 없었을 것을 증명한 경우에는' 보험자는 조건의 불충족을 주장할 수 없다고 규정하는 2015년 보험법 제11조 제3항의 문언과 현저히 유사하다. 그러나 두 조항사이에는 잠재적으로 중요한 차이가 존재하는데, 1980년 제안은 '사고가 실제로 발생한 방식으로'인데 반하여, 제11조는 '손해가 발생한 상황'이라고 한다. 이에 대하여서는 아래에서 기술한다.

(3) 1980년 관련기준

1980년 관련기준은 워런티 위반이 실제손해에 관련이 없는 경우에 이 상황에서 보험자가 워런티 위반에 의거할 수 없도록 할 의도이었다. 예컨대 공장을 보험목적으로 하는 화재보험계약상 워런티는 부보재산 모두에 효과적인 스프링클러시스템을 유지할 것을 요구하는 것이었다. 화재가 스프링클러가 작동하는 공장의 끝부분에서 발생하였고, 다른 한쪽 끝에는 스프링클러가 작동하지 아니하였지만, 그곳에는 화재가 확산되지 아니하였다. 법률개정위원회는 '위반이 실제손해가 발생한 방식과 아무런 가능한 관계가 없기' 때문에 보험계약자는 이 상황에서 보상받을 수 있다고 하였다.[599] 이것은 아마도 공장의 별개부분에서 스프링클러가 작동하지 않은 것이 스프링클러가 있던 공장의 다른 부분에서 발생한 실제손해의 위험을 증가시킬 수 없었기 때문이다. 이 사례는 1980년 제안상의 관계기준이 인과관계기준과 유사하거나 적어도 인과관계논의를 금지하는 것은 아니라는 것을 시사한다. 그러나 보험계약자가 증명하여야 하는 것은 위반이 손해의 위험을 증가시키지 아니하였음이 아니라 위반이 손해의 위험을 증가시킬 수 없었을 것이라는 점에서 관련기준은 인과관계기준과 동일하지 아니하다.[600]

다른 예는 신용보험계약상 보험계약자는 충분한 신원증명서를 획득하지 아니

598) Law Com No 104(1980), p. 12.
599) Law Com No 104(1980), paras 6.21(j).
600) David Kendall and Harry Wright, op. cit., para 7.4.

하는 한 누구도 고용하지 않겠다는 워런티를 하였다. 워런티를 위반하여 보험계약자는 신원증명서가 없는 A를 고용하였다. 이어서 다른 피용인 B를 고용하였는데, 회사에서 금전을 절취하였다. B는 충분한 신원증명서가 있었다. 이 경우 보험자는 보험금 지급책임을 지지 않는데, 왜냐하면 보험계약자가 A에 대한 워런티를 충족하였으면 절취에 의한 손해의 일반적인 개연성은 감소하더라도, 그 위반이 실제손해가 발생한 방식과 가능한 관계가 없을 수 있기 때문이다.[601] 만일 A가 절취하였다면 동일한 워런티이고 위반이지만, 결과는 달랐을 것이다. 이 경우 신원증명서를 획득하지 아니한 것은 절취에 의한 손해의 위험(일반적으로)과 A가 범한 절취로 실제 손해가 발생하는 방식을 증가시킬 수 있었기 때문이다.[602] 만일 보험계약자가 피용인에게 신원증명서를 요청하였더라면 완벽한 (또는 위조된) 신원증명서를 제공하였을 것이라고 주장할 수 있다. 그러나 법률개정위원회는 보험자는 보험금 지급책임을 진다고 고찰하였는데, 왜냐하면 워런티 위반이 이 사건에서 실제 손해와 인과관계가 없더라도 손해의 위험을 증가시킬 수 있기 때문이라고 하였다.[603] A로부터 신원증명서를 획득하지 않은 것은 회사가 절취할 부정직한 사람을 고용할 위험을 증가시켰기 때문에 손해의 위험은 증가하였다.[604]

이것은 1980년 관계기준에서는 비록 워런티 위반이 문제된 손해와 인과관계가 없더라도 워런티 위반이 현실적으로 실제손해의 위험을 증가시킬 수 있었으면 보험금 지급책임을 인정하기 위하여 충분하다는 것을 시사한다.

(4) 소결

1980년 관계이론과 달리 인과관계기준은 위반이 실제손해의 위험을 증가시킬 수 있었을 현실적인 가능성으로 충분하지 아니하다. 1980년 제안과 2015년 보험법 제11조의 형식과 원리의 유사성(그 무엇보다도)에 비추어, 제11조도 결과적으로 동일할 것이다.[605]

601) Law Com No 104(1980), paras 6.9(h).
602) Law Com No 104(1980), paras 6.9(e).
603) Law Com No 104(1980), paras 6.9(i).
604) Law Com No 104(1980), paras 6.9(i).
605) David Kendall and Harry Wright, op. cit., para 7.5.

다. 법률개정위원회의 2006년/2007년 제안

(1) 서언

법률개정위원회는 2006년 1980년의 미실현된 제안이 다음과 같이 다수의 점에서 결함이 있다고 고찰하였다. 첫째, 1980년 제안은 워런티에만 적용하였고, 이것은 면책사유, 사전조건 또는 기타 조건으로 워런티를 개조하여 회피할 수 있다는 것을 의미하였다.[606] 법률개정위원회는 관련기준이 워런티에만 적용될 이유가 없다고 하였다.[607] 따라서 자동차가 영업목적이 아니라 사적 목적으로만 사용된다는 자동차보험계약상의 조건과 같이 '위험을 기술하는'[608] 조건을 광범위하게 포함하는 것이 필요하다고 고찰하였다.[609] 이는 또한 특수한 사실과 장래행위의 워런티와 면책사유와 같이 '위험을 제한하는' 조건에도 적용할 것을 제안하였다.[610] 달리 말하면 법률개정위원회는 관련기준이 워런티만이 아니라 광점위한 조건에 적용될 것을 제안하였다. 둘째, 2006년 보고서는 1980년 보고서와 법률초안상의 관련기준을 거부하고, '보험금청구는 위반과 인과관계가 있어야 한다'는 것을 요구하는 인과관계기준을 채용하였다. 이 주장을 위하여 법률개정위원회는 1980년 제안과 뉴질랜드법과 오스트레일리아법의 이에 해당하는 조항상의 차이에 주목하여 이 기준의 형식을 상세히 고찰하였다. 요약하면 이에 해당하는 뉴질랜드법상 보험계약자는 '위반이 손해를 야기하거나 손해에 기여하지 않았다'는 것을 증명하여야 하였고,[611] 오스트레일리아기준은 보험계약자가 위반이 손해의 '원인'이 아니다는 것을 증명하여야 하였다.[612]

---

606) 법률개정위원회의 보험법쟁점보고서 2, 워런티, 2006년 11월(이하에서 법률개정위원회의 2006년 보험법쟁점보고서2라 한다), para 3.16.
607) 법률개정위원회의 2006년 보험법쟁점보고서2, para 3.24.
608) 법률개정위원회의 2006년 보험법쟁점보고서2, para 3.20.
609) 법률개정위원회의 2006년 보험법쟁점보고서2, paras 3.17-3.20.
610) 법률개정위원회의 2006년 보험법쟁점보고서2, para 7.8.
611) 1977년 뉴질랜드보험법개혁법 제11조는 보험계약자가 이 사실의 이 사고의 발생 또는 이 사실의 에 의하여 손해가 '야기되었거나 기여되지' 아니하였음을 개연성의 척도에 의하여 증명하는 경우에는 보험계약자는 보상청구권을 가진다고 하고 있다..
612) 오스트레일리아 1984년 보험법 제54조 제3항은 '보험계약자가 보험금청구를 발생시킨 손해의 어느 부분도 행위로 인하지 아니한 경우에, 보험자는 그 행위만의 이유로 보험금 지급을 거부할 수 없다'고 규정하고 있다.

(2) 1982년 호주법률개혁위원회의 1980년 관련기준의 비판

이들 기준의 차이를 분석함에 있어서 법률개정위원회는 1982년의 호주법률개혁위원회의 1980년 관련이론의 분석을 참조하였다. 호주법률개혁위원회는 보험계약자가 자동차를 개조하지 않는다는 워런티를 포함하는 자동차보험계약상 보험계약자가 브레이크가 작동하지 않은 위험을 증가시키는 개조를 하여 워런티를 위반한 예를 들었다. 보험계약자는 적절한 주의를 하지 않았고, 브레이크를 너무 늦게 작동하였으며, 자동차와 추돌하였다. 추돌은 전적으로 보험계약자의 부주의로 인한 것이고, 브레이크는 결함이 없었다. 호주법률개혁위원회는 인과관계기준상은 보험계약자는 보상받을 수 있지만, 1980년 관련기준상으로는 보상받을 수 없다고 하였다. 왜냐하면 1980년 관련기준상 보험계약자가 '워런티 위반이 손해가 실제로 발생한 방식으로 발생하였을 위험을 증가시킬 수 없었을 것을 증명할 수 없을 것'이었기 때문이다.[613] 호주법률개혁위원회는 1980년 관련이론상 워런티 위반은 추돌의 위험을 증가시킬 수 있을 것이고, 실제 손해가 발생한 방식으로 손해가 발생하였다고 고찰하였다. 법률개정위원회의 1980년 기준상으로는 개조가 이론상 추돌위험을 증가시킬 수' 있으면 충분하기 때문에 추돌이 실제로 브레이크의 결함으로 인한 것인가는 문제되지 아니하였다.[614] 이것이 정확하다면(법률개정위원회는 이에 동의하지 아니할 것이지만),[615] 호주법률개혁위원회의 관련기준에 대한 비판은 이해되는 부분이 있다.[616]

(3) 인과관계기준의 채용

법률개정위원회는 1980년 관련기준을 '보험계약자가 개연성의 척도에 의하여 워런티 위반을 구성하는 사고 또는 사실이 손해에 기여하지 아니하였음을 증명한' 경우에는 보험계약자는 보험금청구권을 가진다는 인과관계기준으로 대체하였다.[617] 이것은 보험계약자가 손해의 어느 부분도 워런티 위반으로 인하지 아니하였음을 증명한 경우에 보험계약자는 보상받을 수 있다고 한 호주법률개혁

613) 호주법률개혁위원회 No 20(1982), para 228.
614) 호주법률개혁위원회 No 20(1982), para 228.
615) 법률개정위원회의 2006년 보험법쟁점보고서2, para 7.73.
616) David Kendall and Harry Wright, op. cit., para 7.7.
617) 법률개정위원회의 2006년 보험법쟁점보고서2, para 7.76.

위원회 접근방법에 따른 것이다.[618] 법률개정위원회의 2007년 보고서는 보험계약자가 개연성의 척도에 의하여 워런티 위반을 구성하는 사고 또는 사실이 손해에 기여하지 아니하였음을 증명하는 경우에 보험계약자는 보상청구권을 가진다고 반복하여 제안하였다.[619]

이 '기여하지 아니한' 기준의 적용은 위에서 소개한 것과 같이 1980년 보고서에서 예시로 설명되었다. 자동차를 개조하지 아니하기로 한 워런티 위반에 관한 사례[620]를 인과관계기준에 적용하면 보험계약자는 보상받을 수 있는데, 브레이크가 적절히 작동하고 사고는 과실만으로 인한 것이기 때문에 보험계약자는 개조가 실제 사고에 기여하지 아니하였음을 증명할 수 있기 때문이다.[621] 관련기준과 달리 위반이 실제로 발생한 손해의 위험을 증가시켰는가 여부의 고찰은 인과관계기준에는 대상이 아니었다. 유사하게 보험계약자가 신원증명서를 획득하지 아니한 피용인 A가 회사로부터 절취한 신용보험사례[622]에 대하여 법률개정위원회는 보험계약자는 신원증명서를 요청받았을 경우 충분하거나 위조된 신원증명서를 제출할 수 있었음을 증명할 수 있으면, 보험계약자는 보상받을 수 있다고 제안하였다.[623] 이와 같은 수단은 1980년 관련기준에서는 보험계약자는 보험금을 지급받기 위하여 이용할 수 없었다.[624]

라. 2012년과 2014년 제안

(1) 경과

법률개정위원회의 2012년 보고서는 2007년에 제안된 '기여하지 아니한' 기준은 거부하였는데, 그 근거는 인과관계기준은 불필요하게 법을 복잡하게 하고, 소송

618) 법률개정위원회의 2006년 보험법쟁점보고서2, para 7.76.
619) 법률개정위원회의 2007년 합동자문토론보고서, 보험법: 보험계약자에 의한 부실표시, 불고지, 워런티 위반 CP 182, June 2007, para 12.55.
620) 앞의 제7장 실제위험과 무관한 조건 Ⅱ. 2015년 보험법 제11조의 규정내용과 개정연혁 2. 개정연혁 다. 법률개정위원회의 2006년/2007년 제안 (2) 1982년 호주법률개혁위원회의 1980년 관련기준의 비판
621) David Kendall and Harry Wright, op. cit., para 7.9.
622) 앞의 제7장 실제위험과 무관한 조건 Ⅱ. 2015년 보험법 제11조의 규정내용과 개정연혁 2. 개정연혁 다. 법률개정위원회의 2006년/2007년 제안 (3) 1980년 관련기준.
623) 법률개정위원회의 2006년 보험법쟁점보고서2, para 7.75.
624) David Kendall and Harry Wright, op. cit., para 7.9.

이 증가할 위험이 있다는 것이었다.[625] 법률개정위원회는 모든 계약상 조건에 인과관계기준을 적용하는 것은 부적절하고, '어떠한 조건에는 이 기준을 적용하고 다른 조건에는 적용하지 아니하는 시도는 많은 불확실성을 초래할 것'이라고 고찰하였다.[626] 따라서 '기여하지 아니한' 기준은 2012년 6월 보고서에서는 거부되었다.[627]

대신 법률개정위원회의 2012년 보고서는 특정한 유형의 손해, 특정한 장소, 시간에서의 손해에 관한 조건의 위반은 이와 같은 특정한 유형의 손해, 특정한 장소, 시간에서의 손해에 대해서만 보험자에게 구제수단을 부여할 것을 제안하였다. 이 제안은 워런티에 대하여서만이 아니라, 특정한 유형의 손해, 특정한 장소, 시간에서의 손해를 감소하고자 고안된 조건에도 적용되었다.[628] 이 기준은 다음과 같이 제1차 보험법초안에 설정되었다.[629]

제11조 특정한 손해의 기술에 관한 조건

(1) 이 조는 조건의 충족이 다음 1 이상의 위험을 감소하게 하는 경우에, 위험을 전체적으로 정의하는 것 이외로서 보험계약의 조건(명시적인 또는 묵시적인)에 적용된다.

(a) 특정한 유형의 손해,

(b) 특정한 장소에서의 손해

(c) 특정한 시간에서의 손해

(2) 다음의 경우 보험자는 이 조건의 위반에 대하여 보험자보험계약상 보상책임을 배제, 제한, 면제하기 위하여 불충족을 주장할 수 없다.

(a) 다른 유형의 손해,

(b) 다른 장소에서의 손해

(c) 다른 시점에서의 손해

625) 법률개정위원회의 자문보고서 No 204(요약), 기업보험계약자의 고지의무와 워런티법, June 2012, paras S. 100-S.101.

626) 법률개정위원회의 2012년 합동자문보고서, 기업보험계약자의 고지의무와 워런티법, June 2012(이하 Law Com No 204 라고 한다), para 14.57.

627) Law Com No 204, para 17.60.

628) Law Com No 204, para 15.1(3).

629) Law Commissions, July 2014 Report, p. 356.

(3) 이 조는 제10조에 추가하여 적용될 수 있다.

(2) 내용

새로운 제안은 워런티만이 아니라 제1항의 기술에 해당하는 어떠한 조건에도 적용된다. 법률개정위원회는 영업용이 아닌 사적 용도로 자동차 또는 재산을 사용하는 것으로 제한하는 조건과 같이 '전체 계약을 정의한' 조건에는 적용할 의도가 없다고 하였다.[630] 이것은 초안에서는 명시되지 아니하였고, 법률개정위원회는 전제적으로 위험을 정의하는 조건에 관한 사항을 제11조에 도입하려고 시도하였다.

인과관계에 관한 우려에 비추어, 법률개정위원회는 초안에 인과관계기준을 도입하지 않을 것을 주장하였고,[631] 실제로 대체기준이 채용되었다. 새로운 기준은 문제된 조건이 특정한 유형의 손해, 특정한 장소, 시간에서의 손해에 관한 것인지 여부이고, 이 경우에는 보험자는 다른 유형의 손해, 다른 장소, 시간에서의 손해에 대하여 조건의 위반을 주장할 수 없다는 것이었다.[632] 법률개정위원회는 다음과 같이 기술하였다.

문제된 조건은 실제로 발생한 것에 비추어 고찰되어서는 아니된다. 즉 준수가 초래할 결과를 평가함에 있어서는 조건위반이 발생한 손해에 기여하였는가 여부는 관련없다. 조건이 특정한 유형, 시간 또는 장소의 손해이면 충분하다. 이 경우에는 보험자는 보상책임을 지지 아니한다. 따라서 보험자는 인과관계기준보다 넓은 구제수단을 가진다.

예컨대 부보재산의 문에 특정한 유형의 자물쇠를 달 것을 요구하는 조건에의 충족은 절도위험을 감소하고자 하는 것이다. 당해 문의 자물쇠가 적절하지 아니하고, 창문을 통한 침입이 있었는데, 법률개정위원회는 보험자가 이 조건위반을 주장할 수 있다고 고찰하였다.[633] 이것은 조건의 충족은 절도위험(즉 '특정한

630) Law Com No 204, para 18.6.
631) Law Com No 204, para 18.5. Law Commissions, July 2014 Report, para 14.27.
632) Law Com No 204, para 15.1(3); Law Commissions, July 2014 Report, para 18.39.
633) Law Commissions, July 2014 Report, para 18.40

유형의 손해')을 감소하는 경향이 있기 때문이고. 이는 보험자가 위반을 주장을 금지하는 제11조 제2항의 적용을 받지 아니하여 보험금지급을 거부할 수 있는데, 왜냐하면 워런티 위반을 실제손해가 동일한 유형의 손해이었기 때문이다. 손해가 문이 아닌, 창문을 통하여 접근한 절도범에 의하였다는 사실은 분석에는 적절하지 아니하였는데, 이것은 인과관계기준이 아니었기 때문이다.[634] 조건은 실제로 발생한 것의 관점에서 고찰되어서는 아니된다는 법률개정위원회의 적시에도 불구하고, 법률개정위원회의 예에서 조건의 충족이 일반적인 절취위험이 아니라 창문을 통하여 접근한 절취범으로 인한 위험을 감소시키는 경향이 있지는 않으므로 보험금청구권을 가진다고 보험계약자가 주장하지 못하게 하는 것인가는 명확하지 아니하다. 이 사건에서 창문을 통하여 침입한 절도범으로 인한 손해는 '다른 유형의 손해'이고, 보험자는 위반을 주장할 수 없다고 할 수도 있을 것이다. 이는 법률개정위원회의 명시한 의도에 반하여 실제로는 우회적으로 인과관계를 도입한 것이다.[635]

마. 법률개정위원회의 2014년 11월 7일의 제안

(1) 경과

제11조는 불확정적이고 범위가 넓다는 것에 근거하여 큰 반대가 있었다.[636] 따라서 재무부는 이 조항을 수정할 것을 요청하였고, 2014년 11월 7일 상원의 특별공공법안위원회[637]에 서면증거로 제출된 간단한 입법보고서와 함께 새로 작성된 제11조가 제출되었다. 2014년 12월 2일 특별공공법안위원회에서 고찰될 때 뉴비 재무부장관은 개정조항도 또한 논의가 필요하다고 다음과 같은 의

634) David Kendall and Harry Wright, op. cit., para 7.12.
635) David Kendall and Harry Wright, op. cit., para 7.13.
636) HL paper 81(Memorandum submitted by Law Commissions, David Hertzell, para 17), p. 78.
637) 이 절차는 상원에 제출되어 특별공공법안위원회에서 고찰되어 상원과 하원의 심리에서 적은 시간이 소요되고 입법에 있어서 가장 유리한 지위에 서게 한다. 특별공공법안위원회절차는 축조심사와 개정을 고찰하기 이전에 위원회행위단계를 생략하고 정선한 위원회에 위임하여 서면증거와 구두증거를 채택할 수 있다. 어떠한 법안도 이와 같이 조사될 수 있지만, 토론에 붙이지 않는 법률개정위원회초안과 같은 절차는 정당정치단계에서 토론이 붙이지 않는 기술적인 절차로 통상 유보된다.; David Kendall and Harry Wright, op. cit., para 1.20.

견을 제시하였다.[638]

의장(울프경): 정부는 법률개정위원회의 손해와 무관한 조건을 규율하는 2014년 11월의 조항의 개정을 추구하시나요?

뉴비경: 이 점에 관해서는 이해관련당사자의 합의가 없었다. 칙선변호사(QC)가 부적절하거나 어렵다고 판단한 다수의 근거가 위원회의 구성원에게 제출되어 있다. 현재 법률개정위원회는 합의가 존재한다고 느끼지 않는다.

이에 따라 2014년 12월 14일 특별공공법안위원회는 개정 제11조를 포함하지 않은 초안을 발표하였다. 그러나 크리스마스를 지나면서 변화의 기류가 감지되었고, 2015년 1월 9일 공표한 법안에 개정한 11조를 포함하였으며, 국왕의 승인시까지 유지되었다. 새로 개정된 제11조가 보험법 제11조로 입법되었다.

<표 7-1> 1980년 보고서와 2015년 보험법상 기준의 차이

1908년 보험법초안	2015년 보험법
'…워런티 위반이 보험금청구를 야기한 사고가 실제로 발생한 '방식으로' 발생하였을 위험을 증가시킬 수 없었을 것'	'조건의 불충족이 손해가 발생한 '상황에서' 실제로 손해발생의 위험을 증가시킬 수 없었을 것'

(2) 내용

제11조의 기준은 <표 7-1>에서 보는 것과 같이 1980년 보험법개혁법안에서 원래 제안된 기준과 매우 유사하다.

1980년 법안과는 달리 제11조는 워런티만이 아니라 넓은 범위의 조건에 적용된다. 관련기준[639]을 다른 조건에는 적용하지 아니하고 일부조건에만 적용하는 것은 혼란을 초래할 수 있다는 법률개정위원회의 초기의 결론을 반영한 것이다.[640] 제11조 제3항은 '방식으로'(1980년)를 '상황에서'(2015년)로 변경하였다. 법률개정위원회는 다음과 같이 이것은 인과관계기준이 아니라는 사실을 강

638) House of Lords, Paper 81, p. 46.
639) 앞의 제7장 실제위험과 무관한 조건 Ⅱ. 2015년 보험법 제11조의 규정내용과 개정연혁 2. 개정연혁 나. 법률개정위원회의 1980년 제안 (3) 1980년 관련기준.
640) Law Com No 204, para 14.57.

조하기 위한 중요한 차이로 고찰하였다.[641]

손해가 발생한 '상황에서'라고 한 것은 이 쟁점을 넓게 고찰하기 위한 의도이다. 법원이 손해가 발생한 '방식'을 고찰하는 것이 요구되었으면 인과관계의 문제가 존재하였겠지만, 이 어귀에서는 인과관계의 시사가 덜 하다.

Ⅲ 전체로서 위험을 정의하는 조건(제11조 제2항)

1. 개관

2015년 보험법 제11조는 충족되면 특정한 유형의 손해, 특정한 장소, 시간에서의 손해를 감소하게 하는 조건에 적용된다. 편의를 위하여 아래에서는 '위험감소조건'이라고 한다. 제11조가 적용되는 '위험감소조건'을 고찰하기 이전에, 적용되지 아니하는 조건 즉 '전체로서 위험을 정의하는 조건'(2015년 보험법 제11조 제1항)을 확인하는 것이 필요하다. 조건에는 제11조가 적용되지 아니하는 '전체로서 위험을 정의하는 조건'과 제11조가 적용되는 '위험감소조건'으로 구분된다.

예컨대 선박의 걸프지역에서 항해를 금지하는 조건은 이를 충족하면 특정한 장소 그리고 특정한 유형의 위험, 즉 해적의 위험을 감소하게 하는 위험이다. 그러나 법률개정위원회는 보장의 지역범위를 정의하는 조건을 전체로서 위험을 정의하는 조건이라고 하여 제11조가 적용되지 아니한다고 하였다.[642] 전체로서 위험을 정의하는 조건이 제11조가 적용되는 위험감소조건에 또한 해당하여도 상관없다.[643]

2. 제11조의 적용제외 이유

위험을 전제적으로 정의하는 조건에 대해 제11조의 적용을 배제하는 이유

641) HL paper 81(Memeorandum submitted by Law Commissions, David Hertzell, para 1.17), p. 47.
642) HL paper 81(Memorandum submitted by Law Commissions, David Hertzell, para 1.17), p. 47.
643) David Kendall and Harry Wright, op. cit., para 7.17.

는 이 조건은 특수한 위험과 관련이 없이 일반적인 제한효과를 가지기 때문이다.[644)]

3. 내용

가. 정의

위험을 전제적으로 정의하는 조건의 의미는 불명확하지만, 이것이 늦게 도입된 것인 점에 비추어 2015년 보험법 이외의 법률개정위원회의 주석이 적게 적용된다. 그 경계는 소송에서 정해질 것이고, 법률개정위원회의 의도도 그러하다.[645)] 위험을 전제적으로 정의하는 조건은 보험자가 협소하거나 특정한 위험을 목표로 하기 보다는 보험계약상 제공하려고 합의하는 보장의 전체적 범위를 서술하는 것이다.[646)] 조건이 보험자가 승낙하고자 하는 위험개요에 해당하면 위험을 전제적으로 정의하는 조건이라고 제안된다.[647)]

나. 일반적인 예

법률개정위원회는 위험을 전제적으로 정의하는 조건의 예를 제시하기 위하여 뉴질랜드 법률위원회의 보고서를 참조하였다.[648)] 위험을 전제적으로 정의하는 조건은 다음과 같은 유형으로 구분된다.

(1) 보험계약의 지역적 한계를 정의하는 조건

이 조건은 피보험자 또는 동산이 들어가는 것이 허용되거나 금지되는 지리적 영역 또는 부보행위가 발생하거나 발생하여서는 아니되는 지리적 영역을 기술함에 의하여 달성된다.[649)] 통상 해상보험계약은 지역상 한계를 포함하고 있고, 부보선박이 이 한계를 벗어나면 보험계약상 보상되지 아니한다. 법률개정위원

644) Law Commissions, July 2014 Report, para 18.35.
645) Law Commissions, July 2014 Report, para 18.35.
646) Law Commissions, July 2014 Report, para 18.23.
647) Law Commissions, July 2014 Report, para 18.34.
648) Law Commissions, July 2014 Report, para 18.33.; Some Insurance Law Problems (1998) NZLC R 46, pp. 28-29.
649) HL paper 81(Memorandum submitted by Law Commissions, David Hertzell, para 1.8(2)), p. 81.

회는 이 조건을 위험을 전제적으로 정의하는 조건이라고 한다.650) 보험자가 손해를 보상하기로 약정하는 지역은 협소하거나 특수한 위험이 아니라 보장의 총체적 범위에 속한다.651) 또한 보험계약의 지역상 한계를 정의하는 조건은 보험계약자가 충족하여야 하는 조건이 아니고, 제11조의 적용여부의 기준이다.652) 예컨대 여행자보험계약에는 외무부의 여행경고가 적용되는 국가에서의 손해에 대한 면책을 포함하고 있다. 만일 보험계약자가 이와 같은 국가에 들어가면, 일반적인 해석문제로 조건이 준수되었는가를 적용하지 아니하는데, 왜냐하면, 보험계약자는 처음부터 이를 행하거나 행하지 못하도록 요구되지 않았기 때문이다.653)

(2) 보험목적의 용도를 정의하는 조건

법률개정위원회는 이에 관한 예로 자동차, 요트, 항공기를 사적용도가 아닌 영업용으로 사용하는 것을 금지하는 조건을 든다.654) 유사하게 여행이 아니라 농업에 보장을 제한하는 조건은 위험을 전제적으로 정의하는 조건이다.655) '이와 같은 조건은 발생할지 모르는 특정한 유형의 손해를 대상으로 하는 것이 아니라 보험자가 인수하고자 준비하는 위험에 일반적으로 해당하기 때문에' 법률개정위원회는 위험을 전제적으로 정의하는 조건이라고 보았다.656) 보험의 지역적 범위를 정의하는 조건과 마찬가지로, 이와 같은 조건은 충족을 요구하는 조건은 아니다. 예컨대 요트가 상업여행을 위하여 사용되는 경우 면책인 경우에, 보험계약자가 보수를 받고 요트를 대여하는 경우 보험계약자가 면책조항을 충족하지 아니하였다고 할 수는 없는데, 이 조항은 해석의 문제로서 보험계약자에 의한 '충족'을 요구하는 것은 아니기 때문이다.

---

650) Law Commissions, July 2014 Report, para 18.33.; Parliament's explanatory notes for the Insurance Act 2015, para 94.
651) Law Commissions, July 2014 Report, para 18.23.
652) 2015년 보험법 제11조 제1항은 조건의 충족이 특정한 유형, 시간 또는 장소에서의 손해…의 위험을 감소하게 하는 경우에 적용된다고 규정되어 있기 때문이다.
653) David Kendall and Harry Wright, op. cit., para 7.18(i).
654) Law Commissions, July 2014 Report, para 18.33.; Parliament's explanatory notes for the Insurance Act 2015, para 94.
655) Law Com No 204, para 15.38.
656) Law Commissions, July 2014 Report, para 18.23.

또한 예로서 보험은 '자동차의 사적이고 개인적인 사용'에 대해서 적용되는 조건과 자동차가 '거래 또는 영업과 혼합하여 또는 보험계약자의 사적이고 개인적인 목적 이외로 사용되는 경우 면책인 조건을 포함하고 있는 판례인 Murray v. Scottish Automobile and General Insurance Co사건[657]을 들 수 있다. 자동차보험계약에서 이와 같은 조건은 보험자가 승낙할 것을 약정하는 종합적인 위험목록이기 때문에, 이 조건은 전체적으로 위험을 정의하는 것이라고 이해하기에 용이하다. 일반적으로 영업용자동차보험은 사적인 용도의 자동차보험보다 보험료가 고액이고, 머레이사건과 같은 조건은 사적인 용도의 자동차보험에서는 부보위험은 자동차의 영업용사용을 포함하지 아니하는 사실을 반영한 것이다.

(3) 선박, 항공기, 동산의 운영의 연령, 동일성, 자격 또는 경험을 정의하는 조건[658]

예컨대 농업기계보험계약의 조건이 기계가 미성년자에 의하여 작동되지 않을 것을 규정한 경우를 들 수 있다. 이는 기계가 미성년자에 의하여 작동되는 동안 기계가 훼손되는 상대적으로 좁고 특수한 위험에 해당하기 때문에 위험을 전체적으로 정의하는 조건은 아니라고 생각할지 모른다. 그러나 이 조건은 또한 부보된 자동차를 작동하는 자의 연령과 아마도 경험에 관한 조건이고, 이에 근거하여 법원은 위험을 전체적으로 정의하는 조건으로 고찰한다.[659]

(4) 선박의 선급유지조건

법률개정위원회는 이와 같은 조건은 보험자의 위험의 전체적인 산정에 영향을 미치고, 따라서 전체적으로 위험을 정의하는 조건이라고 보았다.[660] 보험계약자가 자동차를 주행가능한 상태를 유지하도록 요구하는 조건과 같이 부보재산을 특수한 조건으로 유지하도록 하는 조건은 위험을 전체적으로 정의하는 조건이라 하여야 하는데, 왜냐하면 이와 같은 조건은 보험자의 위험의 종합적인

657) 1929 SC 48(IH), 1929 SLT 114.
658) Law Commissions, July 2014 Report, para 18.33(3).
659) David Kendall and Harry Wright, op. cit., para 7.18(iii).
660) Law Commissions, July 2014 Report, para 18.24.

산정에 영향을 미치기 때문이다. 1906년 해상보험법 제39조와 제40조의 선박의 묵시적 감항능력워런티와 적하의 묵시적 감항능력워런티는 위험을 전체적으로 정의하는 조건으로 고찰되어야 한다.[661]

다. 기타 예

위의 위험을 전체적으로 정의하는 조건의 목록은 열거적이고, 법률개정위원회의 명시적인 의도는 이 목록에 계속하여 개발될 것이라고 한다.[662] 다음의 예는 위험을 전체적으로 정의하거나 그 밖의 이유의 제11조의 적용범위외인 것이다.

(1) 보험료지급 워런티 기타 조건

보험계약자가 일정한 시간까지 보험료를 지급할 것을 워런티하거나 약속하는 조건은 손해의 위험과 관련이 없고, 제11조가 적용되지 아니한다.[663] 보험계약자가 보험료를 지급하지 아니하고, 손해가 발생하면, 보험자는 보험료지급 워런티에 따라(보험계약의 조건에 따라) 보상책임을 지지 아니한다.[664]

(2) 보험의 기술에 관한 조건과 위험과 아무 관련 없는 조건

예로서는 보험료지급 워런티(또는 상당한 것)를 들 수 있는데, 이는 위험이 아니라 보험의 기술에 해당하기 때문이다. 다른 사례로는 상황에 따라 보험계약자가 서면기록을 보유할 것을 요구하는 것을 들 수 있는데, 이는 손해의 위험과 어떠한 관련이 있지 아니하는 한 제11조가 적용되지 않는다.[665] 그러나 책임보험에서는 통지조항(또는 유사조항)은 제11조가 적용된다. 예컨대 책임보험계약에서는 피보험자가 보험금청구의 원인이 되는 사실을 보험자에게 통지할 것을 사전조건으로 한다. 이와 같은 조건은 피보험자의 방어에 보험자가 개입할 수 있도록 의도하고, 이에 의하여 제3자에 대한 법률상 책임형태로 부담하는 손해의 위험을 잠재적으로 감소할 수 있게 된다.[666] 따라서 책임보험에서 통지의 사

---

661) David Kendall and Harry Wright, op. cit., para 7.18(ⅳ).
662) Law Commissions, July 2014 Report, para 18.23.
663) Law Com No 204, para 15.38.
664) David Kendall and Harry Wright, op. cit., para 7.19(ⅱ).
665) Law Com No 204, para 18.6.

전조건 또는 유사조건의 충족에는 제11조가 적용되지만, 이것은 개별적인 사건의 해석문제이다.

(3) 도덕적 위험에 관한 조건

예컨대 임원배상책임보험에서 피보험자가 이사의 누구도 형사처벌기록이 없다는 워런티를 하는 것이 일반적이다. 이와 같은 조건이 피보험자가 충족하여야 한다는 것이 적절하다고 하더라도, 이것은 위험을 전체적으로 정의하는 것이고,[667] 따라서 제11조의 적용범위 밖이다.

4. 평가

이와 같이 위험을 전체적으로 정의하는 경우에는 2015년 보험법 제11조가 적용되지 않는바, 보험기간 중의 위반의 경우 위험의 증가에 관한 조건인가 아니면 위험을 전체적으로 정의하는 조건인지 여부가 명확하지 아니한 점에서 2015년 보험법은 매우 복잡한 해결방법을 채용한 것으로 평가되고, 이는 문언의 해석 문제로서 향후 법원의 판단이 기대된다.[668]

Ⅳ 면책조항

1. 제11조와 면책조항

대부분의 면책조항에 제11조가 적용되는가에 대하여서는 불확실성이 존재한다.[669] 법률개정위원회는 제11조는 면책조항에 적용된다고 하였고, 제11조 제2항은 이 가능성을 인정하고 있는데, 왜냐하면 제11조 제2항은 '보험자는 …면책으로 하기 위하여 불충족을 주장할 수 없다'고 규정하기 때문이다.

666) David Kendall and Harry Wright, op. cit., para 7.18(ⅱ).
667) Law Com No 204, para 15.38.
668) Bariş Soyer, Risk control clauses in insurance law: law reform and the future, 2016 Cambridge Law Journal 122.
669) 앞의 제7장 실제위험과 무관한 조건 Ⅲ. 전체로서 위험을 정의하는 조건 3. 내용 나. 일반적인 예 (1) 보험계약의 지역적 한계를 정의하는 조건-(2) 보험목적의 용도를 정의하는 조건.

만일 제11조의 적용범위를 워런티로 한정하고 면책조항에 적용되지 않는다고 하였다면, 제11조의 효과를 제한하기 위하여 워런티와 기타 조건을 면책조항으로 재구성할 수 있을 것이다.[670] 예컨대 항상 부보재산에 대하여 도난경보기가 작동하야 한다는 워런티 대신 "도난경보기가 작동하지 아니한 때 발생한 손해는 면책이다"고 규정하는 것이 그 예이다. 만일 면책조항에 제11조가 적용되지 아니한다고 하였다면, 법률개정위원회의 개혁은 실효성이 크게 감소하였을 것이다.

제11조의 유사한 조건에의 확대는 영국법상 계약상의 조건에 대한 기술적인 범주화를 포기하고 위험관리조항에 대한 보다 총제적인 접근을 제공하는 의도이고, 긍정적인 발전이라고 평가된다.[671]

2. 면책조항에 제11조 적용요건

가. 충족의 요청

면책조항에 대하여 제11조가 적용되지만, 대부분의 면책조항에는 제11조가 적용되지 아니한다. 많은 면책조항은 보험계약상 보장의 범위를 제한하기 때문에 위험을 전체적으로 정의하기 때문이다.[672] 그 명확한 예로는 앞에서 든 특정한 지역에서의 손해의 면책 또는 보험목적이 사적 용도가 아닌 영업용으로 사용되는 경우 면책 등[673]을 들 수 있다.

당해 면책조항이 위험을 전체적으로 정의하지 아니한다고 하여 제11조가 적용되는 것은 아니고, 제11조가 적용되기 위하여서는 조건의 충족이나 그 조건의 불충족을 요구하여야 한다.[674] 제11조는 조건의 '충족'이 손해의 위험을 감

670) Bariş Soyer, Risk control clauses in insurance law: law reform and the future, 2016 Cambridge Law Journal 120.; David Kendall and Harry Wright, op. cit., para 7.20.

671) Bariş Soyer, Warranties in marine insurance, (3rd ed., Routledge Taylor & Francis Group, 2016), para 5.61.

672) David Kendall and Harry Wright, op. cit., para 7.20.; Bariş Soyer, op. cit., para 8.4.; Bariş Soyer, Risk control clauses in insurance law: law reform and the future, 2016 Cambridge Law Journal 121.

673) 앞의 Ⅲ. 전체로서 위험을 정의하는 조건 3. 내용 나. 일반적인 예 (1) 보험계약의 지역적 한계를 정의하는 조건-(2) 보험목적의 용도를 정의하는 조건.

674) David Kendall and Harry Wright, op. cit., para 7.21.

소하게 할 수 있어야 한다고 규정하고, 제11조 제2항은 손해가 발생하고 당해 조건이 충족되지 아니한 경우에만 적용된다. 만일 올바른 해석상 보험계약자가 충족하거나 충족하여서는 아니되는 조건이 아니면, 이것은 제11조 제2항이 적용되는 위험을 위험감소조건이 아니고, 따라서 제11조 제2항이 제공하는 보호를 받지 못한다. 예컨대 많은 해상보험계약에서는 '동맹파업자, 직장폐쇄근로자, 노동쟁의에의 참가자, 소요 또는 내란'으로 인한 손해를 면책으로 하고 있다. 만일 소요가 발생하여 피보험자가 손해를 입는 경우 조건의 불충족이 존재하였다고 하기 어려운데, 왜냐하면 이 조건은 처음부터 준수를 요구하는 것은 아니었고, 피보험자가 이를 충족하지 않은 것은 아니기 때문이다. 따라서 제11조는 이와 같은 면책조항에는 적용되지 아니한다.

나. 증명책임의 문제

많은 책임보험계약에는 다음과 같은 조항이 삽입되어 있다.[675)]

보험자는 피보험자가 행한 불성실행위 또는 태만으로 인하여 발생한 민사상의 책임 또는 관련방어비용에 대하여 피보험자에게 보상책임을 지지 아니한다.

이 조건은 올바른 해석에 따르면 피보험자의 충족을 요구하는 조건이 아니다. 즉 피보험자가 불성실하게 행위하는 것이 금지되는 것이 아니다(실무상 그와 같은 효과를 당연히 가지지만). 피보험자가 불성실행위를 하는 경우, 통상적인 해석의 문제로서 면책조항을 충족하지 아니하였다고 할 수 없다. 오히려 이 조건은 그 한도로 보장범위를 제한하는 것이기 때문에 불성실로 인한 책임에 대하여서는 면책조항의 결과로 책임을 지는 것은 아니다.

또한 제11조를 적용하는 것이 바람직하지 아니한 이유가 존재한다.[676)] 즉 면책사유이면 보험자가 면책사유로 인한 손해임을 증명하여야 한다.[677)] 그러나 만약 제11조가 적용되면 제11조 제3항에 따라 보험계약자가 조건의 불충족으로 인하여 손해가 발생한 상황에서 손해의 위험을 증가하게 할 수 없었을 것이라는 것을 증명하여야 하므로 증명책임이 보험자로부터 피보험자로 전환된다. 예컨대 위의 예에서 보험자가 소요 또는 내란행위로 인한 손해임을 증명하여야

675) David Kendall and Harry Wright, op. cit., para 7.21.
676) David Kendall and Harry Wright, op. cit., para 7.21.
677) 양승규·한창희, 전게서, 573면,

하는데 반하여, 제11조를 적용하면 피보험자가 증명책임을 진다.

V 제11조가 적용되는 위험감소조건

1. 위험감소조건

제11조가 규정되게 된 것은 워런티법의 문제점으로 인한 것이지만, 제11조는 광범위한 조건에 잠재적으로 적용된다. 이에는 조건반이 아니라, 선행조건, 면책조항에도 적용된다. 법률개정위원회는 제11조는 발생하는 특정한 유형의 손해의 위험에 영향을 미치는 조건에만 적용되거나 특정한 손해의 유형은 보다 확대될 수 있는 위험에만 적용된다고 한다.[678]

2. 위험감소조건과 전체적인 위험정의조건의 겸유의 경우

가. 겸유의 경우

어느 조건이 위험감소조건과 제11조가 적용되지 아니하는 전체적으로 위험을 정의하는 조건 양자에 해당할 수 있다. 예컨대 선박의 선급, 선장의 자격, 선박의 용도(사적사용 또는 영업용) 등에 관한 해상보험약관상의 조건은 전체 위험 또는 중요한 위험의 일부에 영향을 미친다고, 즉 위험을 전체적으로 정의하여 제11조의 적용범위 밖이라고 할 수 있다. 그러나 선박에 설치할 자물쇠의 유형에 관한 조건은 선박의 시정된 부분에 침입자의 위험에만 영향을 미치고, 따라서 제11조가 적용될 수 있는데, 충족은 특정한 유형의 손해를 감소하게 할 수 있기 때문이다. 유사하게 작업장화재스프링클러시스템을 설치할 것을 요구하는 조건은 오직 화재손해의 위험 또는 범위에 관한 것이고, 따라서 제11조가 적용될 것이다.[679]

---

678) HL paper 81(Memorandum submitted by Law Commissions, David Hertzell, para 1.7, p. 47.

679) 앞의 제7장 실제위험과 무관한 조건 Ⅲ. 전체로서 위험을 정의하는 조건 1. 개관.

나. 부보위험의 내용의 문제

조건이 위험감소조건인가 또는 전체적으로 위험을 정의하는 조건인가 여부를 결정함에 있어서는 당해 보험계약상 제공된 보장의 총체적인 성질에 따른다. 예컨대 정유소에서 높은 화재의 위험에 비추어 보험계약자가 화재로 인한 손해만을 부보하는 보험에 가입하였고, 보험계약자는 정유소가 작동하는 기간 동안 항시 자격 있는 화재직원으로 경비하게 한다고 워런티하였다. 이 조건에 제11조가 적용되는가? 부보된 특정한 (유일한) 위험은 화재이기 때문에, 이 조건은 '전체적으로 위험을 정의하는' 조건이라 할 수 있는데, 왜냐하면 이 조건은 '위험의 전부 또는 중요한 일부에 영향을 미칠 수 있기' 때문이다. 그러나 이 조건은 위험감소조항이라고도 할 수 있는데, 왜냐하면 충족되면 이 조건은 특정한 유형의 손해의 위험(화재로 인한 손해) 또는 특정한 시간의 손해의 위험(정유소의 작동중의 손해)을 감소하게 할 수 있기 때문이다. 제11조가 적용되는가 여부는 보험계약에 의하여 제공되는 보장의 범위에 일부는 달려 있다. 보장이 협소하면(즉 화재위험만이면) 제11조는 적용되지 않을 것인데, 왜냐하면 이 조건은 위험을 전체적으로 정의하는 것이기 때문이다. 그러나 보장이 넓다면, 이 조건에는 제11조가 적용될 것인데, 왜냐하면 이 조건은 특수한 유형의 손해의 특수한 손해에만 영향을 미치기 때문이다. 따라서 제11조의 적용여부는 일부는 보험계약 전체에서 부보위험의 내용에 있어서 그 조건의 고찰에 따라 결정된다.[680]

Ⅵ 제11조의 손해에 무관한 조건에 대한 효과

1. 개관

보험계약자는 워런티 또는 조건의 불충족이 손해가 발생한 상황에서 실제로 손해발생의 위험을 증가하게 할 수 없었음을 증명하여야 한다(2015년 보험법 제11조 제3항). 이는 법률개정위원회가 인과관계 기준을 도입하는 것은 바람직하지 않다고 한 점에 비추어[681] 간접적으로 인과관계를 도입한 것으로 이에 의

680) David Kendall and Harry Wright, op. cit., para 7.23.
681) 말콤 클라크교수는 워런티 위반과 손해 사이에 인과관계를 도입하는 것은 바람직하지 않

하여 소송이 잠재적으로 증가할 위험이 있다고 고찰되고 있다.[682)]

제11조 제2항은 제11조에 따른 조건의 불충족이 존재하더라도 보험계약자는 보호받을 수 있다고 규정한다. 보험계약자가 제11조 제3항을 충족하면, 보험자는 보험계약상의 책임을 감소하거나 면제하기 위하여 조건을 불충족을 주장하는 것이 금지된다. 제11조 제3항의 의미와 효과에 관하여서는 많은 불확실성이 존재한다. 대체로 말하면 보험계약자가 조건의 불충족이 '손해와 전적으로 무관하다'는 것을 증명하면 보험계약자는 기준을 충족할 것이다.[683)] 이는 조건의 불충족이 손해가 발생한 상황에서 발생하는 실제손해의 위험을 증가시킬 수 없었음을 의미한다. 직접적인 예는 보험계약자가 특정한 유형의 창문자물쇠를 설치할 것을 워런티한 경우, 보험계약자가 자물쇠를 설치하지 아니하고, 보험목적이 홍수로 훼손된 경우를 들 수 있다. 보험계약자가 요구된 창문자물쇠를 설치하지 않은 것이 홍수위험을 증가시키지 아니하였을 것, 즉 워런티 위반이 손해와 무관하다는 것을 틀림없이 증명할 수 있을 것이고, 보험계약자는 보험금을 지급받을 것이다.[684)]

2. 내용

1980년 보고서와 같이,[685)] 제11조 제3항은 조건의 불충족이 손해를 야기하였거나 손해에 기여하였을 것을 요구하지 아니한다. 보험법에 관한 의회의 입법이유서에 따르면 '위반과 궁극적 손해사이의 직접적인 인과관계는 요구되지 아니한다. 즉 기준은 불충족이 입은 손해를 야기하였는가 또는 손해에 기여하였는

다고 하였다.; Malcolm Clarke, "Insurance warranties: The Absolute End?", [2007] L.M.C.LQ. 474. 487.

682) 법률개정위원회는 2014년 조사비용의 증가, 복잡한 소송, 입증의 곤란을 이유로 인과관계기준을 반대하고, 인관관계가 없는 손해가 존재할 수 있기 때문에 인과관계기준은 모든 워런티에 적절하지 않으며, 그 예로 과거 보험금 청구는 장래의 보험금 청구에 인과관계가 없지만, 보험자가 장차 보험금 청구의 가능성을 산정하는데 매우 필요할 것이다는 것을 든다.; Law Commissions, July 2014 Report, para 14.24. 그리고 뉴질랜드의 실무상의 어려움을 적시하고 있다(para 14.26).

683) HL paper 81(Memorandum submitted by Law Commissions, David Hertzell, para 1.11, p. 47.

684) Parliament's explanatory notes for the Insurance Act 2015, para 95.

685) 앞의 제7장 실제위험과 무관한 조건 Ⅱ. 2015년 보험법 제11조의 규정내용과 개정연혁 2. 개정연혁 나. 법률개정위원회의 1980년 제안.

가 여부가 아니다.'고 단호하게 서술되었다.[686]

법률개정위원회는 이전에 채택하였던 인과관계기준을 거부하였다. 제11조 제3항은 인과관계요건이 존재하지 않음을 명확히 하였고, 이것은 조건의 불충족이 손해가 발생한 '방식으로'라는 어귀 대신에 '상황에서'라는 어귀를 사용하는데 반영되어 있다.

법률개정위원회는 다음과 같이 제11조 제3항의 의미와 효과에 대하여 다음과 같이 기술하였다.[687]

보험계약자나 보험자나 실제 손해를 야기하였을 것 또는 조건이 충족되었더라면 발생하였을 것을 증명할 필요가 없고, 증거의 문제도 인과관계기준에서보다 훨씬 덜 중요하다. 비록 보험계약자가 워런티의 충족이 실제 손해와 차이가 없었을 것임을 증명할 수 있는 경우에도, 차이가 없다는 사실은 보험자가 지급해서는 아니된다는 것을 의미하지는 않는다. 대신 위반하더라도 차이가 없었을 것인가 여부의 보다 객관적 평가가 존재하고, 이것을 증명할 책임은 명시적으로 보험계약자가 진다. 이에 따라 초점은 실제적인 보험금청구시라는 뒤(위반이 발생한 손해에 기여하였는가-인과관계기준)가 아니라 위험이 인수된 때인 앞(위반이 손해의 위험을 증가시키지 아니하였을 것)을 향한다.

조건의 불충족이 손해의 위험을 증가시켰을 가능성이 존재하면, 보험계약자는 제11조 제3항의 기준을 충족한 것이 아니다. 이 문제는 실제 손해에 관하여 고찰되어야 하고, 이는 불충족이 손해를 증가시킬 순수하게 이론상 기회는 고찰되어서는 아니됨을 의미한다. 예컨대 공장의 한쪽 끝의 방에 스프링클러를 설치하지 아니한(워런티 위반) 공장소유자인 피보험자의 사례에서, 화재가 공장의 다른 부분에서 발생하고, 스프링클러가 없었던 방에 확산되지 아니하였다면,[688] 보험계약자는 제11조 제3항을 충족하고 보상을 받을 수 있다.[689]

---

686) Parliament's explanatory notes for the Insurance Act 2015, para 96.

687) HL paper 81(Memorandum submitted by Law Commissions, David Hertzell, para 1.16, p. 47.

688) 앞의 제7장 실제위험과 무관한 조건 Ⅱ. 2015년 보험법 제11조의 규정내용과 개정연혁 2. 개정연혁 다. 법률개정위원회의 2006년/2007년 제안 (3) 1980년 관련기준.

689) David Kendall and Harry Wright, op. cit., para 7.27.

Ⅶ 제11조 제3항의 적용사례

1. 사례

법률개정위원회는 제11조 제3항의 의미와 효과에 관하여 일련의 사례를 들어서 설명하고 있지만,[690] 일부는 문제가 없지 않다.[691]

먼저 보험계약자에게 모든 문에 5단의 자물쇠를 설치할 것을 요구하는 워런티가 존재한다. 하나의 문(문A)의 자물쇠는 3단이어서 워런티가 위반되었고, 절도범이 문A를 통해 침입한다. 법률개정위원회는 보험자는 워런티 위반을 주장할 수 있다고 하는데, 왜냐하면 '자물쇠는 손해가 발생한 상황에서 차이를 발생시켰을 것이기 때문이다(문에 요구된 자물쇠가 설치되지 아니한 것과 절도범이 침입한 것)'.[692] 보험계약자가 정확한 자물쇠가 설치되었더라도 절도범이 다른 길을 발견하였을 것이라는 것 또는 절도범이 문을 파괴하였을 것이라는 주장은 허용되지 아니하는데, 이것은 인관관계기준이고 2015년 보험법에서 채용되지 아니하였기 때문이다.

두 번째 예는 같은 워런티이고 위반이지만, 절도범이 창문을 통하여 침입하거나 정확한 5단 자물쇠가 설치된 문을 통해 침입한 경우이다. 법률개정위원회는 '이 상황에서는 문A에 다른 자물쇠가 설치되었더라도 차이가 없었을 것이고', 이는 보험자가 보상책임을 진다는 것을 의미한다고 하였다. 아마 이것은 실제손해의 '상황'이 절도범이 창문을 통하거나 정확한 5단 자물쇠가 설치된 다른 문을 통하여 침입할 수 있었기 때문이다. 이것은 인과관계기준과 매우 유사한데, 왜냐하면 손해가 발생한 방식에 따라(2015년 보험법에서는 '상황'이라고 규정하지만) 두 사례를 구별하기 때문이다. 이는 또한 법률개정위원회의 최초의 보험법초안에서는 법률개정위원회는 이 상황에서는 보상책임을 지지 아니하였을 것이라고 한 기준과 결과가 다른 점에서 차이가 있다.[693] 즉 제11조 제3항의 최종안에서는 인

690) HL paper 81(Memorandum submitted by Law Commissions, David Hertzell, para 1.18(1), pp. 47-48.

691) David Kendall and Harry Wright, op. cit., para 7.28.

692) HL paper 81(Memorandum submitted by Law Commissions, David Hertzell, para 1.18(1), pp.47-48.; 이 사례에서 손해가 발생한 '방식'(1980년 제안)과 손해의 '상황'사이에 차이를 식별하는 것은 용이하지 않다.

693) Law Commissions, July 2014 Report, para 18.40

과관계기준을 멀리한 것은 사실이지만, 이를 완전히 닫은 것은 아니다.[694]

또 다른 예는 보험계약자가 부보자동차를 주행가능한 상태로 할 것을 워런티한다. 한 개의 전조등에 결함이 있어 워런티 위반이 존재한다. 첫째 사례로는 자동차가 대낮에 트럭과 추돌한다. 법률개정위원회는 손해가 발생한 상황에서 '하자있는 전조등이 사고에 기여할 가능성이 없다(낮이었고 전조등이 적절히 작동하였더라도 필요가 없었을 것)'고 한다. 결과적으로 워런티 위반을 주장할 수 없다.[695] 그러나 이 결론은 옳지만 근거는 타당하지 않다고 주장된다. 즉 제11조 제3항에 따르면 보험계약자는 워런티 위반이 '손해에 기여하지 아니하였음'을 증명하여야 하는 것이 아니라, 위반이 손해가 발생한 상황에서 손해의 위험을 증가하게 할 수 없었을 것임을 증명하여야 한다. 상황은 대낮에 충돌이 발생한 것이었고, 이 상황에서 손해의 위험은 한 개의 전조등이 작동하지 않음에 의하여 증가되지 아니하였을 것이었다.[696]

이 사례를 수정하여 워런티와 위반은 동일하지만 자동차가 어둠속에서 빙판에 미끄러졌다. 법률개정위원회의 분석은 과실 있는 전조등이 사고를 야기하지 아니하였지만, '손해의 상황(어둠속에서 전조등의 하자)에서 손해에 기여하는 것이 가능하였다'는 것이었다.[697] 이에 기초하여 보험자는 보험계약자의 불충족에 의거하여 보험금 지급책임을 면한다. 그러나 이에 대해서는 의문의 여지가 있다. 손해가 발생한 상황에서 손해의 위험을 증가시키지 아니하였음을 증명하여야 한다. 제11조 제3항은 보험계약자가 워런티 위반이 '손해에 기여할 수 있었을 것' 여부를 증명하여야 하는 것이 아니고, 손해가 발생한 상황에서 워런티 위반이 손해의 위험을 증가하게 할 수 없었음을 증명하여야 한다. 손해의 상황은 자동차가 식별 불가능한 암흑의 빙판위에서 미끄러진 것이었다. 하자있는 전조등은 손해가 발생한 상황에서 손해의 위험을 증가시킬 수 없었을 것인데, 왜냐하면 방판은 여하튼 식별 불가능하였기 때문이다. 하자있는 전조등은 차이가 없다. 법률개정위원회는 '이것은 원하지 아니하는 인과관계논의'라고 하였다.[698]

---

694) David Kendall and Harry Wright, op. cit., para 7.28.
695) HL paper 81(Memorandum submitted by Law Commissions, David Hertzell, para 1.18(2), p. 48.
696) David Kendall and Harry Wright, op. cit., para 7.29.
697) HL paper 81(Memorandum submitted by Law Commissions, David Hertzell, para 1.18(2), p. 48.

이것이 옳다면 손해가 워런티 위반과 무관함에도 불구하고 보험자는 워런티 위반을 주장할 있다.[699]

마지막으로 1982년 호주 법률개정위원회가 제기한 사례를 살펴본다. 보험계약자가 자동차를 개조하지 아니하겠다는 조건을 자동차보험계약에 삽입하였는데, 개조하여 이를 위반한다. 개조는 브레이크가 오작동할 위험을 증가시킨다. 운전자가 주의의무를 게을리 하여 브레이크를 늦게 작동하였고, 브레이크가 완벽하게 작동하여도 사고는 발생한다.[700] 보험계약자의 조건불충족이 손해를 야기하거나 손해에 기여하지 않았고, 손해는 보험계약자의 과실의 결과이었다. 보험계약자는 이전에 법률개정위원회가 제안한 인과관계기준을 충족할 수 있었다. 2015년 보험법 제11조를 적용하면 이와 다른 결과가 나타나고, 호주법률개정위원회는 1980년의 기준과 약간 어귀에서 다름에도 불구하고 인과관계기준을 채용하였다. 실제손해의 상황은 자동차가 다른 자동차와 충돌하고, 비록 개조가 사실상 충돌을 야기하거나 충돌에 기여하지는 않았지만, 이와 같은 유형의 손해의 위험은 행해진 개조에 의하여 증가될 수 있었을 것이었다. 따라서 제11조 제3항을 적용한 결과는 다르고 인관관계기준보다 보험계약자에게 불리하다. 이에 비추어 제11조 제3항의 불명확성과 관련하여 법원이 (실제로) 인관관계기준으로 취급하기 위하여 그 효과에 대한 택일적 견해를 취할 전망도 적어도 존재한다. 따라서 제11조 제3항에 관한 확실한 결론을 내리는 것은 불가능하다.[701]

2. 소결

2015년 보험법 제11조에 의한 보험계약자의 보호가 전혀 의미가 없지는 않다. 보험계약자가 자동차를 개조하지 아니하겠다는 조건을 자동차보험계약에 삽입한 예에서 자동차가 주차중 부러진 나무로 인하여 손해가 발생하는 경우를 가정하면 이 경우에 보험계약자는 제11조 제3항[702]을 증명할 수 있을 것이다. 자

698) HL paper 81(Memorandum submitted by Law Commissions, David Hertzell, 각주 62), p. 48.

699) David Kendall and Harry Wright, op. cit., para 7.30.

700) Australian Law Reform Commission No 20 (1982), para 228(Law Commissions, Insurance Contract Law Issues Paper 2, Warranties(November 2006), para 23에서 재인용).

701) David Kendall and Harry Wright, op. cit., para 7.31.

동차에 나무가 추락하는 위험은 자동차의 개조로 증가될 수 없었을 것이고, 보험계약자는 제11조 제2항[703]의 보호를 받는다. 자동차가 절취되거나 방화범에 의하여 화재가 발생한 경우 유사한 결과를 얻을 것인데, 왜냐하면 어느 경우에도 개조가 사고발생위험을 증가하게 할 수 있었을 것일 가능성이 없기 때문이다.[704]

Ⅷ 제10조와 제11조의 상호작용

제11조가 적용되는 워런티에는 또한 제10조가 적용된다(2015년 보험법 제11조 제4항). 보험계약자가 이와 같은 워런티를 위반하여도, 손해 이전에 워런티가 치유되면 보험자는 제11조 제3항이 충족되는지 여부와 무관하게 보험자는 책임을 지는데, 왜냐하면 손해 발생시에 보험계약자는 워런티 위반이 중지되기 때문이다. 그러나 손해발생 이전에 보험계약자가 워런티 위반을 치유하지 아니한 경우에도, 보험계약자가 위반이 손해가 발생한 상황에서 손해의 위험을 증가하게 할 수 없었을 것임을 증명하는 경우에는 보험금청구권이 인정된다. 제10조와 제11조의 잠재적 상호작용은 Hibbert v. Pigou사건[705]을 통하여 살펴볼 수 있다. 이 사건에서 보험계약자는 선박 아룬델호가 호위아래 자메이카로부터 출항할 것을 워런티하였고, 이와 같은 워런티는 선박이 포획되거나 공격받을 위험을 감소시키기 때문에 이것이 전통적으로 해상보험계약에 삽입되었다. 아룬델호는 자메이카에 늦게 도착하여, 호위 없이 오직 다른 한 선박과 함께 출항하였다. 며칠 후 아룬델호는 쿠바연안에서 호위를 받았고, 폭풍으로 인하여 후일 호위선박으로부터 격리되었고, 이후 포획되었다[706]. 호위 없이 자메이카를 출항한 것은 워런티 위반으로 보험자는 면책이었다. 2015년 보험법이 적용되는 사

---

702) 제11조 제3항: 보험계약자가 사고가 발행한 상황에서 조건의 불충족이 손해의 위험을 증가시킬 수 없었을 것을 증명한 경우에는 보험계약자는 이 조항을 충족한다. 워런티나 조건의 불충족이 손해가 발생한 상황에서 실제로 손해발생의 위험을 증가시킬 수 없었을 것을 증명한 경우에는 보험계약자는 손해에 대해 보상받을 수 있다.

703) 제11조 제2항: 손해가 발생하고, 조건이 충족되지 아니한 경우에는, 보험계약자가 제3항을 증명하는 경우에는 보험자는 보험계약상 보상책임을 배제, 제한, 면제하기 위하여 불충족을 주장할 수 없다.

704) David Kendall and Harry Wright, op. cit., para 7.32.

705) (1783) 3 Doug KB 224, 99 ER 624.

706) 아룬델호가 누구에게 어떻게 포획되었는가는 보고서상 명확하지 아니하였다.

건이라면 워런티 위반은 아룬델호에 쿠바연안에서 호위대가 합류한 때 치유되었을 것이다.[707] 그러하지 아니하더라고 보험계약자는 제11조를 잠재적으로 주장할 수 있다. 아룬델호가 포획될 위험은 워런티 위반으로 증가되었을 것이다. 그러나 손해의 상황이라면 보험계약자는 제11조 제3항을 주장할 수 있을 것인데, 손해 발생시까지 아룬델호는 호위를 받았지만, 폭풍으로 인하여 후일 격리되었기 때문이다. 따라서 호위 받지 않고 자메이카를 출항한 것은 사고가 발생한 상황에서 손해의 위험을 증가하게 할 수 없었을 것이다.

Ⅸ 영국보험법 제11조의 위험의 증가와 손해사이의 인과관계에 관한 우리법에의 시사점

1. 문제의 소재

영국보험법에서는 보험기간 중 위험의 증가에 관하여 우리를 포함한 대륙법계와는 달리 위험증가의 통지의무가 없고,[708] 위험증가를 이유로 보험계약을 해지할 수 없으며,[709] 이를 워런티로 규율해 오고 있었는데,[710] 2015년 보험법 제11조는 워런티나 조건이 충족되지 아니한 경우에도 (1) 당해 워런티나 조건의 충족이 특정한 유형의 손해, 특정한 장소에서의 손해, 특정한 시점에서의 손해를 감소시키는 것이고, (2) 피보험자가 워런티나 조건의 불충족이 손해가 발생한 상황에서 실제로 손해발생의 위험을 증가시키지 아니하였음을 증명한 경우에는 피보험자는 손해에 대해 보상받을 수 있음을 규정하고 있다.

---

707) 아룬델호가 실제로 쿠바연안에서 호송대가 합류할 때 관련된 위험이 원래 고찰되었던 것과 동일하게 되었을 때 위반이 치유됨을 의미하는 시간관련 워런티로 취급될 것이다. 폭풍우로 인하여 후일 선박이 호위대로부터 격리된 것은 이것을 변경시키지 아니하는데, 왜냐하면 그 때까지 선박의 워런티는 치유되었고, 폭풍우상의 격리는 새로운 워런티 위반이 아니기 때문이다.; David Kendall and Harry Wright, op. cit., para 7.33.

708) Pim v. Reid (1843) 6 M & G 1; Kausar v. Eagle Star Insurance Co Ltd [1977] CLC 129; Jurgen Basedow & John Birds & Malcolm Clarke & Herman Cousy & Helmut Heiss & Leander Loaker, op. cit., p. 199.

709) Jurgen Basedow & John Birds & Malcolm Clarke & Herman Cousy & Helmut Heiss & Leander Loaker, op. cit., p. 203.

710) Bariş Soyer, Risk control clauses in insurance law: law reform and the future, 2016 Cambridge Law Journal 109.

이와 관련하여 우리법상 객관적 위험증가의 통지의무와 위험유지의무위반의 경우 보험사고가 발생한 후에 보험계약을 해지한 때에도 보험자는 그 사고가 위험변경·증가의 사실과 인과관계가 없다는 증명이 없는 한 보험금 지급책임을 지지 않는다(상법 제655조 제652조, 제653조). 여기서 인과관계가 없다는 사실에 대한 증명책임은 보험계약자가 진다. 이에 관한 직접적인 판결은 없지만, 같은 법리가 적용되는 고지의무위반과 보험사고발생 사이의 인과관계에 관하여서는 다수의 판결이 존재하고,[711] '고지의무 위반사실과 보험사고 발생과의 인과관계가 부존재하다는 점에 관한 증명책임은 보험계약자 측에 있고, 만일 그 인과관계의 존재를 조금이라도 규지할 수 있으면 보험금 지급책임을 진다(대법원 1992. 10. 23. 선고 92다28259 판결)는 다소 추상적인 판시를 하고 있는 바. 이에 관한 일본, 프랑스 등의 입법례를 검토하고, 영국 보험법 제11조의 시사점을 검토할 필요가 있다.

2. 입법례

가. 일본

보험법 제29조 제1항[712]과 제31조 제2항 2호[713]는 위험증가에 의한 해제를

711) 상해보험계약 체결시 유흥업소에서 접대부로 종사하던 자가 직업을 가사(주부)로 허위고지한 사실과 일본 동경 노상에서 승용차에 치어 사망한 사실과의 인과관계를 인정한 판결(대법원 1992. 10. 23. 선고92다28259 판결), 자동차종합보험계약 체결시 주운전자의 허위 고지사실과 승용차 운전중 중앙분리대를 넘어서 트럭과 정면충돌하여 사망한 사고사이의 인과관계를 인정한 판결(대법원 1994.2.25. 선고 93다52082 판결), 자동차종합보험계약 체결시 한쪽 눈의 실명사실의 불고지와 그의 일반과실로 인한 추돌사고의 인과관계를 인정한 판결(대법원 1997.10.28. 선고 97다33089 판결) 등이 그 예이다.

712) 제29조 제1항: 보험계약의 체결 후 위험 증가(고지사항에 대한 위험이 높아지고, 보험계약에서 정한 보험료가 당해위험을 계산의 기초로 하여 산출된 보험료에 부족한 상태가 되는 것을 말한다)가 생긴 경우에, 보험료를 당해 위험증가에 대응한 금액으로 변경하거나 보험계약을 계속할 수 있는 경우에도 다음의 요건의 어느 것에 해당하는 경우에는 보험계약을 해제할 수 있다.

(1) 당해 위험증가에 관한 고지사항에 대하여 그 내용에 변경이 발생하는 경우에는 보험계약자 또는 피보험자가 지체 없이 이를 통지하여야 한다는 것이 보험계약에 정하여져 있을 것

(2) 보험계약자 또는 피보험자가 고의 또는 중대한 과실에 의하여 지체 없이 전호의 통지를 하지 아니할 것

713) 제31조 제2항: 보험자는 다음 각 호의 규정에 의하여 보험계약을 해제한 경우에는 다음

규정하고 있다. 일본보험법은 위험증가와 보험사고 사이의 인과관계를 요구하는 점에서 우리법과 같다.[714]

나. 프랑스

프랑스 보험법상 보험계약 체결 이후 위험의 증가에 대한 규정의 특색은 ① 보험계약자는 보험자에 대한 응답이 상황의 변화로 인하여 위험을 증대시키는 새로운 사실을 보험계약 체결 이후 통지하도록 하고 있는 점(보험법 제113-2조 제3항), ② 통지의무 위반의 효과를 악의의 경우와 선의의 경우로 나누어 전자의 경우에는 보험계약이 무효가 되지만, 후자의 경우에는 보험사고 발생 전인 경우에는 보험자에게는 우리 상법과 같이 추가보험료청구권과 보험계약의 해지권을 부여하고, 보험사고 발생 후의 경우에는 중요한 사실이 통지되었더라면 지급하였을 보험료와 실제보험료의 비율에 따른 보상을 하되, 통지의무 위반사실과 손해와의 인과관계는 묻지 아니한다는 점, ③ 생명보험 또는 질병보험에는 통지의무가 적용되지 않는다(보험법 제113-4조 제6항)는 점을 들 수 있다. 그 이유는 노화, 질병 등 위험이 악화되는 사태에 대비하는 것이야말로 생명보험의 존재이유이기 때문이다. 따라서 생명보험자는 등산, 자동차경주.탐험 등 그 정도가 현저히 높은 위험을 계약체결시 배제할 수 있지만 체결 시에 담보하기로 약정한 이상 그 이후의 위험의 모든 위험증가에 관하여 가입자측의 통지 여부와 관계없이 당연히 책임을 져야 한다.[715]

즉 보험자가 위험증가의 통지의무위반과 손해사이의 인과관계를 요구하지 아니하는 점에서 우리와 다르다.

다. 유럽 보험계약법 준칙

유럽 보험계약법 준칙 제4-202조[716]는 위험증가시 통지의무를 지기 위한 요

각호에 정한 손해를 보상할 책임이 없다. (2) 제29조 제1항 해제에 관한 위험증가가 생긴 때로부터 해제될 때까지 발생한 보험사고로 인한 손해. 다만 위험증가를 초래한 사유에 기하지 아니하고 발생한 보험사고에 대하여서는 그러하지 아니하다.

714) 山下友信·永澤徹 編著, 保險法1, 第一法規, 2016, 299面.

715) Yvonne Lambert-Faivre, Droit des assurances, (14 éd., Dalloz, 2017), pp. 284~289.

716) 제4-202조(위험의 증가의 통지의무)

건을 규정하고, 보험자가 책임을 면하기 위해서는 위험의 증가와 손해사이의 인과관계를 요구하고 있는 점에서 우리와 같다.

라. 영국 보험법 제11조의 우리법에의 시사점

우리법이 일본법과 유럽 보험계약법준칙과 같이 위험증가의 통지의무와 손해사이에 인과관계를 요구하는 방식은 고지의무위반과 손해사이의 인과관계에 관한 판례에서 나타나듯이 명확하지 아니하므로 외국의 입법례를 검토하여 합리적인 방안을 마련할 것이 요망된다.

2015년 보험법 제11조 제2항은 '피보험자가 워런티나 조건의 불충족이 손해가 발생한 상황에서 실제로 손해발생의 위험을 증가시키지 아니하였음을 증명한 경우에는 피보험자는 손해에 대해 보상받을 수 있음을 규정하고 있다.' 라고 규정하여 인과관계기준을 채용하지 아니한다. 입법과정에서 영국의 법률개정위원회는 1980년 보고서에서는 소위 관련기준이라고 하여 '보험계약자가 워런티 위반이 사고가 실제로 발생한 방식으로 보험금청구를 야기하는 사고가 발생하였을 위험을 증가시키지 아니하였음을 증명하는 경우에는 워런티 위반의 경우에도 보험자는 보험금 지급책임을 진다'고 하였다. 2006년/2007년 보고서는 인과관계기준을 채용하였다가, 2015년 보험법에서는 조건의 불충족이 손해가 발생한 '상황에서' 실제로 손해발생의 위험을 증가시킬 수 없었을 것' 이라고 규정하였다.

개관적 위험증가의 통지의무·위험유지의무위반과 보험사고발생 사이의 인과관계를 요구하는 우리법의 방식이 적절하지 아니하다고 생각되는 바. 이를 개정하고, 그 구체적인 내용을 확정하는데 영국 보험법 제11조의 입법은 매우 유익할 것으로 생각된다.

---

1. 위험의 증가의 통지에 관한 조항이 증가의 통지를 요구하는 경우에, 통지를 하는 자가 보험담보의 존재와 위험의 증가를 알고 있거나 알았어야 한다는 것을 조건으로, 보험계약자, 피보험자 또는 보험수익자에 의한 통지가 행하여져야 한다.
2. 그 조항이 특정한 기간 안에 통지되어야 하다고 규정하는 경우에, 그 기간은 상당하여야 한다. 타인에 의한 통지는 유효하다.
3. 통지의무위반의 경우에 손해가 위험의증가로 인하여 생기지 아니하는 한, 보험자는 담보의 범위 안에서 사고로 인한 손해의 보상을 그 근거로 거부할 수 없다. 담보의 범위 안에서 사고로 인한 다른 손해는 제4-203조 제3항에 따라 여전히 보상하여야 한다.

제8장 임의규정성

I 개관

가. 규정내용

2015년 보험법 제15조, 제16조, 그리고 2016년 기업법에 의하여 새로 삽입된 제16A조는 다음과 같이 임의규정성에 대하여 규정하고 있다.

제15조 임의규정: 소비자보험계약

(1) 이 법의 제3부 또는 제4부가 적용되는 사항에 관하여 소비자를 제3부 또는 제4부(소비자보험계약에 관한 한)의 지위보다 불이익하게 하는 소비자보험계약 또는 기타 계약의 조건은 그 범위에서 효력이 없다.

(2) 제1항에서 계약에의 참조는 변경을 포함한다.

(3) 이 조는 비소비자보험계약상 발생하는 보험금청구의 해결을 위한 계약에는 적용되지 아니한다.

제16조 임의규정: 비소비자보험계약

(1) 제9조가 적용되는 표시에 관하여 보험계약자가 제9조에 의하여 보유하는 지위보다 불이익하게 하는 비소비자보험계약 또는 기타 계약의 조건은 그 범위에서 효력이 없다.

(2) 이 법의 제2부, 제3부, 제4부에 규정된 사항에 관하여 보험계약자가 이 조항(비소비자보험계약에 한하여)에 의하여 보유하는 지위보다 보험계약자를 불이익하게 하는 비소비자보험계약 또는 기타 계약의 조건은 제17조의 요건이 그 조건에 관하여 충족되지 아니하는 한 그 범위에서 효력이 없다.

(3) 이 조에서 계약에의 참조는 변경을 포함한다.

(4) 이 조는 비소비자보험계약상 발생하는 보험금청구의 해결을 위한 계약에는 적용되지 아니한다.

제16A조 소비자보험과 비소비자보험상 보험금 지급의 묵시적 조건의 임의규정성

(1) 소비자에 대해 제13A조에서 규정된 사항보다 불이익하게 하는 소비자보계약 또는 기타 계약의 조건은 무효이다.

(2) 비소비자보험에서 제13A조의 묵시적 조건의 고의 또는 중과실의 위반에 관하여 보험계약자에 대해 규정된 지위보다 불이익하게 하는 비소비자보험계약 또는 기타 계약의 조건은 무효이다.

(3) 제2항의 고의 또는 중과실은 (a) 보험자가 알거나 (b) 위반인지 여부에 주의하지 아니하는 때이다.

(4) 제17조의 조건이 충족되지 아니하는 한 비소비자보험에서 제13A조에서 규정된 지위보다 보험계약자를 불이익하게 하는 비소비자보험계약 또는 기타 계약의 조건은 그 범위에서 무효이다.

(5) 이 조에서 계약은 그 변경을 포함한다.

(6) 이 조는 보험계약에 의거한 보험금 청구의 해결계약에는 적용되지 아니한다.

영국 보험법상 임의규정화는 보험법에서 향유하는 지위보다 '불리한 지위'에 놓이게 하는 조건에의 합의를 의미한다.[717] 2015년 보험법은 비소비자보험에 있어서 공정한 제공의무, 워런티와 기타 조건 그리고 사기적 보험금청구, 보험금 지급지체의 효과에 대하여 당사자가 임의규정화 하는 것을 허용하고 있다. 동법 제15조에 따르면 일정한 사항에 대하여서는 소비자보험의 경우에는 보험법의 규정보다 보험계약자에게 불리한 보험계약상의 조건은 무효이지만, 이에 대한 예외가 기업보험의 경우에는 동법 제17조상 투명성 조건에 따라 허용된다. 보험계약상의 특정한 사항이 2015년 보험법보다 보험계약자에게 유리하면 유효하지만, 불리하면 (1) 보험계약이 체결되기 이전에 보험자는 그 조건에 보험계약자가 주의하도록 충분한 절차를 취할 것, (2) 그 조건은 명확하고 그 효

717) David Kendall and Harry Wright, op. cit., para 8.2.

과에 관하여 분명할 것의 2가지 투명성 요건을 충족하는 경우에 한하여 유효하다(2015년 보험법 제19조 제4항).

2가지의 투명성 요건의 충족여부를 결정함에 있어서는 당해 유형의 보험계약자의 특성, 거래의 상황을 고려하여야 한다(2015년 보험법 제19조 제5항). 투명성 요건 중 첫 번째 요건은 보험계약자 또는 그 대리인이 보험계약이 체결될 때 또는 변경될 때 불리한 조건을 실제로 알고 있었으면 보험자가 이를 충족하지 못하였다고 주장할 수 없다(2015년 보험법 제19조 제5항).

나. 법률개정위원회의 권고사항

임의규정화는 1906년 해상보험법 시행 이래 가장 종합적인 보험법인 2015년 보험법에 대해 보험업계의 지지를 받기 위한 것인데, 법률개정위원회는 임의규정화를 필요악이라 하였으며, 이를 위해 기업보험의 유형에 따라 달리 규정하지 않고 있다. 다만 법률개정위원회는 중소기업보험과 복잡한 보험으로 구분하고, 전자의 경우에는 보험계약자는 준소비자에 해당하므로 표준조항을 변경함에 있어서는 정보를 제공받을 것이 필요하다고 하고, 후자의 경우에는 당사자는 폭넓은 계약자유의 원칙이 적용된다고 한다.[718)]

다. 근거

임의규정화의 입법의도는 임의규정성에 따라 사적자치의 원칙이 인정되고, 표준원칙의 변경이 허용되어 보험계약자의 수요와 법과 실무상 발생하는 변화에 대응할 수 있게 하며, 이에 따라 특히 해상에너지와 해상운송분야의 시장에서 확립된 영국의 주도적 센터의 지위를 유지할 수 있도록 하기 위함이다.[719)]

기업보험에 임의규정성을 인정하여 소비자보험과 달리 취급하는 근거로는 기업보험은 소비자보험이 보장하는 위험보다 매우 다양한 비일상적인 위험에 관여하는 경우가 많고, 이에 따라 위험관리의 시각에서 맞춤형 위험관리 조항을

718) Law Commissions, July 2014 Report, para 29.29.
719) Bariş Soyer, Risk control clauses in insurance law: law reform and the future, 2016 Cambridge Law Journal 122.

활용하는 것이 필수적인 점을 들 수 있다.[720]

또한 기업보험의 경우에는 당사자의 균형은 보다 대등하여 보험자가 보험계약자의 취약성을 이용하기 어렵다. 다만 중소기업에 대해서는 균형의 점에서 보험자에게 유리하지만 투명성 요건이 적용되므로 보험계약자의 이익을 침해하는 것은 아니다.

다만 우리 상법 663조와 달리 2015년 보험법상 투명성요건을 충족하는 것을 조건으로 임의규정화를 허용하고 있다. 이는 기업보험에서 특히 전문성과 협상력에 있어서 한계가 있는 중소기업인 보험계약자에게 부당하게 불리하게 또는 깊은 고려 없이 당사자가 임의규정화하지 않을 것을 보장하고자 하는 법률개정위원회의 바램을 반영한 것이다.[721] 또한 이는 많은 양의 비소비자보험이 보험자로부터 직접 또는 온라인을 통하여 구입되고, 보험구입자가 계약조건에 대하여 관여할 기회가 없는 것이 현실인 점을 반영한 것이다.[722]

이와 같이 보험법은 계약자유의 원칙과 비소비자인 보험계약자 특히 덜 지식을 갖춘 보험계약자를 보호하기 위하여 과도한 임의규정화를 방지하고자 하는 요구 사이의 균형을 달성할 것을 추구하고 있다.[723]

라. 임의규정화에 대한 우려

2015년 보험법상 임의규정에 관한 조항은 단지 2조문뿐인데, 이는 법률개정위원회가 복잡한 기준을 원하지 않았기 때문이다. 이에 따라 보험자는 2015년 보험법 제17조의 투명성 요건을 충족하면 자유롭게 임의규정으로 할 수 있게 되었다. 이는 2015년 보험법이 변경하려던 기존 제도를 잔존하도록 하여 개정목적을 달성할 수 없게 할 것이라는 비판이 주장된다.[724]

---

720) Bariş Soyer, Risk control clauses in insurance law: law reform and the future, 2016 Cambridge Law Journal 123.
721) Law Commissions, July 2014 Report, op. cit., para 29.29-29.31.
722) Law Commissions, July 2014 Report, op. cit., para 29.29-29.31.
723) David Kendall and Harry Wright, op. cit., para 8.1.
724) Law Commission, Insurance contract law: business disclosure; warranties; insurers' remedies for fraudulent claims; and late payment No 353(2014), para 1.6.

마. 실무의 대응

2016년 3월 현재 런던보험시장에서는 2015년 보험법에 따라 약관을 이미 제정하였는바, 로이즈시장협회가 발간한 약관중 8/15는 2015년 법을 우회하는 방법으로 규정하고 있는데, 해상보험자는 임의조항을 일반적으로 사용할 것으로 보이고, 항공보험자는 아직 확신하고 있지는 않지만 임의조항을 규정하기 보다는 2015년 보험법의 내용대로 기존조항을 개정하여 사용할 것으로 판단된다.[725] 선주상호보험조합은 최대한 임의규정으로 할 것을 결정하였다.[726]

바. 불리한 조건의 예

보험법상 임의규정화는 보험법에서 향유하는 지위보다 '불리한 지위'[727]에 놓이게 하는 조건에의 합의를 의미한다. 예컨대 워런티 위반이 치유되었는가 여부를 묻지 않고 워런티 위반이 항구적으로 보험자를 면책하는 조항은 불리한데, 왜냐하면 제10조[728]에 따라 보험계약자가 향유하는 지위보다 보험계약자를 불리한 지위에 놓이게 하기 때문이다. 반대로 조건이 보험자에게 불리한 경우에는, 제16조 제2항에 따른 불리한 조건이 아니고, 투명성요건이 이 조건이 유효하기 위해 충족될 필요는 없다. 사기의 경우를 제외하고 공정한 제공의무 위반의 경우 보험자가 아무런 구제수단을 가지지 아니하는 조항은 제8조보다 보험자를 불리한 지위에 처하게 하는데, 왜냐하면 이 조항으로 인하여 보험자가 이용할 수 있는 구제수단은 제한되기 때문이다. 그러나 이와 같은 조항은 '불리한 조건'은 아닌데, 왜냐하면 보험계약자를 동법보다 불리한 지위에 놓이게 하지 않기 때문이다. 이것은 보험계약자와 보험자사이의 기울어진 운동장을 바로잡으려는 동법의 내재하는 철학과 일치한다.[729]

---

725) George Leloudas, Contracting out of the Insurance Act 2015 in commercial insurance contracts, in Malcolm Clarke and Bariş Soyer(edited), The Insurance Act 2015-A new regime for commercial and marine insurance law, (informa law from Routledge, 2016), para 7.1.

726) David Kendall and Harry Wright, op. cit., para 8.1.

727) '불리한 지위'라는 어귀는 2012년 소비자(고지의무)법 제10조 제2항과 동일하다.

728) 이에 따르면 워런티 위반은 그것이 치유되는 경우 또는 치유된 때까지 보장이 정지된다.

729) Law Commissions, July 2014 Report, op. cit., para 1.6.

Ⅱ 소비자보험과 비소비자보험

1. 소비자보험과 비소비자보험의 의미

2015년 보험법은 임의규정화가 불가능한 소비자보험계약과 특정한 제한과 자격에 따른 임의규정화가 허용되는 비소비자보험계약으로 구별한다. 따라서 소비자보험계약과 비소비자보험계약의 차이를 이해하는 것이 필요하고, 이에 대하여서는 제2장에서 상세히 서술하였다.[730] 소비자보험계약은 "개인의 영업, 거래 또는 직업과 전적으로 또는 주로 무관한 목적아래 계약을 체결하는 소비자와 보험회사 사이에 체결되는 계약이다.[731]" 소비자보험계약이 아닌 보험계약이 비소비자보험계약이다(2015년 보험법 제1조).

2. 소비자보험계약에서 임의규정화

소비자보험의 어느 부분이라도 이를 임의규정으로 하고자 하는 시도는 허용되지 아니한다. 이 목적을 위하여서는 2015년 보험법 제3부(워런티와 기타 위험감소조건)와 보험금지급 지체의 효과와 제4부(사기적 보험금청구)에만 적용된다. 제2부(공정한 제공의무)는 소비자보험계약에 적용되지 아니하는데, 왜냐하면 2012년 소비자보험(고지)법에 따라 보험계약자에 의한 계약전 고지의무를 규율하는 다르고 완화된 제도가 이미 존재하기 때문이다. 제15조와 제16A조 제1항에 총체적 효과는 소비자보험계약에 적용되는 2015년 보험법의 임의규정화의 시도를 무효로 하는 것이다.

3. 비소비자보험계약에서 임의규정화

가. 개관

비소비자보험계약의 당사자는 2가지 예외를 제외하고는 2015년 보험법의 어느 부분도 임의규정으로 할 수 있다. 첫째, 제9조(기초조항)의 임의규정화는 무효이다(2015년 보험법 제16조 제1항). 따라서 비소비자보험계약이 기초조항을

730) 앞의 제2장 2015년 보험법의 적용범위 Ⅳ. 소비자보험과 비소비자보험에의 적용.
731) 2012년 소비자보험(고지)법 제1조. 이 정의는 2015년 보험법 제1조에 따라 적용된다.

포함하면, 그것은 무효이다. 둘째, 제13A조에 따르면 보험자가 상당한 기간 안에 보험금지급을 요구하는 모든 보험계약상의 묵시적 요건이 존재하고, 이를 이행하지 아니하면 보험자는 예견가능한 손해의 배상책임을 진다.[732] 비소비자보험계약에서 묵시적 조건의 고의 또는 중과실로 인한 보험자의 책임의 임의규정화의 시도는 무효이다(2015년 보험법 제16A조 제2항).

나. 예

비소비자보험계약상의 한 조항이 묵시적 조건으로 인한 보험자의 책임을 제한하고자 의도하는 경우에는, 그 조항은 묵시적 조건의 고의 또는 중과실로 인한 위반에 대한 책임에 대하여 무효이다. 그러나 투명성요건을 충족하는 경우에는 묵시적 조건으로 인한 보험자의 책임을 제한하는 조항은 묵시적 조건의 기타 위반에 대하여서는 유효하다.[733] 동일한 분석이 어떠한 조건도 계약상 묵시적이 아니다라고 규정하는 전체약정조항을 포함하고 있는 경우에도 적용된다.[734] 이와 같은 조항은 통상적으로 어떠한 조건이 계약상 함축되는 것을 금지하지만, 이것이 보험자가 묵시적 조건의 고의 또는 과실로 인한 책임을 회피하는 것을 허용할 수 없는데, 왜냐하면 그것은 제16A조 제2항에 따라 허용되지 아니하기 때문이다. 묵시적 조건은 계약상 묵시될 수 있지만, 이것은 보험자가 상당한 기간 안에 보험금을 지급할 고의 또는 중과실로 인한 위반에 손해배상책임을 지는 범위까지만 유효하고, 그 밖의 경우에는 그러하지 아니하다.[735]

---

732) 뒤의 제10장 보험금지급 지체의 효과.

733) 2015년 보험법 제16A조 제2항에 따르면 묵시적 조건의 고의 또는 중과실로 인한 위반에 관하여 보험계약자를 불리한 지위에 놓이게 하는 조건은 그 한도까지 무효이다. 따라서 이와 같은 조건은 투명성요건이 충족되는 것을 조건으로 상당한 기간 안에 고의 또는 중과실로 인하지 아니한 보험금지급에 관하여 보험계약자를 불리한 지위에 놓이게 하는 범위에서는 무효이다. 보험자가 지체한 보험금지급에 관한 책임을 배제 또는 제한하고자 시도하는 경우에, 명시적으로 이 점에 관한 유보조항을 규정할 필요는 없는 것으로 보인다.; David Kendall and Harry Wright, op. cit., para 8.7.

734) 그 조항이 이 목적을 달성하고자 하는 여부는 물론 특정한 조항의 해석의 문제이다.

735) David Kendall and Harry Wright, op. cit., para 8.6.

Ⅲ 불리한 조건

1. 서언

예외가 존재하지만, 비소비자보험계약의 당사자는 보험자가 투명성요건을 충족하는 것을 조건으로 2015년 보험법 어느 부분이라도 임의규정화 할 수 있다. 보험법상 임의규정화는 보험법에서 향유하는 지위보다 '불리한 지위'에 놓이게 하는 조건에의 합의를 의미하고(2015년 보험법 제16조 제2항), 투명성요건이 충족되는 경우 이와 같은 조건은 제16조 제2항에 따른 불리한 조건이고, 유효하다. 조건이 불리한가 여부는 계약의 해석(조건의 효과가 보험계약자에게 무엇인가?)과 법령상의 해석(2015년 보험법상 그러하지 아니하면 보험계약자의 지위는 무엇인가?)이 결합된 문제이다.[736)]

2. 불리한 조건의 예

보험계약자를 2015년 보험법보다 불리한 지위에 놓이게 하는 조건에 대하여 예를 들어 살펴본다.

(ⅰ) 공정한 제공의무 위반의 구제수단으로 취소만을 규정하는 조건이 문제된다. 이 조건은 보험계약자에게 불리한데, 왜냐하면 2015년 보험법 부록1에 다르면 공정한 제공의무 위반이 고의도 아니고 중과실도 아니면, 보험자는 비율적인 보험금의 감액 또는 계약의 조건의 재설정과 같은 '더 적은 수의' 구제수단을 가지기 때문이다. 보험계약자의 공정한 제공의무 위반이 고의도 아니고 중과실이 아닌 경우를 포함하여 취소가 유일한 구제수단인 경우 보험계약자는 2015년 보험법보다 불리한 지위에 놓이는데, 왜냐하면 보장이 종료할 전망이 보다 높아지기 때문이다.

(ⅱ) 보험계약자에 의한 워런티 위반이 보험자를 항구적으로 면책으로 하는 조건이 문제된다. 이것은 보험계약자에게 불리한데 왜냐하면 제10조에 따르면 보험계약자가 워런티 위반을 치유하는 경우 또는 그 때까지 보험자의 책임이 정지되기 때문이다.

736) David Kendall and Harry Wright, op. cit., para 8.7.

(ⅲ) 조건의 불충족이 손해가 발생한 상황에서 실제손해의 위험을 증가하게 할 수 없었을 것인 경우에 보험자가 책임을 면하기 위하여 위험감소조건의 위반을 주장할 수 없다고 규정하는 제11조의 효과를 배제하는 조건이 문제된다. 이 조건은 보험계약자에게 불리한데, 왜냐하면 위반이 실제 발생한 손해를 야기할 수 없었음에도 불구하고 보험자가 조건의 위반을 주장할 수 있기 때문이다.

(ⅳ) 상당한 기간 안에 보험자가 보험금을 지급할 것을 요구하는 묵시적 조건의 위반으로 인한 보험자의 책임을 제한하거나 배제하는 조건이 문제된다. 이 조건은 보험계약자를 불리한 지위에 놓이게 하는데, 왜냐하면 제13A조에 따르면 보험계약자는 그렇지 아니하면 보험자의 묵시적 조건위반으로 인한 모든 예견가능한 손해를 보상받을 수 있기 때문이다.

3. 불분명한 예-공정한 제공의무관련 보험계약자의 인식간주의 경우

계약상의 조건이 2015년 보험법보다 보험계약자를 불리한 지위에 놓이게 하는가 여부는 항상 분명한 것은 아니다. 예컨대 당사자가 공정한 제공의무의 목적을 위하여 보험계약자의 인식을 규율하는 제4조를 임의규정으로 할 수 있다. 보험계약당사자가 구법을 사용할 것을 선택할 수 있다.[737] 구법에서는 통상의 영업과정에서 인식하여야 하는 것을 보험계약자가 인식한 것으로 간주되었지만(1906년 해상보험법 제18조 제1항), 2015년 보험법에서는 '정보의 합리적인 조사'에 의하여 합리적으로 밝혀졌어야 하는 것은 무엇이든 보험계약자가 인식하는 것으로 간주된다(2015년 보험법 제4조 제6항). 이 개정으로 인하여 고지의무와 관련하여 보험계약자의 부담이 증가되었다고 할 수 있다.[738]

구법의 관점에서는 법원은 보험계약자가 '통상의 영업과정에서' 인식하여야 하는 것을 평가함에 있어서는 보험계약자의 주관적인 특성을 고찰할 수 있을 것인데, 이는 보험계약자가 비효율적인 방법으로 영업을 하는 경우, 비효율성으로 인하여 보험계약자가 간과하였을 정보는 추정적 인식으로 취급되지 아니할 것을 의미한다.

반면 2015년 보험법에서는 그와 같은 완화는 존재하지 아니하는데, '합리적

737) 앞의 제4장 보험계약자와 보험자의 인식 Ⅱ. 보험계약자의 인식.
738) David Kendall and Harry Wright, op. cit., para 8.8.

인 조사'는 '합리적인 조사'에 의하여 밝혀'졌어야만 하는'순수하게 객관적인 것이기 때문이다.[739] 2015년 보험법은 보험계약자의 주관적인 성격을 고려하지 아니하기 때문에, 고지의무의 부담은 특정한 경우에는 증가되는데, 왜냐하면 인식의 결정목적을 위하여 합리적인 보험계약자의 보다 높은 기준이 유지될 것이기 때문이다. 따라서 구법을 적용하기로 약정한 조건은 불리한 조건이 아니다.

Ⅳ 투명성요건

1. 개관

2015년 보험법 제17조는 투명성요건에 관하여 다음과 같이 규정하고 있다.

제17조 투명성요건

(1) 이 조에서 '불리한 조건'은 제16조 제2항에서 언급한 것과 같은 조건을 의미한다.

(2) 보험자는 보험계약이 체결되기 이전 또는 변경의 합의 이전에 보험계약자가 계약체결 시에 불이익조항에 주의하도록 충분한 절차를 밟아야 한다.

(3) 불리한 조건은 효과가 명확하고 이의가 없어야 한다.

(4) 제2항과 제3항의 요건이 충복되었는가 여부의 결정에는, 문제된 유형의 부보된 사람의 특성과 거래의 특성이 고려되어야 한다.

(5) 보험계약자 (또는 그 대리인)가 보험계약이 체결될 때 불리한 조건을 실제 인식하고 있으면, 보험계약자는 제2항이 충족되지 아니하였음을 보험자측에게 주장할 수 없다.

2015년 보험법 제17조의 투명성 요건은 과거와 새로움의 결합으로서[740] 동조 제2항은 계약 편입 요건을 규정하고, 동조 제3항은 조건의 효과가 명확할 것을 요구하고 있다.

동법 제17조 제2항은 기존의 판례법을 입법화한 것으로 조건이 불리한 경우

739) Law Commissions, July 2014 Report, para 8.83.
740) George Leloudas, op. cit., para 7.4.2.

에, 2가지 투명성요건이 충족되지 아니하는 한 불리한 조건은 무효이다.

즉 (1) 보험자는 보험계약이 체결되기 전에, 불리한 조건에 보험계약자가 주의하도록, 충분한 단계를 밟아야 한다.

(2) 불리한 조건은 효과가 '명확하고 모호하지 않아야' 한다. 투명성요건이 충족되었는가 여부를 결정함에 있어서는 법원은 문제된 유형의 부보된 사람의 특성과 거래의 특성을 고려하여야 한다(2015년 보험법 제17조 제4항). 이는 비록 비소비자보험을 구입하는 보험계약자에 중소기업으로부터 보험전문가인 보험중개사를 통하여 거래하는 대규모이고 해박한 보험계약자에 이르기까지 매우 넓은 스펙트럼이 존재함에도 불구하고, 비소비자보험에 적용되는 2015년 보험법의 임의규정성에 관한 일련의 원칙이 존재하는 사실을 반영한 것이다.[741] 보험계약자가 투명성요건을 충족하기 위하여 요구되는 것은 반드시 동일한 것은 아니고, 제17조 제4항은 임의규정성에 관하여 법률에 탄력성을 도입하고자 의도한 것이다.[742]

2. 제1요건: 조건에 주의하기에 충분한 단계

가. 의미

보험자는 보험계약이 체결되기 이전 또는 변경의 합의 이전에 보험계약자가 계약체결 시에 불이익조항에 주의하도록 충분한 절차를 밟아야 한다(2015년 보험법 제17조 제2항). 이것은 보험계약의 체결이전에 불리한 조항이 존재한다는 인식할 합리적인 기회를 잠재적 보험구입자에게 제공할 것을 의도하는 것이다.[743] 보험계약자가 불리한 조건을 실제로 인식하는 것이 필요하지는 아니하고, 단지 보험자가 보험계약자의 주의를 끌 조치를 취하는 것이 필요하다. 보험자가 이 요건을 충족하기 위한 정도는 불확정적이고, 보험계약자의 성질과 보험에 관련된 상황에 의거한다. 제1요건은 한 보험계약자에게 충분한 것이 다른 보험계약자에게 충분하지 아니한 것을 반영하여 탄력적으로 작동할 것을 의도한 것이다.[744]

741) David Kendall and Harry Wright, op. cit., para 8.10.
742) Law Commissions, July 2014 Report, para 29.41.
743) Parliament's explanatory notes for the Insurance Act 2015, para 125.
744) Law Commissions, July 2014 Report, para 29.37.

법률개정위원회는 일반적으로 말하여 불리한 조건은 보험계약 서류 속에 '묻혀' 추가로 참조되지 못하면 안된다고 하였다. 일반적인 원칙으로 보험자는 불리한 조건을 통상적인 방법으로 오직 보험계약에 삽입하는 것을 넘어서 표시하여야 한다는 것이 된다. 그러나 요구되는 표시의 성질은 구입자의 이해력, 보험을 구입하는 상황에 따라 크게 다르다. 간단한 예를 들면 보험중개사를 통하지 아니하고 온라인상에서 영업중단보험을 구입하는 작은 상점의 소유자는 전문보험중개사를 통하여 보험을 구입하는 슈퍼마켓체인의 소유자보다는 보다 종합적인 표시가 필요할 것이다. 낮은 정도의 표시의 예로 보험계약의 어귀에 차별하는 상징으로 불리한 조건에 표시하거나 특징적인 활자로 인쇄하는 것을 들 수 있다.[745] 그러나 지식이 낮은 보험계약자에 대하여서는 핵심보험계약조항에 불리한 조건을 강조하여 상호참조를 제공하거나 요약하는 것과 같이 보다 명확한 표시를 제공하는 것이 필요하다. 법률개정위원회는 뒤의 예에서 고찰되는 것과 같이 '충분한 단계'에 이를 수 있는 것에 대한 다양한 예를 제시하였다.[746]

일반계약법상 부담을 지우거나 비일상적인 조건 또는 법령에 의하여 창출된 권리를 배제하는 조건을 포함하는 경우에, 이와 같은 부담 있는 조건을 제공하는 당사자는 이 조건에 대하여 상대방에게 합리적이고 공정하게 주의하도록 하였다는 것을 증명하여야 한다.[747] 법률개정위원회는 이와 같은 원칙에 대한 판결은 제1요건이 충족되었는가 여부를 결정할 때 적절하다고 고찰하였다.[748] 통상적인 원칙은 보험중개사는 보험계약자의 대리인이라는 것이고, 보험계약자가 보험중개사 또는 그 대리인에 의하여 대표되는 경우에, 제1요건은 보험자가 불

745) Law Commissions, July 2014 Report, para 29.64.

746) 뒤의 제8장 임의규정성 Ⅳ. 투명성요건 2. 제1요건: 조건에 주의하기에 충분한 단계 나. 투명성요건의 적용사례.

747) Parker v. South Eastern RY (1877) 2 CPD 416, 428; Thornton v. Shoe Lane Parking Ltd [1971] 2 QB 163; Hollingworth v. Southern Ferries Ltd(The 'Eagle') [1977] 2 Lloyd's Rep 70; Interfoto Picture Library Ltd v. Stiletto Visual Programmes Ltd [1989] QB 433; Dillon v. Baltic Shipping Co(The Mikhail Lermontov) [1991] 2 Lloyd's Rep 155; AEG(UK) Ltd v. Logic Resource Ltd [1996] CLC 265; Laceys Footwear (Wholesale) Ltd v. Bowler International Freight Ltd [1997] 2 Lloyd's Rep 369, 384-385; Ocean Chemical Transport Inc v. Exnor Craggs Ltd [2000] 1 Lloyd's Rep 446, 451; Amiri Flight Authority v. BAE System plc [2003] EWCA Civ 1447, [2003] 2 Lloyd's Rep 767; Kaye v. Nu Skin Uk Ltd [2009] EWCA 3509(Ch.), [2011] 1 Lloyd's Rep 40.

748) Law Commissions, July 2014 Report, paras 29.38-29.39.

리한 조건에 대하여 대리인이 주의를 하기에 충분한 단계를 밟는 때 충족된다.[749] 이것은 다른 의사가 나타나지 않는 한, 보험계약자와 보험자에 관련하여, 또는 의하여 행해진 것에 대한 참조는 그 자의 대리인에 관련하여 또는 의하여 행해진 것을 포함한다고 규정하는 2015년 보험법 제22조 제4항에 의하여 확인되고 있다. 보험계약자 또는 그 대리인이 보험계약이 체결될 때 불리한 조건을 실제 인식하고 있으면, 보험계약자는 제17조 제2항이 충족되지 아니하였음을 보험자측에게 주장할 수 없다(2015년 보험법 제17조 제5항). 물론 보험어귀는 보험중개사가 작성하는 것이 보통이고, 보험계약이 체결되기 이전에 보험중개사가 보험조건을 작성한 경우에는, 보험중개사는 어떠한 보험계약상의 불리한 조건이라도 '실제 인식한' 것일 수 있다.[750]

나. 제1투명성요건의 적용사례

(1) 중소기업의 소유자(B)가 책임보험을 구입하고자 보험회사(C)웹사이트를 방문한다. B가 온라인청약서에 기입하고, 자동적으로 인용문이 나타나며, 더 진행하는 것을 원하는지 여부를 적시하도록 요청된다. 이 단계에서 보험료, 보장범위 등 보험계약의 핵심조건을 나타내는 커다란 박스가 화면상에 나타난다. B는 보험계약에 첨부된 표준약관에 동의한다는 것을 표시하는 뜻으로 박스에 태그한다. 만일 클릭하면 보험금의 지급지체로 인한 보험자의 모든 책임을 면제하는 표준약관 제24조 등 약관조항을 나타내는 박스에 연결된다. 불리한 조건에 대한 다른 참조는 존재하지 아니한다. 보험계약자는 보험에 전문적 지식이 없는 중소기업이고, 보험중개사나 기타 모집보조자의 지원없이 거래한다. 이와 같은 특징을 가진 보험계약자는 불리한 조건에 관하여 보다 종합적인 표시가 요구되는 개연성이 존재하지만, 보험자는 보험계약의 핵심조건을 요약하여 박스상에 불리한 조건에 대한 여하한 참조도 해놓지 않고, 불리한 조건을 탐지하기 위하여서는 보험계약자는 링크에 클릭하여 모든 표준약관을 읽어보는 것이 필요하다. 법률개정위원회는 이와 같은 사례에서 투명성의 제1요건은 충족되지 아니한 것 같다고 결론지었는데,[751] 이것은 보험금지급제체로 인한 보험자의 책임

749) House of Lords, Parliament's explanatory notes for the Insurance Act 2015, para 126.; Law Commissions, July 2014 Report, para 29.42.
750) George Leloudas, op. cit., para 7.4.3.

을 면제하는 불리한 조항은 무효임을 의미하였다.[752] 그러나 핵심조건을 요약한 커다란 박스가 불리한 조건의 효과를 요약하고, 표준약관 제24조에 교차참조를 제공하였더라면, 결과는 달랐을 것이다. 이 경우 보험자는 불리한 조건에 보험계약자의 주의를 끌기 위하여 한 것이 거의 없었다.[753] 이 경우 실제 보험계약자가 비효율적이고 부주의하여 표준약관 제24조 또는 핵심약관요약서에 주의를 기울이지 아니한 것은 투명성 제1요건이 충족되었는가 여부를 결정하는데 있어 중요하지 않은데, 왜냐하면 이것은 실제 보험계약자의 특성이지, '문제된 유형의 부보된 자의 특성'이 아니기 때문이다. 또한 보험계약자에 의한 불리한 조항의 실제적 인식이 요구되지 아니한다.[754]

(2) 중간규모의 기업(M)의 관리이사가 신상품의 제조, 판매, 그리고 사용으로 인한 손해배상책임을 보장하는 보험을 구입하기 위하여 보험중개사(IB)를 방문한다. IB는 M의 요구를 논의하고 일련의 요건에 합의한다. 이어서 IB는 다수의 보험자(U)에게 전화를 한다. U는 가장 좋은 가격을 청약한다. IB와 U는 보험료와 보장범위를 포함한 보험계약의 특정한 조건에 대하여 논의하고 협의하며, U는 보험계약은 협상된 조건 이외에는 표준약관에 따를 것을 표시한다. U는 스캔된 이 조건의 복사본을 이메일로 IB에게 송부한다. 이 조건은 제24조에 M의 피용인 중 누구라도 공정한 제공의무에 따라 M의 합리적 조사에 대한 불성실한 답변이 존재하는 경우에는, U는 보험계약을 소급하여 취소할 수 있다고 규정하는 조건을 포함한다. 이 조항은 보험계약자에게 불리하게 공정한 제공의무와 그 위반에 대한 구제수단을 변경한다. U는 전화로 불리한 조항을 언급하지 않는다. 다수의 조항과 함께 제24조는 보험계약상 별표로 표시되어 있다. IB는 M에게 자문하지만 제24조에 대하여 언급하지 아니한다. M은 가격에 만족하고 IB에 보험을 구입하라고 지시한다. IB는 이것을 U에게 연락하고, U는 IB가 표준약관을 읽을 기회를 가졌는가 여부를 질문한다. IB는 긍정적으로 답변하고 보험계약을 체결하도록 수배한다. 법률개정위원회는 조건을 보험계약자가 주의하도록 하는데 충분한 것의 '한계선상에 있는 것'이라고 하였지만, 단계는 충분하다고

751) Law Commissions, July 2014 Report, para 29.62.
752) 불리한 조건은 어느 경우에도 고의 또는 중과실의 묵시적 조건의 위반으로 인한 책임을 면제할 수 없다(2015년 보험법 제16A조 제2항).
753) Law Commissions, July 2014 Report, para 29.63.
754) David Kendall and Harry Wright, op. cit., para 8.15.

하였다.[755] 보험계약자는 보험중개사에 의하여 대리되고, 보험자는 보험약관을 읽었는가를 질문하며, 보험자는 불리한 조건에 별표를 하였고, 이것은 정확한 것으로 판단된다. 이것은 보험중개사에 의한 불리한 조건의 실제적 인식을 증명할 수 없지만(그 이상이 아니다),[756] 그것은 투명성의 제1요건이 아니다. 같은 사례라도 M이 직접 보험중개사의 개입 없이 U와 거래하였다면, 법률개정위원회는 보험계약자의 주의를 끌기에 충분하지 않았다고 고찰하였을 것인데, 왜냐하면 보험자는 'M은 비록 표준약관의 약관조항이 강조되었더라고 하더라도, 보험계약자가 표준약관을 읽었다고 보험자가 주장할 수 없기' 때문이다. 만일 U가 M에게 전화로 또는 표지에 그 조건을 언급하거나 스캔된 표준약관을 이메일로 송부하였다면, 법률개정위원회는 보험자가 투명성의 제1요건을 충족하였다는 견해이었다.

(3) 로이즈보험자와 보험중개사가 개발한 것으로 제10조의 임의규정성에 따른 워런티의 위반에 대한 보험자의 항구적 면책과 제13A조에 따른 고의 또는 중과실에 의한 합리적 기간 안에 보험금지급을 지체한 묵시적 조건위반의 책임을 면제한 표준어귀에 대하여 살펴본다.[757] 이 표준어귀는 각각 LMA 5258과 LMA 5277의 번호가 부여되어 있다.[758] 로이즈의 보험실무상 어떠한 표준조건의 사용에 합의되면, 보험중개사는 슬립에 번호를 기재하면, 그 조건이 합의되고 보험계약에 편입된 것으로 처리된다. S가 적하를 운송하기 위하여 선박을 용선하였고, 런던의 보험중개사(IB)에게 전화하여 선박이 항해하는 시간까지 보장하는 항해보험을 24시간 안에 수배할 것을 요청한다. U는 항해보험을 인수하는데 동의하지만, 보험금 지급지체를 면책으로 할 것을 주장한다. 보험증권상 S는 선박이 제안된 항로를 이로하지 않을 것을 워런티하고, U는 워런티에 적용되는 제10조를 임의규정화 할 것을 원하여 워런티 위반으로 보험자는 항구적으로 면책한다고 규정한다. S를 대리하여 IB는 이 조건을 승낙하고, 슬립에 LMA 5258과 LMA 5277을 기재하였으며, U가 직인을 찍는다. 2개의 표준조건은 그 효과가 명확하다.[759] 법률개정위원회의 견해에 따르면 투명성의 제1요건은 충

755) Law Commissions, July 2014 Report, para 29.64.
756) 이것은 법률개정위원회가 인정한 것과 같이 증거의 문제이다.; David Kendall and Harry Wright, op. cit., para 8.15.
757) David Kendall and Harry Wright, op. cit., para 8.16.
758) 이는 로이즈시장협회가 개발한 것이다.

족된다. 보험구입자는 로이즈를 통해 보험을 구입하는 전문보험중개사에 의하여 대리되는 경우에는, 요구되는 수준도 더욱 낮다. 해상보험시장은 가끔 빠르게 작동하고,[760] 실제거래도 타이트한 시간기준으로 행해진다. 법률개정위원회는 불리한 조건이 보험자에 의하여 보험중개사와 함께 제기되고, 슬립에 기재된 사실을 신뢰한다. 법률개정위원회는 표준조건이 보험계약자를 구속하기 위하여서는 보험중개사가 표준조건의 의미를 인식하여야 한다고 고찰한다. 이것이 옳지만, 제17조 제2항은 불리한 조건배후의 의미 또는 목적을 보험자가 설명하는 것을 요구한다(특히 이 사건과 같이 숙련된 시장이 아닌 경우)고 판단되어서는 아니된다.[761] 보험중개사의 주의를 끌기에 충분한 단계가 요구된다. 따라서 보험중개사가 LMA 5258과 LMA 5277을 슬립에 기재한 사실만으로 보험중개사 측이 불리한 조건을 실제 인식하였음을 증명하기에 충분하고, 투명성의 제1요건을 충족하지 아니하였다는 보험계약자의 주장을 허용하지 아니한다(2015년 보험법 제17조 제5항).

(4) (3)의 사례를 수정한 것으로 사실관계는 같지만, U가 LMA 5258과 LMA 5277을 보험중개사에게 언급하지 아니하거나 2015년 보험법의 특정조항을 임의규정화 하는 것을 원한다는 것을 언급하지 아니한 경우이다. 대신 U가 표준항해약관(번호 U1VOY1)을 언급한다. 이 조건은 LMA 5258과 LMA 5277과 실질적으로 동일한 조건을 포함하기 위하여 최근 업데이트되었다.[762] 보험중개사는 슬립에 U1VOY1약관을 기재하고, 보험계약이 체결된다. 법률개정위원회의 견해에 따르면 이는 투명성의 제1요건을 충족하지 아니하는데, 왜냐하면 'U가 자기회사의 표준약관상의 조건을 삽입하는데 IB의 주의를 끌기 위하여 아무런 단계도 취하지 아니하였기 때문이다.'[763] 그러나 법률개정위원회의 결론은 명확하지 아니하고, 법률개정위원회는 보험중개사가 U1VOY1의 면책사유를 포함하여 상세한 사항을 인식한 정도와 같은 사실관계에 따라 정해질 것이라고 하였다. 법률개정위원회는 이와 같은 상황에서 보험자에게 '특수한 조항에 대하여

759) 뒤의 제8장 임의규정성 Ⅳ. 투명성요건 3. 제2요건: 효과가 명확할 것.
760) 법률개정위원회는 '이와 같은 시장의 거래에 불필요하게 개입하는 것을 원하지 아니한다'고 한다.
761) David Kendall and Harry Wright, op. cit., para 8.16.
762) David Kendall and Harry Wright, op. cit., para 8.17.
763) Law Commissions, July 2014 Report, para 29.67.

이메일로 또는 슬립에 기재하여 보험중개사에게 언급하는 것이 권고하였다.'[764] 이 사례와 같은 복잡한 시장에서는 보험중개사는 최근의 표준약관의 개정내용을 포함하여 표준약관의 조건을 실제로 인식할 개연성이 있거나, 증거에 따라 실제로 인식하였음이 증명되면 보험계약자는 보험자가 투명성요건을 충족하지 못하였다고 주장할 수 없다.[765]

3. 제2요건: 효과가 명확할 것

가. 의미

투명성의 제2요건은 불리한 조항은 '효과가 명확하고 애매하지 않을' 것이다 (2015년 보험법 제17조 제3항). 이 조건이 충족되었는가 여부는 당해 조건의 해석의 쟁점이다. 아마도 조건이 명확하고 애매하지 않은 것으로 충분하지 아니하고, 조건의 효과가 명확하고 애매하지 않아야 한다.[766] 이것은 불리한 조건의 효과가 명백하게 설정되어야 함을 의미한다.[767] 예컨대 '2015년 보험법 제10조는 전부 삭제된다'고 규정하는 조건은 명백하지만, 이것은 그 효과를 설명하지 아니하고, 따라서 투명성의 제2요건을 충족하지 아니한다.[768] 이 요건을 충족하기 위하여서는 이 조항은 다음의 예와 같이 명백한 조건으로 그 효과를 설정하여야 한다.

2015년 보험법 제10조는 이 보험계약의 어떠한 조건에도 적용되지 아니한다. 이 워런티가 위반되면, 보험자의 책임은 워런티가 추후 치유되었는가 여부를 묻지 아니하고 워런티의 위반시부터 면제된다.[769]

유사하게 보험자가 제11조 전부를 임의규정화하기 원하는 경우에는, 다음 조

764) Law Commissions, July 2014 Report, para 29.67.
765) George Leloudas, op. cit., para 7.4.3.; David Kendall and Harry Wright, op. cit., para 8.17.
766) George Leloudas, op. cit., para 7.4.3.; David Kendall and Harry Wright, op. cit., para 29.50.
767) House of Lords, Parliament's explanatory notes for the Insurance Act 2015, para 128.
768) Law Commissions, July 2014 Report, para 29.50.
769) 로이즈시장협회 2016년 3월 16일 표준조항 5258,

항은 그 효과에서 명확하고 애매모호하지 아니하다.

제11조 2015년 보험법 제11조는 이 보험계약의 어떠한 조건에도 적용되지 아니한다. 이 보험계약의 조건이 충족되면 특정한 유형, 또는 특정한 장소, 또는 특정한 시간에서의 손해의 위험을 감소하게 할 수 있는 조건을 포함하고 있는 경우에, 보험자는 비록 그 조건의 불충족이 손해가 발생한 상황에서 실제 발생할 손해의 위험을 증가시킬 수 없었을 경우에도 보험자의 책임을 제한 또는 면책으로 하기 위하여 이 조건의 불충족을 주장할 수 없다.[770]

나. 제2투명성요건의 적용사례

(1) 워런티와 기타 조건

당사자가 제10조 그리고/또는 제11조를 임의규정화하기로 합의하는 경우에, 특히 보험계약자가 박식하지 아니한 경우에, 모든 워런티조건 또는 위험감소조건[771]상의 효과에 대해서도 언급하는 것이 필요한가 여부가 문제된다. 법률개정위원회는 보험자의 항구적 면책과 같이 워런티 위반이 엄격한 결과를 가지는 것을 의도하는 경우에는, 보험자 '조건 자체에 위반의 원하는 결과를 기재하도록 심사숙고하여야…' 할 것이라고 제시하였다.[772] 이것은 당사자가 제10조를 임의규정화 하는 경우에, 보험계약에 각각의, 모든 워런티 위반의 효과를 설정하는 것이 필요할 수 있음을 제시한다. 이것은 준소비자인 해박하지 아니한 보험계약자를 취급할 때 필요할 수 있지만, 이와 같은 접근방법이 모든 사례에 필요한 것은 아니다. 각각의 모든 워런티와 제11조의 조건이 위반의 결과를 규정하여야 한다면, 부당하게 부담을 지우는 것일 수 있다. 올바른 해석상 워런티나 제11조의 조건이 아닌 조건이 부주의해 워런티나 제11조의 조건으로 승격하는 위험도 또한 존재한다. 이와 같은 점에 비추어 제10조 그리고/또는 제11조를 임의규정화 하는 조건이 효과가 명백할 것을 조건으로, 보험계약상 각각의 그리고 모든 조건에 대한 효과를 언급하는 것은 필요하지 아니하다. 그러나 이것은 특히 보험계약자가 박식하지 아니한 경우에 불확실하다. 이와 같은 불확실성에

770) 로이즈시장협회 2016년 3월 16일 표준조항 5260.

771) 즉 제11조가 적용되는 조건을 말한다.

772) Law Commissions, July 2014 Report, paras 17.73-17.75.

대한 잠재적 해결책은 보험자가 다음과 같은 조항을 설정하여 워런티와 제1조의 조건이 제10조와 제11조에 의하여 규율되지 아니할 것을 고찰하고, 이 조건에 대하여 제10조와 제11조의 임의규정화한 조항을 적용하는 것이다.

2015년 보험 보험법 제10조는 {이와 같은 워런티/ 적시된 특수한 워런티}에 적용되지 아니한다. 만일 {이와 같은 워런티/ 적시된 특수한 워런티}가 위반되면, 보험자는 위반이 추후 치유되었는가 여부를 묻지 아니하고 보험자의 책임은 워런티 위반시로부터 항구적으로 면제된다.[773]

2015년 보험법 제11조는 {이와 같은 조건/ 적시된 특수한 조건}에 적용되지 아니한다. 보험자는 {이와 같은 조건/ 적시된 특수한 조건}의 불충족이 손해가 발생한 상황에서 실제 발생할 손해의 위험을 증가시킬 수 없었을 경우에도 보험자의 책임을 제한 또는 면책으로 하기 위하여 이 조건의 불충족을 주장할 수 없다.[774]

(2) 보험금 지급 지체

보험자가 상당한 기간 안에 보험금을 지급할 묵시적 조건위반에 대하여 2015년 보험법 제13A조의 보험자의 잠재적 책임을 임의규정화 하려는 경우, 택할 수 있는 다양한 잠재적인 접근방법이 존재한다. 가장 기본적인 접근방법은 그러하지 않았더라면 제13A조에 따라 모든 보험계약에 묵시적으로 되었을 조건을 삭제하는 조건을 채택하는 것이다. 이와 같은 조건은 무효라고 할 수는 없지만, 잠재적인 어려움이 없지 않다고 주장된다.[775] 고의 또는 중과실의 묵시적 조건위반[776]에 관하여 2015년 보험법보다 보험계약자에게 불리한 조항은 무효이다(2015년 보험법 제16A조 제2항). 이에 비추어 묵시적 조건의 완전한 삭제는 무효인데, 왜냐하면 보험자의 위반이 고의 또는 중과실인 경우에, 임의규정이 묵

773) 로이즈시장협회 2016년 3월 16일 표준조항 5259.
774) 로이즈시장협회 2016년 3월 16일 표준조항 5261.
775) David Kendall and Harry Wright, op. cit., para 8.21.
776) 보험자의 고의 또는 중과실의 묵시적 조건위반은 보험자가 적시의 지급의무위반임을 인식하거나 위반인지 여부에 관하여 주의하지 아니하는 경우이다(2015년 보험법 제16A조 제3항).

시적 조건의 내용을 배제하기 위하여 작동할 수 없기 때문이다. 당사자가 묵시적 조건 전부를 배제하기로 약정한 경우에도, 당사자는 고의 또는 중과실로 인한 묵시적 위반에 대한 묵시적 제한이 적용된다. 그러나 더 단순하고 매력적인 해결책은 다음 로이즈시장협회 표준조항 5277과 같이 고의도 아니고 중과실도 아닌 묵시적 조건에 대하여 보험자의 손해배상책임을 제한하거나 면제하는 경우에, 묵시적 조건의 위반을 모두 배제하지 아니하고, 그것이 모든 계약상의 묵시적 조건이라는 기초위에서 진행하는 것이다.[777]

보험자가 상당한 기간 안에 고의 또는 중과실로 보험금을 지급하지 아니하는 한, 보험자는 이 보험계약상 지체한 보험금지급에 대하여 보험계약자에게 손해배상책임을 지지 아니한다.[778]

로이즈시장협회 표준조항 5277의 원칙에 대하여 고의로 인한 것도 아니고 중과실로 인한 것이 아닌 책임을 특정한 금액으로 제한하거나 특정한 유형의 손해에 대한 책임을 배제하는 다양한 변경조항이 존재한다. 이에 대한 가능한 예가 다음 로이즈시장협회 표준조항 5278에 포함되어 있다.

1. 이 보험계약상 보험금지급 지체로 인한 보험계약자에 대한 보험자의 손해배상책임은 다음과 같이 제한된다.
{보험자의 책임은 X파운드로 제한된다} {또는}
{보험자의 책임은 이 보험계약상 부과된 보험료의 {X}로 제한된다} {또는}
{보험자의 책임은 리보금리에 2%를 추가한 이율로 지급되어야 하는 금액으로 이자가 제한된다. 이자는 지급되는 것이 합리적이었을 날로부터 실제 보험금이 지급될 때까지 지급된다.}
2. 보험자가 보험계약의 일부를 인수한 경우에는, 위의 제1항이 적용되는 것을 조건으로 그 책임은 보험계약자가 입은 손해의 비율을 초과할 수 없다.
3. 제1항은 보험자가 고의 또는 중과실로 상당한 기간 안에 지급하지 아니한 경우에는 적용되지 아니한다.[779]

777) David Kendall and Harry Wright, op. cit., para 8.21.
778) 로이즈시장협회 2016년 10월 12일 표준조항 5277,

다. 기재정도

보험자가 작성하는 불리한 조건의 기재정도는 보험계약자가 그 조건의 결과를 이해하도록 기대되는 보험계약자의 성질과 범위에 따라 다르다.[780] 투명성의 제1요건과 같이 보험계약자에게 충분한다고 하여 다른 보험계약자에게 그러한 것은 아니다.[781] 즉 제1요건과 같이 투명성의 제2요건에 적절한 보험계약자의 해박함이 어떠한가는 판단하기 매우 어렵다. 일반적으로는 불리한 조건은 효과에 있어서 명백하거나 그러하지 아니하다. 불리한 조건이 그 효과에 있어서 애매하다고 주장되는 경우에, 법원은 보험계약자가 박식하거나 또는 보험중개사사 개입한 경우에는 애매함이 허용될 개연성이 더욱 적다. 그러나 일반적으로는 조건에 효과에 있어서 애매한가 여부는 계약해석의 문제이고, 보험계약자의 박식함은 이 문제의 해결에 있어서 큰 차이를 초래할 개연성이 없다.[782]

보험중개사가 보험계약 체결에 관여하는 복잡한 보험시장에서 표준약관상 워런티에 관한 불이익변경조항에 대한 제2투명성요건은 다음과 같은 점에서 그 충족이 용이하게 인정될 수 있다고 지적되고 있다.[783]

첫째, 표준약관은 공인되면 곧바로 온라인 웹사이트에 공개되어 무료로 이용가능하고, 둘째, 오래전부터 표준약관이 공개적으로 작성된다는 것이다. 후자와 관련하여 항공보험자가 약관작성시 거의 정보를 제공하지 아니하기 때문에 불만이 발생하는 결과를 방지하기 위하여 항공보험약관그룹이 설립되었고, 이 그룹이 표준약관을 간행하고 항공보험자가 새로운 약관을 채용하기 위한 상세한 회의록을 공개하고 있다.

V. 단체보험

2015년 보험법 제18조는 다음과 같이 단체보험상 임의규정화에 관하여 규정하고 있다.

---

779) 로이즈시장협회 2016년 10월 12일 표준조항 5278.
780) Law Commissions, July 2014 Report, paras 29.62 이하.
781) House of Lords, Parliament's explanatory notes for the Insurance Act 2015, para 129.
782) David Kendall and Harry Wright, op. cit., para 8.23.
783) George Leloudas, op. cit., para 7.4.2.

제18조 임의규정: 단체보험

(1) 이 조는 제13조 제1항 a호에서 언급된 보험계약에 적용된다. 그리고 이 조에서

(2) A와 C는 제13조와 같은 의미를 가진다.

'소비자C'는 C들 중 1인이 개인인 경우를 의미하는데, 그 개인을 위하여 계약에 의하여 제공되는 보장이 소비자보험계약이었고 A가 아닌 사람에 의하여 체결된 경우이다.

'비소비자C'는 소비자C가 아닌 C들 중 1인을 의미한다.

(3) 제13조가 적용되는 사항에 관하여 소비자C를 제13조에 의하여 보유하는 지위보다 불이익하게 하는 보험계약 또는 기타 계약의 조건은 그 범위에서 효력이 없다.

(4) 제17조의 요건이 조건에 관하여 충족되지 아니하는 한, 제13조가 적용되는 사항에 관하여 비소비자C를 제13조에 의하여 보유하는 지위보다 불이익하게 하는 보험계약 또는 기타 계약의 조건은 그 범위에서 효력이 없다.

(5) 제17조는 제16(2)조에서 언급한 것과 같은 조건에 적용되고, 보험계약자에 대한 언급은 비소비자C 이외의 A를 언급하는 것이다.

(6) 이 조에서 계약에의 참조는 변경을 포함한다.

(7) 이 조는 이 조가 적용되는 보험계약상 발생하는 보험금청구의 해결을 위한 계약에는 적용되지 아니한다.

2015년 보험법은 단체보험상 임의규정화에 관한 특별한 조항을 두고 있는데, 이는 보험자와 보험계약자 사이에 체결되지만, 그 계약이 보험계약의 당사자가 아닌 사람에게 보장을 제공하는 경우를 의미한다(2015년 보험법 제18조 제1항). 이 경우 보험계약상 보장이 제공되는 보험계약자 이외의 사람 중 누구라도 소비자이면, 보험계약상 불리한 조건은 이 소비자에 대하여 무효이다.[784] 예컨대 한 블록의 집합건물의 토지소유자가 각 임차인에게 집합건물의 내용에 대하여 보상받을 권리를 부여하는 보험계약을 체결하는 경우, 토지소유자와 보험자

784) David Kendall and Harry Wright, op. cit., para 8.24.

사이의 보험계약은 비소비자계약인데, 왜냐하면 건물을 임대하는 영업과 전적으로 또는 주로 관련한 목적을 위하여 체결되었기 때문이다(2015년 보험법 제18조 제3항). 그러나 임차인중 1인이라도 개별적으로 보험계약을 체결하는 경우에는, 그것은 소비자계약인데, 왜냐하면 이는 사적인 목적을 위하여 체결되었기 때문이다(2015년 보험법 제18조 제3항). 그러나 임차인중 한명이 건물을 하루 종일 근무하는 사무실로 사용하는 경우에는, 그가 자신을 위하여 보험에 가입한 경우에는, 이것은 비소비자보험일 것이다. 이 경우에 불리한 조건은 비소비자인 임차인에 대하여서는 투명성요건이 충족되는 것을 조건으로 유효하다(2015년 보험법 제18조 제4항). 그러나 불리한 조건에 대하여 주의하기에 충분한 통지가 행해질 대상은 비소비자인 임차인이 아니라, 임대인이다(2015년 보험법 제18조 제5항).

Ⅵ. 우리법에의 시사점

1. 소비자보험과 비소비자보험의 구별기준

상법은 "이 편의 규정은 당사자 간의 특약으로 보험계약자 또는 피보험자나 보험수익자의 불이익으로 변경하지 못한다(상법 제663조 본문)."라고 규정하고 있다. 이와 같이 보험계약법의 규정에 위반하고, 보험계약자 측에 불리한 특약을 상대적 강행규정이라고 한다.

다만 상법은 "재보험 및 해상보험 기타 이와 유사한 보험의 경우에는 그러하지 아니하다(상법 제663조 단서)."라고 규정하여 기업보험의 경우 상대적 강행규정성의 적용이 제외되어 있다.

대법원 1996. 12. 20. 선고 96다23818 판결[785]은 보험계약자가 어선소유지,

785) 이 사건의 사실관계는 다음과 같다. 총톤수 89톤의 어선의 소유자가 보험기간은 1년, 공제료는 3회 분납, 공제대상은 침몰 등 해상고유의 위험으로 인한 선박손해 등을 내용으로 하는 어선공제계약을 수산업협동조합과 체결하였다. 제2회 분납공제료에 대하여서는 당시 효력이 인정되고 있던 실효약관(분납공제료의 미납시 14일간의 유예기간을 두고 이 때까지 공제료를 납입하지 않는 경우 공제계약은 효력을 상실함)이 삽입되어 있었다. 제2회 분납공제료를 납입유예기간이 경과한 후까지 납입하지 않고 조업을 하다가 선박이 폭풍으로 인한 기상악화로 침몰하였다. 법원은 분납 공제료 체납시 상법 제650조 제2항

보험자는, 수산업협동조합이고 해상보험에 관한 사건인 대법원 1996. 12. 20. 선고 96다23818 판결은 "제663조 단서가 해상보험에 같은 법조 본문 소정의 보험계약자 등의 불이익변경금지원칙이 적용되지 아니하도록 규정하고 있는 취지는 해상보험이 보험계약자와 보험자가 서로 대등한 경제적 지위에서 계약조건을 정하는 이른바 기업보험의 일종으로 보험계약의 체결에 있어서 보험계약자의 이익보호를 위한 법의 후견적 배려는 필요하지 않고 오히려 어느 정도 당사자 사이의 사적 자치에 맡겨 특약에 의하여 개별적인 이익조정을 꾀할 수 있도록 할 필요가 있기 때문이다"라고 하여 기업보험은 보험계약자와 보험자가 "대등한 경제적 지위에서 계약조건을 정하는 보험"이고, 상대적 강행규정의 적용을 배제하는 이유로는 "보험계약자의 이익보호를 위한 법의 후견적 배려는 필요하지 않고 오히려 어느 정도 당사자 사이의 사적 자치에 맡겨 특약에 의하여 개별적인 이익조정을 꾀할 수 있도록 할 필요가 있기 때문이다"고 한다. 우리 법원은 소비자보험과 비소비자보험인가 여부를 경제력과 협상력을 기준으로 판단한다.

이에 따라 수산업협동조합이 영세어민의 소형어선의 해상위험을 담보하는 어선공제계약,[786] 낚시터사업자가 가입한 영업배상책임보험[787]이 소비자보험계약이라고 하였다.

전적으로 또는 주로 무관한 목적아래 계약을 체결하는 소비자와 보험회사 사이에 체결되는 계약이다"[788]이고, 비소비자보험계약은 소비자보험이 아닌 보험계약이다.[789]이라고 한다. 아래에서는 일본과 유럽 보험계약법준칙에서의 양자의 구별기준을 살펴보고, 영국 보험법상의 구별기준의 우리법에의 시사점을 검토하고자 한다.

소정의 최고 및 해지절차 없이 곧바로 공제계약의 실효를 규정한 어선보통공제약관 조항은 무효라고 하고 보험금지급을 명하였다.

786) 대법원 1996. 12. 20. 선고 96다23818 판결.

787) 대법원 2002. 6. 28. 선고 2002다22106 판결.

788) 2012년 소비자(고지의무)법 제1조. 이 정의는 2015년 보험법 제1조에 의거해 적용된다.

789) 2015년 보험법 제1조는 비소비자보험은 소비자보험계약이 아닌 보험계약을 의미한다고 규정한다.

가. 일본보험법과 유럽 보험계약법준칙상의 구별기준

(1) 일본

일본 보험법은 보험계약자 기타 보험계약자 측의 관여자의 보호를 위하여 특히 필요한 규정에 대하여서는 그 규정보다 보험계약자 등에게 불리한 것은 무효로 하는 상대적 강행규정성이 조문 각각에 명문화되어 있다.

생명보험계약과 상해질병정액보험계약(상해질병손해보험계약도 같음)에는 상대적 강행규정성의 적용제외가 규정되어 있지 않다. 그 근거로는 단체생명보험계약은 사업자가 체결한 것이지만, 보험계약의 이익은 직접 또는 간접적으로 단체구성원인 소비자에 귀속하는 것이 일반적이라는 것과, 재보험과 국제적인 보험시장과의 관련과 사정이 일반적으로 존재하지 않는다는 것 등이 있다.

손해보험계약에 대하여는 ① 해상보험계약, ② 항공보험계약, ③ 원자력보험계약, ④ 법인 기타 단체 또는 사업을 행하는 개인의 사업활동에 수반하여 생기는 손해를 보상하는 손해보험계약에 대하여서도 상대적 강행규정성의 적용이 제외되어 있다(보험법 제36조).

①~③은 명확하지만, ④에 대하여서는 일본 보험법에서는 실질기준을 채용하여 사업활동에 수반하는 위험을 대상으로 하는 보험을 의미하는 실질기준을 채용한 것으로 이해되고 있다.[790)]

(2) 유럽 보험계약법준칙

(가) 유럽 보험계약법준칙의 규정

유럽 보험계약법준칙은 소비자보험과 비소비자보험의 구별기준을 다음과 같이 규정하고 있다. (1) 자동차, 항공기, 선박, 기차에 대한 손해를 담보하는 보험, (2) 신용보험과 보증보험, (3) 보험계약자가 수치로 정한 기준을 초과하는 기업인 경우로서 화재, 원자력, 책임 등의 위험을 담보하는 규정이 그것이다(유럽 보험계약법준칙 제1-103조 제2항).

790) 한창희, 보험법, 2017, 181면.

(나) 내용과 시사점

기준의 하나로 (1) 대형위험(자동차보험, 항공기보험, 선박보험, 기차보험, 신용보험, 보증보험), (2) 일정 규모의 기업[791]의 화재보험·원자력보험·책임보험을 들고 있다.

그 근거로는 이와 같은 대형위험을 담보하기 위하여서는 보험자와 보험계약자 사이에 협상력의 격차를 고려할 필요가 없다는 것이 제시된다.[792] 이에 대하여서는 퐁텐느교수는 다음과 같은 이유로 유럽보험계약법준칙상의 기업보험의 기준을 비판한다. 첫째, 대규모기업이라고 하여 항상 보험약관을 협상할 수 있는 것은 아니고, 둘째, 대형위험이라고 하여도 예컨대 신용보험은 소규모의 기업이 가입하는 경우도 있기 때문이라고 한다. 이와 같은 경우를 포함하여 약관의 공정성통제를 배제하는 것은 보험계약자보호에 적절하지 않다는 점을 지적하고 있다.[793]

이와 같이 기업의 자산, 매상고, 종업원수를 기준으로 하는 유럽 보험계약법준칙상의 기업보험의 기준과 이에 대한 논의는 우리법의 입법론과 해석론에 유용할 것으로 판단된다.

나. 영국의 2015년 보험법의 시사점

영국의 2012년 소비자(고지의무)법과 2015년 보험법의 구별기준은 기업의 자산, 매상고, 종업원수를 기준으로 하는 유럽 보험계약법준칙과는 다르고, '법인 기타 단체 또는 사업을 행하는 개인의 사업활동에 수반하여 생기는 손해인지 여부'라고 한 일본과 유사하지만, '개인의 영업, 거래 또는 직업과 전적으로 또는 주로 무관한 목적'이라는 보험의 목적을 기준으로 하는 점에서 더욱 세밀한 장점이 있다. 영국의 2012년 소비자(고지의무)법과 2015년 보험법은 우리의 보

791) 보험계약자가 (1) 대차대조표상의 총액이 620만유로 (2) 총매상고가 1,280만유로 (3) 회계연도의 평균종업원수가 250명의 3가지 수치 중 2가지의 기준을 초과하는 경우에 한함(유럽 보험계약법준칙 제1-103조 제2항 c호).

792) Mandeep Lakhan, Report on Discussion I in Helmut Heiss and Mandeep Lakhan(edited), Principle of European Insurance Law: A model Optional Instrument, (sellier, 2011), p. 47; 한창희·장덕조·박은경, 각국의 보험소비자보호법제, 청목출판사, 2011, 124면.

793) Marcel Fontaine, op. cit., pp. 38~39.

험법의 입법과 해석에 요긴하게 참조할 가치가 있다고 판단되고, 향후 영국 보험법의 이에 관한 실무의 동향을 면밀히 살필 것이 요망된다.

2. 투명성요건

영국 보험법상의 임의규정성은 비소비자보험에 관하여 고지의무와 워런티, 사기적 보험금청구, 보험금지급 지체 의 4가지 분야에 대하여서는 적용되는 점에서 비소비자보험에 관하여 상법 보험편 전부에 대해 임의규정화가 가능한 우리법과 다르다. 따라서 2015년 영국 보험법상의 2가지 투명성 요건을 전면적으로 우리 상법 제663조에 도입하는 것은 지나치게 보험실무를 복잡하게 하여 채용하기 어렵다. 다만 보험약관의 편입요건으로서의 보험자의 설명의무와 관련하여 중요한 보조적인 해석기준으로 기능할 것이 기대된다.

제9장 사기적 보험금청구

I. 입법배경

1. 사기적 보험금청구에 관한 2015년 보험법의 규정

2015년 보험법 제12조는 사기적 보험금청구에 관하여 다음과 같이 규정하고 있다.

제12조 사기적 보험금청구에 대한 구제수단

(1) 보험계약자가 보험계약상 사기적 보험금청구를 한 경우에는
  (a) 보험자는 보험금 지급책임이 없고,
  (b) 보험자는 사기적 보험금청구와 관련하여 피보험자에게 지급한 보험금을 반환받을 수 있으며,
  (c) 보험자는 사기적 보험금청구를 한 보험계약자에게 통지하여 사기적 행위의 시점부터 계약을 해지한 것으로 처리할 수 있다.

(2) 보험자가 보험계약을 해지하는 것으로 처리한 경우에는,
  (a) 보험자는 사기적 행위이후에 발생하는 관련사고에 관하여 보험계약상 피보험자에 대한 모든 책임을 거부할 수 있다.
  (b) 보험계약상 구령한 보험료를 반환할 필요가 없다.

(3) 이 조에 따라 보험계약을 해지하는 것으로 처리하는 것은 사기적 행위이전에 발생하는 관련사고에 관한 당사자의 권리와 의무에는 영향이 없다.

(4) (2)(a)와 (3)에서 '관련사고'라 함은 보험계약상 보험자의 책임을 야기하는 여하한 것(예컨대 보험계약이 체결된 방법에 따라 손해의 발생, 보험금청구, 또는 잠재적인 보험금청구의 통지를 포함한다)을 의미한다.

2. 개관

사기적 보험금청구는 오랫동안 보험산업을 당혹하게 하는 문제이다. 2013년

영국에서 적발된 건수는 118,500건이고, 금액은 13억 파운드이었다.[794] 전부 허위인 보험금청구에서부터 보험사고는 발생했으나 보험금을 증액하거나 서류를 보강하여 보험금청구를 강화하기 위한 경우까지 보험계약자의 교묘함이 광범위하게 나타나고 있다.

보험계약상 사기적 보험금청구를 행하는 것은 계약당사자 사이의 결과보다도 더욱 광범위한 함의를 띠는데, 왜냐하면 이는 보험계약자에 의하거나 그를 위한 불성실하고 잠재적으로 범죄행위가 될 수 있는 행위에 관련되며, 공익과 연관되기 때문이다. 보험약관에는 보험계약자가 사기적 보험금청구를 하는 경우 보험자의 구제수단을 설정하는 조항을 포함하는 것이 보통이다.[795] 보험계약자가 불성실하게 행위하는 경우 보험계약법과 관련된 사회정책의 혼합된 것으로서 적용할 원칙에 대하여 오랫동안 고민해왔다.[796] 법률개정위원회는 2014년 7월의 보고서에서 이 영역에서의 법이 '복잡하고 혼란한' 것이라고 하고, 보험법상 명확히 하고 개혁할 시기가 무르익었다고 하였다.[797] 2015년 보험법 제12조와 제13조는 새로운 법률을 포함하고 있고, 소비자보험과 비소비자보험 양자에 적용된다.

3. 구법의 지위

구법의 지위는 다음과 같이 요약할 수 있다.[798]

(i) 법의 정책은 사기적 보험금청구가 행해지지 아니하도록 하는 것이었다. Manifest Shipping Co Ltd v. Uni-Polaris Co Ltd (The Star Sea)사건[799] 사건에서 홉하우스판사는 '사기적 보험계약자가 사기가 성공하면 나는 얻을 것

794) Simon Rainey QC and Davis Walsh, Remedies for fraudulent claims under Insurance Act 2105, in Malcolm Clarke and Bariş Soyer(edited), The Insurance Act 2015-A new regime for commercial and marine insurance law, (informa law from Routledge, 2016), para 5.1 p. 60.

795) Joseph Fielding Properties (Blackpool) Ltd v. Aviva Insurance Ltd [2010] EWHC 2192; [2011] 1 Lloyd's Rep IR 238(QB); Nsubuga v. Commercial Union Assurance Co plc [1998] 2 Lloyd's Rep 682(Com Ct).

796) David Kendall and Harry Wright, op. cit., para 9.1.

797) Law Commissions, July 2014 Report, para 19.3.

798) David Kendall and Harry Wright, op. cit., para 9.2.

799) [2001] UKHL 1. [2003] AC 469, [62].

이고, 그것이 실패하더라도 잃을 게 아무 것도 없다고 생각하는 것이 허용되어서는 아니된다'고 하였다.

(ii) 사기적 보험금청구와 사기적 책략의 구별이다. 사기적 보험금청구는 보험계약상 권리가 없는데도 피보험자가 무엇인가 얻기 위하여 사기적으로 행위하는 것이다.800) 사기적 책략은 보험계약상 보험자의 책임의 존재 또는 보험금에 무관한 거짓말을 하거나 불성실한 행위를 행하는 것이고, 이것은 사기적 보험금청구로 취급되지 아니한다.801) 이것은 2015년 보험법 제12조와 제13조에 사기적 보험금청구의 의미에 관하여 잔존하고 있다.

(iii) 피보험자가 사기적 보험금청구를 하는 경우(그러하지 않았으면 적법하였을 보험금을 과다 청구한 경우를 포함하여), 전체 보험금청구가 무효로 된다(과다청구한 부분에 한정되지 아니한다).802) 사기적 보험금청구의 부분은 '최소량은 무시된다(de minimus)는 것이 아닌 의미에서' 현저하여야 하였는데, 이것은 '높은 문턱'은 아니었다.803)

(iv) 사기적 보험금청구를 행하는 것은 신의성실의무위반이고, 1906년 해상보험법 제17조에 따른 위반으로 이한 구제수단으로서 보험자에 의한 소급적 취소는 최근에는 이 상황에서는 이용할 수 없거나 또는 최소한 법원이 적용을 꺼려하는 구제수단으로 고찰되었다. 이것은 신의성실의무위반은 보험계약이 체결된 후의 것이고, 소급하여 취소할 수 있게 하는 구제수단은 효과에 형벌에 해당하

---

800) David Kendall and Harry Wright, op. cit., para 9.2(ii).; Agapitos v. Agnew(The Aegeon)사건 [2002] EWCA Civ 247; [2002] 2 Lloyd's Rep 42 at [1]에서는 중요한 사기와 사기적 책략을 구별하여 전자는 손해가 없거나 손해가 과장된 경우이고, 후자는 본질적으로 선의인 보험금청구인 것을 증진하기 위해 사용된 책략으로 맨스(Mance)판사는 "피보험자가 보험금청구된 손해를 입었다고 믿지만, 약간의 거짓으로 주변상황을 증진 또는 윤색하기 위해 사용되는 책략"이고, 사기적 책략에는 1906년 해상보험법 제17조에 따라 전체 보험계약을 취소할 수 없다고 하였다.

801) 소위 이차적인 거짓말이다; Versloot Dredging BV & Anor v. HDI Gerling Industrie Versicherung AG & Ors (The DC Merwestone) [2016] UKSC 45,[2016] 3 WLR 543 사건에서 섬시온판사와 톨순판사의 판시참조.

802) Goulstone v. Royal Insurance Co 175 ER 725, 1 F&F 276; Britton v. Royal Insurance Co 176 ER 843 (1866) 4 F&F 905; Galloway v. Guardian Royal Exchange (UK) Ltd [1999] Lloyd's Rep IR 209(CA).

803) Versloot Dredging BV & Anor v. HDI Gerling Industrie Versicherung AG & Ors (The DC Merwestone) [2013] EWHC 1666(Comm). [2013] 2 Lloyd's Rep 131, [156], [157]사건에서 포프웰판사의 판시참조.

기 때문이었다.[804] 최근의 판례는 이 위반을 별개의 신의성실의무위반이 아니라 계약에 부수하는 것이라고 보았다.[805]

(v) 보험계약자의 신의성실의무위반이 충분히 중대한 경우, 그 위반으로 인하여 보험계약은 해지된 것으로 처리된다. 보험자에 의하여 승인되면, 이것은 승인시로부터 보장이 종료하고, 그 결과 승낙이전의 보험금청구는 유효하지만, 승낙이후에는 그러하지 아니한데, 왜냐하면 그 효력은 장래를 향하여서만이고 이미 발생한 보상청구에는 영향을 미치지 아니한다.[806] Axa General Insurance Ltd v. Gottlieb사건[807]에서 맨스판사는 사기적 행위는 사기 이전에 행해진 유효한 임시의 지급을 포함하여 사기와 관련한 전체 보험금청구권을 상실하게 하는 효과를 가진다고 하였다.

(vi) 사기적 보험금청구행위의 구제수단이 계약에 기초하는 경우에, 보험자는 그 위반으로 인한 손해배상청구권을 가지지만(예컨대 손해조사비용), 이것은 신의성실의무위반의 구제수단이 취소뿐인 것과 부합하지 아니한다.[808] London Assurance v. Clare사건[809]에서 고달드판사는 사기로 인한 손해배상청구에 대해서는 존재한다고도 할 수 있지만, 사기적 보험금청구의 조사비용은 계약위반으로 인한 손해배상으로 받을 수 없다고 하였다. Insurance Corporation of Ireland v. McHugh사건[810]에서 사기로 인한 손해배상청구는 사기적 피보험자

---

804) Manifest Shipping Co Ltd v. Uni-Polaris Co Ltd (The Star Sea) [2001] UKHL 1(CA). [2003] 1AC 469, [51]사건에서 홉하우스판사.

805) 스타시호 사건에서 홉하우스판사; Agapitos v. Agnew(The Aegeon) [2002] EWHC 1558(Comm). [2002] 2 Lloyd's Rep 42 [13], [45]사건에서 맨스판사; Versloot Dredging BV & Anor v. HDI Gerling Industrie Versicherung AG & Ors (The DC Merwestone) [2016] UKSC 45, [2016] 3 WLR 543, [8]사건에서 섬시온판사는 방론으로 사기적 보험금청구는 보험계약의 부대조건이라고 고찰하여야 한다고 하였고, 보험계약자의 신의성실의무위반으로 인한 취소의 구제수단의 존재여부는 미해결문제로 남겨준 점에서 홉하우스판사와 일치하였다.

806) 스타시호 사건에서 홉하우스판사의 판시.

807) [2005] EWCA Civ 112; [2005] Lloyd's Rep IR 369. 이 사건에서 가정보험계약상 4건의 보험금청구에 대해 보험금이 지급되었고, 보험자가 2건에 대해서는 서류가 제출되었음을 발견하여 지급한 전액의 보험금반환을 청구하였다. 항소법원은 사기이전에 선의의 보험금청구에 따라 지급한 보험금에 대해 청구권상실의 효력이 미치지 않지만, 잠정적 보험금 지급 후 사기가 행해져도 보험금반환청구권이 인정된다고 하였다.

808) Bank Keyser Ulman SA v. Skania (UK) Insurance Co Ltd [1991] 2 AC 249(CA), [1990] 3 WLR 364.

809) (1937) 57 Ll Rep 253(KB).

에 대하여 존재한다고 맨스판사에 의하여 인정되었다.

(vii) 보험금청구에 대하여 보험자와 보험계약자 사이의 소송이 개시된 후에는 1906년 해상보험법 제17조는 적용되지 아니한다.[811]

4. 2015년 보험법의 내용

이와 같은 1906년 해상보험법 제17조에 따른 불안정한 상태를 개혁하고자 법률개정위원회는 전문가의 설문조사 등에 따른 의견을 광범위하게 반영하여 보고서를 작성하고 이에 따라 개정이 이루어졌다.

2015년 보험법 제14조 제2항에 따라 신의성실의무위반의 효과로서 취소가 삭제되어 사기적 보험금청구에 대하여 보험자는 보험계약을 소급적으로 취소할 수 없게 되었다.

2015년 보험법 제12조 제1항은 보험계약자가 사기적 보험금청구를 한 경우에 보험자는 3가지 구제수단을 가진다고 규정한다.

(1) 보험자는 보험금 지급책임이 없다. 이전의 판례를 적용한다면, 이것은 전체 보험금청구권이 상실하는 것이지 과장 청구된 부분만이 상실하는 것은 아니다.[812]

(2) 사기적 보험금청구와 관련하여 피보험자에게 지급한 보험금을 반환받을 수 있는데, 보험금청구의 유효한 부분에 대하여서도 같다. 이것은 Axa General Insurance Ltd v. Gottlieb사건[813]의 항소법원의 판결에서 설정된 지위를 반영한 것이다.

(3) 보험자는 보험계약의 해지통지를 선택할 수 있는데 이는 보험자가 보험계약을 해지 처리하는 경우에, 사기 행위이후에 발생하는 '관련사고'에 대하여서는 책임을 지지 아니하고, 보험자는 보험료를 반환할 필요가 없다(제12조 제2

---

810) [1997] LRLR 94(Com Ct).

811) The Aegeon [2002] EWHC 1558(Comm). [2002] 2 Lloyd's Rep 42 [53].

812) 앞의 제9장 Ⅰ. 입법배경 2. 구법의 지위 (iii).

813) [2005] EWCA Civ 112; [2005] Lloyd's Rep IR 369. 이 사건에서 가정보험계약상 4건의 보험금청구에 대해 보험금이 지급되었고, 보험자가 2건에 대해서는 서류가 제출되었음을 발견하여 지급한 전액의 보험금반환을 청구하였다. 항소법원은 사기이전에 선의의 보험금청구에 따라 지급한 보험금에 대해 청구권상실의 효력이 미치지 않지만, 잠정적 보험금 지급 후 사기가 행해져도 보험금반환청구권이 인정된다고 하였다.

항). 이것은 새로운 구제수단을 도입한 것으로 아래에서 서술한다.

제12조 제3항은 보험자가 보험계약을 해지하는 것으로 취급하는 경우에, 사기적 행위이전에 발생하는 관련사고에 관한 당사자의 권리와 의무에는 영향이 없다고 규정한다.

이에 따라 1906년 해상보험법 제17조의 신의성실의무는 사기적 보험금청구의 배경으로서의 지위만이 인정되고,[814] 2015년 보험법 제12조는 성공적이라는 평가가 나오고 있다.[815]

Ⅱ 사기적 보험금청구에 관한 2015년 보험법의 규정

1. 보험금청구에 대한 사기의 효과

제12조 제1항 a호와 b호는 보험계약자가 보험계약상 사기적 보험금청구를 한 경우에는 보험금 지급책임이 없고, 사기적 보험금청구와 관련하여 피보험자에게 지급한 보험금을 반환받을 수 있다고 규정한다. 이는 보통법상의 보험금청구권상실의 효과를 입법한 것이다. 보험계약자가 보험금청구와 관련하여 사기를 한 경우에 보험금청구 모두가 상실되는 것으로, 상실의 효과가 사기가 관련된 보험금청구에만 연관된다는 독립적인 원칙인 점을 제외하고는 기존법에 변경은 없다.[816]

이 규정은 1906년 해상보험법 제17조에서 취소의 효과만을 인정하는 문제점을 제거하기 위한 점에서 현대의 판례의 동향을 반영한 것이고, 보험금지급여부를 묻지 않고 사기가 행해지기 이전에 손해가 발생한 경우에 이전의 유효한 보험금청구에 영향을 미치지 않음을 인정한다.[817]

2. 관련보험계약에 대한 사기의 효과

가. 개관

사기적 보험금청구의 효과에 관한 구법상의 불확정성은 위에 요약하여 서술

814) John Birds, op. cit., p. 294.
815) Simon Rainey QC and Davis Walsh, op. cit., para 5.5.
816) Simon Rainey QC and Davis Walsh, op. cit., para 5.3.1 p. 72.
817) Simon Rainey QC and Davis Walsh, op. cit., para 5.3.2 p. 74.

하였다.[818] 제12조 제1항 c호는 보험자는 사기적 보험금청구를 한 피보험자에게 통지하여 사기적 행위의 시점부터 계약을 해지한 것으로 처리할 수 있다고 규정한다. 해지의 선택은 어느 때라도 행할 수 있고(포기 또는 금반언이 적용됨), 효과는 소급하여 사기적 행위시로부터 해지된 것으로 간주된다. 이것은 보험계약상 보험금 지급책임을 부담하였을 유효한 보험금청구가, 그것이 사기행행위시 이후에 발생하는 관련사고로 인하여 발생하는 경우에는, 지급되지 아니하지만, 관련행위가 사기행위이전에 발생하는 경우에는 지급되는 결과가 된다. 이에 대하여서는 다음과 같은 쟁점이 있다.

o 사기적 행위는 무엇인가?
o 보험금청구를 야기하는 관련사고는 무엇인가?
o 보험자는 해지권을 포기할 수 있는가?
o 보험자의 손해배상청구권은 인정되는가?

나. 사기적 행위

사기적 보험금청구는 사기적 행위와 구별된다. 후자는 최초의 보험금청구의 신청 이후의 것으로서 보험금청구를 사기적으로 만드는 행위일 것을 의도한 것이다.[819] 법률개정위원회는 사기적 행위를 '보험금청구를 사기적으로 만드는 행위'라고 하고,[820] 의회의 입법보고서는 최초의 보험금청구 이후에 행해질 것이라고 한다.[821] 위조된 손해항목의 추가와 같은 보험계약자 측의 행위는 위조된 보험금청구신청의 의도만으로 또는 보험자의 질문에 대한 답변의 회피만으로는 이에 해당하지 아니한다. 사기적 행위의 효과에 대하여 2015년 보험법시행 이후에 내려진 Versloot Dredging BV & Anor v. HDI Gerling Industrie Versicherung AG & Ors (The DC Merwestone)사건[822]은 이와 같은 구제수단의 적용을 복잡하게 하고 있다. 이 판결에 따르면 보험계약자가 자신의 보험금청구를 지원하기 위하여 거짓말을 하면 이것은 사기적 행위이지만, 보험계약

818) 앞의 제9장 Ⅰ. 입법배경 3. 구법의 지위 (iv)-(v).
819) Simon Rainey QC and Davis Walsh, op. cit., para 5.3.2 p. 72.
820) Law Commissions, July 2014 Report, para 22.7.
821) Parliament's explanatory notes for the Insurance Act 2015, para 102.
822) [2016] UKSC 45, [2016] 3 WLR 543.; 앞의 제9장 Ⅰ. 입법배경 3. 구법의 지위 (ii) 차조.

자가 보험계약상 권리가 없었던 것을 취득하게 하는 결과를 초래하지 않았으면 (비록 거짓말의 목적이 보험자가 보험금을 지급하도록 유인하기 위한 것이라고 하여도) 그 거짓말은 보험금청구에 2차적인 것이고 보험금청구는 사기적인 것이 아닌 것이 된다. 만일 보험자가 보험금청구와 관련하여 사기적 행위를 하였음을 발견하는 경우에는, 그 행위가 일단 최종적으로 결정된 보험계약상의 보험금의 양 또는 효력에 영향을 미쳤음을 증명하는 경우에만, 보험금지급을 거부하고 보험계약을 해지할 수 있다. 예컨대 존재하지 아니하는 상품에 대한 송장을 위조하여 멸실한 상품의 가액을 과대하게 하면 보험금청구를 사기적으로 만들지만, 실제로 도난당하여 멸실한 상품의 송장을 위조하면 그러하지 않는데, 왜냐하면 후자는 계약상 가지고 있었던 권리만을 추구하기 때문이다. 보험계약자의 보험금을 과다 청구하기 위한 사기적 책략과 보험금청구를 신속하게 하기 위한 사기적 책략의 구별은 앞에서 기술한 것과 같이[823] 가장 중요한 법률의 목적에 부합하지 아니하는 좋은 예이다. 보험자는 보험금의 신청이 사기적 책략에 의하여 지지되는 경우에, 보험금지급을 거부하기 위하여 특정한 조항을 삽입하고 있는데,[824] 이것이 2015년 보험법상 특히 소비자보험계약상 임의규정화인지 여부에 관하여 쟁점이 존재한다.[825]

다. 관련사고

(1) 관련사고의 의미

제12조 제2항 a호에 따르면 보험자가 보험계약을 해지하는 것으로 취급하는 경우에, 보험자는 사기적 행위시 이후에 발생하는 '관련사고'에 관한 모든 책임을 거부할 수 있고, 수령한 보험료를 반환할 필요가 없다. 제12조 제4항은 '관련사고'는 '보험계약에 어떻게 체결되었는가에 따라 손해의 발생, 청구행위, 잠재적인 보험금 청구 등을 포함하여', '보험계약상 보험자의 책임을 야기하는 여하한 것'을 의미한다라고 정의한다. 의회의 입법보고서는 다음과 같이 주석하고 있다.

823) 앞의 제9장 Ⅰ. 입법배경 2. 구법의 지위 (ⅰ).
824) 2016년 7월 26일자 AVN 100A.
825) 앞의 제8장 참조.

'관련사고'는 제12조 제4항에 규정되어 있는 바와 같이 특수한 보험계약상 보험자의 책임을 촉발하는 사고를 가리킨다. 통상 이것은 보험계약상 부보된 손해 또는 훼손의 발생이다. 그러나 전문직업인 책임보험에서는 '보험금청구기준'의 보험계약의 방식으로 체결된다. 이 경우에는 '관련사고'는 심지어는 손해가 발생하지 아닌 경우에 전문인에 대한 손해배상청구이다.[826)]

'관련사고'로 인한 보험금청구의 의미에 대하여서는 공정한 제공의무에 대하여 앞에서 서술하였다.[827)] 위에서 든 의회의 입법보고서의 예는 '관련사고'가 사기적 행위 이전 또는 이후에 발생하였는가 여부를 결정하는 것은 비교적 간단하다는 것을 시사한다. 그러나 '보험금청구기준'의 전문직업인책임보험에서 보험금청구는 피보험자에 의한 실제적 또는 주장된 착오 또는 해태이고, 착오 또는 해태는 피보험자에 대한 손해배상청구 또는 보험자에 대한 보험금청구의 통지(이는 또한 보장의 요건일 수 있다)와 같이 보험계약상의 보장목적을 위한 관련사고일 수 있다.[828)] 아놀드의 저자들은 일반 보험계약이 해지되면 보험금청구가 보장되는가 여부를 결정하는 것은 뒤의 '관련사고'이라고 한다.[829)] 맥길리브레이는 '관련사고'는 보험계약상 보험자의 책임을 야기하는 여하한 것으로 예컨대 손해의 발생, 청구행위, 잠재적인 보험금 청구 등이고 이는 체결된 계약에 의거한다(제12조 제4항)고 한다.[830)]

책임보험상의 지위를 고찰할 때 비록 보험자에 대한 보험금청구의 통지가 손해배상청구를 방어하기 위한 비용에 관하여 피보험자에 대한 보험자의 책임을 촉발할 수 있지만, 훼손에 대한 제3자의 손해배상청구에 대한 보험자의 피보험자에 대한 보상책임은 판결 또는 화해에 의하여서만 발생하고,[831)] 이와 같은 판결 또는 화해가 제12조 4항의 목적을 위한 관련사고일 수 있다.

---

826) Parliament's explanatory notes for the Insurance Act 2015, para 104.
827) 앞의 제5장 공정한 제공무의위반의 효과 VI. 변경에의 적용 3. 내용 다. 고의 또는 중과실이 아닌 위반 (1) 서언-(2) 변경 후 발생하는 당해사고(부록 1 제11항 1호).
828) David Kendall and Harry Wright, op. cit., para 9.7.
829) Jonathan Gilman and others, Arnould's Law of marine insurance and average, (1 Supp. to the 18th edn, Sweet & Maxwell, 2016), para 1.4-21.
830) John Birds, Ben Lynch, Simon Mines, MacGillivray on Insurance Law(13th ed. Sweet & Maxwell, 2016), para 21-069.
831) Post Office v. Norwich Union Fire Insurance Society Ltd [1967] I Lloyd's Rep 216.; 상법 제723조 제1항 참조.

제12조 제3항은 보험자가 보험계약을 해지하는 것으로 취급하는 경우에, 사기적 행위이전에 발생하는 관련사고에 관한 당사자의 권리와 의무에는 영향이 없다고 규정한다. 예컨대 책임보험상 관련사고는 피보험자가 보험자에게 행하는 보험금청구의 통지이고(A청구), 이후 단계에서 피보험자가 다른 보험금을 청구하면서 사기적으로 행위하면(B청구), 피보험자는 B청구와 관련하여 이후에 사기가 있어도 A청구에 대해서는 보험금청구권이 인정된다.[832)]

(2) 예

예컨대 보험계약자인 변호사회사가 보험회사에 대하여 고객A를 포함한 고객으로부터 손해배상청구를 받게 될 것이라고 신뢰하는 다수의 상황에 대하여 통지한다. 이 통지에 따라 현재의 보험계약상 보장을 받을 수 있다. 고객A가 거래에 대하여 변호사회사에 대하여 손해배상청구를 하였다. 고객A와 결탁하여 변호사회사는 보험금을 과다청구하고, 손해배상 대한 화해의 권한을 수권할 것을 보험자에게 권유하였다. 보험자는 이후 사기를 발견하고, 변호사회사가 고객과 결탁하여 보험금을 과다청구한 날로부터 효력을 가지는 보험계약의 해지의 선택을 하였다. 이는 변호사회사가 통지하였기 때문에 손해배상청구가 보험계약 해지 이전에 행해지지 아니하거나(이 경우 보험자는 방어비용의 보상책임을 진다) 또는 보험계약의 해지 이전에 판결 또는 화해가 되지 아니하는 한(이 경우에 보험자는 판결 또는 화해금액에 대하여 보상책임을 진다), 보험자는 보상책임을 지지 아니한다.[833)]

라. 해지의 포기

보험자는 사기를 인식하게 되거나, 또는 아마도 사기가 제2차적인 사기[834)]가 아니라 보험금청구에 중요한 것임을 안 경우에는 보험계약을 해지하는 것은 명백하지만, 사기적 보험금청구가 있으면 보험계약을 언제라도 해지할 수 있다. 보험자는 보험료를 반환할 책임이 없고, 사기적 행위 이후에 발생하는 관련사고

832) Simon Rainey QC and Davis Walsh, op. cit., para 5.3.2 p. 72. 각주 54.
833) David Kendall and Harry Wright, op. cit., para 9.10.
834) Versloot Dredging BV & Anor v. HDI Gerling Industrie Versicherung AG & Ors (The DC Merwestone)[2016] UKSC 45,[2016] 3 WLR 543.

로 인한 보험금 지급책임을 지지 아니하기 때문에, 사기의 증거가 있기만 하면 보험자가 해지할 인센티브가 존재하는 것이 일반적이다. 그러나 예컨대 사기가 중요한지 여부가 불확정적이거나 또는 보험자가 피보험자에게 정보를 제공할 계약상의 의무를 충족할 필요가 있거나 또는 해지 후에 보장이 계속되거나 계속되지 아니할 수 있는 다른 비사기적 보험금청구에 대하여 지배력을 계속유지하기를 원하는 경우에는, 보험자는 해지통지를 지체할 수 있다. 보험계약의 해지를 지체하는 것은 피보험자를 침해할 수 있는데, 왜냐하면 예컨대 피보험자는 이를 대체하여 보험을 구입할 기회를 상실할 수 있기 때문이다. 아놀드의 저자들은 구법상 보험자가 취소하지 않으면 고지의무위반으로 인한 취소권을 상실했던 것과 같이 보험자가 해지권을 포기하지 않기 위해서는 보험자는 상당한 시기이내에 해지권을 행사되어야 하고, 보험자가 그 권리를 인식한 경우에는 보험자는 보험계약이 계속 유지되는 것으로 취급된다.[835]

마. 사기적 보험금청구의 의의

2015년 보험법은 무엇이 사기적 보험금청구인가를 정의하지 않았기 때문에 판례법상 정교화된 의미가 동법과 약관규정에 적용된다.[836] 예컨대 고의로 부보재산을 훼손하거나, 사실상 손해가 없음에도 허위의 증거를 제출하는 것과 같이 피보험자가 보험자를 기망하는 것이 입증되면 사기적 보험금청구이다. 사기적 책략, 즉 "보험금청구에 직접 관련되는 거짓으로, 화해하거나 사건에서 이길 피보험자의 전망을 개선하고, 신뢰하면 피보험자의 전망을 중대하게 개선하는 결과를 객관적으로 초래하기 쉬운 것"[837]을 근거로 하는 보험금청구도 또한 사기이다. 이는 Galloway v. Royal Guardian Royal Exchange (UK) Ltd사건[838]에서 항소법원판결과 부합한다.

---

835) Jonathan Gilman and others, Arnould's Law of marine insurance and average, (1 Supp. to the 18th edn, Sweet & Maxwell, 2016), para 1.4-15-17.; ICCI and Royal Insurance (UK) Ltd v. The Royal Hotel Ltd [1998] Lloyd's Rep IR 151 (Com Ct) [161]사건에서 맨스판사.

836) John Birds, op. cit., p. 295.

837) Agapitos v. Agnew(The Aegeon) [2002] EWCA Civ 247.

838) [2000] Lloyd's Rep. I.R. 209. 이 사건에서 원고는 강도로 인한 손해에 대해 보험금을 청구하였다. 청구금액은 전손의 금액에서는 공정하게 산출되었지만, 멸실되지 않은 노트북컴퓨터에 대해 위조된 구입영수증으로 보험금이 청구되었다. 항소법원은 보험자승소판

반면 피보험자의 사기적 보험금청구에는 손해액에 대해 과장하는 것이 보통이라는 전통적인 입장에 대해 위의 판례들은 의문을 제기하고 있는 것이다. 피보험자는 협상책략으로 인식하고 있는 것보다 높은 보험금을 청구하는 것은 당연하고, 약간의 판례는 피보험자가 권리 이상을 보상받고자하는 의도가 있는 경우에만 사기적 행위로 인정하는 것으로 판단된다.[839] Central Bank of India v. Guardian Assurance Co사건[840]에서 청구액은 실제로 멸실된 물품의 거의 100배이었고, 사기로 판결되었다. 그러나 Ewer v. National Employers' Mutual General Assurance Company사건[841]에서 피보험자가 멸실한 중고품인 물품의 가격을 인식하였지만 시장가액의 보험금을 청구한데 대하여 사기가 아니라고 판결되었고, 크게 과장되어 청구된 금액은 협상금액일뿐이라고 하였다. 그러나 현재 이 입장이 유지될 것인가에 대해서는 의문이 주장된다.[842]

바. 사기의도의 귀속

2015년 보험법은 공정한 제공의무의 목적을 위하여 보험계약자의 인식을 결정하는 새로운 체계를 규정하고 있지만, 사기적 보험금청구와 관련하여서는 인식(또는 의도)에 대하여서는 그러하지 아니하다.[843] 법률개정위원회는 2014년 7월의 보고서에서 계약체결 후 사기에 대하여 '현존하는 귀속의 원칙은 비교적 명확하다'고 하였다.[844] 따라서 사기적 보험금청구를 하는데 관여하는 개인(들)의 인식 또는 의도가 보험계약자의 인식 또는 의도인가 여부를 결정하는 것은 판례(보통법)이다. Meridian Global Funds Management Asia Ltd v. Securities

---

결을 내렸다. 울프(Woolf MR)판사는 법률의 목적은 사기적 보험금청구를 단념하도록 하는 것이고, 이 사건과 같이 사기적 청구금액이 전체금액의 10%이어도 사기는 중대한 것이라고 하였다. 밀렛(Millett)판사는 중대함은 전체금액에 대한 비율을 고려하여 판단되어서는 안되고, 그 근거로는 이는 진정한 손해가 중대할수록, 사기행위가 클수록 제재가 없게 되어 불합리하다는 것을 들었다.

839) John Birds, op. cit., p. 296.

840) [1936] 54 Ll.L.R. 247.

841) [1937] 1 All E.R. 193.

842) John Birds, op. cit., p. 296. 그러나 Danepont Ltd v. Underwriting Insurance Ltd [2005] EWHC 2318 (TCC); [2006] Lloyd's Rep. I.R. 429에서는 단순한 과장은 사기가 아니라는 견해가 인용되었다.

843) 앞의 제3장 참조.

844) Law Commissions, July 2014 Report, para 22.26.

Commission사건[845]에서 호프만판사는 다음과 같이 자연인의 행위와 과실이 회사에 귀속되는 원칙은, 그것이 관련되는 실질적인 법률에 내재하는 보험계약의 적절한 해석에 의거한다고 하였다.

대리의 일반원칙, 사용자책임 등과 함께 회사의 주요한 귀속원칙은 보통 사람에게 권리의 의무를 결정하도록 하는 것으로 충분하다. 예외적인 경우에는 원칙은 답변이 되지 못한다. 이것은 명시적이거나 묵시에 의하여서건 법률원칙이 대리의 일반적 원칙이나 사용자책임에 근거한 귀속을 배제하는 경우가 그러하다. 예컨대 원칙이 자연인에게 주로 적용가능한 어귀로 기술되고, 이행보조자 또는 대리인과 반대로, 그 사람 본인측의 어떠한 행위 또는 정신상태를 요구할 수 있다. 이것은 통상적으로 피고인 본인의 행위 또는 정신만에 대하여 책임을 지우는 일반적인 형법의 원칙이다. 이와 같은 원칙은 회사에 어떻게 적용되는가?

이 원칙은 회사에 대하여서는 전혀 적용되지 아니한다는 결론에 법원이 이를 수 있다. 다른 가능성은 책임을 야기하는 행위는 위속의 주요한 원칙, 즉 이사회의 결정 또는 총주주의 동의로 특별히 수권되는 것에 기초하여 회사에 적용될 수 있다는 의미로 법률을 해석하는 것이다. 이 해결책의 어느 것도 충분하지 아니한 경우가 많을 것이고, 법원은 법률이 회사에 대하여 적용할 의도이었다고 고찰하고, 비록 통상적인 사용자책임을 배제하더라도 주요한 귀속원칙에 따르는 것은 실무상 법원의 의사에 반한다고 고찰한다. 이와 같은 경우에 법원은 특수한 실체적인 원칙을 위한 특수한 귀속의 원칙을 창설하여야 한다. 이것은 항상 해석의 문제이고, 그것이 회사에 적용될 의도이면, 그것은 어떻게 적용될 의도인가? 누구의 행위(인식 또는 정신상태)가 이 목적을 위하여 회사의 행위로 간주될 의도인가? 이 질문에 대한 답변은 규정(만일 법률이면)의 어귀와 그 내용 그리고 정책을 고려한, 해석의 일반적인 원칙을 적용에서 발견된다.

제12조에 따라 보험금청구가 사기적이 되는가 여부는 개인 보험계약자의 행위, 회사인 보험계약자의 상급관리자의 행위, 보험계약자를 위하여 보험자와 보험금을 청구하고 협상하는 권한이 부여된 개인의 행위(보험계약자의 피용인 또

---

845) [1995] 2 AC 500(PC), [1995] 3 WLR 413.

는 손해사정사를 포함함)에 의거한다.[846)]

사. 사기적 보험금청구에 대한 보험자의 손해배상청구권

법률개정위원회는 보험자가 피보험자의 사기적 보험금청구로 손해를 입은 경우에 보험자가 손해배상청구를 할 수 있도록 하자는 제안을 하였다. 그 이유는 보험업계의 일부 또는 사회정책의 이유하는 현실적인 필요성에서 보다는 총체적인 일련의 구체수단을 창조하기 위함이었다.[847)]

이에 대한 반응은 복합적이었다. 설문응답자는 내부적으로 조사하는 경우에 조사비용을 산정하기 매우 어렵다고 느끼고, 손해배상청구권의 실용성에 대해 염려하였다. 보험자는 법원에 제출할 전체조사비용을 정하는 서류를 작성하기 위해 제3자에게 이 조사를 아웃소싱 하여야 할 것이고, 이는 전체비용의 증가의 결과를 초래하고, 전액을 배상받지 못하면 보험료증액으로 전가될 것이라는 주장도 있었다. 일부는 보험금청구에 대한 조사는 보험자의 고유한 영업비용이라고 주장하였다.[848)]

이와 같은 논의를 바탕으로 법률개정위원회는 개혁이 긴급한 필요한 사항은 아니라고 결정하였고, 2015년 보험법상 변경되지 않았다.

3. 사기적 보험금청구에 관한 2015년 보험법의 예상되는 영향

가. 보험금에 대한 사기의 영향

과장청구 등 사기적 청구는 보험금에만 특유한 것이 아니라 민법상의 손해배상에도 흔히 발생함에도 불구하고 제12조 제1항 a호에 따라 보험금청구권이 전부 상실되는 문제이다.

보험법에서의 억제의 요소는 매우 중요한데, Star Sea호사건[849)]에서 홉하우스 오브 우드버러판사는 “사기적인 피보험자가 사기가 성공하면 이득을 얻고, 실패하더라도 잃을 것이 없다고 생각하도록 허용되어서는 아니된다”고 하였다.

846) David Kendall and Harry Wright, op. cit., para 9.12.
847) Law Commission, Issues paper 7: The insured's post-contract duty of good faith, July 2010, para 7.40~7.41.
848) Simon Rainey QC and Davis Walsh, op. cit., para 5.3.3.
849) [2001] UKHKL 1; [2003] 1 AC 469, at [62].

그러나 사기를 억제하는 것은 고귀한 정책목표이지만, 이 목적을 달성하기 위한 청구권상실의 원칙의 효율성에는 의문이 없지 않고, 이것이 영국이외의 다른 입법례가 사기적 보험금청구와 달리 인적 손해배상청구에 신의성실의 원칙을 적용하기 않는 근거이기도 한다.[850)]

사기적 보험금청구시 보험금청구권상실의 원칙이 정당한가 여부에 대한 의문으로 인해 제12조 제1항 a호가 적용되는 방식에 영향을 미친다고 할 수 있고, 제12조 제1항 a호는 보험자가 보험금 지급책임을 지지 않는 '보험금청구'를 정의하지 않은 채 법원으로 하여금 보험금이 각 사건의 사실과 상황에 따라 보험지급책임을 지지 않는 범위를 정하도록 하고 있다. 이 점에 관해 법원에 부여된 탄력성으로 인해 법원이 피보험자가 상실하는 보험금을 제한적으로 정의하여 상실원칙의 이례적인 성격에 대한 일반적인 불안을 법원에 초래할 여지가 있음이 지적되고 있다.[851)]

나. 관련보험계약에 대한 사기의 영향

사기는 이전의 유효한 보험금청구에 영향을 미치지 않는다고 명확히 규정하는 제12조 제1항 c호는 Axa General Insurance Ltd v. Gottlieb사건[852)] 등에서 확립된 판례법을 입법한 것이다. 법률개정위원회는 "과거의 보험금청구권의 취소는 원칙이라 할 수 없고, 실무에 맞지 않으며, 불필요하게 엄격하다. 대신 과거의 보험금청구는 이후의 사기로 인해 영향을 받아서는 아니된다. 이는 법원과 시장실무에서 채택한 접근방법을 반영한 것이다"고 하였다.[853)]

사기적 보험금청구가 있고 보험자가 해지를 통지하기 이전에 진정한 보험금청구를 한 경우에 대해서는 제12조 제1항 c호의 규정은 적절하다 할 수 있다.

---

850) Versloot Dredging BV v. HDI-Gerling Industrie Versicherung AG (DC Merwestone) [2014] EWCA Civ 1349; [2015] 1 Lloyd's Rep 32, [76].

851) Simon Rainey QC and Davis Walsh, op. cit., para 5.4.1 pp. 75~76.

852) [2005] EWCA Civ 112; [2005] Lloyd's Rep IR 369. 이 사건에서 가정보험계약상 4건의 보험금청구에 대해 보험금이 지급되었고, 보험자가 2건에 대해서는 서류가 제출되었음을 발견하여 지급한 전액의 보험금반환을 청구하였다. 항소법원은 사기이전에 선의의 보험금청구에 따라 지급한 보험금에 대해 청구권상실의 효력이 미치지 않지만, 잠정적 보험금 지급 후 사기가 행해져도 보험금반환청구권이 인정된다고 하였다.

853) Law Commission, Consultation paper 201-Insurance contract law: post contract duties and other issues, 2012, para 7.14.

법률개정위회는 처음에는 조금이라도 사기가 의심스로우면 해지를 권고했는데 제12조 제1항 c호는 그 명백한 단점을 피했지만, 보험자가 지체 없이 선택하도록 명확한 기간을 규정하지 않고 있다. 이는 보험자는 사기적 보험금청구시에 보험계약의 해지통지를 하지 않고 후에 그 대신 진정한 보험금청구가 있으면 좋겠다고 판단하는 경우에 어려움을 초래할 수 있다. 즉 이 경우에 보험자가 후일의 진정한 청구에 대한 보험금지급을 회피하기 위해 사기적 보험금청구에 대하여 해지를 통지하는 것이 허용되는가 여부의 문제이다. 해결책으로는 포기와 금반언의 원칙을 적용할 수 있을 것이고, 사기적 보험금청구에 따른 보험금지급 거부를 둘러싼 보험자와 피보험자사이의 거래의 성격에 따라 결정될 것이라고 한다.[854)]

Ⅲ 기업보험의 경우 임의규정성

제12조와 제13조는 소비자보험의 경우에는 보험계약자 등의 불이익변경금지원칙이 적용되지만 기업보험의 경우에는 임의규정으로 투명성요건을 갖추면 수정이 가능하다. 이론상으로는 보험자는 2015년 보험법 제12조와 제13조를 수정하여 명시적인 규정을 두거나 보통법이 적용되도록 할 수 있지만, 제12조와 제13조가 보통법원칙을 효과적으로 입법하고 있기 때문에 거의 가능성이 없어 보이고, 소급효를 가지는 명시적 규정이 이용 가능하지만, 이것은 해석의 문제로서 지지받을지 여부는 지켜보아야 한다고 의견이 제시되고 있다.[855)]

Ⅳ 단체보험

1. 단체보험에서 사기적 보험금청구에 관한 2015년 보험법의 규정

2015년 보험법 제13조는 다음과 같이 단체보험에서 사기적 보험금청구에 대하여 규정한다.

854) Simon Rainey QC and Davis Walsh, op. cit., para 5.4.2.
855) John Birds, op. cit., p. 295.

제13조 사기적 보험금청구에 대한 구제수단: 단체보험

(1) 이 조는 다음의 경우에 적용된다.

(a) 보험계약이 사람(A)에 의하여 보험자와 체결되는 경우

(b) 보험계약이 A 또는 다른 부보당사자를 위하여 여하한 유형의 보장을 제공하든 아니든, 보험계약이 계약의 당사자가 아닌 한 명 이상의 기타의 사람(C등)을 위하여

(c) 사기적 보험금청구가 C들 중 한명에 의하여 또는 위하여 보험계약상 행해진 경우(CF)

(2) 제12조는 보험금청구와 관련하여 CF를 위하여 제공된 보장이 보험자와 피보험자로서 CF사이에 개별보험계약상 제공되는 것과 같이 적용된다. 따라서

(a) 제12조에 따른 보험자의 권리는 CF를 위하여 제공된 보정과 관련하여서만 행사가능하다.

(b) 이 권리의 행사는 어느 누구를 위하여 보험계약상 제공된 보장에 영향을 미치지 아니한다.

(3) 제2항의 적용에 있어서, 제12조는 다음과 같은 특수한 변경에 대하여 적용된다.

(a) 제12조 제1항 (b)호의 보험자가 특정한 금액을 지급한 것과 관련하여 최조로 언급된 '보험계약자'는 보험자가 금액을 지급한 A이든 CF이든 될 수 있다. 그러나 만일 A에게 지급되었지만 A를 통과하여 CF에게 지급되었으면 CF를 가리킨다.

(b) 제12조 제1항 (b)호의 2번째 '보험계약자'는 A 또는 CF이다.

(c) 제12조 제1항 (c)호의 '보험계약자'는 CF와 A 양자이다.

(d) 제12조 제2항 (b)호에서 적시된 보험계약에 따라 수령한 보험료는 CF를 위한 보장에 대하여 지급된 보험료이다.

2. 내용

제13조는 보험계약의 당사자가 아닌 자를 보장하는 보험계약에 의한 단체보험에서 사기적 보험금청구에 대하여 규정하고 있다(2015년 보험법상 '보험계약

자'가 아닌 자[856]). 제3당사자인 수익자[857]가 보험계약상 사기적 보험금청구를 하는 경우에는 보험자는 이 제3수익자에게 구제수단을 가지고, 따라서 보험금 청구권은 상실하고, 그 자에 대하여 보험계약을 해지할 수 있지만, 그밖에는 보험계약은 영향을 받지 아니한다. 금전이 사기적 보험금청구에 대하여 보험계약자에게 지급된 경우에는, 마치 사기적 제3당사자인 수익자가 지급받은 것과 같이, 보험자는 보험계약자에게 반환을 청구할 수 있다. 제13조에 따른 단체보험의 제3당사자에 의한 사기적 보험금청구에 관한 특수한 구제수단의 삽입은 2015년 보험법상 공정한 제공의무에 관한 사기적 제3당사자인 수익자에 대하여서는 규정되지 않은 것인가의 문제를 제기한다.[858]

V. 우리법에의 시사점

1. 손해보험에서 피보험자의 협조의무

보험자가 손해보상의무를 지는 경우에 손해의 유무 및 손해액의 확정이 필요하고, 이를 위하여 피보험자 또는 보험계약자에게 손해의 내용에 대하여 신고하도록 하는 것이 일반적이다. 자동차보험의 경우 사고발생시 서면으로 사고가 발생한 때, 곳, 상황 및 손해의 정도를 통지하고, 보험회사가 필요하다고 인정하는 서류와 증거를 요구한 경우에는 지체 없이 이를 제출하여야 하며, 보험회사가 손해를 조사하는 데 협력하여야 한다는 약관조항이 그것이다(개인용 자동차종합보험 표준약관 제26조, 제46조).[859] 이는 사고발생의 통지의무 외에 실질적으로 손해에 대한 설명의무를 지우고 있는 것이다.

또한 화재보험약관 등[860]에는 "(1) 보험계약자 또는 피보험자가 손해 통지 또는 보험금 청구에 관한 서류에 고의로 사실과 다른 것을 기재하였거나 그 서류 또는 증거를 위조 또는 변조한 경우, (2) 보험계약자, 피보험자 또는 이들의 대리인이 상당한 이유 없이 손해의 조사를 방해 또는 회피한 때에는 그 해당 손

856) 앞의 Ⅱ. 의무자 1. 개관-2. 피보험자가 다수이거나 공동보험의 경우.
857) 우리법상 손해보험에서 피보험자, 생명보험에서는 보험수익자.
858) David Kendall and Harry Wright, op. cit., para 9.13.
859) 손해보험협회, 자동차보험표준약관집, 2015.
860) 주택화재보험보통약관 제21조; 종합가정보험 보통약관 제26조.

해에 대한 보험금 청구권을 잃게 됩니다."는 조항을 두고 있는 경우가 있다.

2. 우리법상의 사기적 보험금청구에 관한 판례의 동향

사기적 보험금청구조항이 최초로 언급된 판례는 대법원 2003. 5. 30. 선고 2003다15556이다.[861] 이 판결은 사기적 보험금청구조항이 거래상 일반인들이 보험자의 설명 없이도 당연히 예상할 수 있었던 사항에 해당하여 설명의무의 대상이 아니라고 하였다.

사기적 보험금청구조항의 유효성을 정면으로 인정한 대법원 2006. 11. 23. 선고 2004다20227, 2004다20234 판결로서, "사기적 보험금청구 조항을 둔 취지는 보험자가 보험계약상의 보상책임 유무의 판정, 보상액의 확정 등을 위하여 보험사고의 원인, 상황, 손해의 정도 등을 알 필요가 있으나 이에 관한 자료들은 계약자 또는 피보험자의 지배·관리영역 안에 있는 것이 대부분이므로 피보험자로 하여금 이에 관한 정확한 정보를 제공하도록 할 필요성이 크고, 이와 같은 요청에 따라 피보험자가 이에 반하여 서류를 위조하거나 증거를 조작하는 등으로 신의성실의 원칙에 반하는 사기적인 방법으로 과다한 보험금을 청구하는 경우에는 그에 대한 제재로서 보험금청구권을 상실하도록 하려는 데 있는 것으로 보아야 할 것"이라고 하면서 그 유효성을 인정하였다.

이후 독립한 여러 물건을 보험목적물로 하여 체결된 화재보험계약에서 피보험자가 그 중 일부의 보험목적물에 관하여 실제 손해보다 과다하게 허위의 청구를 한 경우 보험금청구권상실조항의 적용을 제한하는 대법원 2007. 2. 22. 선고 2006다72093 판결은 "조항을 피보험자가 허위의 청구를 하지 않은 다른 보험목적물에 관한 보험금청구권까지 한꺼번에 상실하게 된다는 취지로 해석한다면, 이는 허위 청구에 대한 제재로서의 상당한 정도를 초과하는 것으로 고객

861) 이 판결에서 "보험금청구권의 상실사유는 보험계약에 있어서 신의성실의 원칙에 반하는 사기적 보험금청구행위를 허용할 수 없다는 취지에서 규정된 것으로서 보험계약당사자의 윤리성이나 선의성을 요구하는 보험계약의 특징 및 보험의 투기화, 도박화를 막고 피보험자에게 실제의 피해 이상의 부당한 이득을 취하지 못하도록 하기 위하여 고의로 인한 보험사고의 경우에는 보험자의 면책을 인정하고, 사기초과보험의 경우 그 계약 자체를 무효로 규정하고 있는 점 등에 비추어 볼 때 이는 거래상 일반인들이 보험자의 설명 없이도 당연히 예상할 수 있었던 사항에 해당하여 설명의무의 대상이 아니다"라고 하였다.

에게 부당하게 불리한 결과를 초래하여 신의성실의 원칙에 반하는 해석이 되므로, 위 약관에 의해 피보험자가 상실하게 되는 보험금청구권은 피보험자가 허위의 청구를 한 당해 보험목적물의 손해에 대한 보험금청구권에 한한다고 해석함이 상당하다."고 판시하였고, 유사한 사안이 쟁점인 대법원 2009. 12. 10. 선고 2009다56603, 56610 판결은 보험금청구권상실 여부의 판단기준으로 "이와 같은 약관조항을 문자 그대로 엄격하게 해석하여 조금이라도 약관에 위배하기만 하면 보험자가 면책되는 것으로 보는 것은 본래 피해자 다중을 보호하고자 하는 보험의 사회적 효용과 경제적 기능에 배치될 뿐만 아니라 고객에 대하여 부당하게 불리한 조항이 된다는 점에서 이를 합리적으로 제한하여 해석할 필요가 있으므로, 위 약관조항에 의한 보험금청구권의 상실 여부는 그 취지를 감안하여 보험금청구권자의 청구와 관련한 부당행위의 정도 등과 보험의 사회적 효용 내지 경제적 기능을 종합적으로 비교·교량하여 결정하여야 한다."고 판시하였다.

이에 현재의 판례의 입장은 피보험자가 보험금을 청구하면서 구체적인 내용이 일부 사실과 다른 서류를 제출하거나 보험목적물의 가치를 다소 높게 신고한 경우에는 보험금청구권상실조항에 의하여 보험금청구권을 상실하지 않고,[862] 독립한 여러 물건을 보험목적물로 하여 체결된 화재보험계약에서 피보험자가 그 중 일부의 보험목적물에 관하여 실제 손해보다 과다하게 허위의 청구를 한 경우 이 약관에 의해 피보험자가 상실하게 되는 보험금청구권은 피보험자가 '허위의 청구를 한 당해 보험목적물'의 손해에 대한 보험금청구권만을 의미한다는 것이다.[863]

3. 일본

일본 보험법은 사기적 보험금청구에 대하여 상세한 규정을 두고 있다.

가. 손해보험의 경우

손해보험계약의 경우에 "피보험자가 당해 손해보험계약에 기한 보험급여의

862) 대법원 2006. 11. 23. 선고 2004다20227, 2004다20234 판결, 대법원 2007. 12. 27. 선고 2006다29105 판결.
863) 대법원 2007. 2. 22. 선고 2006다72093 판결, 대법원 2009. 12. 10. 선고 2009다56603, 56610 판결.

청구에 대하여 사기를 행하거나 행하려고 한 때" 보험자는 보험계약을 해제할 수 있지만, 해제는 장래를 향하여서만 효력이 있고, 사기가 행하여진 때로부터 해제한 때까지 발생한 보험사고로 인한 손해에 대하여는 보상책임이 없다(보험법 제30조 2호, 제31조 제2항 2호).

나. 생명보험의 경우

생명보험계약의 경우에는 "보험수익자가 당해 생명보험계약에 기한 보험급여의 청구에 대하여 사기를 행하거나 행하려고 한 때" 보험자는 보험계약을 해제할 수 있고, 생명보험계약의 해제는 장래를 향하여만 효력을 발생하며, 사기가 행하여진 때로부터 해제한 때까지 발생한 보험사고로 인한 손해에 대하여는 보상책임이 없다(보험법 제57조 2호, 제59조 제2항 3호). 또한 사망보험계약의 피보험자가 당해 사망보험계약의 당사자 이외의 자인 경우에 보험수익자에 의한 사기적 보험금청구가 발생한 때 당해 피보험자는 보험계약자에 대하여 당해 사망보험계약의 해제를 청구할 수 있다(보험법 제58조 1호).

다. 일본 보험법의 시사점

사기적 보험금청구에 관한 일본 제정법은 그 요건과 효과에 있어서 우리의 입법에서 참고할 가치가 있는 다음 사항을 규정하고 있다.

첫째, 보험계약을 해제할 수 있는 사기적 보험금청구의 주체를 손해보험의 경우에는 피보험자, 생명보험의 경우에는 보험수익자로 제한하고 있는데, 책임보험에서 피해자의 사기적 보험금청구시에 보험자가 보험계약을 해제할 수 있다고 하면 피해자의 피보험자에 대한 손해배상청구권을 존재하되 피보험자의 보험금청구권은 상실하는 문제에 대비하고 있다고 판단되는 점이다.

둘째, 타인의 사망보험계약의 경우 보험수익자에 의한 사기적 보험금청구가 발생한 때 당해 피보험자는 보험계약자에 대하여 당해 사망보험계약의 해제를 청구할 수 있도록 하여 구체적인 타당성을 기하고 있다.

셋째, 사기적 보험금청구시 보험계약의 해제는 장래를 향하여만 효력을 발생하며, 사기가 행하여진 때로부터 해제한 때까지 발생한 보험사고로 인한 손해에 대하여는 보상책임이 없다고 규정한다. 이는 사기적 보험금청구에도 불구하고 이미 발생한 손해나 보험사고에 대하여서는 보상하는 것으로 하여 그 효과의 엄격성을 대폭 완화한 점이다.

넷째, 사기적 보험금청구를 행하고자 하는 경우를 포함하는 점에서 예방적 조치로서 보험계약의 해제를 허용하고 있는 점이다.

4. 소결

사기적 보험금청구에 관한 법리의 정리에 있어서 2015년 보험법 제12조의 '사기적 보험금청구'[864], '사기적 행위',[865] '관련사고'[866] 등의 개념에 의한 해결방식은 매우 유용할 것으로 판단된다.

864) 2015년 보험법은 무엇이 사기적 보험금청구인가를 정의하지 않았고, 예컨대 고의로 부보재산을 훼손하거나, 사실상 손해가 없음에도 허위의 증거를 제출하는 것과 같이 피보험자가 보험자를 기망하는 것이 입증되면 사기적 보험금청구이다.

865) 사기적 보험금청구는 사기적 행위와 구별된다. 후자는 최초의 보험금청구의 신청 이후의 것으로서 보험금청구를 사기적으로 만드는 행위일 것을 의도한 것이다. 법률개정위원회는 사기적 행위를 '보험금청구를 사기적으로 만드는 행위'라고 하고, 의회의 입법보고서는 최초의 보험금청구 이후에 행해질 것이라고 한다. 예컨대 존재하지 아니하는 상품에 대한 송장을 위조하여 멸실한 상품의 가액을 과대하게 하면 보험금청구를 사기적으로 만들지만, 실제로 도난당하여 멸실한 상품의 송장을 위조하면 그러하지 않는데, 왜냐하면 후자는 계약상 가지고 있었던 권리만을 추구하기 때문이다.

866) 제12조 제4항은 '관련사고'는 '보험계약에 어떻게 체결되었는가에 따라 손해의 발생, 청구행위, 잠재적인 보험금 청구 등을 포함하여', '보험계약상 보험자의 책임을 야기하는 여하한 것'을 의미한다라고 정의한다. 제12조 제3항은 보험자가 보험계약을 해지하는 것으로 취급하는 경우에, 사기적 행위이전에 발생하는 관련사고에 관한 당사자의 권리와 의무에는 영향이 없다고 규정한다. 예컨대 책임보험상 관련사고는 피보험자가 보험자에게 행하는 보험금청구의 통지이고(A청구), 이후 단계에서 피보험자가 다른 보험금을 청구하면서 사기적으로 행위하면(B청구), 피보험자는 B청구와 관련하여 이후에 사기가 있어도 A청구에 대해서는 보험금청구권이 인정된다.

제10장 보험금지급 지체의 효과

I. 보험금 지급지체로 인한 보험자의 책임

1. 보험금지급 지체에 관한 보험법의 규정

2016년 기업법에 따른 2015년 보험법 제13A조와 제16A조는 다음과 같이 보험금지급 지체에 관하여 규정한다.

제13A조 보험금 청구에 관한 묵시적인 조건

(1) 보험계약자가 보험계약상 보험금 청구를 하는 경우에 보험자가 상당한 기간 안에 보험금을 지급하는 것은 모든 보험계약상의 묵시적 조건이다.

(2) 상당한 기간은 보험금 청구를 조사하고 산정하기 위한 상당한 기간을 포함한다.

(3) 상당함이 무엇인가는 모든 관련 상황에 의거하지만, (a) 보험의 유형 (b) 보험금 청구의 규모와 복잡함 (c) 법령상의 원칙과 지침의 준수 (d) 보험계약자가 통제할 수 없는 요소 등을 고려할 필요가 있다.

(4) 보험자가 보험금 청구를 다툴 수 있는 상당한 근거가 존재함을 증명하는 경우에는 (a) 보험자는 분쟁이 계속중인 동안 보험금을 지급하지 아니하는 것만으로 제1항의 묵시적 조건을 위반하는 것이 아니고, (b) 보험금 청구를 취급하는 보험자의 행위는 그 조건이 위반되었는가를 결정하는 요소일 수 있다.

(5) 제1항의 묵시적 조건위반에 이용할 수 있는 구제수단은 (a) 보험금 지급을 강제할 권리 (b) 보험금에 대한 이자에 추가되고 독립한 것이다.

제16A조 보험금 지급의 묵시적 조건의 임의규정성: 소비자보험과 비소비자보험

(1) 소비자에 대해 제13A조에서 규정된 사항보다 불이익하게 하는 소비자보계약 또는 기타 계약의 조건은 무효이다.

(2) 비소비자보험에서 제13A조의 묵시적 조건의 고의 또는 중과실의 위반에 관한 보험계약자에 대해 규정된 지위보다 불이익하게 하는 비소비자보험계약 또는 기타 계약의 조건은 무효이다.
(3) 제2항의 고의 또는 중과실은 (a) 보험자가 알거나 (b) 위반인지 여부에 주의하지 아니하는 때이다.
(4) 제17조의 조건이 충족되지 아니하는 한 비소비자보험에서 제13A조에서 규정된 지위보다 불이익하게 하는 소비자보험계약 또는 기타 계약의 조건은 무효이다.
(5) 이 조에서 계약은 그 변경을 포함한다.
(6) 이 조는 보험계약에 의거한 보험금 청구의 해결계약에는 적용되지 아니한다.

2. 개정배경

'손해배상금의 지급의 지체로 인한 손해배상은 소송상 청구할 수 없다'[867]는 것이 영국법상 확립된 원칙이다. 그러나 계약당사자는 일반적인 인과관계와 손해감경의무의 원칙에 따라 채무의 지급지체로 인한 손해배상청구가 인정될 수 있다.[868]

보험은 자력으로 감당할 수 없는 위험을 부담하기 위해 존재하므로 이 위험을 적시에 적절한 과정으로 완화할 필요가 있다. 이에 상거래에서는 현금과 거래를 계속할 능력이 중요하다. 예기하지 못한 사고로 인해 금전적 손해가 발생하고, 영업을 중단하게 되면, 그 손해의 전보가 지연되는 경우 기업가는 커다란 손해를 입고 보험계약자는 파산할 수 있다.[869] 2016년 보험법 제정 이전에는 보험금지급 지체로 인한 손해배상책임을 지는가 여부는 보험계약의 위반으로 인한 손해배상액의 예정인가 또는 손해배상액의 예정인가 여부에 따랐다. 또한 '손해보상계약은 예컨대 제3당사자에게 지급해야 하는 경우와 같이 전보자는

867) President of India v. Lips Maritime [1998] AC 395 (HL). [425]사건에서 브랜든판사.
868) Sempra Metals Ltd (Formerly Metallgesellschaft Ltd) v. Inland Revenue Commissioners [2007] UKHL 34, [2008] 1 AC 561.
869) Andrew Tettenborn, Late payment of claims: better, but by no means perfect, in Malcolm Clarke and Bariş Soyer(edited), The Insurance Act 2015-A new regime for commercial and marine insurance law, (informa law from Routledge, 2016), para 6.1.

피전보자에게 손해를 입는 것을 방지하지 못함으로 인하여 발생하는 손해배상액의 예정액에 대한 책임을 발생시킨다'[870]는 것이 확립된 원칙이다. 보험계약은 전형적인 손해보상계약이고, 따라서 보험자가 피보험자가 손해를 입는 것을 방지하지 못한 경우는 보험자는 계약위반이며, 피보험자의 보험금청구는 그 위반으로 인한 손해배상액의 예정이라고 법률상 의제되었다. 따라서 보험계약상 반대의 조건이 없는 경우에는 피보험자가 그 손해배상책임의 지급지체로 인한 손해배상청구권을 가지는 근거가 존재하지 아니하였다.[871]

즉 2017년 5월 4일 기업법 시행 이전까지는 보험금 지급지체의 경우 법률상의 지연이자를 제외하고는 보험금 지급지체로 인한 손해배상은 실제손해가 이자손해보다 다액인지, 예견 가능한지, 보험자의 과실여부를 묻지 않고 거부되었다. 그 이유로는 다음 2가지 원칙이 들어졌다. 첫째, 보험금 지급지체로 인한 일차적인 손해배상을 보험자에게 청구할 수 없다는 것이고, 둘째는 손해배상액은 계약조건으로 정해져야 한다는 것이었다.[872]

이는 1991년의 Italia Express호 사건[873]과 1996년의 Sprung v. Royal Insurance (UK) Ltd사건[874]의 지도적 판례에 따른 것이었다. 전자의 경우 전손청구를 받은 보험자가 천공의 근거 없는 의심에 기초하여 3년 6월 동안 보험금 지급을 지체했지만, 허스트판사는 개입된 기간의 이익손실 또는 선박가액의 인플레이션을 인정하지 않았다. Sprung사건에서는 강도가 리버풀의 중소기업재산을 훼손하여 보험자는 3년 6월 후 복구비용을 지급하였는데, 항소법원은 Italia Express호 사건에 따라 상실이익과 기업매각기회상실로 인한 손해로 청구한 7만5천 파운드의 지급을 기각하였다. 이후 2005년의 Normhurst Ltd v. Dornoch Ltd사건[875]과 Tonkin v. UK Insurance Ltd사건[876]에서 반

870) Firma C-Trade SA v. Newcastle P & I Assn. The Fanfi & Padre Island [1991] 2 AC (HL) 35사건에서 고프판사.

871) Sprung v. Royal Insurance (UK) Ltd [1999] Lloyd's Rep IR 111 (CA); Ventouris v. Mountain (The Italia Express) (No 3) [1992] 2 Lloyd's Rep 281 (Com Ct), [292] 사건에서 허스트판사.

872) Andrew Tettenborn, op. cit., para 6.1.

873) [1992] 2 Lloyd's Rep 281.

874) [1997] CLC 70.

875) [2004] EWHC 567 (Comm), [2005] Lloyd's Rep IR 27; 보험자가 화재손해와 재산의 실제복구기간 동안의 이익상실손해도 보상한다고 약정하였지만, 지급지체책임은 인정하지 않았다.

복되었다.

법률개정위원회는 2014년 보고서에서 이 원칙은 뉴질랜드와 같은 다른 영연방국가 또는 스코틀랜드에서는 채용되지 아니하고 있고,[877] 원칙에 맞지 아니하고 부당하며 개혁되어야 한다고 보았다.[878]

3. 개정과정

법률개정위원회는 보험계약이 보험자는 피보험자가 손해를 입지 않도록 하는 것은 인수한다는 손해보상계약이라는 원칙을 폐지하는 대신, 법률을 개혁하기 위한 적절한 방법은 보험계약이 보험자가 상당한 기간 안에 보험금을 지급하는 묵시적 조건을 포함하여야 한다고 규정하는 것이라고 결정하였다.[879] 이와 같은 효과를 가진 조항이 법률개정위원회의 2014년 7월의 보고서에 첨부된 보험계약법초안에 포함되었다. 이 조항은 상원에 제출된 법률안에서는 삭제되었지만, 2014년 12월 15일의 특별공공법안위원회의 절차에게 수정안으로 부활하였다. 제안된 조항에 대하여서는 투기적인 소송을 촉진하거나 보험금청구의 해결을 신속히 하도록 부당한 압력으로 사용될 수 있다는 우려가 제기되었다.[880]

법안을 제안하기 위하여 사용된 절차가 법률개정위원회가 권고한 법률에 적용되기 위하여서는 제안된 법률안이 논의의 여지가 없어야 하였다. 정부는 제안된 법률조항이 논의의 여지가 있다는 견해이었고, 따라서 결국 입법된 보험법안에 포함되지 아니하였다.[881] 그러나 정부는 지급지체조항의 정책을 지지하였고, 2015년에 제안된 기업법초안이 관련조항을 포함시킬 기회를 가졌으며, 2016년 5월 4일에 기업법으로 여왕의 승인을 받았다. 2017년 5월 4일 이후에 체결된 보험계약(재보험계약)에 대하여 적용된다(2016년 기업법 제44조 제3항).

---

876) [2006] EWHC 1120 (TCC) [2006] 2 All ER Comm) 550; 보험자가 신속히 지급한다고 약정하였지만 지체책임을 인정하지 않았다.
877) Law Commissions, July 2014 Report, para 25.31.
878) Law Commissions, July 2014 Report, para 25.32.
879) Law Commissions, July 2014 Report, para 27.2.
880) 상원 특별공공법안위원회, 보험법률안(HL), 2014년 12월 15일 [123], 뉴비경,
881) 상원 특별공공법안위원회, 보험법률안(HL), 2014년 12월 15일 [124]-[125], 뉴비경,

4. 2016년 기업법 제5부의 개정내용

2015년 보험법은 보험금 지급지체에 관하여 규정하지 않았지만, 2016년 기업법 제5부는 보험법에 새로운 조항을 도입하였고, 이 조항의 번호 즉 제13A조가 이하에서 사용될 것이다. 보험법 제13A조는 2017년 5월 4일 이후에 체결된 보험계약(재보험계약)에 삽입되는 묵시적인 조건에 대하여 규정하는데, 피보험자가 보험금을 청구하는 경우에, 보험자는 상당한 기간이내에 보험금을 지급하여야 한다는 것이다. 묵시적 조건은 계약상 지급되어야 하는 보험금에 대해서만 적용된다. 이 묵시적 조건은 보험금청구가 금전상의 금액의 지급에 대한 것이 아닌 한 그리고 그 때까지 보험자가 보험금을 취급하는데 있어서 피보험자에 대한 보험자의 의무에 영향을 미치지 아니한다. 따라서 피보험자에 대한 보험금 청구를 취급하는 보험자의 의무는 피보험자가 제3자에게 손해배상을 하거나 그 책임을 질 때까지(화해, 판결 또는 중재판결의 결과) 영향이 없다.[882] 이 개정목적은 상당한 기간 안에 보험자가 보험금을 지급하도록 하고, 지체하면 예견 가능한 손해배상책임을 부담하도록 하는 것이다. 소비자보험의 경우에는 불이익변경금지의 원칙이 적용되어 수정할 수 없지만, 기업보험의 경우에는 고의적이고 악의적인 경우를 제외하고는 포기가 명확할 것을 조건으로 허용하는 임의규정이다.[883]

Ⅱ 적시에 보험금을 지급할 묵시적 조건

개정중점은 상당한 기간 안에 보험금을 지급할 묵시적 조건을 규정하는 제13A조이다. 보험금 지급지체시 손해배상책임을 명확히 규정하지는 않았지만, 제13A조 제5항은 명확히 이를 인정하고 있다고 해석되고 있다. 문리적 해석에 따르면 법령상의 묵시적 조건이 있더라도 보통법상 Tonkin v. UK Insurance Ltd사건[884]에 따라 손해배상이 허용되지 않는다고 해석할 수 있지만, 의회가 보험금 지급지체시 손해배상을 금지하는 원칙을 폐기한 것으

882) David Kendall and Harry Wright, op. cit., para 10.3.
883) Andrew Tettenborn, op. cit., para 6.1.
884) [2006] EWHC 1120 (TCC) [2006] 2 All ER Comm) 550; 보험자가 신속히 지급한다고 약정하였지만 지체책임을 인정하지 않았다.

로 해석되고 있다.[885)]

Ⅲ 상당한 기간 안에 지급할 의무(2015년 보험법 제13A조 제2항, 제3항)

1. 서언

보험자가 보험금청구에 보험금을 지급하게 되는 묵시적 조건에 해당하는 경우, 보험자는 지급을 위하여 상당한 기간이 인정된다. 제13A조 제2항-제4항은 상당한 기간을 구성하는 것에 대한 지침을 규정하고 있는데, 이는 제한적인 것은 아니고, 각 사건은 사실관계에 따른다. 보험회사가 지급할 보험금액을 알게 되는 때가 바로 보험회사가 그 금액을 지급하게 되는 때에다. 보험회사는 손해를 애기하는 사고가 발생하는 즉시 보험금을 지급할 책임을 지지만, 보험자는 보험금청구에 대하여 조사하고 산정할 때까지는 보험금을 지급할 지위에 있지 아니하다. 제13A조 제2항은 상당한 기간은 보험금청구를 조사하고 산정하기 위한 시간을 포함하는데, 다만 이를 위한 시간이 상당할 것을 조건으로 한다고 규정한다.

2. 상당한 기간의 산정시 고려요소

제13A조 제3항은 보험자가 들인 시간이 상당한가 여부를 산정하는데 고려할 필요가 있는 사항을 규정하고 있다. 그 예는 (a) 보험의 유형 (b) 보험금 청구의 규모와 복잡함 (c) 법령상의 원칙과 지침의 준수 (d) 보험계약자가 통제할 수 없는 요소 등 4가지이다.

가. 보험의 유형

영업중단보험계약상 보험금청구는 물건보험의 보험금청구보다는 산정을 위하여 보다 많은 시간이 소요된다.[886)] 석면책임의 재보험은 매우 복잡하여 소훼된 건물에 대한 빌딩보험보다 분류하는데 시간이 더 걸릴 것이다.[887)]

---

885) Andrew Tettenborn, op. cit., para 6.3.1.
886) Law Commissions, July 2014 Report, para 28.30.
887) Andrew Tettenborn, op. cit., para 6.3.2.

나. 보험금 청구의 규모와 복잡함

보다 많은 금액, 보다 복잡한 보험금청구는 간단한 경우보다는 산정을 위하여 많은 시간이 소요된다.[888] 보험금청구는 장소에 의하여 복해질 수 있는데, 예컨대 보험사고가 외국에서 발생하면 조사가 매우 어렵게 될 개연성이 존재한다. 천만 파운드의 보험금 청구에는 5천 파운드보다는 정밀한 조사가 필요할 것이다. 상세한 조사가 필요한 보험금 청구는 손해액산정에 시간이 더 걸릴 것이다. 단순한 트럭의 전손사건보다는 피보험자의 보상손해에 대한 다툼이 있는 경우에 시간이 더 걸릴 것이다.[889]

Brit v. F&B Trenchless사건[890]에서 증거가 고지의무사건을 지지할 것인가 여부를 결정하는데 4개월 또는 5개월이 걸린 고지의무위반으로 인하여 보험자가 보험계약의 취소의 포기권을 가지는가 여부가 쟁점이었다. 법원은 보험자가 보험금청구에 관한 복잡한 해석으로 인한 보장에 관한 문제를 조사하고 결정하는데 4개월 또는 5개월이 걸린 것은 합리적이라고 고찰하였다. 이 사건은 2015년 보험법이 적용되지 아니한 사건이었지만, 법원이 복잡한 보험금청구를 조사하고 산정하는데 걸리는 상당한 기간을 고찰하는 것이 대한 약간의 지침을 제공한다.[891]

Gentry v. Miller사건[892]에서 자동차보험의 상해사고를 조사하는데 걸린 크리스마스가 걸친 2개월이 상당한 기간이라고 법관은 고찰하였다.

다. 법령상의 원칙과 지침의 준수

(1) 내용

보험자가 취급한 보험금청구와 관련하여 법령과 지침을 준수하였는지 여부는 산정에 도움이 된다.[893] 피보험자의 자금세탁의 쟁점이 있는 경우에는 고려요소가 된다.[894] 이는 보험자와 보험자의 대리인은 보험금청구를 취급하는 관습

888) Law Commissions, July 2014 Report, para 28.31.
889) Andrew Tettenborn, op. cit., para 6.3.2.
890) [2015] WWHC 2237(Comm), [2016] Lloyd's Rep IR 69.
891) David Kendall and Harry Wright, op. cit., para 10.5.
892) [2015] WWHC Civ 141, [2016] WLR 2696.
893) Law Commissions, July 2014 Report, para 28.33.

과 절차상 법령상 규제받아야 한다는 것을 암묵적으로 인정한다.[895] 법령을 준수하지 아니하면 감독당국(영국에서는 금융행위감독청)에 의한 행정상 제재를 받지만, 보험자가 상당한 기간 안에 보험금을 지급하였는가 여부를 결정하는 법원의 견해에 영향을 미치는 사항이기도 한다. '관련 법령상의 원칙과 지침'은 영국의 법령상의 요건에 한정되지 아니하고, 특수한 국가에서 적용되는 여하한 법령을 포함한다. 영국에서는 다음과 같은 법령과 지침이 관련된다.

(2) 영국의 관련 법령과 지침

영업행위감독청의 영업원칙[896]

- o 회사는 적정한 기술, 주의를 기울여 영업을 수행하여야 한다(제2원칙).
- o 회사는 적정한 시장행위기준을 준수하여야 한다(제5원칙).
- o 회사는 고객의 이익을 적정히 배려하고 고객을 공정하게 대우하여야 한다(제6원칙).
- o 회사는 고객의 정보수요에 적정히 배려하고, 정보소통에 있어서 명확·공정·오도하지 않아야 한다(제7원칙).

보험영업행위원칙 제8장[897]

- o 보험자는 보험금청구를 즉시 그리고 공정하게 취급하여야 한다(보험영업행위원칙 8.1.1(1)).
- o 보험자는 피보험자의 보험금청구를 돕기 위한 합리적인 지침을 제[공하여야 한다(보험영업행위원칙 8.1.1(1)).
- o 보험자는 보험금청구의 진전에 관한 적절한 정보를 제공하여야 한다(보험영업행위원칙 8.1.1(2)).
- o 보험자는 비합리적으로 보험금지급을 거부(보험계약을 해지하거나 취소하는 것을 포함해서는 아니된다(보험영업행위원칙 8.1.1(3)).

---

894) Andrew Tettenborn, op. cit., para 6.3.2.
895) 이것은 보험자가 이미 보험금청구를 공정하게 다른 법률상 의무를 지기 때문에 묵시적 조건의 도입이 불필요하다고 고찰된 이유의 하나이었다.
896) 금융행위감독청(FCA)의 2016년 3월 30일 영업원칙
897) 금융행위감독청의 2016년 11월의 보험영업원칙 release 11.

o 보험자는 조건이 일단 합의되면 즉시 보험금청구를 해결하여야 한다(보험영업행위원칙 8.1.1(4)).

로이즈의 행위위험기준(MS 11)[898]

o 로이즈신디케이트는 로이즈고객의 이익을 적절히 고려하고, 항상 공정하게 처리여야 한다(행위위험 1.1).
o 로이즈신디케이트는 제공하는 보험상품의 복잡성을 적절히 평가하여야 한다(행위위험 5.3).
o 로이즈신디케이트는 상품이 적절히 서비스될 것을 보장하여야 한다(행위위험 7.9).
o 로이즈신디케이트는 보험금청구가 공정하게 다루어질 것을 보장하여야 한다(행위위험 11).
o 로이즈신디케이트는 민원이 공정하게 다루어질 것을 보장하여야 한다(행위위험 12).

로이즈의 행위위험기준(MS 2-보험금청구관리)[899]

o 로이즈신디케이트는 보험금청구가 가치에 따라 결정되는 것을 보장하고, 효율적인 보험금청구관리가 존재하는 것에 의하여 보험금청구 관리철학을 보유하여야 한다(보험금청구관리 1.1).
o 로이즈신디케이트는 수행관리와 재원관리가 존재함을 보장하여 수행은 핵심지표로 측정되고, 직원은 적절한 교육을 받으며, 충분한 재원이 적절한 보험금청구를 취급하기 위하여 이용가능하여야 한다(보험금청구관리 2.2와 3.2).
o 로이즈신디케이트는 보험금청구의 취급을 위한 명확한 과정과 절차를 보유하여야 한다(보험금청구관리 4.1).
o 로이즈신디케이트는 제3자에 의하여 신디케이트를 위하여 관리되는 보험금청구가 신디케이트에 적용되는 보험금청구관리원칙에 부합하여 취급될 것을

898) 2014년 7월의 '로이즈 최소기준 MS11-행위위험'
899) 2014년 7월의 '로이즈 최소기준 MS2-보험금청구관리'

보장하여야 한다(보험금청구관리 6.1).

라. 보험자가 통제할 수 없는 요소

보험자의 통제 밖의 요소로서 고려할 사항은 보험계약자에 의한 협력의 불이행, 정부에 의한 무역제재의 부과에 따라 보험금의 지급이 불법으로 되는 것을 포함한다.[900)]

마. 그 밖의 고려요소

보험자가 묵시적 조건을 위반하였는가 여부를 결정하는데 적절한 모든 기타 요소를 제시하는 것은 불가능하지만, 적절한 요소의 목록을 아래에서 기술하는데, 이는 각 사건의 사실과 상황에 의거한다.

o 연중일자. 보험금청구처리경과의 부분이 많은 수의 직원이 휴무이거나 특히 크리스마스와 같이 분주한 시기에 행해지는 경우에는, 보험금의 지급은 다른 시점에서보다 비합리적으로 길어서는 아니된다. 그러나 보험금청구의 취급에 적절한 자원이 제공될 것을 보장하기 위한 보험자의 법령상의 의무는 걸린 시간이 상당한가 여부를 산정하는데 있어서 고려할 요소이다.[901)]

o 기타 손해의 발생. 홍수 또는 기타 자연재해와 같은 다수의 보험계약자에게 동시에 영향을 미치는 손해를 야기하는 사고가 존재하는 경우에는, 보험자는 다수의 보험금청구를 취급하여야 한다. 이 경우 보험금지급이 상당하다고 고찰되는 시간이 길어질 것이다.[902)] 그러나 보험자는 갑작스런 다량의 보험금청구가 존재하는 경우에는, 상당한 기간 안에 이와 같은 보험금청구를 취급할 적절한 수단을 적절하게 보유하여야 한다는 것을 보장하기 위한 합리적인 단계를 취할 것이 기대된다.

o 관련직원의 이용불가능. 보험금청구에 대하여 책임을 지는 보험자의 한 명 이상의 보험금청구 취급직원이 장기간 동안 존재하지 아니하는 경우, 보험금청구취급과정이 지연되는 것이 예상되는 것이 합리적이다. 그러나 보험자가 핵심

900) David Kendall and Harry Wright, op. cit., para 10.5.

901) 앞의 제10장 보험금지급 지체의 효과 Ⅲ. 상당한 기간 안에 지급할 의무 2. 상당한 기간의 산정시 고려요소 다. 법령상의 원칙과 지침의 준수 (2) 영국의 관련 법령과 지침.

902) Law Commissions, July 2014 Report, para 28.33.

직원이 존재하지 아니하는 경우를 위해 비상계획이 적절할 것을 보장할 합리적인 단계를 취하지 아니하는 경우에는, 묵시적 조건이 위반되었다는 것을 증명하는데 적절한 요소일 수 있다.

o 손해조사의 어려움. 손해가 조사하고 산정하기 어려운 상황에서 발생하는 경우에는, 과정은 길어지는 것은 합리적이다. 예컨대 원격지에서 손해가 발생하는 경우에는, 보험자가 조사하는데 장기간이 걸린다.[903] 유사하게, 손해발생장소가 오염위험으로 인해 또는 경찰의 조사 때문에 폐쇄되는 경우, 보험자는 제한이 제거될 때까지 조사가 불가능하거나 어렵다.

o 의심 또는 사기

위험제공과정이나 보험금청구에 있어서 보험계약자가 사기를 행한 것으로 보험자가 의심할 합리적인 근거를 가지는 경우, 보험자가 그 문제를 충분히 조사할 보다 많은 시간을 가져야 한다고 기대하는 것이 합리적이다.[904]

바. 보험자의 과실의 고려여부

다음과 같은 쟁점이 존재한다.

첫째, 상당한 기간의 개념은 애매하기 때문에 보험금이 상당한 기간 안에 지급되었는가를 결정하는데 있어서 보험금 청구의 성질과 복잡함, 조사와 평가의 필요성, 피보험자가 제공하는 필수적인 협력의 정도 등과 같은 객관적인 상당한 기간만이 고려되는가 아니면 지체에 대해 과실이 있는 경우라는 넓은 기준이 고려되어야 하는가가 문제된다.

후자의 근거로는 제13A조 제4항은 '모든 관련상황', '보험자의 통제 밖의 요소'를 규정하는 점에서 보험자측의 과실을 참조하는 점이 지적되고 있다. 법률개정위원회[905]가 보험자의 지급지체로 인한 책임에 대한 가능한 면제사유로 제재 또는 수출통제명령을 드는 것은 이 견해를 지지하는 것으로 볼 수 있다고 한다.[906]

---

903) Parliament's explanatory notes for the Insurance Act 2015, para 266.

904) Law Commissions, July 2014 Report, para 28.46.

905) 법률개정위원회는 보험자의 통제 밖의 요소와 관련하여 보험자가 보험금청구를 조사함에 있어서 제재 또는 수출통제명령의 준수와 관련하여 적절한 상당한 주의를 기울일 필요가 있다. 특정한 경우에는 많은 시간이 소요되고, 정부로부터 면허 또는 허가취득이 되어 준비가 늦어질 수 있다.; Law Commissions, July 2014 Report, para 28.37.

반면 전자의 근거로는 제13A조 제4항은 보험자가 보험금 지급을 합리적으로 다투는 경우에 책임을 면제하고 있는데, 보험자가 보험금 지급에 대해서 합리적으로 다투는 것은 귀책사유 있는 지급지체에 거의 해당하지 아니하며, 보험자가 어떻게든 과실이 있는 경우에만 손해배상책임이 존재한다고 하면 제13A조 제4항에 따른 항변은 의미가 없게 되는 것을 근거로 한다. 또한 엄격히 말하면 보험자의 통제밖이지만 약간의 위험은 보험자가 부담하여야 하는 점에서 이 견해가 타당하다고 한다.[907] 예컨대 영국법이 적용되는 영국의 보험계약상 다른 국가에 거주하는 피보험자의 채권자가 피보험자에 대한 보험금지급을 방해하기 위한 소송절차에 보험자가 관련되는 경우를 들 수 있는데, 이 경우 피보험자가 수년 동안 보상 없이 기다려야 하는 것이 제13A조 의도한 것인가는 명확하지 아니하지만, 이는 보험자의 과실과 무관하다는 이유만으로 이와 같은 유형의 사항은 책임면제사유에서 제외되어서는 안된다고 본다.

둘째, 보험자가 고용한 독립손해사정사가 무능력하여 필요서류를 3번이나 작성하여 보험금 지급이 지체되는 경우와 같이 독립한 수급인, 그 피용자의 상당하지 않은 지체에 대해 보험자는 책임을 진다.[908]

Ⅳ 보험금 청구분쟁(제13A조 제4항)

1. 서언

보험자가 보험금청구(금액이든 책임이든)에 대하여 다툴 합리적인 근거가 있는 경우에는, 분쟁이 계속되는 동안에는 보험금청구의 다투는 부분에 대한 부지급에 대하여 보험자는 묵시적 위반은 아니다(제13A조 제4항 a호). 이것은 엄격한 요건을 부과하고자 의도한 것은 아니고,[909] 보험자가 분쟁에서 승소하여야 하는 것은 아니다(이 상황에서 지급할 책임이 없기 때문에).

906) Andrew Tettenborn, op. cit., para 6.3.2.
907) Andrew Tettenborn, op. cit., para 6.3.2.
908) Photo Production Ltd v. Securicor Transport Ltd [1980] AC 827, 843; Woodland v. Swimming Teachers Association [2013] UKSC 66, [2014] AC 537 at 7.
909) Law Commissions, July 2014 Report, para 28.85.

2. 고려요소

보험자가 보험금청구에 대하여 다투는데 합리적인 근거가 있다는 항변을 보험자가 이용가능한가는 보험금청구를 취급하는 보험자의 행위가 묵시적 조건위반인가 여부를 결정하는데 있어서 적절한 요소이다라고 규정하는 제13A조 제4항 b호에 의하여 제한되는데, 비록 보험자가 보험금청구를 다투는데 합리적인 근거가 있는 것으로 추정되는 경우에도 그러하다. 이와 같이 법원은 앞에서 기술한 것을 포함한[910] 법령상의 원칙 또는 지침을 포함하여 보험자의 피보험자에 대한 행위를 고려한다. 이에 따라 보험금 청구가 합리적으로 다투어지는 경우에만 적용되고, 보험자가 보험금을 지급받지 못하는 기간을 증가시키는 데 귀책사유가 있음에도 불구하고 이 조항을 근거로 책임을 면하지 못하도록 하는 것이 필요하다.[911] 그 예로는 피보험자의 요청에 있음에도 불구하고 거부의 합리적인 명세서를 보험자가 제공하지 않거나 방해행위로 인한 지급지체가 예로 들어진다.[912]

실제로 소송이나 중재가 개시된 경우에는 책임을 다투는 것이 합리적인 경우에는 책임이 면제된다. 소송이 제기되면 분쟁을 해결하는 전문가인 법원의 판단에 맡겨야 한다는 입장도 있지만,[913] 2015년 보험법 제13A조 제4항에 따르면 보험자의 면제항변은 제한적으로 인정되고, 이 조항이 적용되지 않으면 보험자는 책임을 지게 된다.[914] 보험금이 분할가능하고, 일부만의 분쟁이 합리적이면 나머지에 대한 지체에 대해서는 책임이 발생할 수 있다.[915]

3. 객관적인 평가

보험금청구에 대한 다툼에 합리적인 근거가 존재하는가 여부는 보험자가 제출한 주장을 이용가능한 사실을 참조하여 객관적으로 평가하는 사항이다. 결국

---

910) 앞의 제10장 보험금지급 지체의 효과 Ⅲ. 상당한 기간 안에 지급할 의무 2. 상당한 기간의 산정시 고려요소 다. 법령상의 원칙과 지침의 준수 (2) 영국의 관련 법령과 지침.
911) Andrew Tettenborn, op. cit., para 6.3.3.
912) Andrew Tettenborn, op. cit., para 6.3.3.
913) Star Sea [2001] UKHL 1, [2003] 1 AC 469.
914) Andrew Tettenborn, op. cit., para 6.3.3.
915) 제13A조 제4항 a호는 분쟁이 계속되는 경우에만 보험자는 제1항의 묵시적 조전에 위반하지 아니한다고 규정한다.

이는 보험자가 보험금 지급책임 지는가 여부를 결정하고, 그것이 존재하는 경우 책임에 대하여 이의를 제기할 수 있는 합리적인 근거가 존재하는가를 요청받은 법원의 문제이다.[916]

4. 변호사의 자문의 경우

보험자는 피보험자의 보험금청구에 대하여 법률자문을 받는 것이 일반적이기 때문에, 법원은 보험자가 보험금청구에 대하여 책임이 있는가 여부의 문제를 다룰 때, 그 자문이 정확한가 여부를 실제로 결정한다. 법원의 이 판단은 실제로 행해진 자문을 고려하지 않고 행해질 수 있지만, 만일 자문이 잘못이고 그리고 과실이었음이 실제로 발견되는 경우(그것이 합리적이 아니었기 때문에)에도, 보험자가 변호사의 자문에 따라 행위하는 것이 합리적이었을 것을 이유로 보험자는 보험금청구를 다툴 합리적인 근거가 있다고 주장할 수 있다. 이와 같은 과정을 취한다면 보험자가 보험금청구에 대한 항변이 존재한다고 자문을 받고, 그 자문이 잘못이라고 평가하지 아니하였음을 증명하기 위하여 의거한 자문을 제출하여야 하는 것은 불가피하다. 만일 보험자가 법률자문의 효과를 고지하는 것을 선택하는 경우, 이 따라 그 자문에 대한 권리를 포기하고 따라서 전체 자문의 내용을 고지할 것이 필요하게 되는 위험이 존재한다.[917] 이와 같은 위험에 대비하기 위하여 자문의 효과의 고지는 주의 깊게 작성된 조건에 따라 행해질 필요가 있다.[918] 보험자가 권리를 포기하지 아니하고 법률자문의 효과에 의거할 수 있도록 하기 위하여 로이즈시장협회는 보험계약에 다음과 같은 표준조항을 삽입할 것을 제안하고 있다.

보험자는 2015년 보험법 제13A조 제4항의 목적을 위하여 보험계약상 보험금청구를 다툴 합리적인 근거가 존재한다는 법률자문을 취득하였다는 증거를 제출할 권리가 있다. 만일 이와 같은 경우에는 다음과 같다.

---

916) David Kendall and Harry Wright, op. cit., para 10.9.

917) Mid-East Sales Limited v. United Engineering & Trading Company Limited [2014] EWHC 892(Comm).

918) B v. Auckland District Law Society [2003] UKPC 38, [2003] 2 AC 76.

(a) 보험자는 이로 인하여 누구에게라도 법률자문의 내용에 대한 권리를 포기하는 것이 아니다.
(b) 자문의 존재는 보험자가 이 보험계약상의 보험금청구권을 다툴 합리적인 근거를 증명하는 것 이외의 목적을 위하여서는 누구에 의하여 고지되어서는 아니된다.
(c) 피보험자와 보험자는 항상 자문의 존재에 대한 신뢰를 유지하여야 한다.[919]

상당한 시기에 보험금을 지급하여야 한다는 묵시적 조건위반에 대한 염려의 하나는 다툼 중에 있는 보험금청구에 대하여 동시에 피보험자가 소송을 제기하는 경우이다. 보험자는 불운하게도 보험금지급 지체의 정당성을 주장하기 위하여 받은 법률자문을 제출하고, 그리고 그 자문이 동시에 보험금 지급책임에 관한 소송에서 주장될 수 있다. 이와 같은 상황에서 손해를 입지 않고, 소송행위가 적절하고 비용대비 효율적이도록 확보하는 것은 주의 깊은 사건관리의 문제이다.[920]

5. 증명책임

이 요건은 보험계약자가 상당하지 않은 기간 안에 행해진 지체가 있었음을 증명한 경우에만 적용되지만, 보험자가 보험금을 지급하는데 지체한 데 대한 합리적인 근거를 증명할 책임을 진다(제13A조 제4항).

V. 손해배상청구권

1. 개관

보험자가 상당한 기간 안에 보험금을 지급할 의무는 보험계약상 묵시적 조건으로 인하여 발생한다. 따라서 묵시적 조건위반은 통상은 보험계약상 손해배상청구권을 발생하게 한다.[921] 제13A조 제5항에 따르면 묵시적 조건위반으로 인

919) 로이즈시장협회 2016년10월 12일의 표준조항 5279.
920) David Kendall and Harry Wright, op. cit., para 10.10.
921) David Kendall and Harry Wright, op. cit., para 10.11.

한 청구권은 (1) 보험금의 지급을 강제할 권리, (2) 계약의 조건, 기타 법령 또는 법원의 재량에 의거하여(보험금청구에 의거한 복리이자를 포함하여 이자를 지급할 것을 명하는 법원 또는 중재의 재량을 포함한다.[922]) 발생하는 이자에 대한 권리에 추가한 것이다. 법원이 원고에게 재량으로 이자를 지급할 것을 명하는 경우에는, 원고는 보험자에 의한 묵시적 조건위반을 근거로 손해배상을 청구하여 2중으로 이자를 지급받을 수 없다.

2. 손해배상청구권

상당한 기간 안에 보험금을 지급할 의무는 계약상의 의무이므로, 보험자가 지급지체로 인한 손해배상책임을 지는가 여부는 계약위반으로 인한 손해배상금의 지급에 대하여 적용되는 통상적인 원칙에 따른다.[923]상당한 기간 안에 보험금의 지급이 지체되었음이 증명되면, 법률개정위원회에 따르면 일반계약법상의 일반원칙에 따라 손해배상액이 산정된다.[924] 또한 인과관계, 과실상계의 기준이 적용된다.[925] 피보험자는 손해가 지급지체에 기인하고, 손해를 경감하였음을 증명하여야 한다. 발생한 손해가 보험계약이 체결될 때 합리적으로 예견가능하였는가 여부가 특별히 중요하다. 당사자는 손해가 자연적으로('통상적인 사건의 과정에 따라') 또는 보험계약이 체결된 때 통지된 특별한 상황에서 공정하고 합리적이라고 말할 수 있는 경우에만(Hadley v. Baxendale사건[926]에 의함) 계약위반으로 인한 손해배상청구권을 가진다. 보험금이 적시에 지급되지 아니한 경우 피보험자가 청구된 보험금의 이자의 손해를 입었을 것이 합리적으로 예견가능하여야 하는데,[927] 피보험자의 파산이 보험계약의 체결시에 합리적으로 예견

922) 영국의 1996년 중재법 제49조 제3항에 따름.

923) Law Commissions, July 2014 Report, para 26.37.

924) Law Commission, Insurance contract law: business disclosure, warranties, insurer's remedies for fraudulent claims, and late payment, No 353(2014), para 28.54.

925) Andrew Tettenborn, op. cit., para 6.3.4.

926) (1854) 9 341, 156 ER 145.

927) 복리의 청구권은 채무가 적시에 지급되지 아니한 경우 차입비용을 반영하고, 이제는 채무의 지급지체로 인한 배상가능한 손해배상의 확립된 항목으로 간주된다.; Equitas v. Walsham Brothers & Co Ltd [2014] EWHC 3264(Comm). [2014] Lloyd's Rep IR 398. [123(ⅱ)]-[123(ⅲ)]사건에서 메일스판사.

가능하였다는 것을 보험자가 증명하는 것은 매우 어렵다.[928]

예견가능의 요건은 Sprung v. Royal Insurance (UK) Ltd사건[929]에서 잘 설명된다. 이 사건에서는 강도가 침입하여 공장이 사용불능하게 되는 심각한 손해를 야기하였다. 보험자는 보험계약상 보장되지 아니한다는 것에 근거하여 보험금지급을 거부하였다. 피보험자는 공장을 수선하기 위한 자금을 대출받을 수 없었고, 영업이 중단되어 7만5천 파운드의 추가손해를 입었다(기업을 매각할 수 있었으면 취득하였을 금액이었음). 구법에서 피보험자는 추가금액은 지체한 손해배상금액의 지급지체로 인한 손해에 해당한다는 것을 이유로 간접손해(7만5천 파운드의 추가금액)를 보상받을 수 없었다.[930] 2015년 보험법 제13A조에서는 피보험자는 이론상 추가손해를 배상받을 수 있었을 것이지만, Sprung사건에서 피보험자는 묵시적 조건의 지원을 받지 못하였을 것이라고 주장될 수 있다. 왜냐하면 피보험자의 간접손해의 원인은 공장을 재가동하지 아니하는 자신의 결정, 즉 피보험자의 취약한 금융상태 그리고 대출을 받을 수 없었던 것이었다.[931] 그러나 불법행위로 인한 손해배상에서는 피보험자의 무자력은 인과관계를 파괴하지 아니하는데,[932] 이는 반드시 계약에서의 지위는 아니다.[933] 달리

---

928) David Kendall and Harry Wright, op. cit., para 10.12.

929) [1999] 1 Lloyd's Rep IR 111(CA).

930) 앞의 제10장 보험금지급 지체의 효과 Ⅰ. 보험금 지급지체로 인한 보험자의 책임 1. 개정배경.

931) David Kendall and Harry Wright, op. cit., para 10.12.

932) Lagden v. O'Connor [2003] UKHL 64, [2004] 1 AC 1067.

933) 불법행위로 인한 손해배상에서 근인의 쟁점은 Lagden v. O'Connor사건에서 핵심이었다. 이 사건에서 선의의 당사자가 자동차사고에 관련되었다. 무자력의 결과 임대회사를 통해 자동차를 임차할 수 없었고, 따라서 높은 비용으로 외상임대회사로부터 자동차를 임차하였다. 놓여진 쟁점은 배상받을 수 있는 것이 피해자가 외상임대회사의 지체비용인가(이용가능한 옵션임), 아니면 통상적인 임대회사을 통하여 입었을 낮은 금액(이용불가능한 옵션임) 이었다. 근인의 쟁점은 Overseas Tankship(UK) Ltd v. Ltd v. Morts Dock and Engineering Co Ltd(The Wagon Mount No 1) [1961] AC 388(PC)에서 설정되었다. 문제는 입은 손해가 의;무위반시 피고가 합리적으로 예견가능하였는가 여부이었다. 만일 그러하였다면, 손해는 근접하였었고, 피고는 배상책임을 부담할 것이다. Heron Ⅱ Koufos v. C Czarnikow Ltd(The Heron Ⅱ) [1969] 1 AC 350(HL)사건은 이것에 기초하여 전개되었고, 위험이 매우 적어 합리적인 사람이 총제적인 상황에서 그것을 무시하는 것이 정당하다고 느끼지 아니하는 한, 대부분의 비일상적인 사건에서 조차 합리적으로 예견가능한 손해의 유형에 대하여 책임을 진다고 판시하였다. 또한 유형의 손해가 합리적으로 예견가능한 한, 침해의 방법 또는 그 범위가 예견가능한가 여부는 문제되지 아니하였다(Vacwell Engineering Co Ltd v. BDH Chemicals Ltd [1971] 1

말하면 묵시적 조건은 Sprung사건에서는 달랐을 것인데, 왜냐하면 손해에 대해 인과관계가 인정되지 아니하기 때문이다.[934)]

손해배상액에 관하여서는 다음과 같은 쟁점이 존재한다.

첫째, 2015년 보험법상 비록 피보험자가 보험자에 의한 묵시적 조건위반을 증명하더라도 손해배상액은 일반적으로는 보험금지급이 상당하였을 일자로부터 보험금청구권에 대한 복리일 것이다.[935)] 이자 손해 이외를 배상받기 위하여서는, 피보험자는 보험계약 체결시에 보험자의 보험금지급 지체가 피보험자의 손해를 야기할 수 있었을 특별한 상황을 보험자가 인식하였음을 증명하여야 할 것이다. 이와 같은 특별한 상황은 피보험자의 영업의 규모(중소기업은 중요한 자산이 멸실하면 대출받기가 보다 어렵고, 피보험자가 자산을 교체하여 영업을 계속할 능력에 영향을 미친다), 또는 피보험자가 부보재산만을 소유하여 재산으로 멸실로 인하여 피보험자가 영업을 계속할 수 없는 사실(예컨대 선박이 멸실되면 유일한 재산인 선박을 교체할 지위에 놓여 있지 아니한 한 척의 선박을 보유한 주식회사)을 포함한다. 이와 같은 상황에서 피보험자가 입은 손해는 피보험자에 대한 물리적 멸실 또는 훼손으로 이한 영업의 손해에 대하여 보장이 제공되는 영업중단보험계약에 의하여 부보된 피보험자와 유사하다.[936)]

둘째, 뉴질랜드판례는 예견 가능한 정신적 손해의 배상을 인정하고,[937)] 궁핍하여 보험금을 지급받기 전에 자동차를 수리하지 못한 경우 미수리된 자동차의 사용으로 인한 손해배생책임을 인정한 스코틀랜드판례가 있으며,[938)] 전자에 대해서는 의문이 있지만 후자는 영국에서도 수용할 수 있다고 한다.[939)]

셋째, 소송이 제기된 경우에는 지체로 인한 손해배상액을 결정하는 법원은 소

QB 88(QB)). 계약위반으로 인한 손해배상책임은 '계약자체의 위반으로 자연적으로 즉 통상의 사건의 과정에서 발생하거나 또는 그 위반의 개연성있는 결과로서 계약체결시에 두 당사자의 의도에서 합리적으로 고찰되는 것과 같이 공정하고 힙리적으로 고찰되는 것과 같은 손해'에 대하여 인정된다(Hadley v. Baxendale (1854) 9 Ex 341, 156 ER 145).

934) David Kendall and Harry Wright, op. cit., para 10.13.

935) David Kendall and Harry Wright, op. cit., para 10.14.; Andrew Tettenborn, op. cit., para 6.3.4.; Equitas v. Walsham Brothers & Co Ltd [2014] EWHC 3264(Comm). [2014] Lloyd's Rep IR 398. [123(ⅱ)]-[123(ⅲ)]사건에서 메일스판사.

936) David Kendall and Harry Wright, op. cit., para 10.14.

937) Gaunt v. Gold Star Insurance Company Ltd [1991] 2 NZLRv 341.

938) Davidson v. Guardian Royal Exchange Assurance Ltd [1979] 1 Lloyd's Rep 406.

939) Andrew Tettenborn, op. cit., para 6.3.4.

송과 관련된 비용을 무시하는데 주의하여야 한다.[940)]

넷째, 책임보험의 피해자는 계약당사자가 아니기 때문에 제13A조가 적용되지 않지만, 피보험자가 파산한 경우에는 보험자의 보험금 지급책임은 피해자에게 이전되기 때문에 적용된다.[941)]

3. 손해배상책임의 독립성

제13A조 제5항은 보험계약에서 규정하고 있는 이자청구권 등과는 별개임을 규정하고 있다. 이에 따라 보험계약에서 명시적으로 이자를 지급한다는 규정하는 경우에도 보험계약자의 손해가 이자보다 다액인 경우에는 손해배상책임을 진다.[942)] 또한 보험계약자가 지급지체로 인한 손해배상액의 일부만 지급받은 경우에는, 손해액의 나머지 부분에 관해 이자청구권을 가진다.[943)]

4. 소멸시효

보험자가 상당한 기간 안에 보험금을 지급할 묵시적 조건의 위반은 보험금 청구 자체를 원인으로 하는 소송과 독립한 별개의 소송을 야기한다. 따라서 상당한 기간 안에 보험금을 지급할 묵시적 조건위반에 대한 권리의 소멸시효기간은 보험금청구의 소멸시효기간에 의거하는 것은 아니지만, 통상적으로는 보험자가 묵시적 조건을 충족하였더라면 청구한 보험금이 지급되었을 시점부터 개시한다. 영국의 경우 보험금청구권의 소멸시효기간은 소송원인이 발생한 때로부터 6년이므로(19080년 제한법 제5조), 이를 이 손해배상청구권에 대하여 적용한다면, 이것은 보험자가 보험금청구에 대하여 지는 소멸시효기간을 현저하게 확장하는 것이다.[944)] 따라서 2016년 기업법 제30조는 2016년 책임제한법을 수정하여 묵시적 조건으로 인한 손해배상책임의 소멸시효기간은 보험자의 보험금청구가 소멸하는 것(통상적으로는 보험자에 의한 보험금의 지급에 의할 것이다)에 대하여 모든 금액을 지급할 보험자의 책임후 1년을 초과하지 못

940) Seavision Investment SA v. Evennett, The Tiburon [1992] 2 Lloyd's Rep 26, 34.
941) Law Commissions, July 2014 Report, paras 28.12~28.13
942) Andrew Tettenborn, op. cit., para 6.3.5.
943) Fast Ferries One SA v. Ferries Australia Pty [2000] 1 Lloyd's Rep 534, 542.
944) David Kendall and Harry Wright, op. cit., para 10.20.

한다고 규정한다.[945)]

Ⅵ. 재보험

묵시적 조건의 도입은 재보험계약상 특수한 문제를 야기한다. 조건은 재보험계약에 묵시적으로 되고, 특히 복리를 초과하는 손해의 예견가능성을 증명하는 것이 특히 문제가 될 수 있지만,[946)] 재보험자는 재보험금의 지급지체로 인하여 재보험계약자에게 손해배상책임을 진다. 묵시적 조건은 원수보험계약상 일반적으로 그리고 재보험자의 보험금의 지급지체의 경우 지급지체로 인하여 재보험계약자가 입은 손해에 대하여 재보험계약자에게 배상할 책임을 진다.

전형적인 재보험계약은 재보험계약자의 원수보험계약상의 조건을 충족하는 손해에 관하여 재보험자가 재보험계약자에게 보상을 약속한다.[947)] 보험금지급지체로 인한 재보험계약자의 손해가 원수보험계약상 묵시적 조건으로 인하여 발생하는 것과 같이, 이와 같은 보험계약상의 재보험계약자의 책임을 재보험하는 재보험계약은 재보험의 명시적인 보장한도액에 따라 이와 같은 손해에 대한 보장을 제공한다. 재보험이 사고로 인한 손해에 대하여 보장을 제공하는 경우에, 재보험자의 보험금지급의 지체로 인한 손해배상책임은 재보험계약의 특수한 조건에 의거한 사고인가 여부에 관한 쟁점이 존재할 수 있다.

약간의 재보험계약은 재보험자가 재보험계약자의 원수보험계약의 취급과 결제에 대하여 통제할 것을 규정한다. Eagle Star Insurance Co Ltd v. JN Cresswell사건[948)]에서 항소법원은 다음과 같은 보험금청구협력조항을 고찰하고, 제2문의 충족은 재보험자가 통제하지 아니한 보험금청구의 협상과 결제의 보험금청구에 관하여서는 재보험자의 책임의 사전조건이라고 판시하였다.

---

945) 1980년 제한법 제5A조.

946) 앞의 제10장 보험금지급 지체의 효과 V. 손해배상청구권 2. 손해배상청구권

947) 예를 들면 다음과 같다.: 재보험자는 원수보험계약상의 조건을 충족하는 손해에 관하여 재보험자가 재보험계약자에게 보상하여야 한다.
재보험자는 이 계약에 의하여 재보험에 든 영업상의 재보험계약자의 순손해가 재보험자의 보유분을 초과하는 부분까지 보상하여야 한다. 손해는 하나의 사고로 인한 멸실, 훼손, 책임 또는 비용 또는 일련의 멸실, 훼손, 책임 또는 비용을 의미한다,

948) [2004] EWCA Civ 602, [2004] Lloyd's Rep IR 373.

[재보험자는] 이 보험계약상의 보험금청구의 협상과 결제를 통제하여야 한다. 이 경우 [재보험자는] 위에서 규정한 바와 같이 통제되지 아니한 보험금청구에 대하여 책임을 지지 아니한다.

Gan Insurance Company v. Tai Ping Insurance Company (Nos 2 and 3)사건[949]에서 항소법원은 보험금청구통제조항의 요건이 존재하지 아니한 경우에 재보험자는 원수보험계약의 보험금청구의 통제에 있어서 합리적으로 행위하여야 한다는 주장을 거부하였지만, 맨스판사는 다음과 같이 판시하였다.

나는 따라서 일반적인 제한으로서 재보험자에 의한 승인의 유보는 특수한 재보험의 주요부분에 전적으로 무관한 것을 참조하지 아니하고, 특수한 보험금청구를 야기하는 사실을 참조하여 그리고 이를 기초로 선의로 행해져야 한다는 것을 인정한다.
추가적인 언급이 존재하는 경우에는, 재보험자는 자의적으로 승인을 보류하지 않거나 또는 그와 같은 지위에 있는 어떠한 회사도 승인을 보류할 수 없었을 극단적인 상황에서만 보류하지 않았을 것이다. 이것은 재보험자가 재보험의 주요부분과 무관한 것을 고려하지 아니하고 결제 또는 화해의 적정성에 대한 진정성 있는 견해를 유지하여야 한다는 요건을 통상적으로 그리고 실질적으로 추가하는 것은 아니다.

이와 같은 판결에 비추어 재보험자가 보험금의 취급에 있어서 선의로 행한 결정으로 인하여 보험금지급을 지체한 경우에, 재보험자계약자는 보험금지급 지체로 인한 손해배상책임을 질 가능성이 매우 높게 존재한다. 이와 같은 경우 재보험자의 보험금취급은 손해배상책임을 면제할 정도로 '보험자의 통제 밖의 요소'일 개연성이 없다(2015년 보험법 제13A조 제3항 d호). 재보험자는 표준재보험조항상 손해배상책임에 관하여 재보험계약자에게 배상책임을 지지만, 재보계약상의 보상한도가 적용된다.[950] 보험금지급 지체로 인한 손해배상청구권은

949) [2001] EWCA Civ 1047, [2001] Lloyd's Rep IR 667.
950) 로이즈시장협회의 2016년 10월 12일의 표준조항 5283은 명시적으로 재보험자는 재보험계약자에게 이 경우 전액을 배상하여야 한다고 명시적으로 규정한다.

피보험자의 방어비용의 부수사항이고 따라서 재보험계약상 재보험자가 방어비용에 대하여 책임을 지는 경우에는, 재보험자가 지급하여야 한다고 주장된다.

Ⅶ 임의규정성

1. 서언

임의규정에 관한 제16A조에 따르면 소비자보험의 경우에는 불이익변경금지의 원칙이 적용되지만, 기업보험의 경우에는 고의나 중과실로 인한 지급지체가 아닌 경우 명백한 어귀로 임의규정화가 허용되지만, 보험자가 적시의 지급의무 위반임을 인식하거나 위반인지 여부에 관하여 주의하지 아니하는 경우는 제외된다(제16A조 제3항).

2. 내용

보험자가 상당한 기간 안에 보험금을 지급할 묵시적 조건위반에 대하여 2015년 보험법 제13A조의 보험자의 잠재적 책임의 임의규정화의 경우, 택할 수 있는 다양한 잠재적인 접근방법이 존재한다. 가장 기본적인 접근방법은 그러하지 않았더라면 제13A조에 따라 모든 보험계약에 묵시적으로 되었을 조건을 삭제하는 조건을 채택하는 것이다. 이와 같은 조건은 무효라고 할 수는 없지만, 잠재적인 어려움이 없지 않다고 주장된다.[951] 이에 대해서는 고의 또는 중과실의 묵시적 조건위반에 관하여 2015년 보험법보다 보험계약자에게 불리한 조항은 무효이다(2015년 보험법 제16A조 제2항). 이에 비추어 묵시적 조건의 완전한 삭제는 무효인데, 왜냐하면 보험자의 위반이 고의 또는 중과실인 경우에, 임의규정이 묵시적 조건의 내용을 배제하기 위하여 작동할 수 없기 때문이다. 당사자가 묵시적 조건 전부를 배제하기로 약정한 경우에도, 당사자는 고의 또는 중과실로 인한 묵시적 위반에 대한 묵시적 제한이 적용된다. 그러나 더 단순하고 매력적인 해결책은 로이즈시장협회 표준조항 5277과 같이 고의도 아니고 중과실도 아닌 묵시적 조건에 대하여 보험자의 손해배상책임을 제한하거나 면제하는

951) David Kendall and Harry Wright, op. cit., para 8.21.

경우에, 묵시적 조건의 위반을 모두 배제하지 아니하고, 그것이 모든 계약상의 묵시적 조건이라는 기초위에서 진행하는 것이다.[952]

3. 추가적 쟁점

이에 관하여서는 2가지 쟁점이 문제된다.[953]

첫째, 어느 자를 인식한 보험자의 범위에 포함시킬 것인가의 문제이다. 단순한 독립한 수급인은 이에 해당하지 않는다. 독립한 수급인의 행위로 인해 손해가 발생했더라도 이는 보험자의 인식에 해당하지 않기 때문이다.

둘째, 유효한 보험금청구임을 인식하면서도 보험금청구에 대하여 의도적으로 지체하거나 아무 유효한 근거 없이 조사를 고의적으로 지연하는 경우에, 책임이 면제되지 않음은 명백하다. 그러나 이와 같은 사안이 아닌 경우에는 보험자의 책임이 제한되지 않음을 증명하기가 어렵다. 상당한 기간의 개념은 본질적으로 애매한 기준이기 때문에 견해가 크게 다를 수 있다. 인식은 상당하지 않음만이 아니라 단순한 지연사실에도 확대 해석되기 때문에 실무상 이와 같은 인식은 드물고 존재하여도 증명이 거의 불가능하다고 한다.[954]

Ⅷ 시사점

1. 현행법의 입장

보험자는 보험금액의 지급에 관하여 약정기간이 있는 경우에는 그 기간 내에 약정기간이 없는 경우에는 제657조 제1항의 통지를 받은 후 지체 없이 지급할 보험금액을 정하고 그 정하여진 날부터 10일내에 피보험자 또는 보험수익자에게 보험금액을 지급하여야 한다(상법 제658조).

실무상으로는 약관에 보험금지급기한을 두고 있지만(예컨대 생명보험표준약관 제8조, 화재보험표준약관 제24조, 배상책임보험표준약관 제25조), 조사·확인기간이 구체적으로 명시되어 있지 아니한 점을 개정하고, 조사·확인의 구체적인

952) David Kendall and Harry Wright, op. cit., para 8.21.
953) Andrew Tettenborn, op. cit., para 6.3.6.
954) Andrew Tettenborn, op. cit., para 6.3.6.

방법의 명시도 필요한 것으로 판단된다(일본 보험법 제21조 참조). 또한 2016년 자살재해사망보험과 관련하여 10여년에 이르는 기간 동안 보험회사가 보험금지급책임이 없다고 다투다가 대법원판결과 금융감독원의 감독방침에 따라 일률적으로 소급하여 집행한 사례에 비추어 소송으로 다투는 경우 등 보험금지급에 관한 법적 쟁점을 정리하고, 보험금지급 지체시 약정이자와 법정이자 외에 손해배상을 인정하는 입법을 고려할 필요가 있다고 생각된다(영국의 2016년 기업법 의한 2015년 제13A조 참조).

2. 영국 이외의 비교법적 검토

가. 일본

일본 보험법은 기한을 정한 경우와 정하지 않은 경우로 나누어 규정하고 있다. 실제로는 약관에 보험금을 지급할 기한이 정해져있다(일본 보험업법 제4조 제2항 3호, 보험업법시행규칙 제9조 4호). 보험법 개정 이전 약관에 청구를 받은 때로부터 30일내에 지급하고, 단서에 그 기간내에 조사를 종료할 수 없는 경우에는 조사종료 후 지급한다고 규정하는 것이 일반적이었고, 최고재판소는 이 단서의 효력을 부인하여[955] 보험법에 보험금지급채무의 이행지체시기에 대하여 규정되었다.

(1) 기한을 정한 경우

보험급여를 할 기한이 약정되어 있는 경우에도 당해 기한이, 보험사고, 보상손해액, 보험자의 면책사유 기타 보험급여를 행하기 위하여 확인하는 것이 보험계약상 필요한 사항의 확인을 위하여 상당한 기간을 경과한 날 후인 경우에는, 당해 기간을 경과한 날을 보험급여를 행할 날로 한다(보험법 제21조 제1항, 제52조 제1항, 제82조 제1항).

(2) 기한을 정하지 않은 경우

보험급여를 할 기한을 정하지 않은 경우에는, 보험자는, 보험급여의 청구가

---

955) 最判平成9·3·25民集51卷3號1565頁[28020802]; 山下友信永澤徹 編著, 전게서, 199面. 山下友信·米山高生 編, 保險法解說, 有斐閣, 2010, 461~481面.

있은 후, 당해 청구에 관한 보험사고와 보상손해액의 확인(생명보험의 경우에는 보험사고의 확인)을 위하여 필요한 기간을 경과할 때까지는 지체책임을 지지 않는다(보험법 제21조 제2항, 제52조 제2항, 제82조 제2항).

나. 호주

호주는 1989년 보험금 지급지체의 책임을 인정하였다.[956)]

다. 캐나다

캐나다에서는 보험금 지급지체가 신의성실의무를 위반하는 경우 손해배상이 허용된다.[957)]

3. 소결

현행 생명보험표준약관[958)]에서도 보험금지급 지체에 관한 사항을 규율하고 있다. 2015년 보험법의 시사점은 다음과 같다.

첫째, 현행 민법상 보험금의 지급지체의 경우 이자를 약정한 경우에는 약정이자, 약정하지 아니한 경우에는 법정이자를 지급하여야 하며 이것이 금전채무불이행에 대한 손해배상청구권에 해당한다.[959)] 2016년 기업법에 따라 보험금지급

---

956) Hungerfonds v. Walker [1989] 171 CLR 129, 149; Tamania v. Shaw (No 2) [2002] TASSC 12 Tas R.1.

957) 702535 Ontario Inc v. Non-Marine Underwriters [2000] 184 DLR (4th) 687.

958) 보험금청구서류를 접수한 날부터 3영업일 (보험금 지급사유의 조사나 확인이 필요한 때에는 접수 후 10영업일) 이내에 보험금을 지급하고, 그 지급시기 7일 이전에 그 사유와 회사가 지급하여야 할 금액을 계약자 또는 보험수익자에게 알려야 하며, 보험금을 지급할 때 보험금 지급일까지의 기간에 대한 이자를 지급한다(2015.8.31.자 생명보험표준약관 제7조). 또한 회사는 보험금 지급거절 및 지연지급의 사유가 없음을 알았거나 알 수 있었는데도 소를 제기하여 계약자, 피보험자 또는 보험수익자에게 손해를 가한 경우에는 그에 따른 손해를 배상할 책임을 진다(2015.8.31.자 생명보험표준약관 제40조 제2항).

959) 제397조(금전채무불이행에 대한 특칙) ① 금전채무불이행의 손해배상액은 법정이율에 의한다. 그러나 법령의 제한에 위반하지 아니한 약정이율이 있으면 그 이율에 의한다.
② 전항의 손해배상에 관하여는 채권자는 손해의 증명을 요하지 아니하고 채무자는 과실없음을 항변하지 못한다.

지체시 보험자의 손해배상청구권을 인정하는 경우 민법 제393조 제2항[960]의 특칙의 성격을 띤다.

둘째, "보험자가 보험금 청구를 다툴 수 있는 상당한 근거가 존재함을 증명하는 경우에는 (a) 보험자는 분쟁이 계속중인 동안 보험금을 지급하지 아니하는 것만으로 제1항의 묵시적 조건을 위반하는 것이 아니고, (b) 보험금 청구를 취급하는 보험자의 행위는 그 조건이 위반되었는가를 결정하는 요소일 수 있다." 라고 규정하는 제13A조 제4항의 취지를 도입하는 것이 필요하다고 생각된다.

자살재해사망특약에 관하여 2000년에서 2010년까지 282만 건이 판매되었고, 대법원 2016.5.12. 선고 2015다243377 판결, 대법원 2016.9.30. 선고 2016다219173. 2016다218720 판결에 의하여 확정되기 전까지 보험자는 장기간 보험금을 지급하지 아니하였다. 이에 관하여서는 대법원 2016.5.12. 선고 2015다243377 판결과 같은 취지의 판결(대법원 2007.9.6. 선고 2006다55005 판결)이 9년 전 내려졌음에도 불구하고 보험금을 지급하지 않고 장기간 다투었다는 점에서 정당하지 못하다는 지적이 있었다. 제13A조 제4항에 따라 이에 관한 법리를 정리할 필요가 있다고 판단된다.

960) 제393조(손해배상의 범위) ① 채무불이행으로 인한 손해배상은 통상의 손해를 그 한도로 한다.
② 특별한 사정으로 인한 손해는 채무자가 그 사정을 알았거나 알 수 있었을 때에 한하여 배상의 책임이 있다.

제11장 신의성실의무

I. 서언

1. 신의성실의무에 관한 2015년 보험법의 규정

2015년 보험법 제14조는 신의성실의무에 관하여 다음과 같이 규정하고 있다.

제14조 신의성실

(1) 신의성실의무가 다른 당사자에 의하여 준수되지 아니하는 것을 근거로 보험계약의 당사자가 계약을 취소할 수 있는 것을 허용하는 법률의 원칙은 폐지된다.

(2) 보험계약이 신의성실의 원칙에 근거한다는 효과에 대한 법률의 원칙은 이 법과 2012년 소비자(고지의무)법의 조항이 요구하는 범위로 수정된다.

(3) 따라서

  (a) 1906년 해상보험법 제17조(해상보험계약은 신의성실의 계약이다)에서 '당사자의 일방이 신의성실을 준수하지 아니한 경우에는 상대방은 취소할 수 있다'는 어귀를 삭제한다.

  (b) 1906년 해상보험법 제17조(수정된 조항)의 적용은 이 법과 2012년 소비자(고지의무)법의 조항에 따른다.

(4) 2012년 소비자(고지의무)법 제2조 제5항은 삭제한다.

2. 개정배경

1906년 해상보험법 제17조는 보통법을 입법화하여 보험계약은 신의성실의 계약이다라고 규정하였다. 제17조는 나아가 '당사자의 일방이 신의성실을 준수하지 아니한 경우에는 상대방은 취소할 수 있다'라고 규정하고 있었다. 이와 같은 엄격한 구제수단은 구법에 대한 비판의 대상이었고, 2015년 보험법에서 개정되었다. 신의성실의무의 한 측면인 보험계약자의 중요한 사실의 고지의무는 공정한 제공의무에서 유지되었지만, 그 의무의 범위는 이제는 2015년 보험법 제3조에 의해 규율된다.[961] 보험계약을 체결할 때 신의성실의무위반을 이유로 한 취소의 구제수단은 보험법 부록1에서 규정한 비율보상의 원칙으로 대체되었다.[962] 보험계약체결 후 신의성실의무위반에 대한 취소의 구제수단의 적용에 관한 커다란 의문[963]은 적어도 사기적 보험금청구에 대하여서는 2015년 보험법 제12조에 의하여 명확히 되었다.[964]

신의성실의무의 변화는 2015년 보험법 제14조에 반영되어 있다. 제14조 제1항은 신의성실의무위반으로 인한 취소의 구제수단은 삭제된다고 규정하고, 해상보험법 제17조의 관련부분은 보험법 제14조 제3항 a호에 의하여 삭제되었다. 그러나 2012년 소비자(고지의무)법과 2015년 보험법 이외의 신의성실의무위반으로 인한 법령상의 구제수단은 존재하지 아니한다.[965]

이에 따라 고지의무에 관하여 신의성실의무를 규정하는 1906년 해상보험법 제17조는 관련 없다. 신의성실의무의 계속적인 역할은 보험계약의 해석과 보험계약의 개시 이전의 사항(적합성원칙, 적정성원칙, 설명의무), 그리고 개시 이후 단계에서 발생하는 사항(위험/계속담보조항의 변경, 갱신, 취소, 정보, 사기적 보험금청구, 신의성실이 묵시될 수 있는 사항, 소송)에 대한 영향으로 약화되었다.[966]

3. 해석의 도구

법률개정위원회는 보험계약을 해석하고 2015년 보험법을 적용하는 경우에, 신의성실의 원칙은 여전히 유용하다고 인정하였다.[967] 의회의 입법이유서는 "제14조의 의도는 1906년 해상보험법 제17조와 보험계약은 신의성실의 계약이다고 계속적으로 판시하고 있는 보통법과 함께 신의성실이 해석상의 원칙으로

---

961) 앞의 제3장.
962) 앞의 제5장.
963) Manifest Shipping Company Ltd v. Uni-Polars Shipping Company Ltd and Others, The Star Sea사건 [2001] UKHL 1, [2003] 1 AC 469 [62].
964) 앞의 제9장.
965) David Kendall and Harry Wright, op. cit., para 11.2.
966) Margaret C Hemsworth, The fate of good faith in insurance contracts, 2018 LMCLQ 143, 159.
967) Law Commissions, July 2014 Report, para 30.23.

존속하도록 하는 것이다"라고 하였다.[968)]

법률개정위원회는 공정한 제공의무와 관련하여 보험계약자가 보험자의 질문을 하지 아니할 것을 희망하여 최소한의 정보만을 제공하는 보험계약자의 의도적인 결정을 예로 들었다.[969)] 보험계약자가 선의로 행위하지 아니한 범위까지, 법률개정위원회는 제공하지 아니한 것은 공정하지 아니하다고 고찰하였다. 앞에서 서술한 이유로[970)] 신의성실의무위반이 선의 또는 과실이 아닌 사기적인 경우에만 적용되기 때문에 이것은 올바른 접근방법은 아니고, 보험법이 이와 같이 고의와 과실(선의)을 구별하는 것은 근거가 없는 것으로 생각될 수 있다.[971)] 따라서 보험계약자에 의한 공정한 제공의무 위반을 취급할 때, 보험자가 취소를 포기하는 등의 보험자의 행위에 신의성실의 원칙을 적용할 수 있다.[972)]

보험계약이 선의의 계약이라는 사실은 보험계약의 조건의 해석에 적절할 개연성이 있다. Gan Insurance Company v. Tai Ping Insurance Company (Nos 2 and 3)사건[973)]에서 항소법원은 재보험자의 화해의 승인이 화해에 대한 책임의 사전조건이었던 경우에 재보험계약상의 보험금청구협력조항을 고찰하였다. 맨스판사는 일반적인 제한으로서 재보험자에 의한 승인의 유보는 '특수한 재보험의 주요부분에 전적으로 무관한 것을 참조하지 아니하고, 특수한 보험금청구를 야기하는 사실을 참조하여 그리고 이를 기초로 선의로 행해져야 한다'는 것을 인정하였다. 법률개정위원회는 조건을 보험계약상의 묵시적인 것으로 하는데 필요한가 여부를 결정하는 경우 신의성실이 근거를 제공할 수 있고,[974)] 특별히 어려운 사건을 취급할 때 법원에 탄력성을 제공할 수 있다고 고찰하였다.[975)]

---

968) House of Lords, 15 January 2015 Insurance Bill-Explanatory Notes, para 116.
969) Law Commissions, July 2014 Report, para 30.23(1).
970) 앞의 제3장 공정한 제공의무 Ⅵ. 보험자에 대한 추가질문경고 3. 보험자가 질문하지 않은 경우 다. 보험자가 질문하지 못할 것을 기대하여 보험자가 고의로 보험자에게 제공하지 않고 보유하는 경우.
971) David Kendall and Harry Wright, op. cit., para 11.5.
972) 앞의 제5장 공정한 제공무의위반의 효과 Ⅳ. 고의 또는 중과실로 인한 위반 3. 위반의 효과.; Drake Insurance plc v. Provident Insurance plc [2003] EWCA Civ 1834, [2004] 1 Lloyd's Rep 268.
973) [2001] EWCA Civ 1047, [2001] Lloyd's Rep IR 667.
974) Law Commissions, July 2014 Report, para 30.23(2).
975) Law Commissions, July 2014 Report, paras 30.23(3), 30.57-30.60.

Ⅱ 보험자의 신의성실의무

1. 서언

보험법상의 신의성실의무는 쌍방적 의무이고,[976] 보험계약자가 보험자에 대하여 지는 신의성실의무와 같이 보험자는 보험계약자와의 거래에서 신의성실의무를 진다는 것은 오래전에 확립된 것으로 이는 영국해상보험법 제17조에 기원하는 것으로 전통적으로 인정되고 있다.

1906년 해상보험법 제17조는 위반의 효과로서 보험계약의 취소만을 규정하고 있었기 때문에 많은 어려움이 초래되었다. 보험계약체결 이전에 보험자의 신의성실의무위반이면 특히 신의성실의무위반은 부보재산에 손해가 발생한 이후에 문제가 되기 때문에, 보험계약자가 보험계약을 취소하는 것은 대부분의 경우 실효성이 거의 없었다. 그리고 보험계약체결 이후 신의성실의무가 존재하는가에 대해서는 다툼이 있었다. 취소의 효과는 가혹하다고 자주 간주되었고, 법원은 보험계약체결이후의 신의성실의무의 범위를 제한하기 위해 창의적인 해석기법을 적용하기도 하였으며,[977] Manifest Shipping Company Ltd v. Uni-Polars Shipping Company Ltd and Others, The Star Sea사건[978]

976) Carter v. Boehm [1766] 3 Burr 1905사건에서 맨스필드판사는 "보험자가 선박의 항해를 부보한 경우 보험자가 선박의 도착을 사적으로 인식하였고, 보험료를 반환하지 않기 위해 거짓행위가 있는 경우와 같이, 보험자가 묵비한 경우에는 보험계약은 보험자에 대하여 동일하게 무효이다"라고 유명한 판시를 하였다.

977) Bariş Soyer, The insurer's duty of good faith: is the path now clear for the introduction of new remedies, in Malcolm Clarke and Bariş Soyer(edited), The Insurance Act 2015-A new regime for commercial and marine insurance law, (informa law from Routledge, 2016), para 3.1.

978) [2001] 2 W.L.R. 170, 186에서 Star Sea호는 선장인 Kollakis와 두 아들 소유로 동인은 Centaurus호와 Kastora호도 소유하고 있었던바, 이 3척의 선박은 이들이 이사인 Kappa Ltd에 의하여 관리되고 있었다. Centaurus호와 Kastora호는 화재에 의하여 멸실되었는데 Kastora호를 조사한 전문가의 보고서는 Kastora호의 제동기(dampers)가 작동하지 않아 엔진룸이 정상적으로 밀폐되지 않아 화재방지시스템이 작동되지 않음으로 인하여 화재가 확대되었다고 되어 있었다. 그 후 Star Sea호는 화재로 인하여 추정전손이 되었지만 제동기에 하자가 있음이 발견되었다. Kastora호의 보고서는 보험자에게 제출되지 않았지만 재판 때까지 Kollakis 아들 형제들도 확인하지는 못하고 있었다. 피보험자의 보험금 청구에 대하여 보험자는 위의 보고서를 알리지 않은 것은 사기로서 최대선의의무위반이라고 주장하였다. 법원은 피보험자가 선의이고 최대선의의무를 위반한 것은 아니라고 하여 피보험자의 보험금 청구를 인용하였다. 쟁점의 하나는 보고서를 본 전문

에서 사기적인 신의성실의무위반의 경우에만 취소할 수 있다고 판결되었다. K/S Merc-Skandia XXXII v. Certain Lloyd's Underwriters(The Mercandian Continent)사건[979]에서 선의의 당사자는 상대방이 타방당사자의 위반행위가 계약법상의 의무위반에 해당하는 경우에만 취소할 수 있다고 판시하였다. 이는 통상 보험계약체결후 신의성실의무를 준수할 필요성은 계약상의 채무와 관련된 것으로 전제하고, 계약상 사기의 경우에 취소권이 인정되는 경우와 동일하게 취급하는 것이다. 이에 따라 취소의 가혹함을 개선하기 위한 판례가 계약체결 후 보험자의 신의성실의무의 범위를 중대하게 제약하는 결과가 되었다.

보험자의 신의성실의무위반에 대하여 보험계약자에게 구제수단을 제공하는가 여부를 고찰함에 있어서 법률개정위원회는 보험자가 인식하고서 가치 없는 보험상품을 판매한 경우[980]를 예로 들고,[981] 보험자의 신의성실의무위반에 대하여 보험계약자에게 구제수단을 인정하기 보다는, 이것은 금융위행감독청과 같은 보험감독(또는 소비자의 경우 금융옴부즈만)에 의하여 취급되는 것이 최상이다고 고찰하였다.[982] 보험자에 의한 신의성실의무위반에 대한 보험계약자의 구제수단은 존재하지 아니하고, 2015년 보험법의 개정으로 "해상보험계약은 최대선의에 기초한 계약이다"라고 되었다(2015년 보험법 제14조 제3항 (a)).

아래에서는 2015년 보험법 이전의 보험자의 신의성실의무에 관한 판례와 일반법원칙을 검토하고, 영국에서 보험자의 신의성실의무의 장래의 발전에 대한 평가현황을 살펴본다.

적 지식을 가진 이사(Nicholadis씨)가 사기적으로 보험금을 청구하는 피보험자로 행위하였는가 여부이었는데, 그는 피보험자가 아니라고 판시하였다.

979) [2001] EWCA Civ 1275; [2001] 2 Lloyd's Rep 563.

980) 우리의 경우 보험계약 체결시 보험자의 정보제공의무 위반의 경우 상법 보험편은 보험계약자는 3월 내에 취소할 수 있고(상법 제638조위 3 제2항), 약관의 중요한 내용은 설명하지 않고 체결된 경우에는 해당 약관을 계약의 내용으로 주장할 수 없으며(약관의 규제에 관한 법률 제3조 제3ㅑ항, 제4항), 보험업법에서는 보험모집종사자의 금지행위로 "보험계약자나 피보험자에게 보험상품의 내용을 사실과 다르게 알리거나 그 내용의 중요한 사항을 알리지 아니하는 행위"(동법 제97조 1호)를 들고, 보험회사는 그 임직원、보험설계사 또는 보험대리점이 모집을 하면서 보험계약자에게 손해를 입힌 경우 배상할 책임을 진다(동법 제102조)고 규정하여 다수의 판례가 축적되어 있다.

981) Law Commissions, July 2014 Report, paras 30.33.

982) Law Commissions, July 2014 Report, paras 30.34.

2. 보험계약 체결 이전의 보험자의 신의성실의무

가. 문제의 소재

2015년 보험법 개정이전에도 영국에서는 보험계약자가 보험계약을 체결하도록 유인되었을 때 보험계약의 체결단계에서 보험자측의 신의성실의무를 인정하였다. 예컨대 Derry v. Peek사건[983]에서와 같이 보험자가 보험계약자와 보험계약의 체결을 유인하기 위해 사기적인 부실표시를 한 경우에는 사기로 인한 불법행위의 요건을 충족한다.[984] 보험자의 사기적 부실표시로 인해 보험계약을 체결한 보험계약자가 후일 효용성이 없는 보험계약임을 발견한 경우 보험계약자는 다른 보험계약을 체결한 이익을 상실했다는 전제아래 보험목적에 손해가 발생한 경우에 수리비용 또는 복구비용을 청구할 권리를 가진다.[985] 법규상으로도 2016년 부실표시법상 과실로 인한 부실표시의 경우에도 보험계약자는 손해배상을 받을 수 있고, 손해배상액은 사기로 인한 불법행위로 인한 경우와 같으며,[986] 손해배상액은 보험계약자의 관점에서 보험계약자에게 유리하게 산정된다. 따라서 2015년 보험법의 개정으로 보험자가 고의 또는 과실로 보장의 성격에 관하여 부실표시를 한 경우에 현행법에 대한 변경은 없는 것으로 해석되고 있다.[987]

다만 예컨대 보험자가 보험계약상 보험계약자에 관한 정보를 보유하거나 보험계약자에게 효용이 없는 보험상품을 인식하면서도 다양한 이유로 판매하는 경우, 보험자가 묵비를 선택함에 의하여 보험계약체결 이전에 신의성실의무위반인가 나아가 보험계약자는 어떠한 구제수단을 가지는가가 문제된다. 이에 관하여 논의의 계기가 된 Bank Financière de la cité v. West Gate Insurance Co Ltd사건[988]을 살펴보고, 2015년 보험법개정에 따라 최대선의의무위반의 경우 취소의 문구가 삭제되었는바 그 해석논의에 관하여 살펴볼 필요가 있다.

---

983) [1889] 14 App Cas 337.
984) Bariş Soyer, op. cit., para 3.2.
985) Dadourian Group International v. Simms [2006] EWHC 2973 (Ch); [2006] ALL ER 351.
986) Royscot Trust Ltd v. Rogerson [1991] 2 QB 297 (CA).
987) Bariş Soyer, op. cit., para 3.2.
988) [1987] Lloyd's Rep 69; [1990] 1 QB 655(CA); [1991] 2 AC 249(HL).

나. Bank Financière de la cité v. West Gate Insurance Co Ltd사건

(1) 사실관계

사기행위자인 발레스테로는 스위스 컨소시움 은행으로부터 그가 지배하는 4개의 회사에 9500만 스위스프랑의 담보로써 무가치한 보석을 담보로 2625만 스위스프랑의 대출을 받고, 발레스테로의 회사의 파산을 보장하기 위해 3700만 스위스프랑을 보험가액으로 하는 신용보험에 가입하였다. 은행들은 보험중개회사에 이 보험의 체결을 위탁하고, 이 회사의 직원인 리는 제2와 제3의 보험회사를 위해 1980년 6월 전액에 보험증권이 발행되기 이전에 커버노트를 발행하는 등 사기행위를 여러 번 하였다. 1980년 5월한 보험자의 피용인이 리의 사기사실을 인식하였지만, 이를 은행에 알리지 아니하였다. 은행들은 신용보험에 가입한 것을 확인한 후에, 1980년 10월과 1981년 3월 8000만 프랑의 대출을 계속하였다. 이 대출에 대한 보험가입요청에 가입이 어렵게 되자 리는 커버노트를 발행하였다. 1983년 리와 보험중개사에 대하여 과실과 사기를 이유로 각각 손해배상을 청구하였고, 이 청구는 보험중개사가 가입한 책임보험의 한도로 지급되었다. 은행은 보험회사에 보험금을 청구하였지만, 보험자는 "보험자는 보험계약자의 사기, 기도된 사기, 표시오류, 기망에 직접 또는 간접으로 기인한 보험금 청구에 대해서 책임을 지지 아니한다"는 조항을 들어 지급을 거부하였다. 이에 은행은 보험자가 인식하고 있던 리의 사기행위에 관한 정보를 제공하지 않았다는 전제아래, 만일 추가한 제공이 있었으면 은행은 추가보험에 가입하지도, 리가 소속한 보험중개사도 이용하지 않았을 것이라고 하고, 1980년 10월과 1981년 3월 사이의 대출에 대한 손해배상을 청구하였다.

(2) 소송의 경과

1심은 손해배상의 청구를 인용하였지만, 항소법원은 기각하였다. 1심 법원과 항소법원은 계약체결 이전단계에서 보험자는 보험계약자에게 특정한 사항을 알릴 것이 기대되고, 1906년 해상보험법 제17조가 그 근거이지만, 동조항은 의무의 범위에 대해 침묵하고 있기 때문에 보험자의 계약체결의전의 단계에서의 제공의무의 범위를 분석하는 것이 필요하였다.

중요한 사실의 기준이 문제되었다. 1심 법원의 스테인판사는 개방적인 입장을 취하여 계약체결단계에서 보험자의 신의성실의무는 공정한 신뢰와 거래의 일반적인 원칙의 예이고 보험자는 보험계약을 체결하지 여부에 관한 보험계약자의 평가과정에 영향을 미치는 모든 사실을 알려야 한다고 하였다. 이 기준을 적용하여 스테인판사는 리가 보험계약체결에 핵심적 역할을 하였고, 은행은 거래와 관련한 은행의 정부를 깊이 신뢰하였기 때문에 리의 사기를 알리지 않은 것은 계약체결이전 제공의무를 위반하였다고 결론지었다. 스테인판사의 판시는 중요한 사실에 위험의 성질에 관한 사실, 계약조건의 권고, 특정상품의 시장상태에 관한 안내를 포함할 정도로 그 범위가 매우 넓고, 이는 보험중개사와 같은 독립대리인의 의무에 해당하며, 보험계약자의 고지의무에서의 중요한 사실과 조화되지 않는다는 점이 문제이었다.[989)]

항소법원은 중요한 사실에 관하여 보다 정밀한 기준을 적용하였는데, 보험자는 계약체결이전에 "신중한 보험계약자가 보험자에게 위험의 보장을 요구할지 여부결정에 고려하는 보험계약상 보험금 지급의 가능성 또는 위험의 성질"에 관한 모든 사실을 알릴 의무가 있다고 하였다. 이에 해당하는 것은 인수할 위험에 관한 사가의 존재, 보험자가 인식하고 있고 이후 단계에서 의거할 수 있는 항변, 보험자가 인식하고 있는 보험목적의 상태에 관한 정보,[990)] 외국의 위법성(예컨대 외국선박을 보장하는 인질보험자가 당해 국가에서는 인질에 대한 석방금지급이 위법이라는 사실을 알리지 않은 것이 그 예이다), 보험계약상 보험금 지급에 영향을 미칠 수 있는 법률개정안 등이 이에 해당한다.[991)] 항소법원은 1906년 해상보험법 제17조는 손해배상에 대해 규정하고 있지 않다고 하여 손해배상청구를 기각하였다.

---

989) 영국법원은 반복하여 계약체결이전의 단계에서 보험자의 제공의무는 보험시장의 상태, 특히 특정한 상품유형에 관하여 보험자가 직면하는 손해에 관한 권고를 제공하는 것은 기대되지 않는다고 하였다(Bariş Soyer, op. cit., para 3.2, 각주 15); 릭스판사는 Norwich Union Life Insurance Society of Quershi [1999] Lloyd's Rep IR 263, at 272사건에서 보험계약자가 행한 투자에 대한 투자에 대하여 보험자가 제공의무를 부과하는 것은 보험자를 금융자문가로 변경한다고 하였다. 이 사건의 항소법원도 같은 취지의 판시를 하였다.

990) Carter v. Boehm [1766] 3 Burr 1905.

991) Bariş Soyer, op. cit., para 3.2.

(3) 2015년 개정보험법 개정에 대한 시각

2015년 보험법에 따라 "해상보험계약은 최대선의에 기초한 계약이다"라는 1906년 해상보험법 제17조가 보험자의 신의성실의무위반의 경우 손해배상청구를 기각한 Bank Financière de la cité v. West Gate Insurance Co Ltd사건에 대해 어떠한 영향을 미치는지가 문제된다.

영국법상 보험자의 신의성실의무의 근거는 형평법이 아니라 보통법이었고,[992] Bank Financière de la cité v. West Gate Insurance Co Ltd사건에서 항소법원과 상원은 보험계약 체결이전의 단계에서 보험자의 신의성실의무에 대한 중요한 사실의 기준을 설정하였지만 손해배상청구를 기각하였다.

2015년 보험법 제14조 제3항 (a)에 따라 1906년 해상보험법 제17조에서 취소의 삭제로 인해 보험자의 신의성실의 의무가 다음과 같은 변화가 발생했다고 고찰되고 있다.[993]

첫째, 2015년 보험법의 개정으로 보험계약자의 과실로 인한 정당한 제공의무위반의 경우 비율적 보상의 원칙이 채용되어 제대로 고지되었으면 지급하였을 보험료를 실제보험료와 비교해 보험금이 산정되지만(2015년 보험법 제8조와 제1 부록1 제6항), 2015년 보험법의 개정으로 보험자의 신의성실의무의 근거만 규정되었을 뿐 고지의무위반의 효과와 같은 내용이 규정되어 있지 않다. 보험계약 체결이전 보험자의 신의성실의무위반의 경우 지급한 보험료에 대한 비율적 반환을 인정한다고 하더라도 보험계약자에게는 별로 도움이 되지 못한다. 이에 따라 2015년 보험법의 개정으로 보험계약자에게 보험자에 대한 손해배상청구권이 인정될 가능성이 존재한다는 견해가 있다.[994] 그러나 보험자의 신의성실의무위반으로 인한 보험계약자의 손해배상청구권이 인정될 개연성은 없고, 보험자의 신의성실의무위반이 부실표시에 해당하는 경우에는, 보험계약자는 1967년 부실표시법 또는 사기에 의거하여 손해배상이나 취소를 청구할 있다[995]는 견해

992) Bariş Soyer, op. cit., para 3.2.

993) John Birds, op. cit., para 8.1.

994) 존 버즈는 보험자의 신의성실의무가 상당히 발전할 잠재력은 있지만, 무엇이 초래될지 정확히 예측하기 어렵다고 한다(John Birds, op. cit., para 8.3.; Bariş Soyer, op. cit., para 3.2).

995) 앞의 제5장 공정한 제공무의위반의 효과 V. 고의 또는 중과실로 인하지 아니한 위반 5. 추가 구제수단.

가 유력하다.996)

둘째, 보험자의 신의성실의무위반으로 인한 손해배상책임을 인정한 뉴질랜드997) 등의 사례가 존재한다.

3. 보험계약 체결 이후의 보험자의 신의성실의무

가. 보험자의 신의성실의무의 기능

(1) 의의

영국보험법상 당사자는 보험계약 체결이후에도 신의성실의무를 진다.998) 영국법원은 보험자가 계약상 재량권을 행사할 있는 경우, 자의성, 변덕 없이, 남용 없이 합리적으로 재량권을 행사할 신의성실의무를 진다고 판시하였다. Groom v. Grocker사건999)에서 책임보험자는 보험금 청구와 방어의무의 행사에 있어서 보험계약자의 이익을 고려할 묵시적인 의무가 있다고 판시하였다. 스코틀랜드의 Fargnoli v. GA Bonus plc 사건1000)에서 펜로즈판사는 쌍방적 신의성실의무에 따라 보험자는 보험금 청구단계에서 객관적으로 유효하여 보험자가 인정하여야 하거나 또는 보험자가 인식하고 위조의 증거를 제시하는 것이 금지되는 보험금 청구의 해결을 위한 책임일 인정하는데 신의성실의무에 위반하여 지체해서는 아니된다고 판시하였다.

(2) 근거

보험자의 신의성실의무의 근거는 보통법이고 1906년 해상보험법 제17조가 아니므로, 2015년 보험법 제14조 제3항 (a)에 따른 1906년 해상보험법 제17조의 개정은 별다른 영향이 없다고 해석되고 있다.1001)

---

996) David Kendall and Harry Wright, op. cit., para 11.4.
997) Stuart v. Guardian Royal Exchange Assurance Co of New Zealand Ltd (No 2) [1988] 5 ANZ Ins Cas 60~844.
998) The Star Sea [2001] UKHL 1; [2003] 1 AC 49; The Mercandian Continent [2001] EWCA Civ 1275; [2001] 2 Lloyd's Rep 563.
999) [1939] 1 KB 194.
1000) [1997] CLC 653, at 670~671.
1001) Bariş Soyer, op. cit., para 3.3.1.

나. 보험자의 취소권 등의 제한사유로서 신의성실의무

(1) 의의

영국판례는 보험자가 보험계약체결후의 단계에서 비합리적으로 행위하는 것을 방지하기 위하여 신의성실의무를 사용하고 있다. 그 근거로는 "해상보험계약은 최대선의에 기초한 계약이다"라고 규정하는 1906년 해상보험법 제17조가 들어지지는 않고, 보통법이나 형평법에 기초한 것으로 인정되고 있다.[1002] 다만 2015년 보험법상 보험계약자의 공정한 제공의무 위반의 경우 취소가 제한되고, 비율적 보상이 인정되는 점과 2015년 보험법 제14조 제3항 (a)에 따라 1906년 해상보험법 제17조에서 취소의 문귀가 삭제된 것이 쌍방적 신의성실의무를 발전시키는데 긍정적인 결과가 있을 것으로 기대되고 있다.[1003]

(2) 내용

다수의 영국판례는 보험자가 위반의 효과를 주장할 때 신의성실의무를 위반하면 보험자가 보험계약의 취소권 등을 행사할 수 없다고 판시하고 있다.

처음 논의를 촉발한 것은 Strive Shipping Corporation v. Hellenic Mutual War Risks Association (Bermuda) Ltd(The Grecia Express)사건[1004]에서 콜만판사이었고, 계속적인 신의성실위무에 기하여 보험자는 보험계약자의 고지의무위반을 이유로 보험계약을 취소하는데 제한받을 수 있고, 보험계약자가 갱신이전 이전의 해상사고와 보험계약자 사이에 관련이 있다는 의심스런 사실을 고지하지 않았다는 이유로 보험계약의 취소를 주장하였지만, 콜만판사는 이전의 손해는 의문이 없고 따라서 중요한 사실이 아니라고 하여 보험금을 지급할 것을 명하였다. 콜만판사는 방론으로 보험계약 체결시에 중요한 사실의 고지의무위반이 있더라도 취소를 주장할 때 고지되지 아니한 사실이 진실이 아님이 증명되었음에도 보험계약을 취소할 수 있도록 하는 것은 계속적 신의성실의무에 반한다고 하였다.[1005]

1002) Bariş Soyer, op. cit., para 3.3.2.
1003) Bariş Soyer, op. cit., para 3.3.2.
1004) [2002] EWHC 203 (Comm); [2002] 2 Lloyd's Rep 88.
1005) Malcolm Clarke, "Recession: A bridge too far for insurance good faith," [2012] LMCLQ 611에서 비양심이라는 형평법상의 개념을 적용하는 것이 증명되는 경우,

Drake Insurance plc v. Provident Insurance plc사건[1006]에서 보험계약자인 싱박사의 고지의무위반이 문제되었는데, 보험계약을 갱신할 때 싱박사는 보험중개사에게 기명피보험자인 부인의 자동차사고를 고지하지 않았는데, 그 사고는 제3자의 과실이었지만 싱박사의 부인에게 유리하게 해결되지 이전까지 보험중개사의 컴퓨터에 과실사고로 기록되어 있었다. 싱박사는 보험중개사에게 속도위반범칙금사실을 고지하지 않았고, 부인에게 유리하게 해결되었다. 보험자의 등급시스템에 따르면 싱박사부인이 무과실이었으면 싱박사에 대한 범칙금부과사실은 아무 영향이 없을 터이었다. 보험자는 범칙금부과사실을 인식하고 보험계약의 취소를 구하였지만, 항소법원은 이전의 사고는 박사부인의 과실이 아니었고, 보험료를 산정하는데 제외되어야 하며, 범칙금부과사실만으로는 보험료에 영향이 없다는 이유로 보험자의 주장을 기각하였다. 릭스판사와 클라크판사는 박사부인의 사고는 무과실사고 이었고 보험자는 범칙금만으로는 보험계약을 체결하도록 유인되지 않았을 것이므로 보험계약을 취소할 수 없다고 하고, 나아가 무과실 사실을 인식하고도 보험자가 보험계약을 취소하고자 하는 것은 계속적인 신의성실의무 위반이다고 하였다. 이에 반하여 필판사는 보험자의 계속적인 신의성실의무는 그 사고에 대해 업데이트할 수 있도록 보험자가 질문하는 것이고, 취소 이전에 질문이 행해졌음을 증명하는 것이 신의성실의무의 내용이라고 하였다.

Brothers Aeguradona Colseguros SA(No 2)사건[1007]에서는 신중한 보험자가 인식하고자 원하였던 사실이 보험자가 취소를 구하는 시점까지 진실이 아닌 것으로 증명되지 않았으면, 계속적 신의성실의무의 근거를 이루는 특정한 정보의 부정확함을 인식하지 못한 경우에는 보험자의 신의성실의무위반을 적용할 수 없다고 판시하였다.

영국 형평법상 비양심의 원칙이 적용되기 위한 2 가지 요건은 주장자의 열위와 상대방의 양심적 행위인데, 보험자는 협상력과 정보력에서 우위에 있는 점에서 보험자가 신의성실의무에 위반하여 보험자가 자력구제수단에 의거하고자 하는 경우에 이 원칙이 적용된다. 보통법상으로도 공정한 거래원칙을 위반한 보험

법원은 취소주장을 배척할 수 있다고 하였다.

1006) [2003] EWCA Civ 1834; [2004] 1 Lloyd's Rep 268.

1007) [2003] EWCA 335 (Comm); [2003] EWCA Civ 705; [2003] 1 Lloyd's Rep 268.

자가 그 상황에서 취소권이 발생하지 않음을 인식하면서 취소권을 행사하는 경우, 누구나 거래를 하는 상대방에 대해 신의에 좇아 행위하여야 한다는 보통법의 기본원칙이 적용되어, 보험자는 취소권이 제한된다.[1008]

영국법상 보험자가 보험의 목적을 오기한 것을 후일 발견하여 이를 기화로 보험금 지급을 거부하는 경우 법원의 개입이 허용된다.[1009] 또한 보험자는 우월한 협력을 이용하여 보험계약자에게 불리하도록 해결하는 것이 금지된다.[1010]

Ⅲ 보험계약자의 신의성실의무

보험계약자는 보험계약성립 이전에는 공정한 제공의무를 지고, 이는 2015년 보험법에서 상세히 규정하고 있다.[1011]

Mercandian Continent호 사건[1012]사건에서는 신의성실의무가 보험계약 성립 후 발생할 수 있는 다양한 사정을 열거하고 있다. 이에는 계약이 변경되거나, 사기적으로 보험금이 청구되는 경우를 포함하고, 이 2가지는 2015년 보험법에 명시적으로 규정되었다.[1013]

남은 문제들은 보험계약자의 주소 등 보험자에 대한 정보제공의무와 보험자의 취소권을 포함하여 주로 보험계약의 이행과 관련된다.[1014] 보험자가 계약의 이행과 관련하여 신의성실의무위반을 이유로 보험계약을 취소할 수 있는가 여부에 대한 의문은 2015년 보험법 제14조 제1항에 의하여 제거되었다. 위반에 대한 여하한 구제수단은 보험법상 워런티의 특별한 지위[1015]와 계약의 해석에 대한 신의성실의무의 효과[1016]를 참조하여, 보험계약의 통상적인 원칙에 의거한다.[1017]

1008) Bariş Soyer, op. cit., para 3.3.2.
1009) AF Wakinson & Co Ltd v. Hullet [1938] 61 LlLR 145.
1010) Royal Boskaris Westminster NV v. Mountain [1917] LlLR 523 at 600사건에서 릭스판사의 논평참조.
1011) 앞의 제3장~제5장.
1012) [2001] 2 Lloyd's Rep 563.
1013) 변경에 관하여서는 부록1의 제2부(앞의 제5장 공정한 제공무의위반의 효과 VI. 변경에의 적용.) 그리고 사기적 보험금청구에 대하여서는 제12조(앞의 제9장).
1014) David Kendall and Harry Wright, op. cit., para 11.7.
1015) 앞의 제6장.
1016) 앞의 제11장 신의성실의무 Ⅰ. 서언 3. 해석의 도구.
1017) David Kendall and Harry Wright, op. cit., para 11.7.

[부 록]

2015년 보험법(2016년 기업법 포함)

제1부 보험계약: 주요정의

제1조 보험계약: 주요정의

이 법에서(제6부를 제외하고)

'소비자보험계약'은 2012년 소비자보험(고지)법에서와 같은 의미를 가지고,

'비소비자보험계약'은 소비자보험계약이 아닌 보험계약을 의미하며,

'보험계약자'는 보험계약상 보험계약자이거나 보험계약이 체결될 경우에는 보험계약자가 될 보험계약당사자이고,

'보험자'는 보험계약상 보험자이거나 보험계약이 체결될 경우에는 보험자가 될 보험계약당사자이며.

'공정한 제공의무'는 제3조 제1항에 의하여 지워지는 의무를 의미한다.

제2부 공정한 제공의무

제2조 적용과 해석

(1) 이 부는 비소비자보험계약에만 적용된다.

(2) 이 부는 계약에 적용되는 것과 같이 비소비자보험계약의 변경에 관하여서도 적용되지만, (a) 위험의 언급은 제안된 변경에 관한 위험의 변경을 의미하고, (b) 보험계약의 언급은 변경이다.

제3조 공정한 제공의무

(1) 보험계약이 체결될 때, 보험계약자는 보험자에게 위험에 대해 공정하게 제공하여야 한다.

(2) 이 법에서 제1항의 의무는 공정한 제공의무라고 한다.

(3) 위험의 공정한 제공은 다음과 같은 것이다.

(a) 제4항에서 규정하는 고지를 할 것

(b) 신중한 보험자에게 합리적으로 명백하고 접근가능한 방법으로 고지할 것
(c) 모든 중요한 사항에 대한 표시는 실질적으로 정확하고, 기대 또는 신념에 관한 모든 중요한 표시는 선의로 행해져야 한다.

(4) 제5항의 예외를 제외하고 요구되는 고지는 다음과 같다.
(a) 보험계약자가 인식하거나 인식하여야 하는 모든 중요한 사항의 고지
(b) 그러하지 아니하면 보험자가 중요한 사항을 밝히고자 추가질문을 하기에 충분한 정보의 고지

(5) 질문이 없는 경우, 제4항에 따라 보험계약자는 다음 사항을 고지할 필요가 없다.
(a) 위험을 감소하게 하는 사항
(b) 보험자가 인식하는 사항
(c) 보험자가 인식해야 하는 사항
(d) 보험자가 인식하는 것으로 추정되는 사항
(e) 보험자가 정보를 포기한 사항

(6) 제4조에서 제6조는 보험계약자와 보험자의 인식에 대하여 추가 규정하고, 제7조는 보충규정이다.

제4조 보험계약자의 인식

(1) 이 조는 제3조 제4항 (a)호의 목적을 위하여 보험계약자가 인식하거나 인식하여야 하는 것을 규정한다.

(2) 개인인 보험계약자는 다음 사항만을 인신한다.
(a) 개인이 인식한 사항
(b) 보험계약자의 보험에 대해 책임을 지는 한명 이상의 개인이 인식한 것

(3) 개인이 아닌 보험계약자는 다음의 한명 이상의 개인이 인식하는 것만을 인식한다.
(a) 보험계약자의 상급관리자의 부서
(b) 보험계약자의 보험에 책임을 지는 자

(4) 다음 경우에는 보험계약자는 제2조 (b)호와 제3조 (b)호에 의하여 개인이 인식한 비밀정보를 인식한 것으로 취급된다.

(a) 개인이 보험계약자의 대리인이거나 보험계약자의 대리인의 피용인인 경우

(b) 보험계약과 무관한 자와의 영업관계를 통해 보험계약자의 대리인(또는 그 대리인의 피용인)이 취득한 정보

(5) 제4항의 목적을 위하여 보험계약과 관련이 있는 자는 (a) 보험계약자와 보험계약상 보장이 제공되는 기타의 자, (b) 그 계약이 재보험계약인 경우에는 원수보험과 관련이 있는 자이다

(6) 개인이건 아니건, 보험계약자가 이용가능한 합리적인 정보조사(그 조사가 질문 기타 방법에 의해 행해지건)에 의하여 정보를 조사하여 합리적으로 밝혀져야 하는 것은 보험자가 인식하는 것으로 간주된다.

(7) 제6항의 정보는 보험계약자의 조직 기타의 자(보험계약자의 대리인 또는 보험계약상 보장이 제공되는 피보험자 등) 내부에 보유된 정보를 포함한다.

(8) 이 조의 목적을 위하여 다음과 같이 정의된다.

(a) 보험계약자의 대리인과 관련하여 피용인은 개인이 행위하는 권한이 무엇이든 대리인을 위하여 일하는 개인을 포함한다.

(b) 개인이 보험계약을 취득하는 과정에 보험계약자를 위하여 참여하는 경우에는(개인이 보험계약자의 피용인 또는 대리인으로, 보험계약자의 대리인의 피용인 기타 권한으로 행위하건) 보험계약자의 보험에 책임을 지는 자이다.

(c) 상급관리자는 보험계약자의 활동이 어떻게 관리 또는 조직되는가에 대한 결정을 내리는데 중요한 역할을 하는 개인을 의미한다.

제5조 보험자의 인식

(1) 제3조 제5항 (b)호의 목적을 위하여 위험의 인수어부, 그리고 어떠한 조건으로 인수하는가를 결정하는데 보험자를 위하여 참여하는 한명 이상의 개인이 인식하는 경우에만(개인이 보험계약자의 피용인 또는 대리인으로, 보험계약자의 대리인의 피용인으로 기타 권한으로 행위하건), 보험자가 인식하는 것이다.

(2) 제3조 제5항 (c)호의 목적을 위하여 다음의 경우에만 보험자가 인식하는

것이다.

(a) 보험자의 피용인 또는 대리인이 인식하고, 제1항에 규정된 개인에게 당해 정보를 전달하는 것이 합리적이었을 경우

(b) 당해 정보가 보험자에 의해 보유되고 제1항에 규정된 개인에게 용이하게 이용 가능한 경우

(3) 제5항 (b)호의 목적을 위하여 (a) 공통적으로 인식되는 사항 (b) 당해 영업분야에서 보험계약자에게 당해 유형의 보험을 제공하는 보험자가 통상의 영업과정에서 인식하는 것으로 합리적으로 기대되는 사항은, 보험자가 인식하는 것으로 추정된다.

제6조 인식: 일반

(1) 제3조에서 제5조의 목적을 위하여, 개인의 인식은 실제적 인식만이 아니라, 개인이 의심한 사실 그리고 개인이 알고도 모른 채 한 사실을 포함하여 참조한다.

(2) 다음의 경우 이 부의 어느 것도 보험계약자 또는 보험자측의 개인이 행하는 사기의 인식이 보험계약자 또는 보험자에게 귀속하여서는 아니된다는 법률원칙의 효력에 영향을 미치지 못한다.

(a) 사기가 보험계약자에 대하여서 이고, 개인이 제4조 제2항 또는 제4조 제3항에 규정된 사람인 경우

(b) 사기가 보험자에 대하여서 이고, 개인이 제5조 제1항에 규정된 사람인 경우

제7조 보충

(1) 공정한 제공은 하나의 문서에만 포함되거나 또는 구두제공일 필요가 없다.

(2) '사항'이라는 용어는 보험계약자에게 행해진 통지 또는 보험계약자가 수령한 정보를 포함한다.

(3) 사항 또는 표시는 신중한 보험자가 위험을 인수할지 또는 어떠한 조건으로 인수할지를 결정하는데 영향을 미치는 경우, 중요하다.

(4) 중요한 사항의 예는 다음과 같다.

(a) 위험에 관한 특별하거나 비일상적인 사실

(b) 보험자가 위험보장을 추구하도록 하는 특수한 관심

(c) 보험의 유형과 당해 활동분야와 관련 있는 사항이 당해 유형의 위험의 공정한 제공과 관련 있는 것으로 일반적으로 이해되는 것

(5) 신중한 보험자가 표시된 것과 중요한 것으로서 실제로 정확한 것 사이에 차이가 있다고 고찰하지 아니하면, 중요한 표시는 실질적으로 정확하다.

(6) 보험계약이 체결되기 이전에는, 표시는 철회 또는 교정될 수 있다.

제8조

(1) 공정한 제공의무 위반이 없었으면 보험자가 (a) 어떠한 조건으로도 보험계약을 체결하지 않았거나 (b) 다른 조건으로만 보험계약을 체결하였을 것을 증명한 경우에만, 보험자는 공정한 제공의무 위반에 대하여 보험계약자에게 구제수단을 가진다.

(2) 구제수단은 부록에 규정된다.

(3) 보험자가 보험계약자에 대하여 구제수단을 가지는 위반을 이 법에서는 '제한 있는 위반'이라고 한다.

(4) 제한 있는 위반은 (a) 고의 또는 중과실인 경우, (b) 고의도 아니고 중과실도 아닌 경우이다.

(5) 보험계약자가 (a) 공정한 제공의무 위반을 인식하거나 (b) 의무위반이 있는가 여부에 대하여 주의하지 아니하면, 제한 있는 위반은 고의 또는 중과실이 존재한다.

(6) 보험자는 제한 있는 위반이 고의 또는 중과실이 존재함을 증명하여야 한다.

제9조 워런티와 표시

(1) 다음과 관련하여 보험계약자가 행한 표시에 적용된다.

(a) 청약된 비소비자보험계약

(b) 비소비자보험계약의 변경청약

(2) 이 표시는 비소비자보험계약(또는 변경의 조건)의 또는 다른 보험계약(계약의 기초에 해당한다는 표시 또는 기타에 의하든)의 조항을 워런티로 변경할 수 없다.

제10조

(1) 보험계약상 워런티(명시적 또는 묵시적)의 위반으로 인하여 계약상 보험자의 면책인 법률상의 어떠한 원칙도 폐지된다.

(2) 보험자는 계약상 워런티(명시적 또는 묵시적)가 위반되었지만, 위반이 치유되기 이전에 발생한 손해 또는 발생한 것에 기인한 손해여 책임을 지지 아니한다.

(3) 제2항은 다음의 경우에는 적용되지 아니한다.

(a) 사정이 변경되어 워런티가 계약의 사정에 적용될 수 없는 경우

(b) 워런티의 충족이 그 후의 법에 의해 위법인 경우

(c) 보험자가 워런티의 위반을 포기하는 경우

(4) 제2항은 다음의 경우 위반이 치유되기 이전에 발생한 손해 또는 발생한 것에 기인한 손해에 대한 보험자의 책임에 영향을 미치지 아니한다.

(a) 워런티의 위반 이전 또는

(b) 워런티가 치유될 수 있는 경우, 그것이 치유된 후

(5) 이 조항의 목적을 위하여, 다음의 경우 워런티는 치유된 것이다.

(a) 제6항에 해당하는 경우 워런티가 관련하는 위험이 후일 원래 당사자가 의도하는 것과 동일하게 된 때

(b) 다른 경우에, 보험계약자가 워런티 위반을 중지하는 경우

(6) 다음의 경우에는 이 조항에 해당하는 사례이다.

(a) 당해 워런티가 확인할 수 있는 시간까지 어떠한 것이 행해질 것(또는 행해지지 않을 것) 또는 조건이 충족될 것, 또는 어떠한 것이 그 사건일 것(또는 아닐 것)

(b) 그 요건이 충족되지 아니할 것

(7) 1906년 해상보험법에서

(a) 제33조(워런티의 성질) 제3항 2문은 삭제된다.

(b) 제34조(워런티 위반이 면제된 때)는 삭제된다.

제11조 실제위험과 무관한 조건

(1) 이 조는 조건의 충족이 다음 1 이상의 위험을 감소하게 하는 경우에, 위

험을 전체적으로 정의하는 것 이외로서 보험계약의 조건(명시적인 또는 묵시적인)에 적용된다.

(a) 특정한 유형의 손해

(b) 특정한 장소에서의 손해

(c) 특정한 시간에서의 손해

(2) 손해가 발생하고, 조건이 충족되지 아니한 경우에는, 보험계약자가 제3항을 증명하는 경우에는 보험자는 보험계약상 보상책임을 배제, 제한, 면제하기 위하여 불충족을 주장할 수 없다.

(3) 보험계약자가 사고가 발행한 상황에서 조건의 불충족이 손해의 위험을 증가시킬 수 없었을 것을 증명한 경우에는 보험계약자는 이 조항을 충족한다 . 워런티나 조건의 불충족이 손해가 발생한 상황에서 실제로 손해발생의 위험을 증가시킬 수 없었을 것을 증명한 경우에는 보험계약자는 손해에 대해 보상받을 수 있다.

(4) 이 조는 제10조에 추가하여 적용될 수 있다.

제12조 사기적 보험금청구에 대한 구제수단

(1) 보험계약자가 보험계약상 사기적 보험금청구를 한 경우에는

(a) 보험자는 보험금 지급책임이 없고,

(b) 보험자는 사기적 보험금청구와 관련하여 피보험자에게 지급한 보험금을 반환받을 수 있으며,

(c) 보험자는 사기적 보험금청구를 한 보험계약자에게 통지하여 사기적 행위의 시점부터 계약을 해지한 것으로 처리할 수 있다.

(2) 보험자가 보험계약을 해지하는 것으로 처리한 경우에는,

(a) 보험자는 사기적 행위이후에 발생하는 관련사고에 관하여 보험계약상 피보험자에 대한 모든 책임을 거부할 수 있다.

(b) 보험계약상 구령한 보험료를 반환할 필요가 없다.

(3) 이 조에 따라 보험계약을 해지하는 것으로 처리하는 것은 사기적 행위이전에 발생하는 관련사고에 관한 당사자의 권리와 의무에는 영향이 없다.

(4) (2)(a)와 (3)에서 '관련사고'라 함은 보험계약상 보험자의 책임을 야기하는

여하한 것(예컨대 보험계약이 체결된 방법에 따라 손해의 발생, 보험금청구, 또는 잠재적인 보험금청구의 통지를 포함한다)을 의미한다.

제13조 사기적 보험금청구에 대한 구제수단: 단체보험

(1) 이 조는 다음의 경우에 적용된다.
  (a) 보험계약이 사람(A)에 의하여 보험자와 체결되는 경우
  (b) 보험계약이 A 또는 다른 부보당사자를 위하여 여하한 유형의 보장을 제공하든 아니든, 보험계약이 계약의 당사자가 아닌 한 명 이상의 기타의 사람(C등)을 위하여
  (c) 사기적 보험금청구가 C들 중 한명에 의하여 또는 위하여 보험계약상 행해진 경우(CF)

(2) 제12조는 보험금청구와 관련하여 CF를 위하여 제공된 보장이 보험자와 피보험자로서 CF사이에 개별보험계약상 제공되는 것과 같이 적용된다. 따라서
  (a) 제12조에 따른 보험자의 권리는 CF를 위하여 제공된 보정과 관련하여서만 행사가능하다.
  (b) 이 권리의 행사는 어느 누구를 위하여 보험계약상 제공된 보장에 영향을 미치지 아니한다.

(3) 제2항의 적용에 있어서, 제12조는 다음과 같은 특수한 변경에 대하여 적용된다.
  (a) 제12조 제1항 (b)호의 보험자가 특정한 금액을 지급한 것과 관련하여 최조로 언급된 '보험계약자'는 보험자가 금액을 지급한 A이든 CF이든 될 수 있다. 그러나 만일 A에게 지급되었지만 A를 통과하여 CF에게 지급되었으면 CF를 가리킨다.
  (b) 제12조 제1항 (b)호의 2번째 '보험계약자'는 A 또는 CF이다.
  (c) 제12조 제1항 (c)호의 '보험계약자'는 CF와 A 양자이다.
  (d) 제12조 제2항 (b)호에서 적시된 보험계약에 따라 수령한 보험료는 CF를 위한 보장에 대하여 지급된 보험료이다.

제13A조 보험금 청구에 관한 묵시적인 조건

(1) 보험계약자가 보험계약상 보험금 청구를 하는 경우에 보험자가 상당한 기간 안에 보험금을 지급하는 것은 모든 보험계약상의 묵시적 조건이다.
(2) 상당한 기간은 보험금 청구를 조사하고 산정하기 위한 상당한 기간을 포함한다.
(3) 상당함이 무엇인가는 모든 관련 상황에 의거하지만, (a) 보험의 유형 (b) 보험금 청구의 규모와 복잡함 (c) 법령상의 원칙과 지침의 준수 (d) 보험계약자가 통제할 수 없는 요소 등을 고려할 필요가 있다.
(4) 보험자가 보험금 청구를 다툴 수 있는 상당한 근거가 존재함을 증명하는 경우에는 (a) 보험자는 분쟁이 계속중인 동안 보험금을 지급하지 아니하는 것만으로 제1항의 묵시적 조건을 위반하는 것이 아니고, (b) 보험금 청구를 취급하는 보험자의 행위는 그 조건이 위반되었는가를 결정하는 요소일 수 있다.
(5) 제1항의 묵시적 조건위반에 이용할 수 있는 구제수단은 (a) 보험금 지급을 강제할 권리 (b) 보험금에 대한 이자에 추가되고 독립한 것이다.

제14조

(1) 신의성실의무가 다른 당사자에 의하여 준수되지 아니하는 것을 근거로 보험계약의 당사자가 계약을 취소할 수 있는 것을 허용하는 법률의 원칙은 폐지된다.
(2) 보험계약이 신의성실의 원칙에 근거한다는 효과에 대한 법률의 원칙은 이 법과 2012년 소비자(고지의무)법의 조항이 요구하는 범위로 수정된다.
(3) 따라서
  (a) 1906년 해상보험법 제17조(해상보험계약은 신의성실의 계약이다)에서 '당사자의 일방이 신의성실을 준수하지 아니한 경우에는 상대방은 취소할 수 있다'는 어귀를 삭제한다.
  (b) 1906년 해상보험법 제17조(수정된 조항)의 적용은 이 법과 2012년 소비자(고지의무)법의 조항에 따른다.
(4) 2012년 소비자(고지의무)법 제2조 제5항은 삭제한다.

第15조 임의규정: 소비자보험계약

(1) 이 법의 제3부 또는 제4부가 적용되는 사항에 관하여 소비자를 제3부 또는 제4부(소비자보험계약에 관한 한)의 지위보다 불이익하게 하는 소비자보험계약 또는 기타 계약의 조건은 그 범위에서 효력이 없다.
(2) 제1항에서 계약에의 참조는 변경을 포함한다.
(3) 이 조는 비소비자보험계약상 발생하는 보험금청구의 해결을 위한 계약에는 적용되지 아니한다.

第16조 임의규정: 비소비자보험계약

(1) 제9조가 적용되는 표시에 관하여 보험계약자가 제7조에 의하여 보유하는 지위보다 불이익하게 하는 비소비자보험계약 또는 기타 계약의 조건은 그 범위에서 효력이 없다.
(2) 이 법의 제2부, 제3부, 제4부에 규정된 사항에 관하여 보험계약자가 이 조항(비소비자보험계약에 한하여)에 의하여 보유하는 지위보다 불이익하게 하는 비소비자보험계약 또는 기타 계약의 조건은 제17조의 요건이 그 조건에 관하여 충족되지 아니하는 한 그 범위에서 효력이 없다.
(3) 이 조에서 계약에의 참조는 변경을 포함한다.
(4) 이 조는 비소비자보험계약상 발생하는 보험금청구의 해결을 위한 계약에는 적용되지 아니한다.

第16A조 보험금 지급의 묵시적 조건의 임의규정성: 소비자보험과 비소비자보험

(1) 소비자에 대해 제13A조에서 규정된 사항보다 불이익하게 하는 소비자보험계약 또는 기타 계약의 조건은 무효이다.
(2) 비소비자보험에서 제13A조의 묵시적 조건의 고의 또는 중과실의 위반에 관한 보험계약자에 대해 규정된 지위보다 불이익하게 하는 비소비자보험계약 또는 기타 계약의 조건은 무효이다.
(3) 제2항의 고의 또는 중과실은 (a) 보험자가 알거나 (b) 위반인지 여부에 주의하지 아니하는 때이다.
(4) 제17조의 조건이 충족되지 아니하는 한 비소비자보험에서 제13A조에서

규정된 지위보다 보험계약자를 불이익하게 하는 비소비자보험계약 또는 기타 계약의 조건은 그 범위에서 무효이다.

(5) 이 조에서 계약은 그 변경을 포함한다.

(6) 이 조는 보험계약에 의거한 보험금 청구의 해결계약에는 적용되지 아니한다.

제17조 투명성요건

(1) 이 조에서 '불리한 조건'은 제16조 제2항에서 언급한 것과 같은 조건을 의미한다.

(2) 보험자는 보험계약이 체결되기 이전 또는 변경의 합의 이전에 보험계약자가 계약체결시에 불이익조항에 주의하도록 충분한 절차를 밟아야 한다.

(3) 불리한 조건은 효과가 명확하고 이의가 없어야 한다.

(4) 제2항과 제3항의 요건이 충복되었는가 여부의 결정에는, 문제된 유형의 부보된 사람의 특성과 거래의 특성이 고려되어야 한다.

(5) 보험계약자 (또는 그 대리인)가 보험계약이 체결될 때 불리한 조건을 실제 인식하고 있으면, 보험계약자는 제2항이 충족되지 아니하였음을 보험자측에게 주장할 수 없다.

제18조 임의규정: 단체보험

(1) 이 조는 제13(1)(a)에서 언급된 보험계약에 적용된다. 그리고 이 조에서

(2) A와 C는 제13조와 같은 의미를 가진다.

'소비자C'는 C중 1인이 개인을 의미하는데, 그 개인을 위하여 계약에 의하여 제공되는 보장이 소비자보험계약이었고 A가 아닌 사람에 의하여 체결된 경우이다.

'비소비자C'는 소비자C가 아닌 C중의 누구를 의미한다.

(3) 제13조가 적용되는 사항에 관하여 소비자C를 제13조에 의하여 보유하는 지위보다 불이익하게 하는 보험계약 또는 기타 계약의 조건은 그 범위에서 효력이 없다.

(4) 제17조의 요건이 조건에 관하여 충족되지 아니하는 한, 제13조가 적용되는 사항에 관하여 비소비자C를 제13조에 의하여 보유하는 지위보다 불이

익하게 하는 보험계약 또는 기타 계약의 조건은 그 범위에서 효력이 없다.

(5) 제17조는 제16(2)조에서 언급한 것과 같은 조건에 적용되고, 보험계약자에 대한 언급은 비소비자C 이외의 A를 언급하는 것이다.

(6) 이 조에서 계약에의 참조는 변경을 포함한다.

(7) 이 조는 이 조가 적용되는 보험계약상 발생하는 보험금청구의 해결을 위한 계약에는 적용되지 아니한다.

제6부 2010년 제3당사자(보험자에 대한 권리)법 (생략)

제19조 2010년 제3자(보험자에 대한 권리)법상 '당해 사람')의 의미(생략)'

제20조 기타 개정(생략)

제7부 일반

제21조 제2부에 따르는 조항

(1) 아 조항에서 행해진 규정은 이 법 제2부에 따르는 것이다.

(2) 1906년 해상보험법상 제18조(보험계약자에 의한 고지), 제19조(보험을 체결하는 대리인에 의한 고지), 제20조(계약의 협상중의 표시)는 삭제된다.

(3) 이 조항과 동일한 효력을 가지는 법률원칙은 삭제된다.

(4)~(5) 생략

제22조 제2부에서 제5부까지의 적용범위

(1) 제2부(그리고 제21조)와 제14조는 다음에 관해서만 적용된다.

a. 당해 기간 종료 후 체결된 보험계약

b. 당해 기간 종료 후 합의된 보험계약.

(2) 제3부와 제4부는 당해 기간 종료 후 체결된 보험계약과 그 계약의 변경에만 적용된다.

(3) 제1항과 제2항에서 '당해기간'은 이 법이 통과된 날로부터 18월을 의미한다.

(4) 다른 의사가 나타나지 않는 한, 보험계약자와 보험자에 관련하여, 또는

의하여 행해진 것에 대한 참조는 그 자의 대리인에 관련하여 또는 의하여 행해진 것을 포함한다.

제23조 범위, 시행일, 약어

(1) 다음을 제외하고 이 법은 영국, 웨일즈, 스코틀랜드, 북아일랜드에 적용된다.
  a. 제21조 제4항은 북아일랜드에 적용되지 아니한다.
  b. 제21조 제5항은 북아일랜드에만 적용된다.
(2) 이 법(제6부와 본조를 제외함)은 이법이 통과된 날로부터 18월 후 시행된다.
(3) 제6부중 a. 제19조는 이 법이 통과된 날로부터 2월 후 시행된다. b. 제20조와 부록2는 2010년 제3자(보험자에 대한 권리)법 제21조 제2항에 지정된 날로부터 시행된다.
(4) 이 조는 이 법이 통과된 날로부터 시행된다.
(5) 이 법은 2015년 보험법이라고 인용될 수 있다.

[부록 1]

보험자의 제한 있는 위반에 대한 구제

제1부 계약

일반

1. 이 부는 비소비자보험계약에 관한 공정한 제공의무의 제한 있는 위반에 대하여 적용된다(그 변경에 대하여서는 제2부 참조)

고의 또는 중과실로 인한 위반

2. 제한 있는 위반이 고의 또는 중과실로 인한 것이면, 보험자는 (a) 보험계약을 취소하고, (b) 수령한 보험료를 반환하지 않아도 된다.

기타 위반

3. 제4항에서 제6항은 제한 있는 위반이 고의 또는 중과실로 인한 것이 아닌 경우에 적용된다.

4. 제한 있는 위반이 없었으면, 보험자가 어떠한 조건으로도 보험계약을 체결하지 아니하였을 경우에는, 보험자는 보험계약을 취소하고, 보험금지급을 거부할 수 있지만, 어느 경우에도 수령한 보험료를 반환하여야 한다.

5. 보험자가 다른 조건으로(보험료에 관한 조건 이외의) 보험계약을 체결하였을 경우에는, 보험계약은 만일 보험자가 그 조건을 요구하는 경우에는, 다른 조건으로 체결되었을 것과 같이 처리된다.

6. (1) 또한 보험자가 다른 조건으로 체결하였을 것이지만(보험료 이외의 사항에 관한 조건이 동일하건 또는 다르건), 추가보험료가 청구되었을 경우에는, 보험자는 보험금을 비율적으로 감액할 수 있다.

(2) 제1호의 '비율적 감액'은 계약의 조건상 지급의무를 지는 것의 X%만을 지급할 필요가 있는 것을 의미한다(또는 제5항에 따라 다른 조건으로).

X=실제부과보험료/높은 보험료X100

제2부 변경

7. 이 부록의 이 부는 비소비자보험계약의 변경에 관한 공정한 제공의무의 제한 있는 위반에 대하여 적용된다.

고의 또는 중과실로 인한 위반

8. 제한 있는 위반이 고의 또는 중과실로 인한 경우이면, 보험자는 (a) 통지에 의하여 변경이 행해진 때로부터 계약이 종료된 것으로 처리할 수 있고, (b) 보험료를 반환하지 않아도 된다.

기타 위반

9. (1) 이 조항은 다음 경우에 적용된다. (a) 제한 있는 위반이 고의나 중과실로 인한 것이 아니고, (b) 전체보험료가 변경의 결과 증가되었거나 변경되지 아니한 경우

(2) 제한 있는 위반이 없었으면, 보험자가 어떠한 조건의 변경에 합의하지 않았을 경우이면, 보험자는 변경이 없었던 것과 같이 처리할 수 있지만, 그 경우에 수령한 추가보험료를 반환하여야 한다.

(3) 제2호는 다음 경우에는 적용되지 아니한다.

(a) 보험자가 다른 조건으로 변경에 합의하였을 경우에는(보험료에 관한 조건 이외), 그 변경은 보험자가 요구하는 경우에는 다른 조건으로 체결하였을 것과 같이 처리되고.

(b) 제11항은 (증액된 보험료의 경우에) 보험자가 증액된 것보다 보험료를 증액하였을 경우에는, 또는 (보혐료가 변경되지 아니한 경우) 보험료를 증액하였을 경우에 또한 적용된다.

10. (1) 이 항은 다음 경우에 적용된다.

(a) 제한된 위반이 고의나 중과실로 인하지 아니한 경우

(b) 총보험료의 변경의 결과 감액된 경우

(2) 제한되는 위반이 없었으면 보험자가 어떠한 조건으로도 변경에 합의하지 아니하였을 경우에는, 보험자는 계약을 변경이 없었던 것으로 처리할 수 있고, 또한 제11항이 적용된다.

(3) 제호는 다음의 경우 적용되지 아니한다.

(a) 보험자가 다른 조건으로 변경에 합의하였을 경우에는(보험료에 관한 조

건 이외), 그 변경은 보험자가 요구하는 경우에는 다른 조건으로 체결하였을 것과 같이 처리되고.

(b) 제11항은 보험자가 증액된 것보다 보험료를 증액하였을 경우에는, 보험료를 감액하였을 것이거나 행해진 것보다 적게 감액하였을 경우에 또한 적용된다.

11. (1) 이 항은 적용되는 경우에는, 보험자는 변경 이후에 사고로 인한 보험금을 감액하여 지급할 수 있다.

(2) 1호의 경우 '비율적 감액'은 보험자가 계약의 조건상 그러하지 않았으면 지급의무를 부담하였을 것의 Y%만을 지급할 필요가 있다는 것을 의미한다(원래의 조건상, 또는 변경된 것이거나 또는 제9조 제3항(a)호, 제10조 제3항 (a)호에 의한 다른 조건으로든).

Y=실제 청구된 보험료/보험료X100

(3) 전호의 공식에서 보험료는 다음과 같다.

(a) 제9조 제3항 (b)호에서는 보험자가 청구하였을 총보험료

(b) 제10조 제2항에서는 원래보험료

(c) 제9조 제3항 (b)호에서는 보험자가 청구하지 아니하였을 경우, 또는 (경우에 따라서는) 보험자가 청구하였을 보험료를 감액하였을 경우 원래의 보험료

제3부 추가사항

1906년 해상보험법 제84조와의 관계

12. 1906년 해상보험법 제84조(약인결여로 인한 보험료반환)는 비소비자보험계약인 해상보험계약에 관하여서는 이 부록의 조항에 따라 읽혀야 한다.

[부록 2]

보험자에 대한 제3당사자의 권리: 보험관련자(생략)

참고문헌

Andrew Tettenborn, Late payment of claims: better, but by no means perfect, in Malcolm Clarke and Bariş Soyer(edited), The Insurance Act 2015-A new regime for commercial and marine insurance law, (informa law from Routledge, 2016).

Arnould, Law of marine insurance and average, (1st supp. 18th ed., Sweet & Maxwell, 2016).

______, Law of marine insurance and average, Supp. to the 19th edn(Sweet & Maxwell, 2015).

Bariş Soyer, Reforming pre-contractual information duties in business contracts: one reform too many, (2009) Journal of Business Law 15.

______, The insurer's duty of good faith: is the path now clear for the introduction of new remedies, in Malcolm Clarke and Bariş Soyer(edited), The Insurance Act 2015-A new regime for commercial and marine insurance law, (informa law from Routledge, 2016).

______, warranties in marine insurance, (2nd ed., Routledge-Cavendish, 2006).

______, warranties in marine insurance, (3rd ed., Routledge Taylor & Francis Group, 2017).

Bernard Rix, conclusion : general reflections on the law reform, in Malcolm Clarke and Bariş Soyer(ed), The Insurance Act 2015-A new regime for commercial and marine law, (informa law from Routledge, 2016).

David Hertzell, The Consumer Insurance(Disclosure and Misrepresentation) Act 2012, Peter Tyldesley(ed), Consumer insurance law: disclosure, representation and basis of the insurance contracts, (Bloomsbury Professional, 2013).

______, The Insurance Act 2015: Back ground and philosophy, in Malcolm Clarke and Bariş Soyer(ed), The Insurance Act 2015-A new regime for commercial and marine insurance law, (informa law from Routledge,

2016).

David Kendall and Harry Wright, A practical guide to the Insurance Act 2015, (Informa law from Routledge, 2017).

George Leloudas, Contracting out of the Insurance Act 2015 in commercial insurance contracts, in Malcolm Clarke and Bariş Soyer(edited), The Insurance Act 2015-A new regime for commercial and marine insurance law, (informa law from Routledge, 2016).

John Birds, Ben Lynch, Simon Mines, MacGillivray on Insurance Law(13th ed. Sweet & Maxwell, 2015).

John Birds, Modern insurance law, (10th ed., Sweet & Maxwell, 2016).

John Dunt, Marine Cargo Insurance, (2nd ed., informa law from Routledge, 2016).

Julan Burling, Lloyd's-law and practice, (informa law from Routledge, 2014).

Jurgen Basedow & John Birds & Malcolm Clarke & Herman Cousy & Helmut Heiss & Leander Loaker, Principles of European Insurance Contract Law, (2 expended edition, ottoschmidt, 2016).

Law Commissions, Consultation paper 201-Insurance contract law: post contract duties and other issues, 2012.

______, Insurance contract law: business disclosure, warranties, insurer's remedies for fraudulent claims, and late payment(Law Com No 353, Law Commissions, July 2014).

______, Issues paper 7: The insured's post-contract duty of good faith, July 2010.

______, Report No. 353, 3 Law Commissions, July 2014 , Insurance Contract Law: Business Disclosure; Warranties; Insurers' Remedies for Fraudulent Claims; and Late Payment(Law Comm: Final Report Disclosure and Warranties- Executive Summary)

MacDonald Eggers, Picken & Foss, Good Faith and Insurance Contracts, (informa, 2010).

Margaret C Hemsworth, The fate of good faith in insurance contracts, 2018 LMCLQ 143.

Parliament's Explanatory Notes for the Insurance Act 2015.

Parliament's Explanatory Notes to Insurance Bill(15 January, 2015).

Paul Jaffe, Reform of the insurance law of England and Wales-Seprate laws for the different needs of business and consumers' in BILA Journal No 123(October 2013).

Peter MacDonald Eggers QC, The fair presentation of commercial risks under the Insurance Act 2015, in Malcolm Clarke and Bariş Soyer(edited), The Insurance Act 2015-A new regime for commercial and marine insurance law, (informa law from Routledge, 2016)

Peter Tyldesley(ed), Consumer insurance law: disclosure, representation and basis of the insurance contracts, (Bloomsbury Professional, 2013).

Robert M. Merkin, Colinvaux's Law of Insurance, (11th ed., Sweet & Maxwell, 2016).

Simon Rainey QC and Davis Walsh, Remedies for fraudulent claims under Insurance Act 2105, in Malcolm Clarke and Baris Soyer(edited), The Insurance Act 2015-A new regime for commercial and marine insurance law, (informa law from Routledge, 2016).

Yvonne Lambert-Faivre, Droit des assurances, (14 éd., Dalloz, 2017).

稲田行祐, 英國再保險法の基礎知識一門一答, 保險每日新聞社, 2015.

山下友信·永澤徹 編著, 保險法1, 第一法規, 2016.

山下友信·米山高生 編, 保險法解說, 有斐閣, 2010.

鴻常夫·北澤正啓 編修, 英美商事法辭典, 2008, 商事法務硏究會.

심재두, 해상보험법, 길안사, 1995.

양승규·한창희, 해상보험법, 삼지원, 2007.

정해석·정영석, 영국 해상보험법상 고지의무와 워런티 위반에 관한 최근 판례 동향 -SEA GLORY 사건의 보험금을 중심으로, 법학논총 제32권 제1호(2015), 한양대학교 법학연구소.

한창희, 고지의무의 입법적 연혁과 최근동향, 상사법연구 제28권 4호(2010).

______, 보험법, 국민대학교 출판부, 2017.

______, 해상보험법, 국민대학교 출판부, 2017.

한창희·장덕조·박은경, 각국의 보험소비자보호법제, 청목출판사, 2011.

판례색인

【국내판례색인】

대법원 1992. 10. 23. 선고 92다28259 판결 ··· 187
대법원 1992. 10. 23. 선고92다28259 판결 ··· 187
대법원 1994. 2. 25. 선고 93다52082 판결 ··· 187
대법원 1996. 12. 20. 선고 96다23818 판결 ··· 213, 214
대법원 1997.10.28. 선고 97다33089 판결 ··· 187
대법원 1999. 4. 23. 선고 99다8599 판결 ··· 110
대법원 2002. 5. 17. 선고 2000다30127 판결 ··· 114
대법원 2002. 6. 28. 선고 2002다22106 판결 ··· 214
대법원 2003. 5. 30. 선고 2003다15556 ··· 237
대법원 2006. 11. 23. 선고 2004다20227, 2004다20234 판결 ··· 237
대법원 2007. 2. 22. 선고 2006다72093 판결 ··· 237, 238
대법원 2009. 12. 10. 선고 2009다56603, 56610 판결 ··· 238
대법원 2012. 8. 23. 선고 2010다78135판결 ··· 77

【외국판례색인】

702535 Ontario Inc v. Non-Marine Underwriters [2000] 184 DLR (4th) 687 ··· 264

【A】

AC Ward v. Caltin (No 5) [2009] EWHC 3122(Com Ct), 2010]
Lloyd's Rep IR 695 [195] ··· 118
Ackman & Scher v. Policyholders Protection Board [1994]
1 Lloyd's Rep 121(HL), 129 ··· 60
AEG(UK) Ltd v. Logic Resource Ltd [1996] CLC 265 ··· 202
AF Wakinson & Co Ltd v. Hullet [1938] 61 LlLR 145 ··· 279
Agapitos v. Agnew(The Aegeon) [2002]
EWCA Civ 247 ··· 10, 152, 221, 222, 223, 229
Aiken v. Stewart Wrightson Members Agency Ltd (Aiken) [1995]
2 Lloyd's Rep 618(Com Ct ··· 37, 70

Amiri Flight Authority v. BAE System plc [2003] EWCA Civ 1447, [2003] 2 Lloyd's Rep 767; ······ 202
Amlin Corporate Members Ltd v. Oriental Assurance Corp (The Princess of the Stars) [2014] EWCA Civ 1135, [2014] 2 Lloyd's Rep 561 ······ 142, 143
Aneco Reinsurance Underwriting Limited v. Johnson & Higgings [1998] 1 Lloyd's Rep 565(Com Ct) ······ 125
Arab Bank PLC v. Zurich Insurance Co [1999] 1 Lloyd's Rep 262(Com Ct) ······ 98, 99
Avon Insurance plc v. Swire Fraser Ltd [2000] 1 Lloyd's Rep IR 535(Com Ct) ······ 39
Assicurazioni Generali SpA v. Arab Insurance Group [2002] EWCA Civ 1642, [2003] 1 Lloyd's Rep IR 131 ······ 107
Australia & New Zealand Bank, Ltd v. Colonial & Eagle Wharves, Ltd; Boag (Third Party) [1960] 2 Lloyd's Rep 241(Com Ct) ······ 72, 81
Axa General Insurance Ltd v. Gottlieb [2005] EWCA Civ 112, [2005] 1 All ER (Comm) 445 ······ 10, 222, 223
Axa v. Limit No 2 [2008] EWCA Civ 1231, [2009] Lloyd's Rep IR 396. [20] ······ 118
Axa Versicherung AG v. Arab Insurance Group [2015] EWHC 1939 (Com Ct). [2016] 1 Lloyd's Rep IR 1, aff'd [2017] EWCA Civ 96(CA) ······ 107

【B】

B v. Auckland District Law Society [2003] UKPC 38, [2003] 2 AC 76 ······ 254
Bank Financière de la Cité v. West Gate Insurance Co Ltd [1991] 2 AC 249 (HL) ······ 34, 117, 272
Bank Keyser Ulman SA v. Skania (UK) Insurance Co Ltd [1991] 2 AC 249(CA), [1990] 3 WLR 364 ······ 222
Bank of Nova Scotia v. Hellenic Mutual War Risks Association(Bermuda) Ltd [1992] 1 AC 233(HL) ······ 133, 136, 150, 153
Barlee Marine Corporation v. Trvor Rex Mountain(The 'Leegas') [1987] 1 Lloyd's Rep 471(Com Ct) ······ 124
Bates v. Hewitt (1867) LR 2 QB 595(QB) ······ 92
Bilta (UK) Ltd v. Nazir (No 2) [2015] USCS 23. [2016] AC 1 ······ 99
Black-Clawson International Ltd v. Paierweke Waldhof-Aschaffenburg A.G. [1975] AC 591 ······ 14

Brine v. Featgersone (1813) 4 Taunt 869, 128 ER 574 ········ 89
Brit v. F&B Trenchless [2015] WWHC 2237(Comm), [2016] Lloyd's Rep IR 69 ········ 247
Britton v. Royal Insurance Co 176 ER 843 (1866) 4 F&F 905 ········ 221
Brotherton v. Aseguradira Colseguros (No 3) [2003] Lloyd's Rep IR 762 ········ 52, 125, 278
Brownlie v. Campbell (1880) 5 App Cas 925(HL) 950 ········ 51

【C】

Cantiere Meccannico Brindisino v. Jason [1912] 3 KB 452 ········ 91
Carter v. Boehm (1766) 3 Burr 1905, 97 ER 1162 ········ 29, 37, 56, 66, 92, 270, 274
CCI and Royal Insurance(UK) Ltd v. The Royal Hotel Ltd [1998] Lloyd's Rep IR 151 ········ 122
Central Bank of India v. Guardian Assurance Co [1936] 54 Ll.L.R. 247 ········ 230
Century Insurance Company Canada v. Case Existological Laboratories Ltd (The Bamcell Ⅱ) [1984] 1 WWR 97(SCC) ········ 157
Commonwealth Insurance of Vancouver v. Group Sprinks SA [1983] 1 Lloyd's Rep 67(Com Ct) ········ 39
Conn v. Westminster Motor Insurance Association [1966] 1 Lloyd's Rep 40 ········ 153, 154
Cox v. Insurance Co [1982] RTR 1 ········ 154
CTI v. Oceanus Mutual Underwriting Association (Bermuda) Ltd [1984] 1 Lloyd's Rep 476(CA) ········ 37, 46

【D】

Dadourian Group International v. Simms [2006] EWHC 2973 (Ch); [2006] ALL ER 351 ········ 272
Danepont Ltd v. Underwriting Insurance Ltd [2005] EWHC 2318 (TCC); [2006] Lloyd's Rep. I.R. 429 ········ 230
Davidson v. Guardian Royal Exchange Assurance Ltd [1979] 1 Lloyd's Rep 406 ········ 258
Dawsons Limited v. Bonnin [1922] 2 AC 413, (1922) 12 Lloyd's Rep 237 ········ 131
De Hahn v. Hartley [1786] 1 TR 343 ········ 133, 136, 151
Derry v. Peek (1889) LR 14 App Cas 337(HL) ········ 34, 272
Dillon v. Baltic Shipping Co (The Mikhail Lermontov) [1991] 2 Lloyd's Rep 155 ········ 202

Drake Insurance plc v. Provident Insurance plc [2003]
EWCA Civ 1834, [2004]1 Lloyd's Rep 268 ········· 110, 269, 278

【E】

Eagle Star Insurance Co Ltd v. JN Cresswell [2004]
EWCA Civ 602, [2004] Lloyd's Rep IR 373 ········· 260
Economides v. Commercial Union Assurance Co plc [1997]
3 All ER 636(CA) ········· 40
Edgington v. Fitzmaurice (1885) 29 CH D 459(CA) ········· 52
Equitas v. Walsham Brothers & Co Ltd [2014]
EWHC 3264(Comm). [2014] Lloyd's Rep IR 398. [123(ⅱ)]-[123(ⅲ)] ········· 256, 258
ERC Frankona Reinsurance v. American National Insurance Co [2005]
EWHC 1381 (Comm); [2006] 1 Lloyd's Rep IR 157, [173] ········· 39, 81
Evans v. Employers Mutual [1936] 1 KB 505(CA) ········· 86
Ewer v. National Employers' Mutual General Assurance Company [1937]
1 All E.R. 193 ········· 230

【F】

Fargnoli v. GA Bonus plc [1997] CLC 653, at 670~671 ········· 276
Farrell v. Federated Employers' Insurance Co [1970] WLR 498 at 500 ········· 154
Fast Ferries One SA v. Ferries Australia Pty [2000]
1 Lloyd's Rep 534, 542. ········· 259
Firma C-Trade SA v. Newcastle Protection and Indemnity Association
(The Fanti); Secony Mobil Oil Inc v. West of England Ship
Owners Mutual Association(The Padre Island) (1991) 2 AC 1 ········· 11
Firma C-Trade SA v. Newcastle P & I Assn. The Fanfi & Padre Island [1991]
2 AC (HL) 35 ········· 243
Flora v. Wakom [2007] 1 WLR 482 ········· 15
Foley v. Tabor (1861) 2 F&F 663, 175 ER 1231 ········· 89
Forsikringsaktieselskapet Vesta v. Bucher [1988] WLR 565, [1988]
1 Lloyd's Rep 19, aff'd [1989] AC 852. [1989] 1 Lloyd's Rep 331 ········· 157
Fraser Shipping Ltd v. Colton (The Shakir Ⅲ) [1997]
1 Lloyd's Rep 586(Com Ct) ········· 37, 91, 118

【G】

Galloway v. Guardian Royal Exchange (UK) Ltd [1999]
Lloyd's Rep IR 209(CA). ········· 221, 229
Gan Insurance Company v. Tai Ping Insurance Company
(Nos 2 and 3) [2001] EWCA Civ 1047, [2001] Lloyd's Rep IR 667 ···· 261, 269
Gaunt v. Gold Star Insurance Company Ltd [1991] 2 NZLRv 341 ········· 258
General Accident Fire & Life Assurance Corporation Ltd c. Campbell
(1925) 21 Ll L. Rep 151(KB) ········· 52
General Accident Fire and Fire Assurance Corp Ltd v.
Peter Williams Tanter(The Zephyr) [1984] 1 Lloyd's Rep 58(Com Ct),
aff'd [1985] 2 Lloyd's Rep 529(CA) ········· 69
General Accident Fire and Life Assurance Corp v. Tanter(The Zephyr) [1984]
1 Lloyd's Rep 58(CA) ········· 124
General Reinsurance Corp. v. Forsaklingaktiebolaget Fennia Patria [1983]
QB 856 (CA). [1983] 2 Lloyd's Rep 287. ········· 21, 124
Gentry v. Miller [2015] WWHC Civ 141, [2016] WLR 2696 ········· 247
George Cohen Sons & Co v. Standard (1925) 21 Ll L Rep 30, at 38 ········· 91
Glencore International AG v. Alphina Insurance Company Limited [2004]
1 Lloyd' Rep 111 ········· 38, 93
Glicksman c. Lancashire and General Assurance Co Ltd [1927]
AC 139, (1926) 26 Lloyd's Rep 69 ········· 131
Goulstone v. Royal Insurance Co 175 ER 725, 1 F&F 276 ········· 221
Groom v. Grocker [1939] 1 KB 194 ········· 276

【H】

Hadley v. Baxendale (1854) 9 Ex 341, 156 ER 145 ········· 256, 258
Hales v. Reliance Fire Assurance [1960] 2 yd's Rep 391 ········· 152
Harlerquin Property (SVG) Limited & Another v. Wilkins Kennedy [2016]
3188 EWHC (TCC) ········· 68
Hibbert v. Pigou (1783) 3 Doug KB 224, 99 ER 624 ········· 185
Highlands Insurance Co Ltd Co v. Continental Insurance Co [1987]
109(Com Ct) ········· 40
HIH Casualty and General Ins Ltd v. Chase Manhattan Bank [2003]
4 Lloyd's Rep 230(Com Ct) ········· 33, 117
HIH Casualty and General Insurance Ltd v. New Hampshire
Insurance Co [2001] EWCA Civ 735, [2001] Lloyd' Rep IR 596 ········· 135

Hollingworth v. Southern Ferries Ltd(The 'Eagle') [1977] 2 Lloyd's Rep 70 ···· 202
Hua Tyan Developments Ltd v. Zurich Insurance Co Ltd
(The Hofeng 7) [2013] HKCA 414; [2014] Lloyd's Rep IR 1; [2014]
HKCFA72; [2015] Lloyd's Rep IR 14 ···· 94
Hungerfonds v. Walker [1989] 171 CLR 129, 149 ···· 264

【I】

In re Hampshire Land Co [1896] 2 Ch 743(Ch) ···· 98
Insurance Corp of the Channel Island and Royal Insurance (UK) Ltd v.
The Royal Hotel Ltd [1998] Lloyd's Rep IR 151(Com Ct), [161] ···· 110
Insurance Corporation of Ireland v. McHugh [1997] LRLR 94(Com Ct) ···· 222
Interfoto Picture Library Ltd v. Stiletto Visual Programmes Ltd [1989]
QB 433 ···· 202
International Management Group (UK) Ltd v. Simods [2004]
Lloyd's Rep IR 247 ···· 125
Inversiones Manlia SA v. Sphere Drake Insurance Co(The Dora) [1989]
1 Lloyd's Rep 69(Com Ct) ···· 53, 70, 77

【J】

Joel v. Law Union and Crown Insurance Co [1908] 2 KB 863(CA) ···· 87, 131
Joseph Fielding Properties (Blackpool) Ltd v. Aviva Insurance Ltd [2010]
EWHC 2192; [2011] 1 Lloyd's Rep IR 238(QB) ···· 220

【K】

K/S Merc- Skandia XXXII v. Certain Lloyd's Underwriters
(The Mercandian Continent) [2001] EWCA Civ 1275; [2001]
2 Lloyd's Rep 563 ···· 118, 271, 276, 279
Kamidian v. Holt[2008] EWHC 1483(Comm), 3 All ER 636(CA) ···· 40
Kausar v. Eagle Star Insurance Co Ltd [1977] CLC 129 ···· 129, 186
Kaye v. Nu Skin Uk Ltd [2009] EWCA 3509(Ch.), [2011] 1 Lloyd's Rep 40 ···· 202
Kler Knitwear v. Lombard General Insurance Co Ltd [2000]
Lloyd' Rep IR 47 ···· 134, 157
Konstantine Ventouros v. Trevor Rex Mountain (The Italia Express)
(No 3) [1992] 2 Lloyd' Rep 281 ···· 11

【L】

Laceys Footwear (Wholesale) Ltd v. Bowler International Freight Ltd [1997] 2 Lloyd's Rep 369, 384-385 ········· 202
Lagden v. O'Connor [2003] UKHL 64, [2004] 1 AC 1067 ········· 257
Liberian Insurance Agency Inc v. Mosse [1977] 2 Lloyd's Rep 560 ········· 44
Lishman v. Northern Maritime Insurance Company (1875) LR 10 CP 179 [182] ········· 118
London General Insurance Co Ltd v. General Marine Underwriters Association Ltd(London General) [1920] 3 Ll L Rep 1999(Com Ct), aff'd 4 Ll L Rep 382(CA) ········· 70, 87, 89

【M】

Mackender, Hill and White v. Feldia AG, CH Brachfeld and Sons SA and Diamil SRL [1996] 2 Lloyd's Rep 449(CA), [457]-[459] ········· 110
Malhi v. Abbey Life Insurance Co [1996] LRLR 237(CA) ········· 86, 87, 88
Mann, MacNeal & Steevas Ltd v. Capital & Counties Insurance Co Ltd (1920) 5 Ll L. Rep 424 ········· 91
Manifest Shipping Company Ltd v. Uni-Polars Shipping Co Ltd The Star Sea) [2001] UKHL 1, [2003] 1 AC 469 ········· 10, 61, 97, 170. 186, 220, 222, 232, 253, 268, 270
Marc Rich & Co AG v. Portman [1997] 1 Lloyd's Rep 225(CA) ········· 37, 91, 107
Meridian Global Funds Management Asia Ltd v. Securities Commission [1995] 2 AC 500(PC), [1995] 3 WLR 413 ········· 231
Mid-East Sales Limited v. United Engineering & Trading Company Limited [2014] EWHC 892(Comm) ········· 254
Morrison v, Universal Marine Insurance Co (1872-73) L. R. Ex 40, revd LR 8 Ex 197(CA) ········· 90, 94
Murray v. Scottish Automobile and General Insurance Co 1929 SC 48(IH), 1929 SLT 114 ········· 148

【N】

New Hampshire Insurance Co v. MGN Ltd & Others [1996] CLC 1692 (Com Ct) ········· 32. 110
Noble v. Kennoway (1780) 2 Doug K B 511, 99 ER 326 ········· 93
Normhurst Ltd v. Dornoch Ltd [2004] EWHC 567 (Comm), [2005]

Lloyd's Rep IR 27 ········ 243
North British Fishing Boat Insurance Co Ltd v. Starr (1922) 13 Ll L Rep 206 ········ 91
Nsubuga v. Commercial Union Assurance Co plc [1998] 2 Lloyd's Rep 682(Com Ct) ········ 220

【O】

Ocean Chemical Transport Inc v. Exnor Craggs Ltd [2000] 1 Lloyd's Rep 446, 451; ········ 202
Overseas Commodities Limited v. Style [1958] 1 Lloyd's Rep 546 ········ 44
Overseas Tankship(UK) Ltd v. Ltd v. Morts Dock and Engineering Co Ltd(The Wagon Mount No 1) [1961] AC 388(PC) ········ 257

【P】

Pan Atlantic Insurance Co v. Pine Top Insurance Co Ltd [1995] 1 AC 501 ········ 106
Parker v. South Eastern RY (1877) 2 CPD 416, 428 ········ 202
Pawson v. Watson (1778) 2 Cowp 785, 98 ER 1361 ········ 53
PCW Syndicates v. PCW Reinsurers [1996] 1 Lloyd's Rep 241(CA) ········ 33
Photo Production Ltd v. Securicor Transport Ltd [1980] AC 827, 843; ········ 252
Pim v. Reid (1843) 6 M & G 1 ········ 129, 186
Post Office v. Norwich Union Fire Insurance Society Ltd [1967] I Lloyd's Rep 216 ········ 227
President of India v. Lips Maritime [1998] AC 395 (HL). [425] ········ 242
Printpak v. AGF Insurance Ltd [1999] 1 All ER (Comm) 466 (CA), [1999] Lloyd's Rep 542 ········ 157
Processors v. Nederlandsche Credietverzekering Maatchappij [2000] Lloyd's Rep IR 371 ········ 155
Proudfoot v. Montefiore (1866-67) LR 2 QB 511(QB) ········ 78, 87

【R】

R. (on the application of Westminster City Council v. National Asylum Support Service [2002] 1 1 WLR 2956, [6] ········ 15
Red Sea Tankers Ltd v. Papachristidis: The Hellespont Ardent [1997] 1 Lloyd's Rep 547 ········ 61
Royal Boskaris Westminster NV v. Mountain [1917] LlLR 523 at 600 ········ 279

Royscot Trust Ltd v. Rogerson [1991] 2 QB 297 (CA) 118, 272

【S】

Sea Glory Maritime Co v. Al Sagr National Insurance Co (The M/V Nancy) [2013] EWHC 2116 (Comm); [2014] 1 Lloyd's Rep 14 ..... 90, 94, 95
Seavision Investment SA v. Evennett, The Tiburon [1992] 2 Lloyd's Rep 26, 34 258
Sempra Metals Ltd (Formerly Metallgesellschaft Ltd) v. Inland Revenue Commissioners [2007] UKHL 34, [2008] 1 AC 561 242
Shirley v. Wilkinson (1781) 3 Doug KB 41, 99 ER 529 52
Simner v. New India Assurance Co [1995] LRLR 240(Com Ct) 71, 107
Sirus International Insurance Corporation v. Oriental Assurance Corporation [1999] 1 Lloyd's Rep IR 343(QB) 40, 125
Sprung v. Royal Insurance (UK) Ltd [1999] Lloyd's Rep IR 111 (CA) 11, 243, 257
St Paul Fire & Marine Insurance Co (UK) Ltd v. McConnell Contractors Ltd [1996] 1 All ER 96(CA), [1995] 2 Lloyd's Rep 116 107
Standard Bank London Ltd v. Apostrolakis(No 1) [2002] CLC 933 (Com Ct) 936-937 27
Stone & Rolls Ltd v. Moore Stephens [2008] EWCA Civ 644, [2008] 2 Lloyd's Rep 319 [72]-[74] aff'd and [2009] UK HL. [2009] 1 AC 1391 98, 99
Strive Shipping Corporation v. Hellenic Mutual War Risks Association (Bermuda) Ltd(The Grecia Express) [2002] EWHC 203 (Comm); [2002] 2 Lloyd's Rep 88 277
Stuart v. Guardian Royal Exchange Assurance Co of New Zealand Ltd (No 2) [1988] 5 ANZ Ins Cas 60~844 276
Sugar Hut Group Ltd v. Great Lakes Reinsurance (UK) plc [2010] EWHC 2636 (Comm) [2011] 1 Lloyd' Rep IR 198 ..... 134, 257
Sumito Bank Ltd v. Banque Bruxells Lambert [1997] 1 Lloyd's Rep 487(Com Ct) 33

【T】

Taberna Europe v. Selskabet AF [2016] EWCA Civ 1262 118
Tamania v. Shaw (No 2) [2002] TASSC 12 Tas R.1 264
The Beduin [1894] P 1, at 12 91

The Great Express [2002] EWCA 203(Comm), [2002] 2 Lloyd's 88 ...... 88, 89
Thornton v. Shoe Lane Parking Ltd [1971] 2 QB 163 202
Tonkin v. UK Insurance Ltd [2006] EWHC 1120 (TCC) [2006] 2 All ER Comm) 550 245
Touche Ross v. Baker [1991] 2 Lloyd's Rep 207(HL) 124

【V】

Vacwell Engineering Co Ltd v. BDH Chemicals Ltd [1971] 1 QB 88(QB) 257
Ventouris v. Mountain (The Italia Express) (No 3) [1992] 2 Lloyd's Rep 281 (Com Ct), [292] 243
Versloot Dredging BV & Anor v. HDI Gerling Industrie Versicherung AG & Ors (The DC Merwestone) [2016] UKSC 45 [2016] 3 WLR 543 ...... 221, 222, 225, 228, 233

【W】

Welch v. Royal Exchange Assurance [1939] 1 KB 294 155
WISE (Underwriting Agency) Ltd v. Grupo National Provincial SA [2004] EWCA Civ 962, [2004] 2 All ER 613 48
Woodland v. Swimming Teachers Association [2013] UKSC 66, [2014] AC 537 at 7 252

【Y】

Yaxley v. Gotts [2000] Ch 162 14
Yorkshire Insurance Co v. Campbell [1917] AC 218 150

【Z】

Zurich General Accident & Liability Co v. Morrison [1942] 2 KB 53, (1942) 2 Lloyd's Rep 167 131

사항색인

【ㄱ】

계속담보 44
계약조건의 변경 113
고의 또는 중과실로 인하지 아니한 위반 110, 119
고의 또는 중과실로 인한 위반 108, 119
고지대상 51
고지방법 45
고지사항 34
고지의무위반의 효과 8
고지의무의 면제 53
고지의무의 성질 6
고프판사 133, 136, 150, 153
공동보험 32
공동인수 123
공정한 제공의무 2, 29
공정한 제공의무 위반의 적용 124
공정한 제공의무 위반의 효과 101
공정한 제공의무를 지는 시점 42
공정한 제공의무의 연혁 29
공정한 제공의무자 32
공통의 알려진 사항 92
공통적 인식사항 91
과장청구 232
관련보험계약에 대한 사기의 영향 233
관련보험계약에 대한 사기의 효과 224
관련사고의 의미 226
구법의 문제점 6
구제수단의 행사시기 121
그린판사 131
기대 또는 신념의 표시 40
기초조항 9
기초조항의 선택적 허용 132
기초조항의 의의 131
기초조항의 폐지 131, 132

【ㄴ】

노르웨이법 158
노우크스경 64
뉴비경 13, 169

【ㄷ】

단순한 과장 230
단체보험상 임의규정화 212
단체보험에서 사기적 보험금청구 234
대리인의 사기 98
대리인의 인식 87
데이터 덤핑 7, 46
데이터 베이스상의 정보 88
데이터베이스 95
도덕적 위험에 관한 조건 175

【ㄹ】

로이즈시장협회(LMA) 62, 205, 208, 209, 210, 211
로이즈시장협회의 표준약관 126
로이즈의 행위위험기준 249
로이즈해상정보검색 88
롱모어판사 118, 125
릭스판사 48, 98

【ㅁ】

맥킨런판사 155

맨스판사 52, 222, 223
맨스필드판사 89, 92
머스틸판사 60
메일스판사 107, 256
면책조항에 제11조 적용요건 176
모리슨판사 148
묵시적 워런티 52, 142
미소영업 5

【ㅂ】

배일해쉬판사 89
법령상의 원칙과 지침의 준수 247
법률개정위원회의 2006년/2007년 제안 163
법률개정위원회의 2012년 보고서 165
법률개정위원회의 2014년 11월 7일의 제안 168
법률개정위원회의 문서 14
법률개혁위원회 2
보험계약 체결 이전의 보험자의 신의성실의무 272
보험계약 체결 이후의 보험자의 신의성실의무 276
보험계약의 변경 19
보험계약의 지역적 한계를 정의하는 조건 171
보험계약이 체결되는 시기 21
보험계약자의 신의성실의무 279
보험계약자의 인식 56
보험계약자의 인식간주 95
보험계약자의 인식간주의 경우 199
보험계약자의 인식간주의 성격 82
보험계약자의 인식과의 구별 109
보험과 관련이 있는 자 69
보험금 지급 지체 5, 11, 209
보험금지급 지체의 효과 241
보험금 청구분쟁 252
보험금 청구의 규모와 복잡함 247
보험금액의 감액 115
보험금의 비율적 감액 115
보험금청구기록 90
보험금청구에 대한 사기의 효과 224
보험료의 반환 112
보험료지급 워런티 144
보험료지급 워런티 기타 조건 174
보험목적의 용도를 정의하는 조건 172
보험법개혁안 3
보험법개혁초안 제10조 제5항 (b)호 160
보험에 책임을 지는 자 64
보험자가 질문하지 않은 경우 50
보험자가 통제할 수 없는 요소 250
보험자에 대한 추가질문경고 48
보험자의 고지면제의 문제 47
보험자의 내부전산망 88
보험자의 사기적 부실표시 272
보험자의 신의성실의무 5, 34, 270
보험자의 신의성실의무의 기능 276
보험자의 인식 83
보험자의 인식간주사항 86
보험자의 인식사항 85
보험자의 인식추정 95
보험자의 인식추정사항 91
보험자의 책임정지기간 136
보험자의 해지권 등의 제한사유로서 신의성실의무 277
보험중개사의 고지의무의 폐지 33
보험중개사의 보험료지급책임 5
부실고지 38
불고지 34
불고지와 부실고지의 구별 41
불리한 조건 198
불리한 조건의 기재정도 211
불리한 조건의 예 195, 198
브람웰판사 94

블랙번판사 51, 118
블레어판사 90
비밀정보 65, 96
비밀정보의 의의 67
비소비자보험계약에서 임의규정화 196
비양심 278
비율보상의 원칙 2, 105, 121, 125, 126
비일상적인 사항 37
빙엄판사 117

【ㅅ】

사기의도의 귀속 230
사기적 보험금청구 9, 219
사기적 보험금청구의 의의 229
사기적 책략 221
사실 51
사실의 표시 39
사이버보험 80, 147
산업과 상업상 보험과 위험관리자협회 (AIRMIC) 47, 62
상급관리자의 사기 100
상급관리자의 인식 60
상당한 기간 11, 251
상당한 기간 안에 보험금을 지급할 의무 246, 255
상당한 기간의 산정시 고려요소 246
생산물책임보험 49
선박의 선급유지조건 173
섬시온판사 99
소멸시효 259
소문 52
소비자계약과 소비자보험계약의 차이 28
소비자계약과의 구별 27
소비자계약상의 소비자 27
소비자보험계약에서 임의규정화 196
소비자보험, 비소비자보험에 적용 24
소비자보험과 비소비자보험 196
소비자보험과 비소비자보험의 구별 24
소비자보험과 비소비자보험의 구별기준 213
소비자보험과 비소비자보험의 의미 196
소비자보험과 비소비자보험의 특징 26
손해배상책임의 독립성 259
스코트판사 97
시간관련 워런티 위반의 치유 142
시간특정 워런티 143
신의성실의무 5, 267
실제위험과 무관한 조건 157
쌍방적 신의성실의무 277
쌍방적 의무 270

【ㅇ】

알고도 모른 채 한 경우 40, 88. 97
약속적 워런티 151
엘윈-존스경 3
영국보험법협회 4, 124
영국보험중개사협회 47
영업, 거래, 직업의 의미 27
영업관계의 의미 68
영업행위감독청의 영업원칙 248
오스트레일리아 1984년 보험법 제54조 제3항 163
중요한 사기 221
울프경 13, 169
워런티 114, 129
워런티 위반 4, 8
워런티 위반 이전의 손해 140
워런티 위반을 중지하는 것 149
워런티 위반의 면제 156
워런티 위반의 치유 이후 손해 141
워런티 위반의 치유 전 손해의 면책 136
워런티와 기타 조건 208
워런티의 정의 134
워런티의 효과 135

워런티제도 개혁의 배경 129
워런티조항의 수정 133
원래 고찰된 위험 145
위반과 치유를 반복하는 경우 148
위험감소조건 178
위험감소조건과 전체적인 위험정의조건의 겸유 178
위험을 감소하는 사항 53
위험의 증가와 손해사이의 인과관계 186
유럽 보험계약법 준칙 188, 215
유인 36, 106, 125
의견 또는 신념 52
인과관계기준 161, 182
인과관계기준의 채용 164
인터넷에서 이용 가능한 정보 88
인터넷정보의 추정적 인식 94
인터넷조사 88
일반적 워런티 141, 142, 147
일본 보험법 187, 215, 238, 239, 264
임의/의무 포괄예정보험 22
임의/임의 포괄예정보험 22
임의규정성 191, 262
임의규정화에 대한 우려 194
임의규정화의 입법의도 193
입법이유서 15

【ㅈ】

적시에 보험금을 지급할 묵시적 조건 245
적용지역 23
전쟁지역내의 항해금지 워런티 137
전체로서 위험을 정의하는 조건(170
정보조사의 시기 77
제1투명성요건 203
제2차적인 사기 228
제2투명성요건의 적용사례 208
제공된 정보의 교정 45
제한 있는 위반 108
조사의 범위 73
중요한 사실의 명확화 36
중요한 사항의 고지의무 35
중요한 사항의 예 36
증명책임 177, 255
지침의 개발필요성 82, 96

【ㅊ】

책임개시시점 21
책임에 대한 사전조건 153
초과전보 123, 126
초과전보조항 114
추가적 인식간주사항 97
추정적 인식 94
충(Chung)판사 94
치유의 허용 150

【ㅋ】

캐나다 264
케르판사 124
콜만판사 89, 277
크라이드판사 148
크레스웰판사 125
킬무이르경 3

【ㅌ】

투명성요건 200
투명성의 제2요건 207
특별공공법안위원회 12, 61, 64, 169
특수한 관심 37
특약재보험 21

【ㅍ】

포괄예정보험 21, 43
푸아로 74

프랑스 보험법 188
프로판사 118
피보험이익 5
피보험자의 협조의무 236
필립스판사 71

【ㅎ】

하드 카피 90
합리적으로 명백하고 접근가능한 고지 45
합리적인 정보조사 69
항해금지해협 138
해상보험증권의 형식적 요건 5
해석보조자료 13
해석의 도구 268
허스트판사 243
현재 사실의 워런티 150
현재 사실의 워런티의 치유 152
호주 264
호주 법률개정위원회 184
호주법률개혁위원회 164
호프만판사 231
홉하우스판사 124, 220
홍콩사건 94
회원제 데이터 베이스 88

1906년 해상보험법 6, 29
1906년 해상보험법 제17조 223, 277
1906년 해상보험법 제18조 7949, 51, 52, 56, 78,53, 91, 121, 133, 135, 150
1906년 해상보험법 제19조 a항 56
1967년 부실표시법 34, 116, 117
1977년 뉴질랜드보험법개혁법 제11조 163
1980년 관련기준 61
1980년 보고서 3
1998년의 민사소송규칙 75
2007년 공동자문보고서 30
2012년 소비자(고지의무)법 29, 34, 105, 196, 214, 216
2015년 보험법안 12
2015년 보험법의 배경 1
2015년 보험법의 시행시기 19
2015년 보험법의 적용범위 17
2016년 기업법 1, 241, 245

■ 저자약력소개

- 서울대학교 법과대학 졸업
- 서울대학교 대학원 수료(법학석사, 법학박사)
- 현 국민대학교 법과대학 교수

■ 저역서

- 대학교수를 위한 교수법(공저, 국학자료원, 1999)
- 해상보험법(공저, 삼지원, 2007)
- 보험법개정의 관점(공저, 청목출판사, 2009)
- 현대보험법의 동향(국민대학교 출판부, 2009)
- 보험법판례연구집(공저, 법영사, 2010)
- 각국의 보험소비자보호법제(공저, 청목출판사, 2011)
- 회사법(제3판, 청목출판사, 2012)
- 생존능력을 배양하는 학교에서의 안전교육(역서, 학교안전공제중앙회, 2014)
- 상법총론(제4판, 청목출판사, 2017)
- 보험법(제3판, 국민대학교 출판부, 2017)
- 해상보험법(국민대학교 출판부, 2017)

영국 보험법

초 판 인 쇄	2018년 07월 26일
초 판 발 행	2018년 07월 31일
저 자	한 창 희
발 행 인	유 지 수
발 행 처	국민대학교 출판부
주 소	서울시 성북구 정릉로 77
전 화	02-910-4242~3
팩 스	02-910-4240
등 록 년 월 일	1975년 6월 17일 제6-33호
인 쇄	삼아인쇄사

ISBN 978-89-7812-428-7 93360 가격 29,000

* 잘못된 책은 교환해 드립니다.